Sven Hackmann

**Organisatorische Gestaltung
in der Post Merger Integration**

GABLER RESEARCH

Strategische Unternehmungsführung

Herausgegeben von Professor Dr. Wilfried Krüger
Lehrstuhl für Organisation – Unternehmungsführung –
Personalwirtschaft, Universität Gießen

Gegenstand dieser Schriftenreihe sind Fragestellungen, die den Erfolg und die Existenz von Unternehmungen nachhaltig prägen und daher im Mittelpunkt der Theorie und Praxis der strategischen Unternehmungsführung stehen. Dazu gehören die Analyse und Gestaltung externer Beziehungen ebenso wie das Management der internen Potenziale und der erforderlichen Wandlungs- und Erneuerungsprozesse. Ziel ist es, Beiträge für eine anwendungsorientierte Theorie zu liefern und eine theorieorientierte Praxis bei der Problembewältigung zu unterstützen.

Sven Hackmann

Organisatorische Gestaltung in der Post Merger Integration

Eine organisationstheoretische Betrachtung unterschiedlicher Integrationsansätze

Mit einem Geleitwort von Prof. Dr. Wilfried Krüger

RESEARCH

Bibliografische Information der Deutschen Nationalbibliothek
Die Deutsche Nationalbibliothek verzeichnet diese Publikation in der
Deutschen Nationalbibliografie; detaillierte bibliografische Daten sind im Internet über
<http://dnb.d-nb.de> abrufbar.

Dissertation Justus-Liebig-Universität Gießen, 2010

1. Auflage 2011

Alle Rechte vorbehalten
© Gabler Verlag | Springer Fachmedien Wiesbaden GmbH 2011

Lektorat: Stefanie Brich | Stefanie Loyal

Gabler Verlag ist eine Marke von Springer Fachmedien.
Springer Fachmedien ist Teil der Fachverlagsgruppe Springer Science+Business Media.
www.gabler.de

Das Werk einschließlich aller seiner Teile ist urheberrechtlich geschützt. Jede Verwertung außerhalb der engen Grenzen des Urheberrechtsgesetzes ist ohne Zustimmung des Verlags unzulässig und strafbar. Das gilt insbesondere für Vervielfältigungen, Übersetzungen, Mikroverfilmungen und die Einspeicherung und Verarbeitung in elektronischen Systemen.

Die Wiedergabe von Gebrauchsnamen, Handelsnamen, Warenbezeichnungen usw. in diesem Werk berechtigt auch ohne besondere Kennzeichnung nicht zu der Annahme, dass solche Namen im Sinne der Warenzeichen- und Markenschutz-Gesetzgebung als frei zu betrachten wären und daher von jedermann benutzt werden dürften.

Umschlaggestaltung: KünkelLopka Medienentwicklung, Heidelberg
Gedruckt auf säurefreiem und chlorfrei gebleichtem Papier
Printed in the Netherlands

ISBN 978-3-8349-2913-6

Geleitwort

Unternehmungsübernahmen und Fusionen (Mergers and Acquisitions, M&A) weisen eine hohe Misserfolgsquote auf. Die viel beschworenen Synergieeffekte und Steigerungen des Unternehmungswertes treten in der Phase der Post Merger Integration (PMI) nicht wie erwartet ein. Als ein Kernproblem hat sich dabei die organisatorische Integration der beteiligten Unternehmungen herausgestellt. Dieser Befund bildet den Ausgangspunkt der vorliegenden Arbeit.

Im Mittelpunkt der Analysen steht demgemäß die Frage, wie die nach dem Zusammenschluss neu zu gestaltende Gesamtorganisation der ursprünglich getrennten Unternehmungen aussehen soll. Der Autor legt seinem Vorgehen das Theoriekonzept des sog. strukturtechnischen Ansatzes zugrunde, der sich seinerseits systemtheoretischer Kategorien bedient. Daraus ergeben sich fünf praxisrelevante Gestaltungsfragen:

- Wo sollen die Grenzen der neu entstehenden Gesamtorganisation gezogen werden (externe Systemabgrenzung),
- wie sollen die Kopplungen zu den Umsystemen (z.B. Marktpartnern) organisatorisch ausgestaltet werden,
- welche organisatorische Untergliederung soll gewählt werden (Subsystembildung),
- wie werden diese Einheiten untereinander koordiniert (Subsystemintegration) und
- wie sollen die gebildeten Organisationseinheiten ihrerseits gegliedert werden (Subsystemstruktur)?

Die Auswahl geeigneter Organisationsformen und deren Ausgestaltung hängen von verschiedenen Einflussgrößen ab. Prägend sind strategische Überlegungen und die damit zusammenhängende Frage, einen wie starken Einfluss die Erwerberunternehmung auf die Tochtergesellschaft ausüben will. Die Skala möglicher Einflussnahmen lässt sich typisierend mit Hilfe sog. Integrationsansätze erfassen. Damit werden unterschiedliche Intensitätsgrade der organisatorischen Verschmelzung bezeichnet. Die Alternativen reichen von dem Beibehalten getrennter Strukturen („Erhaltung") über die intensive Kopplung („Symbiose") bis zur völligen Verschmelzung („Absorption"). Diese Fallunterscheidung, die mit den Formen der „Finanzholding", „Managementholding" und „Fusion" korrespondiert, bildet die Basis der weiteren Ausarbeitung.

In einer fundierten und detaillierten Weise werden die Gestaltungsmöglichkeiten der drei Integrationsansätze untersucht und anhand der fünf Gestaltungsfragen anschaulich geklärt. Dazu werden vorhandene Theoriebausteine und Praxisansätze aufgegriffen und wirkungsbezogen kombiniert. Auf die Weise entsteht Schritt für Schritt baukastenartig das Bild von unterschiedlichen organisatorischen „Baumustern" für Erhaltung, Symbiose und Absorption.

Dabei finden auch die Schnittstellen organisatorischer Gestaltung zu anderen Integrationsfeldern, so insbesondere „Personal" und „Kultur", gesonderte Beachtung. Nicht zuletzt wird ein Überblick über die „Organisation der Organisation" gegeben, also die wichtige Umsetzungsfrage geklärt, wie die Projektorganisation eines Integrationsvorhabens aussehen könnte.

Mit ihren eindeutigen Ergebnissen und dem hohen Anwendungsbezug klärt die Arbeit kritische Probleme der Post Merger Integration und leistet damit einen hilfreichen Beitrag zum M&A-Management. Bleibt zu wünschen, dass sich die Praxis der Ergebnisse bedient und mit ihrer Hilfe das Übernahmegeschehen erfolgreicher bewältigt.

Wilfried Krüger

Vorwort

> *„So eine Arbeit wird eigentlich nie fertig,
> man muß sie für fertig erklären,
> wenn man nach Zeit und Umständen
> das mögliche getan hat."*
> *J.W. von Goethe, Italienische Reise, 1787*

Die Beutung der Post Merger Integration für den Erfolg von Unternehmungszusammenschlüssen wird seit geraumer Zeit in der betriebswirtschaftlichen Literatur diskutiert. Dabei wird jedoch in den meisten Fällen eine ganzheitliche Betrachtung vorgenommen, wobei die organisatorische Gestaltung im Rahmen der Post Merger Integration eine eher geringe Berücksichtigung findet. Ausgehend von diesem Forschungsbedarf werden in der vorliegenden Arbeit die Aufgaben der organisatorischen Gestaltung im Integrationsfeld Organisation einer intensiven Betrachtung unterzogen. Daraus resultieren Handlungsempfehlungen zur Gestaltung der neuen Organisation der integrierten Unternehmung bei unterschiedlichen Integrationsansätzen.

Die Anfertigung einer Dissertation ist ein langwieriger und anstrengender Prozess. Allen Personen, die mich während und nach meiner Zeit als wissenschaftlicher Mitarbeiter und Doktorand am Lehrstuhl für Unternehmungsführung und Organisation der Justus-Liebig-Universität Gießen unterstützt und auch immer wieder motiviert haben, gebührt ein ausführlicher und herzlicher Dank dafür, dass ich diese Arbeit erfolgreich erstellen konnte.

Insbesondere bedanken möchte ich mich bei meinem Doktorvater Herrn Prof. Dr. Wilfried Krüger, der mir die einzigartige Chance geboten hat, an seinem Lehrstuhl zu lernen, zu arbeiten und zu promovieren. Seine spannenden Vorlesungen haben mein Interesse an Organisation und Strategischem Management geweckt und es hat mir große Freude bereitet, die Arbeit an diesen Themen unter seiner Anleitung zu vertiefen. Die anregenden Diskussionen mit ihm und die großen Freiräume für die Arbeit am Lehrstuhl haben die Fertigstellung der Arbeit unterstützt. Des Weiteren möchte ich mich bei Herrn Prof. Dr. Franz-Rudolf Esch für die Übernahme des Zweitgutachtens sowie bei Herrn Prof. Dr. Martin E. Morlock und Prof. Dr. Gerd Aberle für ihr Mitwirken in der Promotionskommission bedanken.

Ein weiteres herzliches Dankeschön geht an meine ehemaligen Kollegen aus dem OFP-Team. Durch die kollegiale Zusammenarbeit, die Diskussionsbereitschaft in den Doktorandenseminaren und die gegenseitige Schaffung von Freiräumen für die eigene Forschung hat mir die Arbeit am Lehrstuhl immer sehr viel Freude bereitet. Mein

Dank geht daher an Prof. Dr. Norbert Bach, Prof. Dr. Carsten R. Brehm, Dr. Marc Danner, Dipl.-Kfm. Christoph Friedrich, Dipl.-Kfm. Christian Konz, M.A., Dipl.-Kfm. Stephan Kraft, M.A., Dr. Olivia Ostrowski, Prof. Dr. Thorsten Petry, Dr. Henrik Steinhaus und Dr. Michael Völpel. Daneben danke ich Beate Lind für ihre dauerhafte Aufmunterung und allen studentischen Hilfskräften für ihre Unterstützung. Ein zusätzlicher herzlicher Dank geht an Carsten für seine wertvollen Hinweise und die ständige Bereitschaft zur Diskussion.

Ohne die Förderung und den Rückhalt meiner Familie wäre die Erstellung dieser Arbeit nicht möglich gewesen. Aus diesem Grund bedanke ich mich sehr herzlich bei meinen Eltern, die mir diesen Lebensweg und die universitäre Ausbildung ermöglicht haben. Sie waren zu jeder Zeit für mich da und haben immer fest daran geglaubt, dass ich diese Arbeit fertig stellen kann. Meinem Bruder Thomas danke ich sehr herzlich für die mühevolle Arbeit des Korrekturlesens.

Schließlich gilt der größte Dank meiner Frau Katrin. Sie hat nicht nur die undankbare Aufgabe des inhaltlich-logischen Korrekturlesens übernommen, sondern stand in allen Höhen und Tiefen der Dissertationszeit immer zu mir und hat mich unermüdlich darin bestärkt, die Arbeit fortzusetzen und abzuschließen. Ihr widme ich diese Arbeit.

Sven Hackmann

Inhaltsübersicht

Inhaltsübersicht IX

Inhaltsverzeichnis XI

Abbildungsverzeichnis XV

Abkürzungsverzeichnis XVII

A   Einführung 1
    1   Problemstellung 1
    2   Ziel der Arbeit und Bezugsrahmen 3
    3   Forschungsmethodischer Ansatz 4
    4   Aufbau der Arbeit 5

B   Grundlegung 9
    1   Einordnung und begriffliche Abgrenzung 9
    2   Theoretische Fundierung 33

C   Gestaltung der Post Merger Integration 79
    1   Integrationsmanagement 79
    2   Organisatorische Gestaltungsdimensionen der
        Post Merger Integration 150

D   Umsetzung des Integrationsmanagements durch die
    Gestaltungsdimensionen 163
    1   Organisation der Integration 163
    2   Integration der Organisation 175

E   Schlussbetrachtung 221
    1   Zusammenfassung der Ergebnisse 221
    2   Ausblick 228

Literaturverzeichnis 229

Inhaltsverzeichnis

Inhaltsübersicht IX

Inhaltsverzeichnis XI

Abbildungsverzeichnis XV

Abkürzungsverzeichnis XVII

A Einführung 1
   1 Problemstellung 1
   2 Ziel der Arbeit und Bezugsrahmen 3
   3 Forschungsmethodischer Ansatz 4
   4 Aufbau der Arbeit 5

B Grundlegung 9
   1 Einordnung und begriffliche Abgrenzung 9
      1.1 Mergers and Acquisitions 9
         1.1.1 Begriff, Formen und Ausprägungen von Mergers and Acquisitions 9
         1.1.2 Motive und Zielsetzungen von Mergers and Acquisitions 15
         1.1.3 Phasen im Mergers and Acquisitions-Prozess 17
         1.1.4 Organisatorische Ausgestaltung des Mergers and Acquisitions-Prozesses 20
      1.2 Post Merger Integration 28
         1.2.1 Zum Integrationsbegriff 28
         1.2.2 Notwendigkeit und Zweck des betriebswirtschaftlichen Phänomens Integration 29
         1.2.3 Strategiefokussierte Integration der Organisationen im Anschluss an Mergers and Acquisitions 31

2 Theoretische Fundierung 33

2.1 Theoretische Erklärungsansätze für Mergers and Acquisitions 33

2.2 Theoriegerüst der Organisationsintegration 40

    2.2.1 Systemtheorie als Orientierungsrahmen 40

    2.2.2 Strukturtechnischer Ansatz und situativer Ansatz als relevante Organisationstheorien 46

    2.2.3 Betrachtungsebenen der organisatorischen Gestaltung 53

    2.2.4 Ableitung von Gestaltungsfragen der Organisation 54

        2.2.4.1 Theoretischer Hintergrund der organisatorischen Gestaltung 54

        2.2.4.2 Externe Systemabgrenzung 55

        2.2.4.3 Externe Systemkopplung 58

        2.2.4.4 Subsystembildung 61

        2.2.4.5 Subsystemintegration 66

        2.2.4.6 Subsysteminterne Organisation 72

        2.2.4.7 Systementwicklung 75

C Gestaltung der Post Merger Integration 79

1 Integrationsmanagement 79

1.1 Generelle Erfolgsfaktoren des Integrationsmanagements 79

1.2 Einflussfaktoren auf die Integrationsgestaltung 84

1.3 Integrationsansätze 87

    1.3.1 Bestimmung des Integrationsansatzes 87

    1.3.2 Ableitung vier generischer Integrationsansätze 95

1.4 Handlungsfelder des Integrationsmanagements 104

    1.4.1 Bestimmung der Integrationsfelder 104

    1.4.2 Integrationsfeld Strategie 106

    1.4.3 Integrationsfeld Organisation 109

        1.4.3.1 Grundlagen der Organisationsintegration 109

        1.4.3.2 Integration der Aufbauorganisation 112

        1.4.3.3 Integration der Ablauforganisation 122

1.4.4 Integrationsfeld Personal 130
   1.4.5 Integrationsfeld Kultur 138
   1.4.6 Integrationsfeld Operation 145
  1.5 Zwischenfazit: Organisatorische Integration als Kernstück der
      Post Merger Integration 146
2 **Organisatorische Gestaltungsdimensionen der
  Post Merger Integration** 150
  2.1 Abgrenzung der Gestaltungsdimensionen des organisatorischen
      Integrationsmanagements 150
  2.2 Interdependenzen zwischen den Gestaltungsdimensionen 159

D **Umsetzung des Integrationsmanagements durch die
  Gestaltungsdimensionen** 163
1 **Organisation der Integration** 163
  1.1 Integrations-Projektorganisation 163
  1.2 Integrationsbüro als Unterstützungseinheit 170
2 **Integration der Organisation** 175
  2.1 Gestaltungsfragen der Organisation in der Post Merger Integration 175
  2.2 Organisationsgestaltung bei dem Integrationsansatz Erhaltung 180
    2.2.1 Integrationsgestaltung und Organisationsstruktur der integrierten
          Unternehmung bei Erhaltung 180
    2.2.2 Externe Systemabgrenzung bei Erhaltung 183
    2.2.3 Externe Systemkopplung bei Erhaltung 185
    2.2.4 Subsystembildung bei Erhaltung 187
    2.2.5 Subsystemintegration bei Erhaltung 190
    2.2.6 Subsysteminterne Organisation bei Erhaltung 192

2.3 Organisationsgestaltung bei dem Integrationsansatz Symbiose 194

    2.3.1 Integrationsgestaltung und Organisationsstruktur der integrierten Unternehmung bei Symbiose 194

    2.3.2 Externe Systemabgrenzung bei Symbiose 199

    2.3.3 Externe Systemkopplung bei Symbiose 201

    2.3.4 Subsystembildung bei Symbiose 203

    2.3.5 Subsystemintegration bei Symbiose 205

    2.3.6 Subsysteminterne Organisation bei Symbiose 208

2.4 Organisationsgestaltung bei dem Integrationsansatz Absorption 209

    2.4.1 Integrationsgestaltung und Organisationsstruktur der integrierten Unternehmung bei Absorption 209

    2.4.2 Externe Systemabgrenzung bei Absorption 213

    2.4.3 Externe Systemkopplung bei Absorption 214

    2.4.4 Subsystembildung bei Absorption 216

    2.4.5 Subsystemintegration bei Absorption 218

    2.4.6 Subsysteminterne Organisation bei Absorption 219

E Schlussbetrachtung 221

  1 Zusammenfassung der Ergebnisse 221

  2 Ausblick 228

Literaturverzeichnis 229

Abbildungsverzeichnis

Abb. A-1: Bezugsrahmen der vorliegenden Arbeit 4

Abb. A-2: Aufbau der Arbeit 7

Abb. B-1: Formen von Unternehmungszusammenschlüssen 10

Abb. B-2: Phaseneinteilung des M&A-Prozesses 18

Abb. B-3: M&A-Projektorganisation in der Pre Merger Phase 25

Abb. B-4: Merkmale der Projektorganisation in den Integrationsphasen 28

Abb. B-5: Dualproblem der Organisationsgestaltung 48

Abb. C-1: Integrationsansätze in Anlehnung an HASPESLAGH/JEMISON 97

Abb. C-2: Ableitung von Führungsanspruch und Integrationsgrad aus dem Integrationsansatz 103

Abb. C-3: Integrationsfelder 105

Abb. C-4: Organisatorische Gesamtkonzeption 112

Abb. C-5: Alternative Organisationsstrukturen 118

Abb. C-6: Entscheidungsmatrix zur Integration der Ablauforganisation 126

Abb. C-7: Überblick über das Integrationsfeld Organisation 129

Abb. C-8: Akkulturationsformen 142

Abb. C-9: Interdependenzen zwischen den Integrationsfeldern 148

Abb. C-10: Gestaltungsdimensionen im Integrationsfeld Organisation 150

Abb. C-11: Abgrenzungsmerkmale der Gestaltungsdimensionen OdI und IdO 152

Abb. C-12: Ziele und Elemente der Gestaltungsdimensionen OdI und IdO 155

Abb. C-13: Arbeitsschwerpunkte der Gestaltungsdimensionen in den Phasen des M&A-Prozesses 159

Abb. D-1: Integrations-Projektorganisation 165

Abb. D-2: Teilprojekte in der Integrationsmatrix 168

Abb. D-3: Integrations-Projektorganisation mit Integrationsbüro 171

Abb. D-4: Aufgabenfelder des Integrationsbüros 174

Abb. D-5: Organisatorische Gestaltung bei unterschiedlichen Integrationsansätzen 179

Abb. D-6: Beispielhafte Organisationsstruktur der neuen Unternehmung nach einer Erhaltungsintegration 183

Abb. D-7: Beispielhafte Organisationsstrukturen der neuen Unternehmung nach einer partiellen Integration 198

Abb. D-8: Beispielhafte Organisationsstruktur der neuen Unternehmung nach einer Absorptionsintegration 212

Abkürzungsverzeichnis

Abb.	Abbildung
akt.	aktualisiert/e/er/es
Aufl.	Auflage
Bd.	Band
bearb.	bearbeitet/e/er/es
bspw.	beispielsweise
bzgl.	bezüglich
bzw.	beziehungsweise
c.p.	ceteris paribus
d.h.	das heißt
ders.	derselbe
durchges.	durchgesehen/e/er/es
erw.	erweitert/e/er/es
et al.	et alii/et alibi
etc.	et cetera
evtl.	eventuell/e/er/es
f.	folgende
F&E	Forschung und Entwicklung
ff.	fortfolgende
GE	General Electric
gest.	gestaltet/e/er/es
ggf.	gegebenenfalls
HR	Human Resources
Hrsg.	Herausgeber
i.d.R.	in der Regel
i.e.S.	im engeren Sinn
i.V.m.	in Verbindung mit
IdO	Integration der Organisation

insbes.	insbesondere
IT	Informationstechnologie
Jg.	Jahrgang
m.w.N.	mit weiteren Nachweisen
M&A	Mergers and Acquisitions
Mark.	Marketing
neubearb.	neubearbeitet/e/er/es
Nr./No.	Nummer/Number
o.g.	oben genannt/e/er/es
o.V.	ohne Verfasser
OdI	Organisation der Integration
Prod.	Produktion
Rewe	Rechnungswesen
S.	Seite(n)
s.o.	siehe oben
sog.	sogenannt/e/er/es
Sp.	Spalte(n)
T-	Target
u.a.	unter anderem
u.U.	unter Umständen
überarb.	überarbeitet/e/er/es
USA	United States of America
verb.	verbessert/e/er/es
vgl.	vergleiche
Vol.	Volume
vollst.	vollständig
z.B.	zum Beispiel
z.T.	zum Teil

A Einführung

1 Problemstellung

Unternehmungen stehen seit Beginn der Industrialisierung vor immer wachsenden **Herausforderungen**. Dazu gehören globale und dynamische Märkte, stetig steigender Wettbewerb, verkürzte Produktlebenszyklen sowie wechselnde und höhere Anforderungen der Kapitalmärkte. Um diesen Herausforderungen begegnen zu können, müssen Unternehmungen sich ständig den wechselnden Rahmenbedingungen anpassen und ihre Strategien und Organisationsstrukturen so ausrichten, dass sie sich im Wettbewerb behaupten können.[1] Eine Möglichkeit zur Umsetzung der vielfältigen strategischen Optionen stellen Unternehmungszusammenschlüsse bzw. **Mergers and Acquisitions (M&A)** dar. Mit einem Zusammenschluss wird eine Form des externen Unternehmungswachstums beschrieben, bei der bereits existierende Unternehmungen oder Unternehmungsteile erworben werden. Die **Ziele** von externem Unternehmungswachstum bestehen zum einen in der umgehenden Erschließung zusätzlicher Kapazitäten sowie zum anderen in der Zeitersparnis im Prozess der Unternehmungsentwicklung.[2] Mithilfe von M&A-Transaktionen kann die Erschließung neuer Märkte, die Vergrößerung von Marktanteilen, der Erwerb von neuem Know-how und bereits bewährten Produkten sowie die Realisierung von Skalen- und Synergieeffekten erreicht werden.[3]

Aufgrund der genannten Entwicklungen haben sich die Anzahl der Transaktionen sowie deren Wert in den letzten Jahren stark positiv entwickelt und ihren Höhepunkt in 2007 erreicht.[4] Demgegenüber zeigt jedoch eine Vielzahl von empirischen Untersuchungen, dass ein Großteil der M&A-Transaktionen in der langfristigen Perspektive als **Misserfolg** bezeichnet werden muss, weil die angestrebten Unternehmungs- und Renditeziele nicht erreicht werden konnten. Die Misserfolgsraten liegen den Studien zufolge im Durchschnitt zwischen 40% und 70%.[5]

Die hohen Misserfolgsraten haben vielfältige Ursachen, die sich entlang des komplexen Akquisitionsprozesses ergeben können. Eine der möglichen Ursachen kann bspw.

---

[1] Vgl. Wirtz [Mergers 2003], S. 5.
[2] Vgl. Pausenberger [Systematik 1989], S. 625 sowie Krüger [Organisation 1994], S. 343ff.
[3] Vgl. Wirtz [Mergers 2003], S. 5.
[4] Vgl. zur Entwicklung des M&A-Marktes Jansen [Mergers 2001], S. 23f.; Lucks/Meckl [Mergers 2002], S. 1ff.; Wirtz [Mergers 2003], S. 6f.; Hoyningen-Huene [Integration 2004], S. 3f. sowie zu aktuellen Daten http://www.mergerstat.com.
[5] Vgl. zu einer Übersicht über empirische Studien zum Erfolg von M&A bspw. Jansen [Integrationsmanagement 2005], S. 531; Bauch [Integration 2004], S. 36f. sowie Jansen [Mergers 2001], S. 244.

bereits in der Auswahl einer nicht passenden oder unzureichend analysierten Zielunternehmung liegen, was dazu führt, dass die fusionierte Unternehmung nicht erfolgreich arbeiten kann. Zudem werden häufig die zu realisierenden Synergien zu optimistisch eingeschätzt oder zu hohe Akquisitionspreise bezahlt. Eine wesentliche Ursache für das Scheitern von M&A-Transaktionen liegt jedoch in einer misslungenen Integration der beteiligten Unternehmungen.[6]

Im Umkehrschluss ergibt sich daraus, dass die **Post Merger Integration** einen bedeutenden Beitrag für den **Erfolg** von M&A-Transaktion leistet.[7] Die Integration nach dem Zusammenschluss ist deshalb ein besonders kritischer Vorgang, weil durch sie der Grundstein für eine erfolgreiche Zusammenarbeit der beteiligten Unternehmungen in der Zukunft gelegt wird. Die geplante Wertschöpfung kann erst dann realisiert werden, wenn aus den vormals getrennten Unternehmungen eine neue Unternehmung geworden ist.[8] Aufgrund dieser Erkenntnisse hat die Untersuchung der Post Merger Integration in der Literatur in den letzten Jahren eine erhöhte Aufmerksamkeit erhalten, und es sind zahlreiche wissenschaftliche Beiträge zu verschiedenen integrationsbezogenen Themen veröffentlicht worden.[9]

Um durch eine gut konzipierte und durchgeführte Integration zum Erfolg einer M&A-Transaktion beitragen zu können, sollte bereits vor Vertragsabschluss die Integrationsplanung mit der Festlegung des zukünftigen Geschäftsmodells der fusionierten Unternehmung sowie der darauf aufbauenden Integrationsstrategie erfolgen. Somit kann die Umsetzung der Integration unmittelbar im Anschluss an die erfolgte Transaktion beginnen, um möglichst schnell eine koordinierte Arbeitsweise der fusionierten Unternehmung zu erreichen. Daneben wird mit der Entscheidung über den Integrationsansatz die Eigenständigkeit der akquirierten Unternehmung nach dem Zusammenschluss festgelegt. Das herausragende Handlungsfeld im Rahmen der Post Merger Integration stellt die **organisatorische Integration** dar, in dem die organisatorische Zusammenführung der beteiligten Unternehmungen erfolgt. Dazu werden in der vorliegenden Arbeit zwei Gestaltungsdimensionen unterschieden. Die Gestaltungsdimension ‚**Organisation der Integration**' (**OdI**) bildet den ersten Schritt zur organisatorischen Integration, da sie mit der Installation der Projektorganisation die notwendige Integrati-

---

[6] Vgl. Jansen [Mergers 2001], S. 241 sowie Hayward [Experience 2002], S. 21ff.
[7] Vgl. Grüter [Integrationsstrategien 1993], S. 45ff.; Gerpott [Integrationsgestaltung 1993], S. 7f.; Smith/Hershman [M&A 1997], S. 38ff.; Dabui [Postmerger-Management 1998], S. 2; Larrson/Finkelstein [Integrating 1999], S. 1ff.
[8] Vgl. Haspeslagh/Jemison [Akquisitionsmanagement 1992], S. 129; Datta [Acquisition 1991], S. 283.
[9] Vgl. Hoyningen-Huene [Integration 2004], S. 5.

onsplattform zur Verfügung stellt. Im zweiten Schritt erfolgt dann die zielorientierte Zusammenführung der Organisationen in der Gestaltungsdimension ‚**Integration der Organisation**' (IdO).

2 Ziel der Arbeit und Bezugsrahmen

Aufbauend auf der vorhandenen konzeptionellen und empirischen Literatur soll durch konzeptionelles Vorgehen ein anwendungsorientiertes Modell des Integrationsmanagements entwickelt werden, mit dem das **Integrationsfeld Organisation** näher beschrieben wird. Dazu sollen die folgenden **Forschungsfragen** beantwortet werden:

- Worin liegen die Ursachen für die hohe Misserfolgsrate von Mergers and Acquisitions?
- Welche Bedeutung hat das Integrationsmanagement im Rahmen von Mergers and Acquisitions?
- Welche Faktoren wirken auf die Integration von Unternehmungen ein, und wie kann das Integrationsmanagement ausgestaltet werden?
- Welche organisatorischen Gestaltungsdimensionen der Post Merger Integration können unterschieden werden und wie sind sie ausgestaltet?
- Wie erfolgt die organisatorische Umsetzung der Integration für die speziellen Integrationsgrade bzw. -ansätze?

Das **Ziel der vorliegenden Arbeit** liegt darin, die Post Merger Integration als wesentliche Ursache für den Erfolg von Unternehmungszusammenschlüssen zu erläutern und dabei insbesondere die organisatorische Integration als Kernstück der Post Merger Integration intensiv zu untersuchen. Mithilfe der dabei eingeführten Gestaltungsdimensionen Organisation der Integration und Integration der Organisation sollen Handlungsempfehlungen für die Umsetzung der organisatorischen Integration bei unterschiedlichen Integrationsansätzen abgeleitet werden.

Aus dieser Zielsetzung ergibt sich der folgende **Bezugsrahmen** in Abbildung A-1:

4 Einführung

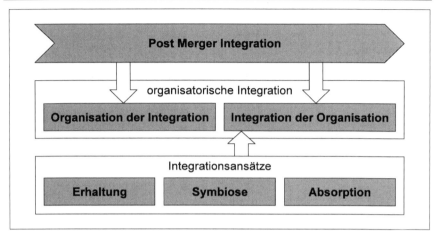

Abb. A-1: Bezugsrahmen der vorliegenden Arbeit

3 Forschungsmethodischer Ansatz

Die Arbeit folgt einem **konstruktivistischen Forschungsansatz**. Der Konstruktivismus als Weiterentwicklung des klassischen Rationalismus geht von einer subjektiv unterschiedlichen Wirklichkeit aus, die von jedem Erkenntnissubjekt selbst geschaffen wird. Die Wirklichkeit wird also mittels Interaktion und Kommunikation mit anderen Subjekten sozial erzeugt. Im Mittelpunkt des Interesses steht das Subjekt, demnach beziehen sich gewonnenes Wissen und Erkenntnisobjekt immer auf die Erlebens- und Erfahrungswelt des Menschen.[10] Ein solches subjektivistisch-konstruktives Vorgehen bietet sich insbesondere für die Behandlung organisatorischer Fragestellungen an.[11]

Aus Sicht des pragmatischen Wissenschaftsziels steht bei der vorliegenden Arbeit der **Anwendungsbezug** im Vordergrund. Dabei wird anhand der Forschungskonzeption nach ULRICH vorgegangen, nach der Problemstellungen „aus der Praxis für die Praxis" zu lösen versucht werden.[12] Der **Entstehungszusammenhang** ergibt sich dabei aus der Tatsache, dass Mergers and Acquisitions eine reale Problemstellung aus der betriebswirtschaftlichen Praxis darstellen, da sich der davon erhoffte unternehmerische Erfolg nicht immer im erwarteten Ausmaß einstellt. Insbesondere die organisatorische Zusammenführung der beteiligten Unternehmungen stellt wie eingangs erwähnt einen kritischen Erfolgsfaktor zur Realisierung von Synergien dar. Zur Untersuchung dieses

---

[10] Vgl. Foerster [Wirklichkeit 2008], S. 44ff. sowie Renzl [Interaktion 2003], S. 128.
[11] Vgl. Kieser/Hegele/Klimmer [Wandel 1998] und Kieser [Organisieren 1998].
[12] Vgl. Ulrich [Management 1984], S. 168ff.

praxisrelevanten Problems werden die Systemtheorie und der strukturtechnische Ansatz als problemrelevante Theorien herangezogen, da diese die Gestaltungsfragen der Organisation theoretisch fundieren. Der **Begründungszusammenhang** ist nach ULRICH kein Ziel der angewandten Wissenschaften, weil die bestehende Realität nur der Ausgangspunkt für die Untersuchung zukünftiger Realitäten ist. Der **Anwendungszusammenhang** der vorliegenden Arbeit liegt sodann in der Erarbeitung des praxisorientierten idealtypischen Modells des Integrationsmanagements. Dabei wird das Integrationsfeld Organisation als Erkenntnisobjekt untersucht. Es sollen Gestaltungsregeln zur Lösung der identifizierten Probleme bei M&A-Vorgängen im komplexen System Unternehmung unter Interpretation problemrelevanter Theorien und Hypothesen der Grundlagenwissenschaften erarbeitet werden. In der vorliegenden Arbeit sollen dazu die beiden Gestaltungsdimensionen Organisation der Integration (OdI) sowie Integration der Organisation (IdO) untersucht und darauf aufbauend Handlungsempfehlungen für die Praxis abgeleitet werden. Die Gestaltungsdimension OdI stellt dabei die projektbezogene Aufbauorganisation des Integrationsmanagements dar. Die zweite Gestaltungsdimension IdO hat die konkrete Organisationsarbeit, die im Rahmen der Zusammenführung zweier Unternehmungen notwendig ist, zum Inhalt. Dabei sind die Gestaltungsfragen der Organisation in Abhängigkeit vom Integrationsansatz zu beantworten.

4 Aufbau der Arbeit

Im Anschluss an die Problemstellung wurde in **Kapitel A** zunächst der Bezugsrahmen sowie der forschungsmethodische Ansatz der Arbeit vorgestellt. Das folgende **Kapitel B** dient der theoretischen Grundlegung der Post Merger Integration. In Abschnitt B.1 erfolgt die Einordnung und begriffliche Abgrenzung des Untersuchungsgegenstandes Post Merger Integration. Dazu wird zunächst das betriebswirtschaftliche Phänomen Mergers and Acquisitions begrifflich abgegrenzt, und seine Formen werden unterschieden. Des Weiteren werden die Motive und Zielsetzungen von M&A sowie die einzelnen Phasen des M&A-Prozesses beschrieben und ihre organisatorische Ausgestaltung erläutert. Im Anschluss wird der Fokus auf die Phase der Post Merger Integration gelegt, in der die an der M&A-Transaktion beteiligten Unternehmungen zu einer neuen Unternehmung zusammengeführt werden. Die besondere Bedeutung der Integration für den Erfolg von M&A-Transaktionen ist dadurch gekennzeichnet, dass nur mit einem abgestimmten Integrationsmanagement die Ziele der M&A-Transaktion erreicht werden können. Dazu erfolgt zunächst eine begriffliche Grundlegung der Post Merger Integration und die Notwendigkeit der Integration wird erläutert. Zudem werden die Integrationsfelder vorgestellt, in denen Aufgaben zur Umsetzung der Post Merger Integration durchgeführt werden. Dabei liegt der Schwerpunkt auf dem Integrationsfeld Organisation, das maßgeblich zu einer strategieorientierten Integration beiträgt. In Abschnitt B.2 folgt dann die Darstellung der Theorien, auf deren Grundlage die weiteren Untersuchungen durchgeführt werden. Zunächst werden kurz theoretische Erklärungsansätze für Mergers and Acquisitions dargestellt, bevor auf die Systemtheorie als Orientierungsrahmen für die Organisationsintegration eingegangen wird. Daneben werden der strukturtechnische und der situative Ansatz als Organisationstheorien herangezogen. Aus der Kombination dieser Theorien werden schließlich sechs Gestaltungsfragen der Organisation abgeleitet, mit denen die Gestaltungsdimension Integration der Organisation in Kapitel D untersucht wird.

Kapitel C dient als erster Hauptteil der Arbeit dazu, die Gestaltung der Post Merger Integration eingehend zu erläutern. Dazu werden in Abschnitt C.1 zunächst generelle Erfolgsfaktoren für die Gestaltung des Integrationsmanagements diskutiert und Einflussfaktoren auf die Gestaltung des Integrationsprozesses behandelt. Daran schließt sich die Ableitung vier generischer Integrationsansätze an, durch die die Intensität der Verschmelzung der beteiligten Unternehmungen und damit das Ausmaß der Eigenständigkeit der übernommenen Unternehmung bestimmt werden. In allen Integrationsansätzen werden die Integrationsmaßnahmen in den Integrationsfeldern Strategie, Struktur, Personal, Kultur und Operation umgesetzt. In Abschnitt C.2 werden die beiden organisatorischen Gestaltungsdimensionen der Post Merger Integration behandelt. Die erste organisatorische Gestaltungsdimension Organisation der Integration bildet den organisatorischen Rahmen der Integrationstätigkeiten und stellt zur Unterstützung der Planung und Koordination der Kernaktivitäten der organisatorischen Integration geeignete organisatorische Maßnahmen zur Begleitung des Integrationsprozesses bereit. Sie wirkt damit als Enabler für die zweite organisatorische Gestaltungsdimension, die sich mit der Gesamtheit der Herausforderungen und Probleme der Gestaltung der organisatorischen Zusammenführung der beteiligten Unternehmungen befasst und als Integration der Organisation bezeichnet wird.

Kapitel D stellt den zweiten Hauptteil der Arbeit dar und behandelt die Umsetzung des Integrationsmanagements in den beiden Gestaltungsdimensionen. Abschnitt D.1 beschreibt die Ausgestaltung und die Aufgaben der Integrationsprojektorganisation und des Integrationsbüros im Rahmen der Gestaltungsdimension Organisation der Integration. Darauf folgt in Abschnitt D.2 die Darstellung der Umsetzung der organisatorischen Integration für die drei Integrationsansätze Erhaltung, Symbiose und Absorption. Die organisatorische Gestaltung der aufbauorganisatorischen Elemente orientiert sich an den Kernfragen der organisatorischen Gestaltung, die in Abschnitt B.2 abgeleitet wurden.

Die Arbeit endet in **Kapitel E** mit einer Zusammenfassung der Ergebnisse und einem Ausblick.

Die folgende Abbildung A-2 zeigt den Aufbau der Arbeit:

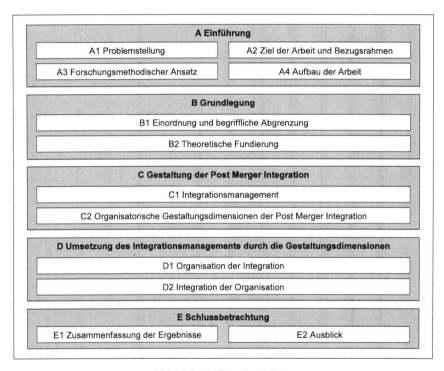

Abb. A-2: Aufbau der Arbeit

B Grundlegung

1 Einordnung und begriffliche Abgrenzung

1.1 Mergers and Acquisitions

1.1.1 Begriff, Formen und Ausprägungen von Mergers and Acquisitions

Mergers and Acquisitions stellen eine Form des **externen Unternehmungswachstums** dar.[13] Dieses zeichnet sich im Gegensatz zum internen Wachstum dadurch aus, dass eine oder mehrere bereits bestehende Unternehmungen oder Unternehmungsteile erworben und mit der Käuferunternehmung verbunden werden. Durch diesen **Zusammenschluss** von Unternehmungen können Synergievorteile erzielt werden, die für die Käuferunternehmung alleine nicht zu erreichen sind.[14]

Der Begriff ‚Mergers and Acquisitions' wurde im Rahmen der ersten großen Übernahmewelle in den USA am Ende des 19. Jahrhunderts geprägt. In der deutschen wissenschaftlichen Forschung wird das Thema M&A dagegen erst seit Beginn der 1980er-Jahre behandelt.[15] Eine allgemeingültige Definition hat sich bislang in der Literatur noch nicht durchgesetzt, zudem besteht in Wissenschaft und Praxis keine konsistente Begriffsverwendung.[16] Ein Vergleich von unterschiedlichen Definitionsansätzen zeigt einige wenige zentrale Gemeinsamkeiten. Es herrscht in der Literatur weitgehend Einigkeit darüber, dass es sich bei M&A um einen **Transaktionsprozess** auf dem Markt für Unternehmungen und Unternehmungsteile handelt, bei dem der **Transfer von Eigentumsrechten** und die **Übertragung von Kontroll- und Weisungsbefugnissen** im Vordergrund stehen.[17] Damit wird die instrumentelle Sichtweise im Sinne einer gestaltungsorientierten Wirkung betont.[18]

Bei der Systematisierung von Unternehmungszusammenschlüssen stellen Mergers and Acquisitions Ausprägungen von **Unternehmungsvereinigungen** dar, während auf der anderen Seite vielfältige Formen der Unternehmungskooperationen bestehen (vgl. Abbildung B-1). Dabei handelt es sich um ein enges Begriffsverständnis, dem eine weite

---

[13] Vgl. Achleitner [Investment 2002], S. 141; Hungenberg [Management 2008], S. 526.
[14] Vgl. Pausenberger [Systematik 1989], S. 621.
[15] Vgl. Achleitner/Wirtz/Wecker [M&A-Management 2004], S. 478.
[16] Vgl. Müller-Stewens [Problemfelder 1991], S. 158ff. sowie Gerpott [Integrationsgestaltung 1993], S. 18ff.
[17] Vgl. zu einer Auswahl von Definitionen des M&A-Begriffs Behrens/Merkel [Mergers 1990], S. 13; Müller-Stewens/Spickers/Deiss [Mergers 1999], S. 1; Achleitner [Investment 2002], S. 141; Vogel [M&A 2002], S. 5 sowie Lucks/Meckl [Mergers 2002], S. 24.
[18] Vgl. Wirtz [Mergers 2003], S. 11.

Sichtweise gegenübersteht, nach der auch Kooperationen zu Mergers and Acquisitions zählen.[19] In der vorliegenden Arbeit wird jedoch dem engen Verständnis gefolgt.

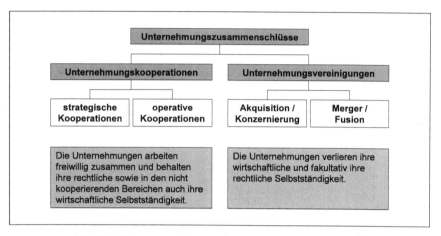

Abb. B-1: Formen von Unternehmungszusammenschlüssen[20]

Bei Unternehmungszusammenschlüssen in der Form von **Kooperationen** bleiben die rechtliche und wirtschaftliche Selbstständigkeit der beteiligten Unternehmungen prinzipiell erhalten. In den Teilbereichen, in denen eine zweckgebundene Zusammenarbeit stattfindet, wird jedoch die wirtschaftliche Selbstständigkeit eingeschränkt. Mithilfe von Kooperationen sollen gemeinsame Unternehmungsziele durch ein koordiniertes Handeln besser und schneller erreicht werden.[21] Die Vielzahl an unterschiedlichen Kooperationsformen kann in strategische und operative Kooperationen unterteilt werden.[22] Zu den **strategischen Kooperationen** zählen Joint Ventures und Strategische Allianzen. Ein Joint Venture bzw. eine Gemeinschaftsunternehmung entsteht durch Erwerb oder Gründung einer rechtlich selbstständigen Unternehmung, an der zwei oder mehrere voneinander unabhängige Unternehmungen beteiligt sind, die gemeinsam die Leitungsmacht ausüben.[23] Die wirtschaftliche Selbstständigkeit der Partnerunternehmungen wird dabei nicht eingeschränkt, ihre Kooperation beschränkt sich nur

---

[19] Dieses erweiterte Begriffsverständnis wird bspw. von Vogel [M&A 2002], S. 12 sowie Lucks/ Meckl [Mergers 2002], S. 25 vertreten.
[20] In Anlehnung an Wirtz [Mergers 2003], S. 13; Pausenberger [Unternehmenszusammenschlüsse 1993], Sp. 4441 sowie Gerpott [Integrationsgestaltung 1993], S. 39.
[21] Vgl. Pausenberger [Systematik 1989], S. 623.
[22] Vgl. Wirtz [Mergers 2003], S. 13ff.
[23] Vgl. Schubert/Küting [Unternehmenszusammenschlüsse 1981], S. 219.

Einordnung und begriffliche Abgrenzung 11

auf die Gemeinschaftsunternehmung.[24] Bei einer Strategischen Allianz dagegen kooperieren rechtlich und wirtschaftlich unabhängige Unternehmungen auf der Grundlage von vertraglichen Vereinbarungen, dazu wird keine neue Unternehmung gegründet. Diese Vereinbarungen sehen vor, dass für bestimmte Geschäftsfelder gemeinsame Entscheidungen getroffen, Aktivitäten koordiniert und Ressourcen gebündelt werden, mit dem Ziel, Wettbewerbsvorteile erreichen zu können.[25] Zudem weisen Strategische Allianzen häufig gegenseitige Minderheitsbeteiligungen der beteiligten Unternehmungen auf.[26] **Operative Kooperationen** treten dagegen in Form von Kartellen, Konsortien, Wirtschaftsverbänden und Interessengemeinschaften auf.[27] Bei Kartellen handelt es sich um Absprachen mit dem Zweck, den Markt durch Beschränkung des Wettbewerbs zu beeinflussen, Konsortien werden gebildet, um zeitlich befristete Aufgaben gemeinsam zu bearbeiten, und Wirtschaftsverbände und Interessengemeinschaften dienen den Unternehmungen zur Wahrnehmung gemeinsamer Interessen.[28] Wie bereits oben erläutert, sind Kooperationen im Verständnis der vorliegenden Arbeit nicht Bestandteil von Mergers and Acquisitions.

Als **Unternehmungsvereinigungen** werden Zusammenschlüsse bezeichnet, bei denen mindestens eine Unternehmung wenigstens ihre wirtschaftliche Selbstständigkeit verliert.[29] Im Gegenzug erweitert die andere Unternehmung ihren Herrschaftsbereich.[30] Dabei können die konzernmäßige Akquisition und die Fusion unterschieden werden. Die Grenzen zwischen Akquisitionen und Fusionen sind jedoch sehr fließend, weshalb sie im anglo-amerikanischen Sprachraum zu Mergers and Acquisitions zusammengefasst werden.

Eine **Akquisition** stellt die wirtschaftliche Vereinigung zweier oder mehrerer Unternehmungen unter einheitlicher Leitung dar und ist durch den Erwerb einer gesamten Unternehmung oder einzelner Unternehmungsteile unter Aufrechterhaltung der rechtlichen Selbstständigkeit der gekauften Unternehmung gekennzeichnet. Die wirtschaftliche Selbstständigkeit der übernommenen Unternehmung wird eingeschränkt oder komplett aufgegeben, es ändert sich lediglich die Eigentümerstruktur.[31] Die Akquisition kann entweder in Form des Vermögenserwerbs oder des Beteiligungserwerbs erfol-

---

[24] Vgl. Lucks/Meckl [Mergers 2002], S. 25.
[25] Vgl. Jansen [Mergers 2001], S. 111ff.; Schäfer [Allianzen 1994], S. 687ff.
[26] Vgl. Vogel [M&A 2002], S. 9.
[27] Vgl. Achleitner/Wirtz/Wecker [M&A-Management 2004], S. 480.
[28] Vgl. Schierenbeck [Betriebswirtschaftslehre 2000], S. 49f.
[29] Vgl. Pausenberger [Unternehmenszusammenschlüsse 1993], Sp. 4439f.
[30] Vgl. Pausenberger [Systematik 1989], S. 624.
[31] Vgl. Vogel [M&A 2002], S. 9; Jansen [Mergers 2001], S. 44; Pausenberger [Systematik 1989], S. 624.

gen. Beim **Vermögenserwerb (Asset Deal)** übernimmt die kaufende Unternehmung einzelne Wirtschaftsgüter, immaterielle Vermögenswerte und Verbindlichkeiten der Zielunternehmung in ihr Betriebsvermögen. Ein Asset Deal ist insbesondere dann relevant, wenn das Akquisitionsobjekt ein rechtlich unselbstständiger Unternehmungsteil ist. Im Gegensatz dazu erfolgt der **Beteiligungserwerb (Share Deal)** durch eine mehrheitliche Übernahme von Gesellschaftskapitalanteilen durch die kaufende Unternehmung. Ein solcher Anteilserwerb ist hauptsächlich für die Übernahme von Kapitalgesellschaften relevant.[32]

Die zweite Ausprägung der Unternehmungsvereinigungen stellt die **Fusion** als engste Form von Unternehmungszusammenschlüssen dar. Dabei werden die beteiligten Unternehmungen nicht nur wirtschaftlich, sondern auch rechtlich vereinigt, so dass nach dem Zusammenschluss nur noch eine rechtliche Einheit besteht.[33] Bei der Fusion werden wiederum zwei verschiedene Formen unterschieden. Als **Fusion durch Neugründung** wird die Entstehung einer vollständig neuen Unternehmung aus den beteiligten Unternehmungen bezeichnet. Dabei gehen Käuferunternehmung und akquirierte Unternehmung in der neu zu gründenden Gesellschaft auf und erlöschen. Im Gegensatz dazu findet eine **Fusion durch Aufnahme** statt, wenn das Vermögen einschließlich der Verbindlichkeiten der akquirierten Unternehmung auf die Käuferunternehmung übergeht. Die Käuferunternehmung bleibt bei dieser Fusionsform erhalten, während die akquirierte Unternehmung aufgelöst wird.[34] Neben dieser juristischen Abgrenzung steht aus betriebswirtschaftlicher Sicht bei Fusionen insbesondere das Machtverhältnis zwischen den beteiligten Unternehmungen im Fokus der Betrachtung.[35] Insofern kann zwischen Fusionen von ungleichberechtigten und gleichberechtigten Partnern unterschieden werden. Bei einer Fusion unter ungleichberechtigten Partnern hat der eine Partner – die Käuferunternehmung – mehr Einfluss in der neuen Unternehmung als die akquirierte Unternehmung. Im Gegensatz dazu stellen sich Fusionen von gleichberechtigten Partnern (**Merger of Equals**) oftmals nur als eine leere Hülle heraus, da eine der beteiligten Unternehmungen in den meisten Fällen der stärkere Partner ist und dementsprechend mehr Macht in der neuen Unternehmung ausübt (z.B. der Daimler-Chrysler-

---

[32] Vgl. Achleitner/Wirtz/Wecker [M&A-Management 2004], S. 480f.
[33] Vgl. Pausenberger [Unternehmenszusammenschlüsse 1993], Sp. 4440.
[34] Vgl. Pausenberger [Systematik 1989], S. 624 sowie Pausenberger [Merger 1990], Sp. 1483.
[35] Vgl. hierzu und im Folgenden Killing [Mergers 2003], S. 41f.

Einordnung und begriffliche Abgrenzung 13

Merger).[36] Die Gründe für den stärkeren Einfluss können in Größen- bzw. Rentabilitätsunterschieden oder persönlichem Machtstreben liegen.[37]

Im Sinne der vorliegenden Arbeit werden unter dem Begriff M&A **Unternehmungsvereinigungen** verstanden, **bei denen mindestens eine Unternehmung ihre wirtschaftliche oder ihre wirtschaftliche und rechtliche Selbstständigkeit verliert**. Eine Unterscheidung zwischen Fusionen und Akquisitionen ist demnach für den weiteren Verlauf der Arbeit nicht relevant.

Neben der o.g. Bindungsintensität können Unternehmungszusammenschlüsse nach einer Vielzahl von weiteren Merkmalen klassifiziert werden.[38] An dieser Stelle soll nur auf die für die vorliegende Arbeit relevanten Merkmale leistungswirtschaftlicher Zusammenhang und Freundlichkeitsgrad der Übernahme weiter eingegangen werden.

Die Art des **leistungswirtschaftlichen Zusammenhangs** spiegelt die strategische Ausrichtung der M&A-Transaktion wider und zeigt mögliche Synergiepotenziale auf.[39] Unter anderem durch den Grad der Ähnlichkeit der von den beteiligten Unternehmungen bearbeiteten Produkt-Markt-Felder werden Ausmaß und Bedarf der notwendigen Integrationstätigkeiten bestimmt.[40] Dabei wird ein Zusammenschluss von Unternehmungen derselben Branche und gleicher Produktionsstufe als **horizontaler Zusammenschluss** bezeichnet. Die Produktionstiefe bleibt konstant, während sich die Produktionsbreite, also das Produktprogramm, ändern kann. Dadurch entstehen einerseits horizontale Zusammenschlüsse mit Produktausweitung, bei denen die beteiligten Unternehmungen auf benachbarten Bereichen des gleichen Wirtschaftsbereichs aktiv sind (Beispiel: Automobilhersteller erwirbt Motorradhersteller). Andererseits entstehen horizontale Zusammenschlüsse ohne Produktausweitung, wenn das Sortiment nicht erweitert wird (Beispiel: Automobilhersteller erwirbt Automobilhersteller).[41] Mit horizontalen Zusammenschlüssen werden vornehmlich Synergieeffekte in Form von Economies of Scale und Scope sowie eine höhere Marktmacht angestrebt.[42] **Vertikale Unternehmungszusammenschlüsse** liegen dann vor, wenn die akquirierte Unternehmung auf einer vorgelagerten oder nachgelagerten Produktionsstufe tätig ist. Entweder

---

[36] Vgl. Lucks/Meckl [Mergers 2002], S. 24.
[37] Vgl. Kutschker/Schmid [Management 2006], S. 896.
[38] Vgl. zu möglichen Ordnungskriterien Pausenberger [Systematik 1989], S. 622.
[39] Vgl. Achleitner/Wirtz/Wecker [M&A-Management 2004], S. 481. Aus volkswirtschaftlicher Sicht ist der leistungswirtschaftliche Zusammenhang relevant für die wettbewerbspolitische Beurteilung des Zusammenschlusses, vgl. hierzu Pausenberger [Systematik 1989], S. 622.
[40] Vgl. Gerpott [Integrationsgestaltung 1993], S. 45ff.
[41] Vgl. Pausenberger [Unternehmenszusammenschlüsse 1993], Sp. 4438.
[42] Vgl. Franck/Meister [Unternehmenszusammenschlüsse 2006], S. 93ff. sowie Gerpott [Integrationsgestaltung 1993], S. 78ff.

kommt es dabei durch den Erwerb eines Lieferanten zu einer Rückwärtsintegration (Beispiel: Automobilhersteller erwirbt Getriebehersteller) oder durch den Zusammenschluss mit einem Abnehmer zu einer Vorwärtsintegration (Beispiel: Automobilhersteller erwirbt Autohändler).[43] Die Ziele von vertikalen Zusammenschlüssen liegen bei der Rückwärtsintegration in der Sicherung der Belieferung mit wichtigen Gütern und bei der Vorwärtsintegration in der Gestaltung des Absatzes durch den Produzenten.[44] Des Weiteren sind die Reduzierung von Transaktionskosten und Synergien aus Marktmachtveränderungen von Relevanz.[45] Bei **konglomeraten bzw. heterogenen Zusammenschlüssen** führt die M&A-Transaktion in neue Produkt-Markt-Felder. Käufer- und Zielunternehmung sind dementsprechend in vollkommen unterschiedlichen Geschäftsfeldern tätig und weisen keine leistungswirtschaftliche Verwandtschaft auf (Beispiel: Automobilhersteller erwirbt Finanzdienstleister). Dabei können Zusammenschlüsse zur Markterweiterung, Produkterweiterung sowie zur Marktverkettung unterschieden werden.[46] Die Ziele liegen in der Erschließung neuer Geschäftsfelder durch Diversifikation und Expansion.[47]

Der **leistungswirtschaftliche Zusammenhang** stellt in Verbindung mit den zur Verfügung stehenden **Integrationsansätzen**[48] eine bedeutende **Rahmenbedingung** für die Gestaltung der Post Merger Integration dar.[49] Dabei kann davon ausgegangen werden, dass bei konglomeraten Zusammenschlüssen nur der Integrationsansatz Erhaltung sinnvoll angewendet werden kann. Hierbei verfügen die beteiligten Unternehmungen nur über ein geringes Verständnis für das jeweils andere Geschäftsmodell, so dass eine umfangreichere Integration wie bei den Integrationsansätzen Symbiose und Absorption ein hohes Risiko birgt.[50] Bei horizontalen und vertikalen Zusammenschlüssen liegt eine hohe Ähnlichkeit der Geschäftsfelder vor, so dass mithilfe der Integrationsansätze Symbiose und Absorption eine intensivere Integration erfolgen kann, um das Ziel der Wertsteigerung u.a. durch Zusammenlegung der Ressourcen der beteiligten Unternehmungen zu erreichen.[51]

---

[43] Vgl. Paprottka [Unternehmenszusammenschlüsse 1996], S. 11f.
[44] Vgl. Wirtz [Mergers 2003], S. 18.
[45] Vgl. Franck/Meister [Unternehmenszusammenschlüsse 2006], S. 81ff.
[46] Vgl. Bühner [Unternehmenszusammenschlüsse 1990], S. 2.
[47] Vgl. Achleitner/Wirtz/Wecker [M&A-Management 2004], S. 482.
[48] Vgl. zu den Integrationsansätzen Abschnitt C.1.3, S. 87ff.
[49] Vgl. hierzu und im Folgenden Gerpott [Integrationsgestaltung 1993], S. 50.
[50] Vgl. Pausenberger [Merger 1990], Sp. 1488; Scheiter [Integration 1989], S. 127 sowie Krüger/ Müller-Stewens [Integration Style 1994], S. 56ff.
[51] Vgl. Gerpott [Integrationsgestaltung 1993], S. 45ff. i.V.m. der dort zitierten Literatur.

Bezüglich des **Freundlichkeitsgrads der Übernahme** kann auf der einen Seite differenziert werden in M&A-Transaktionen, die im Einvernehmen mit den Eigentümern, aber gegen den Willen des Managements, des Aufsichtsrates und der Belegschaft der Zielunternehmung durchgeführt werden (unfreundliche bzw. feindliche Übernahme). Auf der anderen Seite werden M&A-Transaktionen, denen das Management des Targets zustimmt, als freundliche Übernahme bezeichnet. Das Ausmaß der Zustimmung des Managements der akquirierten Unternehmung ist für die anschließende Integration von hoher Bedeutung.[52]

Die Durchführung der Integration ist bei unfreundlichen Übernahmen ungleich schwieriger als bei freundlichen Übernahmen, da das Management der Zielunternehmung bei einer unfreundlichen Übernahme aus der Unternehmung aus eigenem Antrieb ausscheiden wird und damit erfahrene Führungskräfte für die Integration fehlen.[53] Des Weiteren ist die Vorbereitungsphase bei unfreundlichen Übernahmen zu kurz, um den notwendigen Veränderungsbedarf genau abschätzen zu können.[54]

1.1.2 Motive und Zielsetzungen von Mergers and Acquisitions

Die Gründe von M&A-Transaktionen liegen zum einen im gesamtwirtschaftlichen Bereich. Aus dieser Sichtweise stellen Unternehmungszusammenschlüsse die Reallokation von Ressourcen über den Markt für Unternehmungen, Unternehmungsteile und Beteiligungen dar. Durch diese effiziente Ressourcenallokation tragen M&A-Transaktionen zu einer erhöhten Effizienz bei der gesamtwirtschaftlichen Verteilung des Kapitals bei.[55] Zum anderen sind die wesentlichen Gründe für Mergers and Acquisitions jedoch im einzelwirtschaftlichen Bereich zu finden. M&A-Transaktionen sind Ausdruck der strategischen Unternehmungsentwicklung und werden als Reaktion auf veränderte wirtschaftliche Rahmenbedingungen durchgeführt.[56]

Motive und Zielsetzungen[57] von M&A-Transaktionen können in wirtschaftliche und persönliche Ziele unterschieden werden.[58] Mit den **wirtschaftlichen Zielen** wird der

---

[52] Vgl. Gerpott [Integrationsgestaltung 1993], S. 45ff., insbes. S. 49f.
[53] Vgl. Buono/Bowditch [Human 1989], S. 71; Sautter [Unternehmensakquisitionen 1989], S. 32.
[54] Vgl. Wächter [Vorraussetzungen 1990], S. 116f.
[55] Vgl. Lucks/Meckl [Merger 2002], S. 5f.
[56] Vgl. Wirtz [Mergers 2003], S. 57.
[57] Unter Motiven werden hier künftige Zustände verstanden, die angestrebt werden, vgl. Kirsch [Unternehmensführung 1991], S. 205. Aus diesem Grund werden im Folgenden Ziele und Motive synonym verstanden.
[58] Vgl. Gerpott [Integrationsgestaltung 1993], S. 64. Vgl. zu anderen Klassifizierungen bspw. Bauch [Integration 2004], S. 31f.; Wirtz [Mergers 2003], S. 57ff.; Dabui [Postmerger-Management 1998], S. 28ff.; Bühner [Erfolg 1990], S. 5ff.

Ausbau der Erfolgspotenziale zur Sicherung der weiteren Unternehmungsentwicklung angestrebt. Wesentlicher Inhalt der wirtschaftlichen Ziele ist die Erreichung von **Synergieeffekten**.[59] Synergien sind eine bedeutende Quelle von Wertsteigerungen und entstehen als überproportionale Vorteilseffekte durch die Zusammenfassung und Koordination vorher getrennt durchgeführter Einzelaktivitäten (sog. 2+2=5-Effekt). Synergien führen zu niedrigeren Kosten, höheren Erlösen oder geringeren Risiken in den betroffenen Geschäftsfeldern. Bei der Bewertung der Synergien ist jedoch zu beachten, dass es sich nur um potenzielle Vorteile handelt, die mithilfe einer Vielzahl von Maßnahmen erarbeitet werden müssen. Die somit anfallenden Kosten für die Synergieerschließung müssen den positiven Wirkungen gegenübergestellt werden. Synergieeffekte können in Form von **marktbezogenen Synergien** auftreten, die aus der Steigerung des Marktanteils oder der Erschließung neuer Märkte resultieren. Des Weiteren können **technologiebezogene Synergien** durch den Zugang zu Produktionskapazitäten oder Lizenzen entstehen. Eine dritte Form stellen schließlich **Know-how-Synergien** dar, die auf dem Transfer von Wissen und Fähigkeiten beruhen.[60] Bei M&A-Transaktionen können Synergien durch die Reduzierung von Redundanzen und die Verbesserung der Auslastung erreicht werden, indem identische Wertschöpfungsaktivitäten zentralisiert werden. Des Weiteren kann durch die Kombination ähnlicher Aktivitäten eine Effizienzsteigerung erreicht werden. Auf diese Weise können Kosten- und Größenvorteile realisiert werden. Schließlich ergeben sich Synergien in Form von Verbundvorteilen aus dem Transfer erfolgskritischer Fähigkeiten und Potenziale sowie durch die Ergänzung des Kerngeschäfts durch bisher nicht zugängliche Wertschöpfungsaktivitäten.[61]

Ein weiteres wirtschaftliches Ziel von M&A-Transaktionen ist **externes Unternehmungswachstum**. Darunter wird die Expansion in neue Geschäftsfelder oder Regionen verstanden.[62] Externes Wachstum hat gegenüber internem Wachstum den Nutzen, dass es erhebliche Zeit-, Kosten- sowie Risikovorteile mit sich bringt.[63]

Schließlich stellt die **Steigerung von Marktmacht** ein weiteres wirtschaftliches Ziel von M&A-Transaktionen dar. Die akquirierende Unternehmung versucht durch Kauf

---

[59] Vgl. hierzu und im Folgenden Hungenberg [Management 2008], S. 534f.; Welge/Al-Laham [Management 2001], S. 319ff.; Krüger [Synergiemanagement 2001], S. 736.
[60] Vgl. zu den Synergiearten Krüger [Akquisitionsprojekte 1988], S. 371; Möller [Erfolg 1983], S. 97ff. sowie Bühner/Spindler [Synergieerwartungen 1986], S. 605.
[61] Vgl. Krüger/Müller-Stewens [Integration Style 1994], S. 63ff.; Reissner [Synergiemanagement 1992], S. 110ff. Zu Skalen- und Verbundeffekten vgl. Lindstädt [Ziele 2006], S. 64ff.
[62] Vgl. Bauch [Integration 2004], S. 31.
[63] Vgl. Welge/Al-Laham [Management 2001], S. 452.

und damit Verringerung der Unternehmungen auf einem Markt, die Machtverhältnisse zu ihren Gunsten zu verschieben und eine Monopolstellung auf- oder eine bereits vorhandene auszubauen. Dies kann durch den Erwerb von Marktanteilen oder durch die Errichtung von Markteintrittsbarrieren erfolgen.[64]

Neben der Erreichung von wirtschaftlichen Zielen dienen M&A-Transaktionen auch dazu, die **persönlichen Ziele** des Managements zu verfolgen. Diese entstehen aus dem Interessenkonflikt zwischen den Eigentümern der Unternehmung und dem angestellten Management.[65] In diesem Fall entsprechen die Ziele der M&A-Transaktionen den Individualzielen der Mitglieder der Unternehmungsleitung. Aus rein opportunistischen Motiven heraus werden Unternehmungszusammenschlüsse durchgeführt, die den Interessen der Eigentümer komplett entgegenstehen. Das Management kann durch Investition freier liquider Mittel in andere Unternehmungen anstelle von Ausschüttungen an die Eigenkapitalgeber seine Autonomie stärken, indem es sich der Kontrolle durch die Kapitalmärkte entzieht. Auf diese Weise werden immaterielle Ziele, wie z.B. Macht und Unabhängigkeit, angestrebt. Daneben werden durch Unternehmungszusammenschlüsse auch materielle Ziele verfolgt, die z.B. in der Maximierung des persönlichen Einkommens liegen. Durch einen Unternehmungszusammenschluss wird die Unternehmungsgröße gesteigert, und diese wirkt sich positiv auf die Vergütung des Managements aus.[66]

1.1.3 Phasen im Mergers and Acquisitions-Prozess

Zur Erreichung der o.g. Ziele von Mergers and Acquisitions muss eine Vielzahl von unterschiedlichen und inhaltlich sowie zeitlich interdependenten Aufgaben durchgeführt werden. Daraus entsteht ein M&A-Prozess mit einer logischen Abfolge aller notwendigen Tätigkeiten, die im Ergebnis zu einer abgeschlossenen Transaktion führen.[67] Hierbei hat sich in der Literatur eine Einteilung des M&A-Prozesses in drei Pha-

---

[64] Vgl. Dabui [Postmerger-Management 1998], S. 36f. Aus gesamtwirtschaftlicher Betrachtung handelt es sich bei Konzentrationsprozessen zur Steigerung der Marktmacht nicht um die Erzielung von Effizienzvorteilen, sondern um einen Vermögenstransfer auf Kosten der Konsumenten, vgl. Trautwein [Motives 1990], S. 286.
[65] Vgl. Trautwein [Motives 1990], S. 287f.
[66] Vgl. Dabui [Postmerger-Management 1998], S. 39ff. i.V.m. der dort zitierten Literatur.
[67] Vgl. Lucks/Meckl [Mergers 2002], S. 53f.

sen durchgesetzt.[68] Für die vorliegende Arbeit wird der Prozess in die Pre Merger Phase, Transaktionsphase und Post Merger Phase eingeteilt (siehe Abbildung B-2).

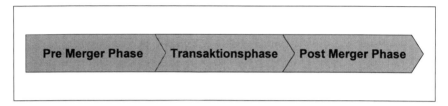

Abb. B-2: Phaseneinteilung des M&A-Prozesses

Diese drei Phasen lassen sich in der Realität jedoch nicht exakt voneinander abgrenzen und beanspruchen auch nicht die in der Abbildung angedeutete gleiche Zeitspanne. Zudem besteht eine hohe Interdependenz zwischen den in den einzelnen Phasen zu bearbeitenden Aufgaben.[69]

In der **Pre Merger Phase** liegt der Aufgabenschwerpunkt in der Planung und Vorbereitung der M&A-Transaktion. Diese Phase wird maßgeblich von der die Transaktion initiierenden Unternehmung – in den meisten Fällen wird dies der Käufer sein – geprägt.[70] Vor der Umsetzung einer externen Wachstumsstrategie durch Unternehmungszusammenschlüsse sollte eine detaillierte Analyse der Käuferunternehmung und ihrer Umwelt durchgeführt werden. Auf diese Weise werden die eigenen Potenziale ermittelt, und es ergibt sich der M&A-Bedarf, mit dessen Hilfe die Unternehmung weiterentwickelt werden soll.[71] Im Anschluss daran sind im Rahmen der Vorbereitung und Planung der M&A-Transaktion die mit dem Unternehmungszusammenschluss angestrebten Ziele zu definieren und geeignete Kriterien für die Auswahl potenzieller Zielunternehmungen, die den M&A-Bedarf decken können, zu entwickeln. Diese Kandidaten sind daraufhin einer ersten Bewertung zu unterziehen, um diejenigen Unternehmungen zu identifizieren, mit denen in der Transaktionsphase Kontakt aufgenommen werden soll. Abschließend ist in der Pre Merger Phase die Entscheidung über

---

[68] Vgl. Fischer/Wirtgen [Integration 2000], S. 85; Clever [Merger 1993], S. 29ff.; Gomez/Weber [Akquisitionsstrategie 1989], S. 39; Krüger [Akquisitionsprojekte 1988], S. 374ff.; McCann/Gilkey [Joining 1988], S. 69ff.; Müller-Stewens [Problemfelder 1991], S. 169; Ottersbach/Kolbe [Integrationsrisiken 1990], S. 140f.; Pausenberger [Akquisitionsplanung 1989], Sp. 21ff.; Reissner [Synergiemanagement 1992], S. 149ff. sowie Scheiter [Integration 1989], S. 63ff.
[69] Vgl. Jansen [Mergers 2001], S. 164; Lucks/Meckl [Mergers 2002], S. 54.
[70] Vgl. hierzu und im Folgenden Dabui [Postmerger-Management 1998], S. 21.
[71] Vgl. Jansen [Mergers 2001], S. 165.

Einordnung und begriffliche Abgrenzung 19

den Zeitpunkt des Zusammenschlusses zu treffen, der zum einen von der akuten Notwendigkeit des externen Wachstums und der Stärkung der eigenen Unternehmung und zum anderen von finanziellen und personellen Kapazitäten abhängig ist.[72]

Die auf die Pre Merger Phase folgende **Transaktionsphase** beginnt mit der Kontaktaufnahme mit den identifizierten Zusammenschluss-Kandidaten und der Aufnahme von Verhandlungen. Je nach Bereitschaft des Managements der Zielunternehmung entscheidet sich hier, ob es sich um einen freundlichen oder unfreundlichen Zusammenschluss handelt. Bei starkem Widerstand kann es auch zum Abbruch der Verhandlungen kommen. Die besondere Herausforderung in der Transaktionsphase besteht in der Beschaffung von wesentlichen Informationen über das Akquisitionsobjekt sowie in der Aufdeckung von Chancen und Risiken eines Zusammenschlusses, bevor die Vertragsverhandlungen und die Kaufpreisfeststellung abgeschlossen sind.[73] Mithilfe einer systematischen Analyse, einer sog. Due Diligence, können diese Informationen erlangt werden.[74] Auf Basis der Ergebnisse der Due Diligence werden im Anschluss die Unternehmungsbewertung durchgeführt sowie die Verhandlungen über die Höhe des Kaufpreises geführt. Mit der Vertragsunterzeichnung (Signing) endet die Transaktionsphase.[75] Der Übergang der Leitungsgewalt und der unternehmerischen Verantwortung auf die Käuferunternehmung sowie die Gesamtheit der an diesem Tag zu vollziehenden Rechtshandlungen wird als Closing bezeichnet.[76]

Mit dem Abschluss der Transaktionsphase beginnt unmittelbar die **Post Merger Phase**[77], in der die Zusammenführung der beteiligten Unternehmungen erfolgt. Als Ergebnis der Integration entsteht aus vorher völlig unabhängigen Systemen eine neue Unternehmung.[78] Der Integration wird eine herausragende Bedeutung für den Erfolg des Zusammenschlusses zugeschrieben. Die in der Akquisitionsstrategie angestrebten Wertsteigerungspotenziale sowie die in den Kaufpreis eingerechneten Synergien können erst durch ein nachhaltiges und abgestimmtes Integrationsmanagement erreicht werden.[79] Aus diesem Grund muss die Integration als eine Querschnittsaufgabe über alle

---

[72] Vgl. Picot [Grundlagen 2001], S. 38.
[73] Vgl. Pack [Due Diligence 2000], S. 222.
[74] Vgl. zu den Zielen einer Due Diligence Lucks/Meckl [Mergers 2002], S. 163 sowie Picot [Aspekte 2000], S. 95. Zu den Teilbereichen einer Due Diligence vgl. Pack [Due Diligence 2000], S. 229ff.
[75] Vgl. Wirtz [Mergers 2003], S. 262ff.
[76] Vgl. Jansen [Mergers 2001], S. 226 i.V.m. der dort zitierten Literatur.
[77] Im weiteren Verlauf werden die Begriffe Post Merger Phase und Integrationsphase synonym verwendet.
[78] Vgl. Lehmann [Integration 1980], Sp. 976.
[79] Vgl. Haspeslagh/Jemison [Akquisitionsmanagement 1992], S. 129.

Phasen des M&A-Prozesses verstanden werden.[80] Es besteht eine große Interdependenz zwischen den in der Integrationsphase zu erledigenden Aufgaben und den vorhergehenden Phasen des M&A-Prozesses. Dieser Verzahnung wird dadurch Rechnung getragen, dass einige vorbereitende Tätigkeiten und bspw. spezifische Maßnahmen mit leitenden Mitarbeitern bereits in früheren Phasen durchgeführt werden.[81] Die inhaltliche Ausgestaltung der Post Merger bzw. Integrationsphase orientiert sich folgerichtig an der Strategie und den Zielen des Unternehmungszusammenschlusses.[82] Das Vorgehen im Rahmen der Integration wird als **Integrationsmanagement** bezeichnet.[83] Dazu müssen in einem ersten Schritt alle **Einflussfaktoren auf die Integrationsgestaltung** berücksichtigt und der für den jeweiligen Zusammenschluss optimale **Integrationsansatz** bestimmt werden. Im Anschluss daran ist der Umfang der Tätigkeiten in den einzelnen **Handlungsfeldern des Integrationsmanagements** genau zu definieren. Sind die Integrationstätigkeiten abgeschlossen, bildet ein **Post Merger Audit** den Abschluss der Integration. Dabei wird anhand von Wirtschaftlichkeitsberechnungen sowie einem Synergiecontrolling der Erfolg der Integrationsmaßnahmen gemessen und nach Ursachen für eine negative Zielerreichung geforscht.[84]

Eine detaillierte Behandlung der Post Merger Integration erfolgt im Abschnitt B.1.2.

1.1.4 Organisatorische Ausgestaltung des Mergers and Acquisitions-Prozesses

Um eine zielorientierte Durchführung des oben beschriebenen M&A-Prozesses gewährleisten zu können, sind die jeweiligen Anforderungen und Charakteristika der beteiligten Unternehmungen und der M&A-Transaktion in einem ganzheitlichen Management zu berücksichtigen. Dazu gehört insbesondere die **organisatorische Ausgestaltung und Verankerung des M&A-Prozesses** in der Aufbauorganisation der akquirierenden Unternehmung.[85] Dazu wird empfohlen, schon zu Beginn der Transaktion über die Organisation des M&A-Prozesses zu entscheiden. Es muss Klarheit über die zu bearbeitenden Aufgaben in den drei Phasen sowie über die jeweilige Dauer, personelle Besetzung und die zur Verfügung stehenden Budgets herrschen. Die **aufbauorganisatorische Gestaltung** der M&A-Transaktion muss demnach für eine sinn-

---

[80] Vgl. Jansen [Mergers 2001], S. 227.
[81] Vgl. McCann/Gilkey [Joining 1988], S. 73; Clever [Merger 1993], S. 31.
[82] Vgl. Dabui [Postmerger-Management 1998], S. 23.
[83] Vgl. zum Integrationsmanagement Abschnitt C.1 der vorliegenden Arbeit, S. 79ff.
[84] Vgl. zum Post Merger Audit Jansen [Mergers 2001], S. 237f. sowie ausführlich Bark [Integrationscontrolling 2002]. Das Akquisitionscontrolling wird in der vorliegenden Arbeit nicht weiter behandelt.
[85] Vgl. Thommen/Sauermann [Lösungskonzepte 1999], S. 318; Sieben/Sielaff [Unternehmensakquisition 1989], S. 21ff.

volle Verteilung der Aufgaben, Kompetenzen und Verantwortungen auf einzelne Organisationseinheiten sorgen.[86] Dabei ist zu beachten, dass die Steuerung einer solchen strategischen Maßnahme in der Hand des Topmanagements der akquirierenden Unternehmung bleibt und externe Dienstleister wie Investmentbanken, Unternehmungsberatungen und Wirtschaftsprüfungsgesellschaften nur unterstützend eingebunden werden.[87]

Aufgrund der besonderen Anforderungen und der hohen Komplexität, die M&A-Transaktionen mit sich bringen, tragen sie den Charakter von Projekten. Die Aufgabenstellungen sind immer spezifisch und innovativ, und zu ihrer Bewältigung sind die Fähigkeiten und das breitgefächerte Wissen von Spezialisten erforderlich.[88] Zur Steuerung des Prozesses ist eine flexible und leistungsstarke Organisationsform nötig, in der das benötigte Wissen und die Spezialisten versammelt sind.[89] Die Wahl der passenden Organisationsform ist dabei abhängig von der Häufigkeit der Transaktionen und der Bedeutung, die dem Akquisitionsmanagement in der Unternehmung beigemessen wird.[90] Für das Management von M&A-Transaktionen stehen der akquirierenden Unternehmung somit fünf unterschiedliche organisatorische Gestaltungsalternativen zur Verfügung, deren Einsatzmöglichkeiten im Folgenden beschrieben werden.

Eine organisatorische Gestaltungsalternative besteht in der **Verankerung des M&A-Managements auf der Ebene der Unternehmungsleitung**. Diese Organisationsform wird in solchen Fällen angewendet, in denen das Topmanagement dem externen Wachstum durch Mergers and Acquisitions eine besonders hohe Bedeutung beimisst und deshalb selber die unmittelbare Steuerung des Prozesses übernehmen möchte. Diese Organisationsform führt automatisch zu einem hohen Grad an Entscheidungszentralisierung der M&A-Aktivitäten in der Unternehmungsspitze. Da jedoch das Topmanagement nicht seine gesamte Arbeitszeit für die Steuerung der M&A-Aktivitäten aufbringen kann und auch nicht über das komplette benötigte fachspezifische Wissen verfügt, liegen seine Aufgabenschwerpunkte im Bereich der Strategieformulierung, der Kandidatenauswahl sowie der Verhandlungsführung. In der Integrationsphase fungiert das Topmanagement als Promotor und es führt die abschließende

---

[86] Vgl. Vogel [M&A 2002], S. 104.
[87] Vgl. zur Rolle und zu Aufgabenschwerpunkten des Einsatzes externer Dienstleister Wirtz [Mergers 2003], S. 164f.; Vogel [M&A 2002], S. 109ff. sowie Thommen/Sauermann [Lösungskonzepte 1999], S. 318.
[88] Vgl. Vogel [M&A 2002], S. 103.
[89] Vgl. Wirtz [Mergers 2003], S. 160.
[90] Vgl. Sieben/Sielaff [Unternehmensakquisition 1989], S. 22.

Erfolgskontrolle durch.[91] Die übrigen Aufgaben werden an Stäbe delegiert, die sich ausschließlich mit Akquisitionen befassen.[92] Die Aufgabe von Stäben liegt in der beratenden und informierenden Entscheidungsvorbereitung und der damit verbundenen Entlastung der Unternehmungsleitung. Über Entscheidungs- und Weisungskompetenzen verfügen Stäbe nicht, die endgültige Entscheidung trifft das Topmanagement.[93] Somit liegen in dieser Organisationsform Aufgabe, Entscheidungskompetenz und Verantwortung bei der Unternehmungsleitung, was zu einer effizienten Bearbeitung des Prozesses führt. Zur Unterstützung der Unternehmungsleitung bei der Koordination der M&A-Aktivitäten wird oftmals ein externer Berater hinzugezogen.[94]

Die Einrichtung einer **speziellen M&A-Abteilung**, in der das gesamte M&A-relevante Wissen der Unternehmung gebündelt ist, stellt eine weitere organisatorische Gestaltungsalternative des M&A-Managements dar. Dies ist für solche Unternehmungen sinnvoll, die eine bestimmte Größe aufweisen und das M&A-Geschäft zu ihren Kernkompetenzen zählen, wie z.b. Cisco, Pfizer oder General Electric.[95] Eine spezielle M&A-Abteilung hat eine ähnliche Funktion wie der o.g. Stab und wird deshalb häufig in Form einer Stabseinheit organisiert. Um schnelle und effiziente Entscheidungen herbeizuführen, kann diese Stabsstelle im Widerspruch zum Stabskonzept jedoch auch mit Entscheidungskompetenzen ausgestattet werden, so dass die Unternehmungsleitung nicht mehr alle Entscheidungen treffen muss.[96] Eine eigenständige M&A-Abteilung kann auch als Zentralbereich oder als Geschäftsbereich organisiert sein.[97] In einem Zentralbereich sind Steuerungs- und Unterstützungsaufgaben organisatorisch zusammengefasst.[98] Anhand des Grades an Entscheidungszentralisation und Verrichtungskonzentration können die M&A-Aufgaben in verschiedenen Aufgabenbündeln zusammengefasst werden, die dann von den jeweils entsprechenden Formen von Zentralbereichen bearbeitet werden.[99] Da ein Zentralbereich mit den notwendigen Kompetenzen ausgestattet ist, kann er den M&A-Prozess in dem vom Topmanagement vorgegebenen Rahmen weitgehend selbstständig steuern und vorantreiben.[100] Sowohl bei der Organisationsform Stab als auch beim Zentralbereich stellt sich allerdings die

---

[91] Vgl. Vogel [M&A 2002], S. 105; Thommen/Sauermann [Lösungskonzepte 1999], S. 319; Müller-Stewens/Schreiber [Anbindung 1993], S. 277.
[92] Vgl. Sieben/Sielaff [Unternehmensakquisition 1989], S. 22f.
[93] Vgl. Krüger [Organisation 2005], S. 174.
[94] Vgl. Wirtz [Mergers 2003], S. 162.
[95] Vgl. o.V. [Akquisitionen 2004], S. 16 sowie Ashkenas/De Monaco/Francis [GE 1998].
[96] Vgl. Thommen/Sauermann [Lösungskonzepte 1999], S. 319.
[97] Vgl. hierzu und im Folgenden Vogel [M&A 2002], S. 107f.
[98] Vgl. Krüger [Organisation 2005], S. 174f.
[99] Vgl. Borowicz [M&A-Aufbauorganisation 2006], S. 174ff.
[100] Vgl. Müller-Stewens/Schreiber [Anbindung 1993], S. 279f.

Einordnung und begriffliche Abgrenzung 23

mangelnde Akzeptanz in der Linienorganisation als Problem dar, wenn es um die Umsetzung von Entscheidungen geht. Eine eigene M&A-Abteilung kann schließlich auch als eigenständiger Geschäftsbereich ausgegliedert werden. Eine solche rechtlich selbstständige Einheit kann ihre Dienstleistungen auch am Markt anbieten. Unabhängig von der konkreten Ausgestaltung benötigt eine eigenständige M&A-Abteilung neben Entscheidungs- und Weisungsrechten eine ausreichende personelle und finanzielle Ausstattung, um den gesamten M&A-Prozess mit all seinen Teilschritten eigenständig ausführen zu können.[101]

Für kleinere und überschaubare M&A-Vorhaben eignet sich die Verankerung des M&A-Managements in bereits bestehenden **Fachabteilungen**. Dafür eignen sich insbesondere die Abteilungen Unternehmungsentwicklung, Controlling, Finanz- und Rechnungswesen, Personal, Recht und Steuern, die die M&A-Aktivitäten alleine neben ihrem Tagesgeschäft erledigen.[102] Wird eine größere Transaktion durchgeführt, die eine Abteilung alleine nicht beherrschen kann, werden mehrere der genannten Abteilungen mit dem Management der Transaktion beauftragt. Diese unterschiedlichen Abteilungen werden entsprechend ihrer Kompetenzen und Aufgabengebiete eingesetzt und von einem übergeordneten Lenkungsgremium gesteuert. Zur erfolgreichen Umsetzung des M&A-Managements müssen die Mitarbeiter der beteiligten Fachabteilungen über die notwendigen fachlichen Qualifikationen verfügen und mit Entscheidungs- und Weisungsbefugnissen gegenüber der Linienorganisation ausgestattet werden.[103] Die Abteilungen sind aufgrund ihrer Kompetenzen für die Bearbeitung unterschiedlicher Aufgaben prädestiniert. Während die Abteilung Unternehmungsentwicklung in die Strategieformulierungsphase und die Suche nach passenden Targets eingebunden wird, übernimmt die Abteilung Controlling zusammen mit dem Finanz- und Rechnungswesen eine führende Rolle in der Transaktionsdurchführung und in der abschließenden Erfolgskontrolle.[104] Die Integration wird in dieser Organisationsform oft von der Personalabteilung geleitet, weil u.a. Personalveränderungsmaßnahmen durchzuführen sind. Zur Erreichung der angestrebten Synergien werden die entsprechenden operativen Abteilungen mit eingebunden.[105]

Die Verankerung des **M&A-Managements in operativen Bereichen** stellt eine weitere Organisationsform dar. Sie ist dann zweckmäßig, wenn durch die M&A-

---

[101] Vgl. Wirtz [Mergers 2003], S. 163.
[102] Vgl. Vogel [M&A 2002], S. 106.
[103] Vgl. Wirtz [Mergers 2003], S. 163.
[104] Vgl. Thommen/Sauermann [Lösungskonzepte 1999], S. 319.
[105] Vgl. Vogel [M&A 2002], S. 106.

Transaktion überwiegend einzelne Geschäftsbereiche der Unternehmung gestärkt werden sollen.[106] In diesem Fall übernimmt der betroffene Geschäftsbereich die Steuerung der gesamten M&A-Aktivitäten zusätzlich zu seinen Aufgaben im Tagesgeschäft. Zur Unterstützung des operativen Geschäftsbereichs werden die entsprechenden Fachabteilungen der Mutterunternehmung und des eigenen Bereichs für Spezialaufgaben mit in den Prozess einbezogen. Der Vorteil dieser Organisationsform besteht darin, dass derjenige Geschäftsbereich die M&A-Aktivitäten steuert und verantwortet, der von der Akquisition betroffen ist und in dem die angestrebten Synergien erzielt werden sollen. Dementsprechend können die Integrationstätigkeiten optimal auf die Anforderungen des Geschäftsbereichs abgestimmt werden. Allerdings kann es hierbei jedoch zu Interessenskonflikten kommen, wenn die Leitung des Geschäftsbereichs nicht in die Akquisitionsentscheidung und die Entscheidung über das Target eingebunden wurde und die Akquisition nicht in die Planungen des Geschäftsbereichs passt.[107]

Diese vier alternativen Organisationsformen werden jeweils aus Einheiten der Primärorganisation gebildet, die Bewältigung der M&A-Aufgaben erfolgt also mit Ausnahme der Organisationsform der eigenständigen M&A-Abteilung neben dem Tagesgeschäft der beauftragten Einheit. Da es sich bei Mergers and Acquisitions jedoch um komplexe und ressourcenintensive Vorhaben handelt, deren strategische Bedeutung für die Entwicklung der Unternehmung besonders hoch ist, wird in der Literatur die Einrichtung einer **M&A-Projektorganisation** empfohlen, die die Steuerung des kompletten Prozesses verantwortet.[108] Dazu wird für die Dauer der Akquisition eine Sekundärstruktur neben der Linienorganisation eingerichtet, in die Mitarbeiter und Spezialisten mit Führungs- und Organisationserfahrung dauerhaft entsendet werden.[109] Neben der Möglichkeit der Auflösung der Projektorganisation am Ende des Prozesses erfolgt in vielen Fällen eine Überführung der Projektorganisation in die Organisation der integrierten Unternehmung.[110] Dazu ist es sinnvoll, in der Projektorganisation bereits solche Mitarbeiter einzusetzen, die in der späteren Linienorganisation der neuen Unter-

---

[106] Vgl. Wirtz [Mergers 2003], S. 163.
[107] Vgl. Vogel [M&A 2002], S. 107.
[108] Vgl. Krüger [Akquisitionsprojekte 1988], S. 374; Sieben/Sielaff [Unternehmensakquisition 1989], S. 22f.; Gomez/Weber [Akquisitionsstrategie 1989], S. 46ff.; Koch [Merger 2000], S. 353ff.; Lucks/Meckl [Mergers 2002], S. 285ff.; Wirtz [Mergers 2003], S. 161; Kolisch [Projektmanagement 2003], S. 205; Meckl [Organisation 2006], S. 413ff.
[109] Vgl. Gomez/Weber [Akquisitionsstrategie 1989], S. 46f.; Krüger [Post-Merger-Integration 2006], S. 815. Vgl. zum Unterschied zwischen Primär- und Sekundärorganisation Krüger [Organisation 1994], S. 41ff.
[110] Vgl. Lucks/Meckl [Mergers 2002], S. 285.

Einordnung und begriffliche Abgrenzung 25

nehmung eine Führungsposition übernehmen sollen.[111] Daneben sollten Fachexperten aus den Bereichen Unternehmungsentwicklung, Controlling, Finanz- und Rechnungswesen, Steuern, Recht, Marketing und Produktion sowie ein Mitglied der Geschäftsleitung vertreten sein.[112] Um das Akquisitionsvorhaben erfolg-reich planen, steuern und umsetzen zu können, benötigt die Projektorganisation eine größtmögliche Unabhängigkeit und gleichzeitig Weisungsbefugnisse gegenüber Linienfunktionen. Zudem sind eine ausreichende Budgetausstattung sowie die Unterstützung durch das Topmanagement unabdingbar.

Die organisatorische Ausgestaltung der Projektorganisation in den einzelnen M&A-Phasen orientiert sich an den unterschiedlichen Aufgabenstellungen, die in den jeweiligen Phasen des M&A-Vorhabens zu bearbeiten sind.[113] In der Pre Merger und der Transaktionsphase findet nur eine geringe Interaktion der Projektorganisation mit den Linienorganisationen der beteiligten Unternehmungen statt, während in der Integrationsphase die Projektaufgaben eng mit der Linienorganisation verzahnt sind.[114] Abbildung B-3 zeigt den **Aufbau einer M&A-Projektorganisation in der Pre Merger Phase**:

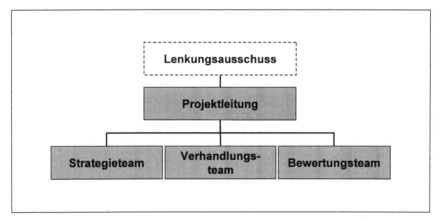

Abb. B-3: M&A-Projektorganisation in der Pre Merger Phase[115]

---

[111] Vgl. Gomez/Weber [Akquisitionsstrategie 1989], S. 46 sowie Wirtz [Mergers 2003], S. 161.
[112] Vgl. Müller-Stewens/Schreiber [Anbindung 1993], S. 278.
[113] Vgl. hierzu Abschnitt B.1.1.3, S. 17ff. sowie Brehm/Hackmann [Unternehmensintegrationen 2005], S. 18ff.
[114] Vgl. Kolisch [Projektmanagement 2003], S. 205.
[115] In Anlehnung an Lucks/Meckl [Mergers 2002], S. 285.

Die sich im weiteren Verlauf der M&A-Transaktion ergebenden Verlagerungen der Aufgabenschwerpunkte in den einzelnen Phasen des M&A-Prozesses führen zu Veränderungen im Aufbau der M&A-Projektorganisation. Dies gilt insbesondere für die Projektorganisation in der Integrationsphase, in der schließlich die komplexen Integrationsaufgaben zu lösen sind. Aus diesem Grund wird die organisatorische Ausgestaltung der **Projektorganisation in der Integrationsphase** ausführlich in Abschnitt D.1 behandelt.

Trotz dieser Verlagerung der Aufgabenschwerpunkte in den verschiedenen Stadien der Projektorganisation empfiehlt sich jedoch die Aufrechterhaltung von personeller Kontinuität, speziell auf der Ebene der Projektleitung. Auf diese Weise kann Einheitlichkeit und Stetigkeit in der Steuerung des gesamten M&A-Prozesses sichergestellt werden.

Die Aufgabe der M&A-Organisation in der **Pre Merger und der Transaktionsphase** besteht in der Anbahnung und Ingangsetzung des Zusammenschlusses. Die Projektleitung wird dabei von Stabsstellen wie z.B. einer M&A-Abteilung oder der Abteilung für Unternehmungsentwicklung unterstützt. Es müssen eine Strategie entwickelt sowie geeignete Targets identifiziert und bewertet werden. Diese Teilaufgaben werden von einzelnen Projektteams bearbeitet. Nachdem mit diesen vorbereitenden Aufgaben das Integrationsdesign erarbeitet wurde und die Pre Merger Phase abgeschlossen ist,[116] ergeben sich in der Transaktionsphase andere Aufgabenstellungen für die M&A-Organisation, an die sie sich anpassen muss. Der Schwerpunkt liegt hierbei auf den Kaufverhandlungen und auf dem Closing. Dies bedeutet, dass einige Teilprojekte aus der Pre Merger Phase nicht mehr benötigt werden und andere hinzukommen. Auf diesem Wege kommt die Weiterentwicklung der Projektorganisation in Gang. Einzelne Teilprojektleiter und -mitarbeiter scheiden aus der Projektorganisation aus oder übernehmen andere Aufgaben. Andere wiederum bleiben ihren Teams und Aufgaben erhalten und bekommen evtl. noch weitere Teammitglieder hinzu.

Diese organisatorischen Veränderungen der M&A-Projektorganisation setzen sich auch beim Übergang in die **Post Merger Phase**, in der die Integration stattfindet, weiter fort.[117] In der Pre Merger Phase ist vom Strategieteam ein umfassender Integrationsplan erarbeitet worden, der die Zielorganisation, die zukünftigen Führungskräfte und einen konkreten Umsetzungsplan mit Meilensteinen enthält. Dabei ist es sinnvoll, die Struktur der Projektorganisation an die Zielorganisation der neuen Unternehmung

---

[116] Vgl. zum Integrationsdesign Koch [Merger 2000], S. 343ff.
[117] Vgl. zur M&A-Projektorganisation in der Integrationsphase Abschnitt D.1.1, S. 163ff.

Einordnung und begriffliche Abgrenzung

auszurichten und die zukünftigen Bereichsleiter mit der Teilprojektleitung zu beauftragen.[118] Aufgabe der Projektorganisation in der Integrationsphase ist die Schaffung der integrierten Organisation durch Umsetzung des in der Pre Merger Phase erarbeiteten Integrationsplans. Zur Unterstützung der Projektleitung wird ein Integrationsbüro eingerichtet, das die operative Koordination der Teilprojekte verantwortet.[119] Die Intensität der nun anstehenden Integrationsaufgaben ist abhängig vom Integrationsansatz.[120] Bei einem mittleren bis hohen Integrationsgrad, wenn also eine Symbiose oder eine Absorption angestrebt werden, erfolgt eine intensivere Zusammenführung der beteiligten Organisationen als bei einem niedrigen Integrationsgrad, wenn eine Stand alone-Struktur den Zielzustand darstellt. Für die Aufgaben in den jeweiligen Integrationsfeldern sind eigenständige Teilprojektteams zu bilden, deren Ausrichtung auf die M&A-Strategie und -Ziele sichergestellt werden muss.[121] Die Teammitglieder übernehmen dabei die Rolle von Fachexperten.

Im Rahmen der sich an die Integrationsphase anschließenden **Geschäftssteuerung** besteht die Aufgabe der Projektorganisation schließlich darin, den schwierigen Übergang von Integration in Tagesgeschäft zu managen und in der Anfangsphase zu begleiten. Das Hauptziel besteht darin, die Funktionsfähigkeit der neuen Organisation im Tagesgeschäft sicherzustellen. Die Projektorganisation, insbesondere das Integrationsbüro und die Projektleitung, kann dazu noch eine gewisse Zeit mit reduzierter Personalausstattung bestehen bleiben, um den integrierten Einheiten bei der Überwindung letzter Probleme zur Seite zu stehen.

Abschließend gibt Abbildung B-4 einen Überblick über die Aufgaben der M&A-Projektorganisation:

---

[118] Vgl. Gomez/Weber [Akquisitionsstrategie 1989], S. 46.
[119] Vgl. zum Integrationsbüro Abschnitt D.1.2, S. 170ff.
[120] Vgl. zum Integrationsansatz Abschnitt C.1.3, S. 87ff.
[121] Vgl. Koch [Merger 2000], S. 355.

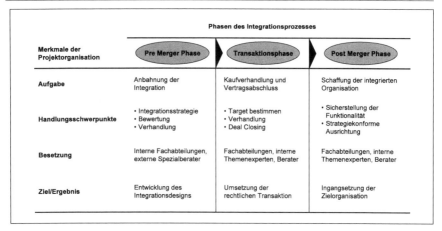

Abb. B-4: Merkmale der Projektorganisation in den Integrationsphasen

1.2 Post Merger Integration

1.2.1 Zum Integrationsbegriff

Der Begriff der **Integration** kann etymologisch aus dem lateinischen „integrare" (vervollständigen) und „integratio" (Wiederherstellung eines Ganzen) abgeleitet werden.[122] Lehmann definiert Integration als „Kennzeichnung eines Vorgangs (bzw. seines Ereignisses) [..], durch den aus sich gegenseitig ergänzenden Teilen eine neue umfassende Einheit geschaffen wird"[123]. Anhand dieser Begriffsdefinition kann festgestellt werden, dass Integration erst dann einen Sinn erhält, wenn sie in Relation zu einem Bezugsobjekt gestellt wird. **Mit Integration wird somit immer die Integration eines Objektes und damit die Zusammenführung von mehreren Objekten zu einem Ganzen bezeichnet.**[124] Die einzelnen Objekte werden dabei geplant wechselseitig aufeinander bezogen, um ihre jeweiligen Einzelprobleme im Sinne eines Gesamtoptimums lösen zu können.[125] In diesem Begriffsverständnis ist Integration deutlich von der Koordination abzugrenzen, mit der die Abstimmung von Einzelaktivitäten auf ein Ziel bezeichnet wird.[126]

Aus sozialwissenschaftlicher Perspektive wird mit dem Begriff der Integration einerseits ein Prozess der Zusammenführung verschiedener differenzierter Teile zu einer

---

[122] Vgl. Pfeiffer [Wörterbuch 1993].
[123] Lehmann [Integration 1980], Sp. 976.
[124] Vgl. Schuster [Integration 2005], S. 14.
[125] Vgl. Krüger [Organisation 2005], S. 145.
[126] Vgl. Frese [Koordinationskonzepte 1989], Sp. 913.

Gesamtheit bezeichnet, der aufgrund von Komplexität des Systems und zunehmender funktionaler Differenzierung notwendig ist.[127] Je stärker diese beiden Merkmale in einem System bzw. einer Organisation ausgeprägt sind, desto schwieriger ist es, die verschiedenen interdependenten Teile bzgl. ihrer Handlungen und im Hinblick auf das Gesamtsystem aufeinander abzustimmen.[128] Integration stellt in diesem Fall einen Mechanismus zur Verfügung, mit dessen Hilfe die Funktionsfähigkeit eines differenzierten Systems aufrechterhalten und gesteuert werden kann, indem die einzelnen Teile auf bestimmte Handlungsoptionen verzichten und der neuen Gesamtheit damit eine bessere Entwicklung erlauben.[129] Andererseits sieht die Soziologie in der Integration einen Zustand des Zusammenhalts von sozialen Gruppen. In diesem Fall wird die Integration als das Ergebnis des Prozesses der Integration aufgefasst und beschreibt den Grad des Zusammenhalts einer Gruppe.[130]

1.2.2 Notwendigkeit und Zweck des betriebswirtschaftlichen Phänomens Integration

Aus betriebswirtschaftlicher und organisationstheoretischer Perspektive umfasst das Thema Integration alle Managementherausforderungen, die sich mit der Zusammenführung von vormals eigenständigen Organisationen bzw. Unternehmungen befassen. Damit ist das Thema Integration auch für den **Managementbereich Mergers and Acquisitions** relevant. Im Zuge von Unternehmungszusammenschlüssen müssen regelmäßig einzelne Unternehmungsbereiche oder ganze Unternehmungen miteinander zu einer neuen Unternehmung verbunden werden.[131] Die Zusammenführung von Unternehmungen im Anschluss an eine M&A-Transaktion wird demzufolge als **Post Merger Integration** bezeichnet und bildet den Aufgabenschwerpunkt in der Post Merger Phase.[132]

Zur Konkretisierung der Post Merger Integration sind die Merkmale Integrationsobjekt, Integrationssubjekt, Integrationsziel sowie die eingesetzten Mittel zu differenzieren.[133] Unter dem **Integrationsobjekt** werden im Allgemeinen die beteiligten Unternehmungen verstanden sowie einzelne Handlungsfelder der Integration bzw. Ressou-

---

[127] Vgl. zum Folgenden Schuster [Integration 2005], S. 16f.
[128] Vgl. Luhmann [Legitimation 1983], S. 242.
[129] Vgl. Willke [Idee 1996], S. 238; Schuster [Integration 2005], S. 17.
[130] Vgl. Schuster [Integration 2005], S. 19. Dieses Integrationsverständnis wird in der Literatur auch als Kohäsion bezeichnet, vgl. Rosenstiel [Organisationspsychologie 2003], S. 280f.
[131] Vgl. hierzu und zum Folgenden Schuster [Integration 2005], S. 20ff.
[132] Vgl. Abschnitt B.1.1.3, S. 17ff.
[133] Vgl. Bauch [Integration 2004], S. 42f., die auf den Seiten 44f. eine Übersicht über Integrationsdefinitionen gibt.

cen. Das Management und die Mitarbeiter der beteiligten Unternehmungen werden als **Integrationssubjekte** bezeichnet. Das **Integrationsziel** besteht in der Realisierung von Wertsteigerungen. Schließlich erfolgt die Umsetzung der Integration allgemein mit dem **Mittel** der Interaktion zwischen Management und Mitarbeitern der beteiligten Unternehmungen. Dabei wird regelmäßig ein planerisch gestaltendes Vorgehen gewählt.

Im Kontext der vorliegenden Arbeit wird die **Post Merger Integration** als eigenständiger, rationaler Prozess verstanden, in dem zielorientierte Maßnahmen zur Zusammenführung zweier Unternehmungen zu einer funktionierenden neuen Unternehmung mit dem Zweck der Erzielung von ökonomischen Vorteilen koordiniert umgesetzt werden.[134]

Die Post Merger Integration hat eine herausragende Bedeutung für den Erfolg der gesamten M&A-Transaktion.[135] In der Pre Merger Phase und der Transaktionsphase werden die notwenigen Voraussetzungen geschaffen, um durch Umsetzung der Integrationsmaßnahmen in der Post Merger Phase die Akquisitionsziele erreichen und Synergien realisieren zu können.[136]

Damit stellt die Post Merger Integration eine komplexe Aufgabe dar, bei der verschiedene Aspekte berücksichtigt werden müssen, um die angestrebten Wertzuwächse erreichen zu können.[137] Die Integration muss auf verschiedenen Feldern stattfinden, die teilweise aufeinander aufbauen.[138] Dem **Integrationsfeld Strategie** kommt dabei die Aufgabe zu, die Wettbewerbsstrategien der beteiligten Unternehmungen aufeinander abzustimmen und eine gemeinsame Strategie für die integrierte Unternehmung zu finden. Damit bildet dieses Integrationsfeld den Ausgangspunkt für die übrigen Integrationsfelder, denn alle dort umzusetzenden Maßnahmen müssen sich an den strategischen Vorgaben orientieren. Insbesondere die Organisation dient zur Umsetzung der strategischen Vorgaben, so dass im **Integrationsfeld Organisation** die strategieorientierte Entwicklung der Strukturen und Prozesse der neuen Unternehmung durch Zusammenführung der Organisationen der beteiligten Unternehmungen erfolgt. Die Maßnahmen

---

[134] Vgl. Scheiter [Integration 1989], S. 7; Hase [Integration 1996], S. 19; Dabui [Postmerger-Management 1998], S. 24; Bauch [Integration 2004], S. 47 sowie Grewe [Integration 2005], S. 25f.
[135] Vgl. Frank [Erfolgsfaktoren 1993], S. 135.
[136] Vgl. Schuster [Integration 2005], S. 23.
[137] Vgl. Jansen [Mergers 2001], S. 236.
[138] Vgl. zu den Integrationsfeldern bspw. Brockhaus [Success 1975], S. 41ff.; Krüger [Akquisitionsprojekte 1988], S. 373; Hase [Integration 1996], S. 75ff.; Sommer [Integration 1996], S. 153ff.; Hagemann [Unternehmensentwicklung 1996], S. 108ff.; Werner [Integration 1999], S. 332; Bishop/Martens [Post-Merger-Integration 2006], S. 1050f.

im **Integrationsfeld Personal** zielen darauf ab, das Wissen und die Fähigkeiten der Führungskräfte und Mitarbeiter der beteiligten Unternehmungen in die neue Organisation zu integrieren. Zudem kommen Personalentwicklungsmaßnahmen sowie Anreizsysteme zur Anwendung, um Motivation und Verhalten aller Mitarbeiter so zu beeinflussen, dass die Integrationsziele erreicht werden können. Das **Integrationsfeld Kultur** befasst sich mit der Zusammenführung der vormals unterschiedlichen Unternehmungskulturen. Dies ist eine besonders schwierige Aufgabe, denn eine nicht passende Kultur kann erhebliche Auswirkungen auf den Erfolg der Integrationsmaßnahmen haben und Veränderungen blockieren. Schließlich werden im **Integrationsfeld Operation** die materiellen Realisationspotenziale der beteiligten Unternehmungen zusammengeführt.[139]

Neben der Relevanz für M&A-Transaktionen hat das Thema Integration des Weiteren eine hohe Bedeutung für den **Managementbereich Reorganisation**, denn Reorganisationen im Zuge von Unternehmungswandel finden in der Unternehmungspraxis häufiger statt.[140] In diesem Kontext dient Integration der Umsetzung eines neuen Organisationsmodells in die Organisationsrealität. Hierbei steht die Überwindung von organisatorischem Widerstand als zentrale Herausforderung des Wandels im Vordergrund.[141] Diese Sichtweise der Integration ist jedoch nicht Gegenstand der vorliegenden Arbeit.

1.2.3 Strategiefokussierte Integration der Organisationen im Anschluss an Mergers and Acquisitions

Externes Unternehmungswachstum in Form von Mergers and Acquisitions dient dazu, strategische Ziele zu erreichen. Die Integrationsziele lassen sich damit idealtypisch aus der Unternehmungsstrategie ableiten.[142] Zur Umsetzung der Strategie müssen Erfolgspositionen und Erfolgspotenziale gehalten oder verändert werden.[143] Dies kann nur durch Maßnahmen im **Integrationsfeld Organisation** erreicht werden, mit denen die angestrebten Integrationsziele nachhaltig erreicht werden können.[144] Dabei orientiert sich die Anpassung der Strukturen und Prozesse in den beteiligten Unternehmungen inhaltlich an der vorgelagerten strategischen Integration. Die in diesem Integrationsfeld definierten Ziele dienen somit als Vorlage für die strategiefokussierte Integration

---

[139] Vgl. zu einer ausführlichen Herleitung und Diskussion der Integrationsfelder C.1.4, S. 104ff.
[140] Vgl. hierzu Schuster [Integration 2005], S. 25ff.
[141] Vgl. zu Widerständen als Herausforderung des Wandels Kieser/Hegele/Klimmer [Wandel 1998], S. 123ff. sowie zum Management des Unternehmungswandels Krüger [Hrsg. 2006].
[142] Vgl. Schäfer [Integrationscontrolling 2001], S. 31; Hoyningen-Huene [Integration 2004], S. 121.
[143] Vgl. Krüger [Erneuerung 2006], S. 50f.
[144] Vgl. Hoyningen-Huene [Integration 2004], S. 172; Trautwein [Motives 1990], S. 290.

der Organisationen.[145] Aus diesem Grund ist die Integration der Organisation überaus bedeutsam für den Erfolg eines Unternehmungszusammenschlusses.

Mit M&A-Transaktionen werden grundsätzlich drei strategische Stoßrichtungen unterschieden.[146] Das erste strategische Ziel, das mit M&A verfolgt wird, ist die **Stärkung des Kerngeschäfts** der akquirierenden Unternehmung. Dazu müssen die Fähigkeiten der Unternehmung, auf denen ihre Wettbewerbsposition basiert, erweitert bzw. verbessert werden. Diese strategische Stoßrichtung kommt häufig bei horizontalen Unternehmungszusammenschlüssen zur Anwendung, um Größen- oder Verbundvorteile zu erreichen. Alternativ dazu kann das Ziel in der **Erweiterung des Kerngeschäfts** liegen. Dabei werden entweder die vorhandenen Fähigkeiten der Unternehmung in verwandten Geschäftsfeldern eingesetzt oder neue Fähigkeiten in bestehenden Geschäftsfeldern angewendet. Die dritte strategische Stoßrichtung besteht in der **Erschließung neuer Geschäftsfelder**. In diesem Fall stößt die Unternehmung in komplett neue Geschäftsfelder vor, in denen auch vollkommen neue Fähigkeiten benötigt werden. Diese strategische Alternative wird zum einen angewendet, wenn die akquirierende Unternehmung ihr Kerngeschäft durch Fähigkeiten stärken möchte, die erst langfristig benötigt werden. Zum andern werden hierbei allgemeine Management-Fähigkeiten zur Förderung der akquirierten Unternehmung eingesetzt.

In Abhängigkeit von der gewählten strategischen Stoßrichtung muss die Entscheidung über den **Integrationsgrad** getroffen werden.[147] Dabei wird bei der Verfolgung der Strategie der Stärkung des Kerngeschäfts ein **hoher Integrationsgrad** empfohlen, da durch eine Zusammenführung aller Funktionsbereiche der beteiligten Unternehmungen Größenvorteile (Economies of Scale) erreicht werden können. Strebt die akquirierende Unternehmung mit der M&A-Transaktion dagegen die Erweiterung des Kerngeschäfts an, bietet sich ein **mittlerer bis hoher Integrationsgrad** an. Bei diesem Ansatz werden die jeweils besten Funktionen der beteiligten Unternehmungen integriert und redundante Funktionen zentralisiert. Schließlich wird ein **geringer Integrationsgrad** empfohlen, wenn das Ziel des Zusammenschlusses in der Erschließung neuer Geschäftsfelder liegt. Dieser ist durch eine hohe Autonomie der erworbenen Unter-

---

[145] Vgl. hierzu und im Folgenden Lucks/Meckl [Mergers 2002], S. 94. Dies ergibt sich aus CHANDLERS Postulat „structure follows strategy", vgl. Chandler [Strategy 1962], S. 383ff.
[146] Vgl. hierzu und im Folgenden Haspeslagh/Jemison [Akquisitionsmanagement 1992], S. 47ff.
[147] Vgl. Haspeslagh/Jemison [Akquisitionsmanagement 1992], S. 181ff. Die Autoren weisen jedoch auch darauf hin, dass die hier dargestellten Empfehlungen nicht immer anwendbar sind, da auch markt- und wettbewerbsbezogene Anforderungen zu berücksichtigen sind.

Theoretische Fundierung 33

nehmung und der damit verbundenen Erzielung von Holding-Effekten gekennzeichnet.[148]

Der Umfang der organisatorischen Integrationsmaßnahmen zur Umsetzung der Unternehmungs- bzw. M&A-Strategie ist somit abhängig vom Integrationsgrad. Je höher dieser ist, desto mehr muss für die neue Unternehmung eine neue Organisation gestaltet und umgesetzt werden, um die Ziele der M&A-Transaktion erreichen zu können. Bei einem geringen Integrationsgrad hingegen finden nur wenige Änderungen an den Strukturen und Prozessen der beteiligten Unternehmungen statt.

2 Theoretische Fundierung

2.1 Theoretische Erklärungsansätze für Mergers and Acquisitions

Zur **Erklärung** von Unternehmungszusammenschlüssen können verschiedene ökonomische **Theorien** herangezogen werden.[149] Insbesondere die Ansätze der neuen Institutionenökonomik, der Strategieforschung sowie der Portfoliotheorie sind im Zusammenhang mit Mergers and Acquisitions von Bedeutung. Aus diesen theoretischen Ansätzen können die Motive und Zielsetzungen von Mergers and Acquisitions abgeleitet werden.[150]

Die **neue Institutionenökonomik** versucht das Phänomen Unternehmungszusammenschlüsse zu erklären, indem sie davon ausgeht, dass die neoklassische Annahme von perfekten Märkten ohne Transaktionskosten nicht aufrecht zu erhalten ist und dass Institutionen, also Organisationen bzw. Unternehmungen, die Märkte aufgrund ihrer Unvollkommenheiten zu umgehen versuchen.[151] Dazu umfasst die neue Institutionenökonomik insgesamt drei Erklärungsansätze, die jeweils unterschiedliche Marktunvollkommenheiten erklären.[152] Der **Transaktionskostenansatz** befasst sich mit den Kosten, die bei der Abwicklung von Tauschbeziehungen auf Märkten anfallen.[153] Dabei fallen auf der einen Seite bei der Inanspruchnahme des Marktes externe Kosten in Form von Anbahnungs-, Vereinbarungs-, Kontroll-, Durchsetzungs- und Anpassungs-

---

[148] Vgl. Bauch [Integration 2004], S. 195ff.
[149] Vgl. hierzu und im Folgenden Wirtz [Mergers 2003], S. 23ff. sowie Jansen [Mergers 2001], S. 70ff.
[150] Zu den Motiven und Zielsetzungen vgl. Abschnitt B.1.1.2, S. 15.
[151] Vgl. Göbel [Institutionenökonomik 2002], S. 28ff.
[152] Der Property-Rights-Ansatz liefert jedoch keine Implikationen für Mergers and Acquisitions und wird somit hier nicht weiter erläutert, vgl. Wirtz [Mergers 2003], S. 25.
[153] Vgl. grundlegend zum Transaktionskostenansatz Coase [Firm 1937]; Williamson [Transaction-Cost 1979] und Williamson [Transaktionskostenökonomik 1996].

kosten an.[154] Auf der anderen Seite entstehen interne Transaktionskosten durch hierarchische Koordination in der Organisation der Unternehmung.[155] Transaktionen werden durch die Häufigkeit, mit der sie durchgeführt werden, den Grad der Spezifität der notwendigen Investitionen sowie die Unsicherheit in Bezug auf die relevante Umweltsituation gekennzeichnet.[156] Des Weiteren sind Eigenschaften der beteiligten Transaktionspartner für die Höhe der Transaktionskosten relevant. Dabei handelt es sich zum einen um die begrenzte Rationalität der Transaktionspartner. Diese ergibt sich daraus, dass die Transaktionspartner nicht vollkommen rational handeln können, weil sie aufgrund von individuellen Restriktionen nicht vollkommen informiert sind. Zum anderen zeichnen sich die Akteure durch potenziellen Opportunismus aus, da sie durch eigene Nutzenmaximierung Nachteile des anderen Transaktionspartners in Kauf nehmen.[157] Der Transaktionskostenansatz erklärt darüber hinaus die Existenz bzw. Sinnhaftigkeit von Organisationen bzw. Unternehmungen. Die Gründung einer Unternehmung ist demnach dann sinnvoll, wenn die Kosten der organisationsinternen Abwicklung von Transaktionen geringer sind als die Kosten bei Abwicklung über einen Markt.[158] Folglich wird die Abwicklung von Transaktionen solange intern erfolgen, bis die zusätzlichen Kosten einer weiteren Transaktion die Abwicklungskosten auf einem Markt übersteigen würden. An dieser Stelle ist die optimale Unternehmungsgröße erreicht.[159] Überträgt man diese Erkenntnisse auf den Erklärungsgegenstand **Mergers and Acquisitions**, ergibt sich daraus, dass Unternehmungszusammenschlüsse dann sinnvoll sind, wenn die Transaktionskosten innerhalb einer zusammengeschlossenen Unternehmung geringer sind, als wenn die Unternehmungen Transaktionen über einen Markt durchführen würden. Die akquirierende Unternehmung sollte aus diesem Grund diejenigen Bereiche der übernommenen Unternehmung weiterverkaufen, bei denen keine Transaktionskostenersparnisse möglich sind. Steigen im Zeitverlauf die internen Transaktionskosten relativ über die des Marktes, sollten die aus Sicht der Transaktionskosten ineffizienten Bereiche wieder veräußert werden.[160] Ferner sind Unternehmungszusammenschlüsse in Fällen von häufig wiederkehrenden und spezifischen Transaktio-

---

[154] Vgl. Picot [Transaktionskostenansatz 1982], S. 270.
[155] Vgl. zu der Unterscheidung von externen und internen Transaktionskosten Richter [Institutionenökonomik 1998], S. 323ff.
[156] Vgl. Williamson [Transaction-Cost 1979], S. 236 sowie Williamson [Transaktionskostenökonomik 1996], S. 13.
[157] Vgl. Picot/Reichwald/Wigand [Unternehmung 2003], S. 51.
[158] Vgl. Coase [Firm 1937].
[159] Vgl. Kräkel [Organisation 1999], S. 9.
[160] Vgl. Wirtz [Mergers 2003], S. 26f.

nen mit hoher Unsicherheit sinnvoll, um Unterinvestitionsprobleme und opportunistisches Verhalten des Transaktionspartners zu vermeiden.[161]

Der zweite Ansatz aus der neuen Institutionenökonomik zur Erklärung von Unternehmungszusammenschlüssen ist der **Principal-Agent-Ansatz**.[162] Dieser dient dazu, ökonomische Beziehungen, sog. Agency-Beziehungen, zwischen Unternehmungen zu analysieren, die durch asymmetrische Informationsverteilung sowie Unsicherheit über den Eintritt bestimmter Umweltzustände und die jeweiligen Verhaltensweisen der beteiligten Partner geprägt sind.[163] Diese Informationsasymmetrie kann durch eine optimale Vertragsgestaltung zwischen Prinicpal und Agent reduziert werden. Mithilfe des Principal-Agent-Ansatzes kann auf der einen Seite erklärt werden, wie aufgrund von Informationsasymmetrien Unternehmungszusammenschlüsse zustande kommen können. Auf der anderen Seite weisen die Principal-Agent-Beziehungen auf mögliche Probleme hin, die auf Seiten der akquirierenden Unternehmung zu beachten sind. Weiterhin werden Maßnahmen zur Überwindung dieser Probleme vorgeschlagen.[164]

Im Kontext von Unternehmungszusammenschlüssen sind verschiedene Arten von Agency-Beziehungen von Bedeutung. **Informationsasymmetrien, die vor dem Vertragsabschluss** (Hidden Information) bestehen,[165] entstehen zwischen Käuferunternehmung (Principal) und übernommener Unternehmung (Agent), da die übernommene Unternehmung über mehr Informationen über die eigene Situation verfügt als der potenzielle Käufer. Im Falle von Fusionen treten aus diesem Grund zweiseitige Agency-Beziehungen auf. Für die akquirierende Unternehmung besteht die Gefahr der systematischen Auswahl von schlechten Targets (Adverse Selection), da sie deren Qualität und den tatsächlichen Wert nicht einschätzen kann. Daraus ergibt sich für den Fall von Hidden Information, dass sowohl die akquirierende Unternehmung als auch die qualitativ überdurchschnittlichen Targets die Informationsasymmetrie reduzieren wollen. Die Käuferunternehmung will dadurch verhindern, eine schlechte Unternehmung zu kaufen, während die guten Targetunternehmungen einen hohen Übernahmepreis für sich erzielen wollen. Zur Überwindung dieser Probleme können seitens des Principal Screening-Maßnahmen und seitens der Agenten Signaling-Maßnahmen eingesetzt werden.[166]

---

[161] Vgl. Wirtz [Mergers 2003], S. 27ff. i.V.m. der dort zitierten Literatur.
[162] Vgl. grundlegend zum Principal-Agent-Ansatz Ross [Agency 1973]; Jensen/Meckling [Firm 1976] sowie Pratt/Zeckhauser [Hrsg. 1985].
[163] Vgl. Picot/Reichwald/Wigand [Unternehmung 2003], S. 55.
[164] Vgl. Wirtz [Mergers 2003], S. 35.
[165] Vgl. hierzu Wirtz [Mergers 2003], S. 31ff. i.V.m. der dort zitierten Literatur.
[166] Vgl. Kräkel [Organisation 1999], S. 28.

Daneben bestehen **Agency-Beziehungen durch Informationsasymmetrien nach Vertragsabschluss**[167] durch die Trennung von Eigentum und Kontrolle. Die angestellte Geschäftsführung verfügt über mehr Informationen über die Lage der Unternehmung als die Eigentümer, woraus sich Handlungsspielräume ergeben (Hidden Actions), die das Management opportunistisch ausnutzen kann (Moral Hazard). Im M&A-Kontext sind damit Handlungen des Managements angesprochen, die den Zielen der Eigentümer entgegenstehen, bspw. die Entfernung von Vermögensgegenständen aus der Unternehmung nach Abschluss der Zusammenschlussverhandlungen. Zur Überwindung des Moral Hazard-Problems können Kontroll- und Anreizsysteme installiert werden, mit deren Hilfe der Principal die Handlungen des besser informierten Agenten überwachen kann. Dies können z.b. eine ergebnisabhängig gestaffelte Kaufpreiszahlung oder vertraglich fixierte Sanktionen bei opportunistischem Verhalten bei Fusionen sein.

Neben den Ansätzen der neuen Institutionenökonomik sind auch im Rahmen der **Strategieforschung** Erklärungsansätze für Unternehmungszusammenschlüsse entstanden. Die Strategieforschung versucht, die langfristigen Erfolgsunterschiede zwischen Unternehmungen sowie die Gründe für die Entstehung dauerhafter strategiebedingter Renten zu erklären.[168] Im Rahmen der Strategieforschung können der marktorientierte Ansatz und der ressourcenorientierte Ansatz zur Erklärung von Mergers and Acquisitions herangezogen werden.

Der **marktorientierte Ansatz (market-based view)** geht auf die Arbeiten von Porter zurück.[169] Bei diesem Ansatz wird eine Outside in-Perspektive eingenommen, so dass nachhaltige, überdurchschnittliche Ergebnisse aufgrund von externen Einflüssen entstehen. Der nachhaltige Erfolg einer Unternehmung wird durch das Structure-Conduct-Performance-Paradigma[170] erklärt. Demnach resultiert der strategiebedingte Erfolg (Performance) zum einen aus der Struktur der Branche (Structure) und zum anderen aus dem strategischen Verhalten (Conduct) der Unternehmung in der Branche. Das Ziel einer Unternehmung besteht also darin, sich in einer Branche mit einer attraktiven Struktur zu positionieren. Die Attraktivität einer Branche kann wiederum anhand des Konzepts der Triebkräfte des Wettbewerbs gemessen werden.[171] Dieses Konzept besagt, dass die Branchenattraktivität von der Rivalität der Wettbewerber, der Verhand-

---

[167] Vgl. hierzu Wirtz [Mergers 2003], S. 33ff. i.V.m. der dort zitierten Literatur.
[168] Vgl. Müller-Stewens/Lechner [Management 2001], S. 102.
[169] Vgl. grundlegend zum marktorientierten Ansatz Porter [Strategy 1980] sowie Porter [Advantage 1985].
[170] Vgl. hierzu Mason [Price 1939] sowie Bain [Competition 1956].
[171] Vgl. hierzu und im Folgenden Porter [Wettbewerbsstrategie 1999], S. 33ff.

Theoretische Fundierung

lungsstärke der Lieferanten und Abnehmer sowie der Bedrohung durch neue Wettbewerber und Substitutionsprodukte bestimmt wird. Das Verhalten der Unternehmung in der Branche ergibt sich aus Anwendung von einer der beiden generischen Grundstrategien, woraus Wettbewerbsvorteile entstehen. Einerseits kann die Unternehmung mit der Strategie der Kostenführerschaft versuchen, aufgrund von geringeren Stückkosten als der Wettbewerb, bspw. durch Skaleneffekte, dauerhaft hohe Ergebnisse zu erzielen. Demgegenüber versucht die Unternehmung andererseits mit der Strategie der Differenzierung, sich durch das Angebot von einzigartigen Produkten nachhaltig von der Konkurrenz abzuheben und durch den damit verbundenen höheren Preis strategiebedingte Erfolge zu erreichen.

Im Kontext von Mergers and Acquisitions bedeutet dies, dass eine Unternehmung, die in eine attraktive Branche eintreten möchte, für die hohe Markteintrittsbarrieren vorhanden sind, durch Fusion oder Übernahme einer Unternehmung, die bereits in dieser Branche tätig ist, schnell in diesen Markt eintreten kann, ohne eigene Kapazitäten aufbauen zu müssen. Des Weiteren kann eine Unternehmung, die bisher nicht in der Lage war, überdurchschnittliche Erfolge zu erwirtschaften, durch M&A-Transaktionen eine der beiden generi-schen Grundstrategien umsetzen. Um die Kostenführerschaft zu erreichen, kann durch horizontale Zusammenschlüsse die zur Senkung der Produktionskosten notwendige Erweiterung der Produktionskapazitäten realisiert und gleichzeitig die Wettbewerbsintensität reduziert werden. Konglomerate Fusionen mit oder Übernahmen von bereits differenzierten Unternehmungen bieten dagegen die Möglichkeit, die Strategie der Differenzierung zu verfolgen und durch Abschöpfung der Preisprämie eine überdurchschnittliche Profitabilität zu erreichen.[172]

Der **ressourcenorientierte Ansatz (resource-based view)** fokussiert im Gegensatz zum marktorientierten Ansatz auf interne Faktoren in der Unternehmung.[173] Dabei wird zur Erklärung des nachhaltigen Erfolgs einer Unternehmung eine Inside out-Perspektive eingenommen, der Ansatz folgt somit dem Resource-Conduct-Performance-Paradigma.[174] Unter Unternehmungsressourcen werden alle materiellen und immateriellen Vermögensgegenstände und Einsatzfaktoren verstanden, über die die Unternehmung verfügt. Dabei können die immateriellen Ressourcen in personenungebundene und personengebundene Ressourcen unterschieden werden.[175]

---

[172] Vgl. Wirtz [Mergers 2003], S. 36f.
[173] Vgl. grundlegend zum ressourcenorientierten Ansatz Penrose [Growth 1959].
[174] Vgl. hierzu und im Folgenden Wirtz [Mergers 2003], S. 37ff.
[175] Vgl. Welge/Al-Laham [Management 2001], S. 254f.

Allerdings sollte der ressourcenorientierte Ansatz nicht als Gegenposition zum marktorientierten Ansatz gesehen werden, die beiden Ansätze sind vielmehr komplementär zu betrachten.[176] Dauerhafte Wettbewerbsvorteile und daraus resultierende überdurchschnittliche Erträge entstehen aus Sicht des ressourcenorientierten Ansatzes unter den Annahmen von unvollkommenen Faktormärkten und Ressourcenheterogenität aufgrund der Ressourcenausstattung der Unternehmung und der Ressourcenkombination. Dabei dürfen die Ressourcen nicht imitierbar und substituierbar sein, müssen unternehmungsspezifisch sein sowie dem Kunden einen zusätzlichen Nutzen im Vergleich mit anderen Angeboten bieten.[177]

Unternehmungszusammenschlüsse werden aus ressourcenorientierter Sicht durchgeführt, weil die notwendigen Ressourcen zur Erzielung von überdurchschnittlichen Erträgen nur mit sehr hohem Aufwand von einer Unternehmung selbst geschaffen werden können. Mit einer M&A-Transaktion können auf schnelle und einfache Weise attraktive Ressourcen erworben werden, so dass die akquirierende Unternehmung im Anschluss selber die überdurchschnittlichen Renditen erwirtschaften kann.[178]

Innerhalb des ressourcenorientierten Ansatzes können zwei Varianten unterschieden werden. Der **fähigkeitsorientierte Ansatz (capability-based view)** nennt unternehmungsspezifische Fähigkeiten als Quelle von Wettbewerbsvorteilen.[179] Als Fähigkeiten werden komplexe und dynamische Interaktions-, Koordinations- und Problemlösungsmuster einer Organisation bezeichnet.[180] Überdurchschnittliche Erträge resultieren aus der effizienten Kombination der Ressourcen der Unternehmung mit diesen personen- und organisationsbezogenen Fähigkeiten. Der Transfer solcher Fähigkeiten ist aufgrund ihrer Komplexität nicht möglich, so dass Unternehmungen versuchen, mithilfe von M&A-Transaktionen Zugriff auf diese Fähigkeiten zu erhalten. Die Diffusion dieser komplexen und spezifischen Fähigkeiten nach dem Zusammenschluss ist jedoch ein langwieriger Prozess.

Der **wissensorientierte Ansatz (knowledge-based view)** stellt die zweite Variante des ressourcenorientierten Ansatzes dar.[181] Diesem Ansatz zufolge entstehen überdurchschnittliche Renditen aufgrund der unterschiedlichen Ausstattung der Unternehmungen mit organisationalem Wissen. Dieses Wissen liegt entweder als explizites Wissen,

---

[176] Vgl. Hungenberg [Management 2008], S. 149f.
[177] Vgl. Müller-Stewens/Lechner [Management 2001], S. 278.
[178] Vgl. Wirtz [Mergers 2003], S. 43.
[179] Vgl. hierzu Wirtz [Mergers 2003], S. 44ff. i.V.m. der dort zitierten Literatur.
[180] Vgl. Müller-Stewens/Lechner [Management 2001], S. 279.
[181] Vgl. hierzu Wirtz [Mergers 2003], S. 46ff. i.V.m. der dort zitierten Literatur.

Theoretische Fundierung

das kodifizierbar, reproduzierbar und transferierbar ist, vor, oder als implizites Wissen, das nicht kodifizierbar und nicht transferierbar ist.[182] Des Weiteren kann zwischen dem individuellen Wissen von Personen, das sowohl explizit als auch implizit sein kann, und dem organisationalen Wissen unterschieden werden, das nur implizites Wissen in Form von kollektiven Problemlösungsverfahren umfasst.[183] M&A-Transaktionen sind in solchen Fällen sinnvoll, in denen eine Unternehmung über das kollektive Wissen einer anderen Unternehmung verfügen möchte, das fest in der Organisation verankert und somit nicht transferierbar ist. Analog zum fähigkeitsorientierten Ansatz ist auch bei Unternehmungszusammenschlüssen nach dem wissensorientierten Ansatz von Schwierigkeiten bei der Diffusion des Wissens auszugehen.

Abschließend stellt die **Portfoliotheorie** einen weiteren Erklärungsansatz für Mergers and Acquisitions zur Verfügung. Die Kernaussage der Portfoliotheorie besagt, dass das Risiko eines Anlageportfolios durch die Diversifizierung auf mehrere Investitionen, deren Risiken nicht positiv bzw. unkorreliert sind, verringert werden kann.[184] Dabei wird zwischen dem systematischen Marktrisiko und dem unsystematischen Risiko, das sich aus der spezifischen Investition ergibt, unterschieden. Nur das unsystematische Risiko kann durch Streuung reduziert werden.[185] Im Kontext von Mergers and Acquisitions ist der Ansatz der Portfoliotheorie für risikoaverse Unternehmungen sinnvoll, die das Risiko ihres Anlageportfolios verringern möchten. Um dieses Ziel zu erreichen, kann die Empfehlung abgeleitet werden, mit anderen Unternehmungen zu fusionieren bzw. diese zu übernehmen, wenn diese über ein deutlich abweichendes unsystematisches Risiko verfügen. Hinsichtlich dieser Empfehlung ist jedoch kritisch anzumerken, dass zum einen nicht für alle Investitionsmöglichkeiten aktuelle Risikodaten zur Verfügung stehen. Zum anderen werden andere Aspekte der Unternehmungsführung bei diesem Ansatz vollständig vernachlässigt. Eine Diversifikation aus Risikogründen ohne Berücksichtigung anderer relevanter Einflussgrößen kann unternehmerisch durchaus auch erfolglos bleiben.[186]

---

[182] Vgl. Kogut/Zander [Knowledge 1992], S. 386ff.
[183] Vgl. Nonaka [Knowledge 1994], S. 14ff.
[184] Vgl. grundlegend zur Portfoliotheorie Markowitz [Portfolio 1952].
[185] Vgl. Brealey/Myers/Allen [Finance 2008], S. 213ff.
[186] Vgl. hierzu Wirtz [Mergers 2003], S. 52f.

2.2 Theoriegerüst der Organisationsintegration

2.2.1 Systemtheorie als Orientierungsrahmen

Grundlage der organisatorischen Gestaltung im Rahmen der Post Merger Integration sind fünf Gestaltungsfragen der Organisation, deren theoretische Ableitung anhand der Systemtheorie und des strukturtechnischen Ansatzes erfolgt.

Die **Systemtheorie** bietet aufgrund ihres interdisziplinären Ansatzes die Möglichkeit, komplexe Zusammenhänge ganzheitlich zu untersuchen, zu erklären und eine Ordnung zu entdecken.[187] Im Laufe ihrer Entwicklung hat sie unterschiedliche Impulse auf die Organisationstheorien ausgeübt und dabei neue Perspektiven und Denkweisen angeregt. Obwohl sie selber jedoch nicht zu einer Organisationstheorie geworden ist, bildet sie deren Ausgangspunkt und damit ebenso eine Basis organisatorischer Fragestellungen.[188] Die im weiteren Verlauf dargestellte systemtheoretisch-kybernetisch orientierte Organisationstheorie kann aufgrund ihres interdisziplinären Ansatzes sowohl auf der Wissenschaftsebene als auch auf der Ebene der Organisationspraxis eine Ordnungsfunktion erfüllen. Damit kann sie also zur Lösung von Organisationsproblemen beitragen.[189]

Unter einem System soll im Folgenden eine gegenüber ihrer Umwelt (**Systemumwelt**) abgegrenzte **Gesamtheit von Elementen** verstanden werden, zwischen denen Beziehungen bestehen.[190] Elemente sind dabei die jeweils kleinsten zu unterscheidenden Einheiten, die innerhalb des Systems wiederum **Subsysteme** bilden können. Prägend für ein System sind die Verbindungen bzw. Beziehungen, die zwischen den Elementen und den Subsystemen bestehen, denn durch sie wird die **Struktur** des Systems bestimmt.[191] Durch die Anordnung der Elemente sowie ihre Beziehungen untereinander ergibt sich eine Systemhierarchie. Dabei kommt es jedoch nicht zwingend zu Über- oder Unterordnungsverhältnissen zwischen den Elementen, vielfach sind sie auch auf derselben Ebene angeordnet. Aus diesem Grunde wird im Folgenden begrifflich zwischen Element, Subsystem, System und Supersystem unterschieden.[192]

---

[187] Vgl. Vahs [Organisation 2005], S. 35; Steinmann/Schreyögg [Management 2005], S. 68ff.
[188] Vgl. Schreyögg [Organisation 2003], S. 83.
[189] Vgl. Lehmann [Organisationstheorie 1992], Sp. 1838.
[190] Vgl. Bertalanffy [Systemlehre 1972], S. 32.
[191] Vgl. Ulrich [Unternehmung 1970], S. 107ff.
[192] Vgl. Wolf [Organisation 2005], S. 127.

Theoretische Fundierung

Die Entwicklung der Systemtheorie erfolgte über mehrere Phasen.[193] In der ersten Entwicklungsstufe dominiert die Innenperspektive; Systeme werden also nur bzgl. ihrer inneren Ausgestaltung und vollkommen unabhängig von ihrer Umwelt untersucht und erklärt. Diese Sichtweise führt zu einer mechanistischen Systembetrachtung, bei der Systeme als Maschinen angesehen werden und durch einfache Kausalität und Linearität sowie vollständige Reversibilität charakterisiert sind. Unter der **Kausalität** eines Systems wird dabei die Eigenschaft verstanden, dass jede Wirkung auf eine Ursache zurückgeführt werden kann und jede Ursache nur eine Wirkung hat. **Linearität** beschreibt die Möglichkeit, aus einem bekannten Ausgangszustand den angestrebten Endzustand genau ableiten zu können. Auf diesen beiden Eigenschaften baut die **Reversibilität** auf, denn sie umschreibt die Tatsache, dass jede Systemoperation mit identischen Parametern beliebig oft wiederholbar ist und immer zum selben Ergebnis führt.[194] Solche Systeme werden als „einfache Input-Output-Systeme" oder „triviale Systeme" bezeichnet, die u.a. durch Berechenbarkeit gekennzeichnet sind.[195] Des Weiteren ergeben sich aus den Wechselwirkungen zwischen den Elementen und der Art der Beziehungen das Verhalten und die Eigenschaften des Systems.[196]

Im Rahmen des zweiten Entwicklungsschritts hat die Systemtheorie die Ergebnisse der Kybernetik mit in die Betrachtung aufgenommen. Damit erfolgte eine Erweiterung in Richtung der Steuerung und Regelung von Systemen. Die Anwendung auf die Betriebswirtschaftslehre liegt nahe, denn Organisationen – egal ob instrumentell oder institutionell betrachtet – bedürfen der Steuerung und Regelung, um ihre Ziele zu erreichen.[197] Der Grundgedanke der Kybernetik besteht darin, dass ein System immer vorher festgelegte Sollwerte anstrebt und bei Abweichungen autonom einen Prozess der Korrektur startet, um die Sollwerte wieder zu erreichen. Aus der Verknüpfung dieses Ansatzes mit der Systemtheorie hat sich eine paradigmatische Weiterentwicklung in der Organisationstheorie ergeben, die zur **systemtheoretisch-kybernetischen** Perspektive geführt hat. Die wesentliche Erweiterung liegt hier in der Einbeziehung des Verhältnisses zwischen dem System und seiner Umwelt und der daraus resultierenden Frage, wie das System in einer sich verändernden Umwelt Konstanz beweisen kann.[198] Damit ist Stabilität nicht mehr als dauerhafte Eigenschaft eines Systems definiert, son-

---

[193] Vgl. zur Entwicklung der Systemtheorie nachfolgend Schreyögg [Organisation 2003], S. 83ff. sowie Wolf [Organisation 2005], S. 128ff.
[194] Vgl. Mildenberger [Netzwerke 1998], S. 93.
[195] Vgl. Willke [Systemtheorie 2000], S. 39.
[196] Vgl. Grochla [Unternehmungsorganisation 1972], S. 16.
[197] Vgl. Schanz [Wissenschaftsprogramme 2004], S. 121.
[198] Vgl. Probst [Organisation 1992], S. 440f.

dern stellt ein permanent zu lösendes Problem dar.[199] Damit eng verbunden ist die Fähigkeit der **Systementwicklung**. Auf Basis der System-Umwelt-Beziehungen muss das System im Zeitablauf ein Stabilitätsniveau erreichen, aus dem heraus es Wachstum generieren kann.[200]

Die Einbeziehung der Umwelt in die Systembetrachtung erfordert eine deutliche Trennung des Systems von seiner Umwelt. Anhand der **Systemgrenze**, die als selektiver Mechanismus eine **Differenzierung** zwischen dem System und seiner Umwelt vornimmt, können interne und externe Interaktionen unterschieden werden.[201] Aus dieser Verbindung mit der Umwelt folgt, dass sich das System bei Veränderungen in der Umwelt immer wieder neu anpassen und den einen spezifischen Systemzustand, der als einziger zu der Umweltsituation passt, suchen und erreichen muss.[202] Der Anpassungsbegriff ist in diesem Begriffsverständnis reaktiv zu interpretieren, das System selber löst jedoch keine Veränderungen in der Umwelt aus.[203]

In der weiteren Entwicklung der Systemtheorie erfolgt die Aufnahme von Gedanken aus der funktionalistischen Denkrichtung, die den Zweck systemischer Strukturen und Prozesse erforscht. Die **Komplexität der Systemumwelt** stellt hier einen wesentlichen Bestandteil der Überlegungen dar, sie ist der Auslöser für organisatorische Veränderungen. Die Organisationsstruktur ist das Mittel, mithilfe dessen das System die Komplexität der Umwelt beherrschen kann. Dabei wird die Komplexität nur an den betroffenen Stellen im System direkt erfasst und verarbeitet, so dass nicht die Kraft des ganzen Systems benötigt wird. Es erfolgt somit eine arbeitsteilige Lösung des Problems innerhalb des Systems. Nur auf diese Weise kann das System seinen Bestand gewährleisten. Die Verarbeitung von Umweltkomplexität kann das System nur durch die Bildung von entsprechend komplexen internen Strukturen leisten, die einen Bezug zum Umsystem aufweisen. Jedoch muss dabei zur Wahrung der Identitäten die Grenze zwischen System und Umwelt aufrecht erhalten bleiben. Um eine bestmögliche Verarbeitung von komplexen Umwelten zu erreichen, bietet sich die **Bildung von Subsystemen** an, die jeweils nur einen Teil der Gesamtaufgabe arbeitsteilig erfüllen. Zudem gibt es Subsysteme, die als Puffer die Außeneinflüsse aufnehmen und damit die internen Subsysteme stabilisieren.[204] Die Bildung von Subsystemen stellt eine **funktionale Differenzierung** innerhalb des Systems dar und führt so zur Schaffung einer internen

---

[199] Vgl. Luhmann [Systemrationalität 1977], S. 155f. sowie Schreyögg [Organisation 2003], S. 84.
[200] Vgl. Brehm [Flexibilität 2003], S. 18; Schreyögg [Organisation 2003], S. 84.
[201] Vgl. Willke [Systemtheorie 2000], S. 41.
[202] Vgl. Luhmann [Systemrationalität 1977], S. 161.
[203] Vgl. Brehm [Flexibilität 2003], S. 18.
[204] Vgl. Schreyögg [Organisation 2003], S. 86 i.V.m. Luhmann [Systemrationalität 1977], S. 39ff.

Ordnung. Die dadurch unvermeidbar entstehenden wechselseitigen Interdependenzen zwischen den Subsystemen führen wiederum zur notwendigen Anwendung von Regelungen des Zusammenspiels der Subsysteme zu einem gemeinsamen Ganzen. Dies wird als **Integration** bezeichnet.[205]

Diese Betrachtung, in der sich das System der Umwelt anpasst, kann vor dem Hintergrund der neueren Systemtheorie und der Berücksichtigung der Theorie offener Systeme jedoch nicht weiter aufrecht erhalten werden. MAURER geht von einer **System-Umwelt-Interaktion** aus, bei der ein System von seiner Umwelt beeinflusst wird und sich anpassen muss, im Gegenzug aber selber auch gestaltende Wirkungen auf die Umwelt ausübt (auch als **Koevolution**[206] bezeichnet).[207] Die gestalterische Wirkung des Systems auf sein Umsystem entfaltet sich dabei im Rahmen der Interaktionen mit dem Umsystem. Ausgelöst werden die Systemaktionen jedoch nur noch durch das System selbst, da die Umwelt für das System keine positiv-instruierende Funktion mehr hat, sondern nur noch eine negativ-selektierende. Ursache der autonom gewählten Handlungen eines Systems ist die von der Systemumwelt bestimmte Ausgangssituation. Diese Systemhandlungen haben jedoch eine veränderte Systemumwelt zur Folge, die dann wiederum andere Ausgangsbedingungen für Folgehandlungen des Systems voraussetzt.[208] Um das System von seiner Umwelt abzugrenzen, müssen die Schnittstellen zur Umwelt an der Input- und an der Outputseite definiert werden. Das System ist zwar **operativ geschlossen**, an den Schnittstellen ist das System jedoch offen, und es bestehen Kopplungen zwischen ihm und seiner Umwelt.[209] Durch die Aufnahme von Umweltimpulsen an diesen Schnittstellen begibt sich das System in ein Abhängigkeitsverhältnis mit seiner Umwelt und kann sich gerade dadurch Autonomie und eine Identität schaffen, die für das Ziel der Selbsterhaltung und der Weiterentwicklung unabdingbar sind.[210] Diese Grenzziehung zwischen System und Umwelt ist das Ergebnis einer sozialen Konstruktion und wird vom System selbst erbracht. Erst durch diese Abgrenzung ist es möglich, bestimmte Handlungsmuster zu entwickeln, mithilfe derer die Komplexität bewältigt werden kann. Das Phänomen, dass das System das selbst erzeugte Raster allen folgenden Handlungen zugrunde legt, wird als **Selbstreferenz** bezeichnet. Alle Systemoperationen beziehen sich also auf sich selbst. Die Schlussfol-

---

[205] Vgl. Willke [Systemtheorie 2000], S. 86 i.V.m. ders. S. 106 sowie Luhmann [Gesellschaft 1997], S. 601ff.
[206] Vgl. zur Koevolution Brehm [Flexibilität 2003], S. 93ff. und die dort angegebene Literatur.
[207] Vgl. Maurer [Introduction 1971], S. 6.
[208] Vgl. Mildenberger [Netzwerke 1998], S. 99f.
[209] Vgl. zur operativen Geschlossenheit bspw. Luhmann [Organisation 2000], S. 51f., Willke [Systemtheorie 2000], S. 57.
[210] Vgl. Luhmann [Gesellschaft 1997], S. 64.

gerung für ein System besteht daher darin, dass es sich erst von der Umwelt abgrenzen muss, um sich dann mit einer eigenen Identität wieder öffnen und Interaktionen mit dem Umsystem eingehen zu können.[211]

Diese selbstreferenzielle Sichtweise der Systemtheorie geht davon aus, dass ein System seine eigenen Strukturen erzeugt, indem es mit seiner Umwelt interagiert. Wird diese Perspektive dahingehend erweitert, dass nicht nur die Strukturen, sondern auch die Elemente, also die kleinsten Einheiten des Systems, vom System selber geschaffen werden, wird diese Erweiterung der Systemtheorie als **Autopoiesis** bezeichnet. Da die Elemente nur eine begrenzte zeitliche Verweildauer haben, muss das System sie ständig reproduzieren.[212]

Grundsätzlich lassen sich die systemtheoretisch-kybernetischen Ansätze der Organisationstheorie durch gemeinsame **Eigenschaften** charakterisieren.[213] Zunächst gehen sie von einem **offenen System** aus, das seine eigenen Grenzen bestimmt und sich somit von seinem Umsystem differenziert. Mit ihrer Umwelt unterhalten Systeme vielfältige Austauschbeziehungen, die erst die interne Ordnung und die Lebensfähigkeit des Systems ermöglichen. Deshalb wird hier auch von **Umweltorientierung** gesprochen. Auf Unternehmungen bezogen bedeutet dies, dass sie Ressourcen aus der Umwelt aufnehmen und daraus eine Leistung erstellen, die dann wieder an die Umwelt abgegeben wird. Ohne diesen Prozess kann eine Unternehmung nicht existieren. Des Weiteren ist **Komplexität** eine dominante Eigenschaft von Systemen. Sie wird durch den Grad an Vielschichtigkeit, Vernetzung und Folgelastigkeit des Entscheidungsfeldes bestimmt.[214] Unternehmungen neigen aufgrund der Unterschiedlichkeit der Kontexte und der Begrenztheit der Koordinations- und Kontrollfähigkeit häufig zu Differenzierung und haben damit mit einem hohen Grad an Komplexität zu kämpfen. Aufbauend auf diesen Eigenschaften nimmt die systemtheoretisch orientierte Organisationstheorie eine **ganzheitliche und interdisziplinäre Sichtweise** ein. Diese berücksichtigt explizit die Beziehungen zwischen den Elementen des Systems. Besondere Beachtung wird dabei auf die Felder Integration, Koordination und Kommunikation gelegt. Darüber hinaus wird eine **dynamische Betrachtungsweise** eingenommen, nach der Systeme einer dauerhaften Veränderung unterliegen. Systeme streben immer einen stabilen Zustand in Form eines Fließgleichgewichts an, werden jedoch durch Störungen aus der

---

[211] Vgl. Schreyögg [Organisation 2003], S. 87f. sowie Luhmann [Systeme 1984], S. 31ff.
[212] Vgl. Maturana/Varela/Uribe [Autopoiese 1985], S. 158; Willke [Systemtheorie 2000], S. 58ff.; Schreyögg [Organisation 2003], S. 88 sowie Kirsch/Knyphausen [Unternehmungen 1991], S. 80.
[213] Vgl. zu den Eigenschaften Lehmann [Organisationstheorie 1992], Sp. 1843ff.; Kasper [Prozesse 1991], S. 9ff.; Vahs [Organisation 2005], S. 37f. sowie Wolf [Organisation 2005], S. 132ff.
[214] Vgl. zur Systemkomplexität Willke [Systemtheorie 2000], S. 17ff., insbes. S. 22.

Umwelt ins Ungleichgewicht gebracht und versuchen dann erneut einen Gleichgewichtszustand zu erreichen. Ein weiteres Merkmal von Systemen ist ihre Fähigkeit zur **Selbstregulierung und Selbstorganisation**. Demnach sind sie in der Lage, bestimmte Sollwerte und die Systemstruktur ohne Eingriffe von außen zu erhalten. Das System nutzt hierzu seine Lernfähigkeit, indem Erfahrungen aus der Vergangenheit zielgerichtet ausgewertet und zur Basis für das zukünftige Verhalten gemacht werden. Zudem sind in diesem Zusammenhang Selbstreferenz und Entwicklungsfähigkeit von Systemen bedeutsame Aspekte. Schließlich zeichnen sich die systemtheoretisch-kybernetisch orientierten Ansätze der Organisationstheorie durch eine hohe **Gestaltungsorientierung** aus. Sie versuchen, zwischen Organisationstheorie und -praxis zu vermitteln, indem einerseits vor dem Hintergrund des gesamten Handlungskontextes strukturelle Probleme beschrieben und erklärt und andererseits auch normative Gestaltungsempfehlungen abgegeben werden. Zudem werden die komplexen Strukturen von Systemen und ihren Elementen sowie ihre Wirkungsbeziehungen untereinander einer eingehenden Untersuchung unterzogen, die für die Unternehmungspraxis von großer Bedeutung sind, weil sie die komplexe organisatorische Realität darstellen.

Die Übertragung und Anwendung der systemtheoretisch-kybernetischen Sichtweise auf die **Unternehmung als Erkenntnisobjekt der Betriebswirtschaft** wird begründet mit der Strukturgleichheit von Unternehmungen (und damit auch ihren Organisationen) und Systemen hinsichtlich ihrer Kernmerkmale.[215] Sowohl die System- als auch die Organisationstheorie versuchen, die Entstehung von Ordnungen zu erklären. Vor dem Hintergrund dieser Gemeinsamkeit werden Unternehmungen im Folgenden als sozio-technische, ökonomische, offene Systeme interpretiert, deren Ordnung durch organisatorische Regelungen hergestellt wird.[216] Im Sinne von ULRICH sind Unternehmungen produktive soziale Systeme, denn zum einen verfolgen sie leistungswirtschaftliche Ziele und zum anderen sind Menschen die Hauptakteure. Die Komplexität entsteht durch das Zusammenwirken der drei Kontexte Umwelt, Unternehmung und Unternehmungsführung.[217] Des Weiteren stellt eine Unternehmung ein System von komplex verschachtelten Ereignissen dar, das zusätzlich Kopplungen mit anderen Ereignissystemen, also seiner Umwelt, beherrschen muss.[218] Bei der **Organisation** einer Unternehmung handelt es sich aus Sicht der Systemtheorie um eine Gesamtheit aus Ele-

---

[215] Vgl. Wolf [Organisation 2005], S. 131 und Kasper [Prozesse 1991], S. 3f.
[216] Vgl. Krüger [Organisation 2005], S. 141; Schulte-Zurhausen [Organisation 2005], S. 38.
[217] Vgl. Ulrich [Unternehmung 1970], S. 134 sowie Ulrich/Krieg [Modell 1973], S. 11ff.
[218] Vgl. Rüegg-Stürm [Systemtheorie 1998], S. 4f. i.V.m. Brehm [Flexibilität 2003], S. 20.

menten (Subsystemen) und Beziehungen, die Verbindungen zwischen den Elementen herstellen und so eine **Struktur** bilden.[219]

2.2.2 Strukturtechnischer Ansatz und situativer Ansatz als relevante Organisationstheorien

Aus der intensiven Auseinandersetzung mit der betriebswirtschaftlichen Organisationstheorie in den 30er-Jahren des 20. Jahrhunderts ist der **strukturtechnische Ansatz** entstanden.[220] Maßgeblich an seiner Entwicklung beteiligt waren KOSIOL und NORDSIECK.[221] Der strukturtechnische Ansatz bedient sich eines systemtheoretischen Grundverständnisses, weshalb im Folgenden bei der Erläuterung seiner zentralen Aussagen die Terminologie der Systemtheorie Anwendung finden wird. Eine Grundidee dieser Organisationstheorie ist die Frage nach den organisatorischen Gestaltungsaufgaben in einer Unternehmung. Danach muss eine Unternehmung ihre Organisation so gestalten, dass das Formalziel, also die zweckrationale Aufgabenerfüllung,[222] möglichst effizient erreicht wird.[223] Eine Organisation stellt eine Ganzheit dar, die sich immer weiter in Untereinheiten aufteilt, die selbst wiederum Ganzheiten sind. Durch **Koordination**[224] werden die einzelnen Teile der Ganzheit in unterschiedliche Ordnungsverhältnisse gebracht. Dieses Ordnungsgefüge einzelner Teile des Ganzen wird als Struktur bezeichnet. Damit besteht das zweite Ziel dieser Organisationstheorie darin, das **Strukturieren von Ganzheiten** zu erklären.[225] Um dies möglichst optimal erreichen zu können, muss die Unternehmung, also das System, zunächst die Komplexität in ihrer Umwelt auf ein Maß reduzieren, das sie gut verarbeiten kann. Da die Systembildung über eine Abgrenzung von der Umwelt erfolgt, existiert immer ein Komplexitätsgefälle zwischen dem System und seiner Umwelt.[226] Dieses muss das System durch Selektionsmaßnahmen ausgleichen und die verringerte Komplexität beibehalten. Dazu bedient es sich arbeitsteiliger Binnenstrukturen. Diese Strukturen überdauern für eine gewisse Zeit und haben zusätzlich einen sachlichen Aspekt. Die so geschaffenen Organisationsstrukturen wirken als Einschränkungen der Handlungsmöglichkeiten und

---

[219] Vgl. Bleicher [Organisation 1991], S. 34.
[220] Vgl. Bea/Göbel [Organisation 2006], S. 94f.; Vahs [Organisation 2005], S. 30f. sowie Schreyögg [Organisation 2003], S. 109ff. Des Weiteren ist hier noch Ulrich [Organisationslehre 1949] zu nennen.
[221] Vgl. Kosiol [Grundlagen 1959]; Kosiol [Organisation 1976]; Nordsieck [Betriebsorganisation 1932] sowie Nordsieck [Grundlagen 1934].
[222] Vgl. Kosiol [Organisation 1976], S. 41.
[223] Vgl. Bea/Göbel [Organisation 2006], S. 21.
[224] Vgl. zu Koordinationsmechanismen Jost [Koordination 2000], S. 93ff.
[225] Vgl. Kosiol [Organisation 1976], S. 19f.
[226] Vgl. Luhmann [Systemrationalität 1977], S. 121.

Theoretische Fundierung 47

der möglichen Verknüpfungen innerhalb des Systems. Das Ausmaß dieser Einschränkungen kann dabei den spezifischen Anforderungen entsprechend gestaltet werden.[227]

Im Rahmen des strukturtechnischen Ansatzes beschreibt KOSIOL den Vorgang des Organisierens als ordnendes, zweckgerichtetes Handeln, dessen Ergebnis eine auf längere Sicht stabile Ordnung (Struktur) in der Unternehmung ist.[228] Mithilfe dieser Ordnung sollen Aufgaben erfüllt und Ziele erreicht werden. Die geschaffenen Strukturen entsprechen generellen und dauerhaften Regelungen, die Disposition und Improvisation ersetzen. Damit ist die Organisation zunächst ein Aufgabenerfüllungssystem. Daneben hat die Organisation die Aufgabe, die Erreichung der Unternehmungsziele möglichst effizient zu gewährleisten, sie hat also instrumentellen Charakter.[229] Dieses **instrumentelle Organisationsverständnis** liegt den folgenden Ausführungen zugrunde.

Bei der Lösung des Problems der Schaffung von Strukturen hat sich die Organisationstheorie schon seit einem frühen Stadium mit dem Problem der Teilung und Einung beschäftigt.[230] Dieses sog. **Dualproblem** ist zu lösen, wenn die Gesamtaufgabe einer Unternehmung in eine formale Organisationsstruktur transferiert werden soll. Dazu ist zunächst eine **Arbeitsteilung (organisatorische Differenzierung)** vorzunehmen, d.h. die art- und mengenmäßige Aufspaltung der Gesamtaufgabe in einzelne Teilaufgaben. Im Anschluss daran sind diese – logisch – getrennt zu erledigenden Teilaufgaben wieder zielgerichtet zu einer geschlossenen Arbeitskette zusammenzuführen (**Arbeitsvereinigung bzw. organisatorische Integration**). Zwischen diesen beiden Gestaltungsaufgaben bestehen vielfältige Interdependenzen, denn das Ausmaß der notwendigen Integration ist abhängig vom Ausmaß der durchgeführten Spezialisierung.[231] Eine so geschaffene Gesamtheit von Regeln zur Ordnung eines sozialen Systems wird als **Organisationsstruktur** bezeichnet.[232]

---

[227] Vgl. Schreyögg [Organisation 2003], S. 109.
[228] Vgl. Kosiol [Unternehmung 1976], S. 55 sowie Bea/Göbel [Organisation 2006], S. 95. Ähnlich auch Grochla [Unternehmensorganisation 1972], S. 18.
[229] Vgl. Bea/Göbel [Organisation 2006], S. 95f.
[230] Vgl. Nicklisch [Organisation 1922].
[231] Vgl. Vahs [Organisation 2005], S. 46f.; Schreyögg [Organisation 2003], S. 112.
[232] Vgl. Kieser/Walgenbach [Organisation 2003], S. 16ff. sowie Steinmann/Schreyögg [Management 2005], S. 439.

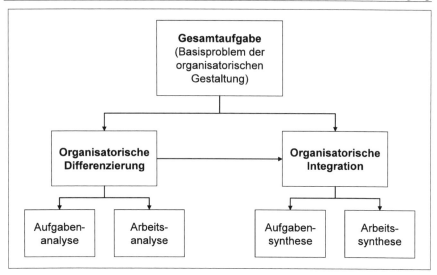

Abb. B-5: Dualproblem der Organisationsgestaltung[233]

Die **organisatorische Differenzierung** erfolgt in zwei Schritten.[234] In einem ersten Schritt führt die Aufspaltung der Marktaufgabe der Unternehmung in ihre Einzelaktivitäten im Rahmen der **Aufgabenanalyse** zur Bildung von Aufgaben. Unter einer Aufgabe wird dabei die dauerhafte Verpflichtung zur Durchführung von Verrichtungen an Objekten verstanden.[235] Zusätzliche Bestimmungsmerkmale von Aufgaben sind Aufgabenträger, Sachmittel, Zeit und Ort.[236] Durch die systematische Zerlegung der Gesamtaufgabe in Teilaufgaben entsteht in der Unternehmung eine Teilaufgabenhierarchie. Je weiter die Aufgaben unterteilt werden, desto höher wird ihr Detaillierungsgrad. Dieses Vorgehen entspricht dem Kerngedanken „vom Groben zum Detail" und stellt ein grundlegendes Prinzip des strukturtechnischen Ansatzes dar. Die Aufgabenanalyse endet auf der Ebene, auf der ein Aufgabenbündel entstanden ist, das sinnvoll einer Person als Aufgabenträger zuzuordnen ist. Den zweiten Schritt der organisatorischen Differenzierung stellt die **Arbeitsanalyse** dar. Sie ist eine Fortführung der Aufgabenanalyse und dient zur Untersuchung der räumlichen, zeitlichen und personellen Interdependenzen der definierten Teilaufgaben. Dies ist notwendig, wenn die Art der

---

[233] Vgl. Vahs [Organisation 2005], S. 47 und Steinmann/Schreyögg [Management 2005], S. 443.
[234] Vgl. zum Folgenden Krüger [Aufgabenanalyse 1992], Sp. 221ff. sowie Vahs [Organisation 2005], S. 48ff.
[235] Vgl. Krüger [Organisation 1994], S. 15.
[236] Vgl. zu den Merkmalen von Aufgaben Kosiol [Organisation 1976], S. 43ff.

Theoretische Fundierung 49

Aufgabenerfüllung näher beleuchtet werden soll, und ist abhängig von den Detaillierungserfordernissen der Teilaufgaben.[237]

Die so geschaffenen Teilaufgaben müssen im Rahmen der **organisatorischen Integration** zunächst gebündelt und in eine Ordnung gebracht, also zu sinnvollen Einheiten zusammengefasst werden. Die **Aufgabensynthese** folgt dabei dem Prinzip der organisatorischen Adäquanz, das im Zusammenspiel mit der Aufgabenanalyse bei der Schaffung von Organisationsstrukturen auf die Nutzung von Stärken und die Reduzierung von Schwächen im Hinblick auf die Erreichung der Unternehmungsziele abstellt.[238] Ergebnis der Aufgabensynthese sind sinnvolle und verteilungsfähige Aufgabenbündel, die im weiteren Verlauf der Strukturbildung bestimmten Organisationseinheiten zugeordnet werden können. Die Zusammenfassung bedient sich dabei der bereits oben genannten Merkmale von Aufgaben und orientiert sich hauptsächlich an der Zweckmäßigkeit im Hinblick auf die Erreichung der Unternehmungsziele. Das Ergebnis der Aufgabensynthese ist die Aufbauorganisation der Unternehmung, die durch die Bildung und Anordnung von Organisationseinheiten entsteht.[239] Der zweite Schritt der organisatorischen Integration besteht in der **Arbeitssynthese**. Diese hat die Zusammenfassung der in der Arbeitsanalyse ermittelten Arbeitsteile zu optimal gestalteten Arbeitsabläufen zum Inhalt. Das Ergebnis dieser Bündelung stellt sodann die Ablauf- oder Prozessorganisation der Unternehmung dar und damit die dynamische Perspektive der Organisation.[240]

Aufbauend auf Differenzierung und Integration erfolgt die Strukturbildung in der Unternehmung mithilfe der von KOSIOL entwickelten **Strukturtechnik**.[241] Der erste Schritt sieht die Aufteilung der Sachaufgabe der Unternehmung in Teilaufgaben vor und wird als **Analyse** bezeichnet. Ziel ist die Schaffung von Arbeitsteilung und Spezialisierung, damit das System Unternehmung eine effiziente Aufgabenerfüllung leisten kann. Ergebnisse dieser **Subsystembildung** sind Teilaufgaben und Teilprozesse.[242] An die Analyse schließt sich als zweiter Schritt die **Synthese** an. Ziel ist die Gewährleistung des effizienten Zusammenwirkens der gebildeten Subsysteme. Dazu werden einzelne Teilaufgaben bzw. Teilprozesse zu größeren Organisationseinheiten (Subsystemen) zusammengefasst, und es entstehen Stellen als versachlichte Aufgabenkomplexe sowie Abteilungen als Stellenmehrheiten. Diese **Subsystemintegration**

---

[237] Vgl. Vahs [Organisation 2005], S. 52f.
[238] Vgl. Krüger [Aufgabenanalyse 1992], Sp. 231.
[239] Vgl. Vahs [Organisation 2005], S. 53ff.
[240] Vgl. Kosiol [Organisation 1976], S. 211ff.
[241] Vgl. Bea/Göbel [Organisation 2006], S. 96ff. i.V.m. Brehm [Flexibilität 2003], S. 27.
[242] Vgl. Kosiol [Organisation 1976], S. 42ff.

erfolgt durch Koordination bzw. Integration.[243] Den letzten Schritt der Strukturtechnik bildet die **Verteilung**. Das Ziel besteht darin, die Aufgaben der versachlichten Stellen auf Personen als **Aufgabenträger** zu übertragen. Dies ist jedoch im engeren Sinne nicht mehr Aufgabe des Organisators.[244]

Die durch die organisatorische Integration entstehenden Strukturen und Prozesse werden demzufolge durch **Organisationseinheiten** repräsentiert, denen die Aufgaben und Arbeitsteile zugeordnet werden. Diese Zuordnung kann anhand der Merkmale einer Aufgabe vorgenommen werden. Bei der personalen Zuordnung werden Aufgabenbündel auf menschliche Aufgabenträger übertragen, und es entstehen **Stellen** als kleinste organisatorische Einheiten. In ihrer Gesamtheit bilden alle Stellen die Aufbauorganisation. Die Stellenbildung kann unabhängig von der Person des Stelleninhabers erfolgen (Stellenbildung ad rem) oder aber auch genau auf die Person zugeschnitten werden (Stellenbildung ad personam). Die Ausstattung einer Stelle mit Sachmitteln führt zur instrumentalen Zuordnung. Je mehr die Sachmittel dem Menschen die Aktionen abnehmen, desto mehr kann sich die Stellenbildung an den Sachmitteln orientieren (Stellenbildung ad instrumentum). Die informationelle Zuordnung beschäftigt sich mit dem Problem der Informationsversorgung von Aufgaben und Stellen. Abschließend sind noch Fragen der temporalen und lokalen Zuordnung zu beantworten. Aus diesen ergeben sich u.a. Aufgabenreihenfolgen und die räumliche Anordnung von Arbeitsschritten.[245] Zur Bewältigung von **Aufgaben** müssen Stellen mit Handlungsrechten (**Kompetenzen**) ausgestattet sein. Das dritte Merkmal einer Stelle ist die vom Stelleninhaber zu übernehmende **Verantwortung** für sein Handeln. Aufgaben, Kompetenzen und Verantwortung sollen möglichst deckungsgleich sein.[246]

Die beiden skizzierten Teilaspekte des strukturtechnischen Ansatzes weisen eine enge Wechselbeziehung zueinander auf.[247] Zur Bewältigung der Umweltkomplexität dient zunächst eine umfangreiche Differenzierung, damit sich die Unternehmung auf die wesentlichen Fragen konzentrieren kann. Durch die Schaffung von Subsystemen kann die auf das System einwirkende Umweltkomplexität von einer Vielzahl kleinerer Einheiten aufgenommen und verarbeitet werden. Dabei wird die Komplexität auf der Ebene der Subsysteme isoliert und führt somit zu einer gesteigerten Leistungsfähigkeit

---

[243] Vgl. Kosiol [Organisation 1976], S. 76 sowie ders. S. 80ff.
[244] Vgl. Kosiol [Organisation 1976], S. 95ff.
[245] Vgl. zur Stellenbildung Krüger [Aufgabenanalyse 1992], Sp. 232ff.; Krüger [Organisation 2005], S. 154.
[246] Vgl. Krüger [Organisation 1994], S. 46f.
[247] Vgl. hierzu Brehm [Flexibilität 2003], S. 28f.

des Gesamtsystems.[248] Je mehr ein System in einzelne Teile differenziert ist, desto höher wird der Grad an Autonomie der Subsysteme, was in der Folge notwendigerweise zu einem höheren Grad an Selbstorganisation führt. Neben der Differenzierung von Strukturen kann in einem weiter gefassten Begriffsverständnis auch eine Differenzierung von Prozessen in einer Leistungssteigerung des Systems Unternehmung resultieren. Zur Erfüllung der Marktaufgabe der Unternehmung ist jedoch das Gesamtsystem notwendig, das erst durch das Gegenstück der organisatorischen Differenzierung, die organisatorische Integration, entsteht. Die durch Differenzierung entstandenen arbeitsteiligen Subsysteme sind wieder so in eine sinnvolle Ordnung zu bringen, dass die zur Erfüllung der Marktaufgabe zu erledigenden Aufgaben optimal bewältigt werden können. Durch diese zielorientierte Gestaltung entstehen organisatorische Ganzheiten, die die Struktur der Unternehmung bilden.[249]

Durch die organisatorische Differenzierung entsteht jedoch auch wieder eine neue Art der **Komplexität**. Da sich jede organisatorische Einheit auf ihre spezialisierte Aufgabe konzentriert, entstehen Unterbrechungen im betrieblichen Leistungsfluss. Die Aufgabe der organisatorischen Integration besteht demzufolge in der Reduktion dieser Unterbrechungen. Dazu sind die separaten Organisationseinheiten so miteinander in Verbindung zu setzen, dass eine geschlossene Leistungskette entsteht. Diese Aufgabe ist umso schwieriger, je weiter und tiefer die Differenzierung vorangetrieben worden ist. Die Verknüpfung der Organisationseinheiten kann in horizontaler, vertikaler und lateraler Weise erfolgen, dabei kommen Instrumente wie die Hierarchie, Selbstorganisation, Programme und Pläne zur Anwendung.[250] Die Gesamtheit der Koordinationsinstrumente in einer Organisation bestimmt die Organisationsstruktur.[251]

Die organisatorische Integration führt somit dazu, dass das Gesamtsystem die zur Erfüllung der Aufgaben benötigte Stabilität bekommt. Dieser Stabilität stehen jedoch die dauerhaften externen Entwicklungen in der Systemumwelt gegenüber, an die sich das System anpassen muss. Demzufolge ist bei der Integration zusätzlich darauf zu achten, dass die Weiterentwicklungsfähigkeit des Systems gewährleistet wird, um die Anpassungsfähigkeit des integrierten Gesamtsystems zu erhalten.[252] Ein unflexibles Gesamtsystem wird in einer dynamischen Umwelt nicht lange überleben können.

---

[248] Vgl. Luhmann [Funktionen 1964], S. 73.
[249] Vgl. Kosiol [Organisation 1976], S. 19f. sowie Bleicher [Gestaltung 1992], Sp. 1889f.
[250] Vgl. Schreyögg [Organisation 2003], S. 155ff.; Kieser/Walgenbach [Organisation 2003], S. 109ff.
[251] Vgl. Jost [Koordination 2000], S. 24.
[252] Vgl. Brehm [Flexibilität 2003], S. 29 i.V.m. Willke [Differenzierung 1987], S. 263.

Die Vorgehensweise der organisatorischen Differenzierung und Integration hat sowohl Auswirkungen auf die Aufbau- als auch die Prozessorganisation einer Unternehmung. Die Aufgaben- und Arbeitssynthese als Teilaufgaben der organisatorischen Integration führen im Ergebnis zu sichtbaren Strukturen und Prozessen, die Aufgaben- und Arbeitsanalyse im Rahmen der organisatorischen Differenzierung sind jedoch unabdingbare Voraussetzungen für den Prozess des Organisierens."[253]

Der strukturtechnische Ansatz klammert sämtliche Befindlichkeiten und Eigenschaften von Menschen aus. Die in einer Unternehmung zu erledigenden Aufgaben werden von einem gedachten Subjekt, dem **Aufgabenträger**, übernommen, der über keinerlei menschliche Eigenschaften verfügt. Diese Reduktion auf eine mechanische Sichtweise dient lediglich dazu, die Charakteristik der Strukturtechnik deutlicher hervorheben zu können.[254] KOSIOL selbst stellt dazu fest, dass die Berücksichtigung des Menschen als reines Produktionsmittel nicht der ökonomischen Realität entspricht. Zudem wirken sich menschliche Eigenschaften, wie Gefühle, Bedürfnisse, Stärken und Schwächen, auf die Aufgabenerfüllung aus. Schließlich ist auch der Erfolg der unternehmungsinternen Kommunikation von menschlichen Eigenschaften abhängig. Aus diesen Gründen muss der Organisator neben der Fähigkeit zur Erfüllung seiner technischen Organisationsarbeit auch ein gewisses menschliches Verständnis mitbringen, um den Mensch bei der Stellenbildung und Aufgabenzuweisung zu berücksichtigen.[255]

Neben dem strukturtechnischen Ansatz ist im Kontext der organisatorischen Gestaltung auch der **situative Ansatz** als relevante Organisationstheorie zu nennen. Dieser Forschungsansatz versucht, Unterschiede zwischen verschiedenen effizienten Organisationen von Unternehmungen durch deren unterschiedliche Situationen zu erklären.[256] Dazu werden die regelmäßigen Zusammenhänge zwischen den Situations- und den Strukturmerkmalen empirisch ermittelt.[257] Hieraus ergeben sich organisatorische Empfehlungen für bestimmte Situationen. Organisationen müssen ihre Strukturen demnach an die jeweilige Situation anpassen, um effizient zu sein.[258] Mithilfe des situativen Ansatzes lässt sich somit die Frage beantworten, wie die Organisation einer Unternehmung optimal zu gestalten ist, damit sich die Unternehmung gegenüber den veränder-

---

[253] Vgl. Vahs [Organisation 2005], S. 56.
[254] Vgl. Bea/Göbel [Organisation 2006], S. 100.
[255] Vgl. Kosiol [Organisation 1976], S. 26 sowie ders. S. 239.
[256] Vgl. Bea/Göbel [Organisation 2006], S. 105.
[257] Vgl. Kieser [Ansatz 2002], S. 169.
[258] Vgl. zum situativen Ansatz der Organisationstheorie Ebers [Kontingenzansatz 2004], Sp. 653ff.; Kieser [Ansatz 2002], S. 169ff.; Kieser/Walgenbach [Organisation 2003], S. 43ff. sowie Donaldson [Contingency 2001].

Theoretische Fundierung 53

ten Anforderungen des Wettbewerbs behaupten kann.[259] Trotz der Tatsache, dass die vorliegende Arbeit nicht einer streng situativen Forschungsmethodik folgt, sind die Erkenntnisse des situativen Ansatzes für das weitere Vorgehen relevant. Der jeweils gewählte Integrationsansatz gibt die Situation vor, an der die Gestaltung der Organisationsstruktur der zusammengeschlossenen Unternehmung ausgerichtet werden sollte.

2.2.3 Betrachtungsebenen der organisatorischen Gestaltung

Zur weiteren Untersuchung und zum Verständnis der abzuleitenden organisatorischen Gestaltungsfragen werden im Folgenden unterschiedliche **Betrachtungsebenen** einer Organisation vorgestellt und die für die vorliegende Arbeit relevante Betrachtungsebene definiert. Mithilfe dieser Betrachtungsebenen sollen die Komplexität des Gegenstandsbereichs Unternehmungsorganisation erfasst und die im Rahmen der Gestaltung einer Organisation entstehende Komplexität verringert werden können. In diesem Zusammenhang hat sich ausgehend von einer Referenzebene, die von der spezifischen Fragestellung abhängig ist, grundsätzlich in der Organisationsliteratur die sprachliche Unterscheidung zwischen Mikro-, Meso- und Makroebene durchgesetzt.[260]

Das Modell von BLEICHER weist einen engen Zusammenhang zur systemtheoretischen Sichtweise auf und grenzt dabei die Elementarebene, die Zwischensystemebene und die Gesamtebene voneinander ab.[261] Die **Elementarebene** bildet dabei die unterste Ebene, auf der die kleinsten Systemelemente zu größeren Einheiten zusammengefasst werden. Hier werden bspw. Aufgaben zu Stellen kombiniert. Die nächst höhere Betrachtungsebene ist die **Zwischensystemebene**, auf der die so geschaffenen Basissysteme zu Subsystemen höherer Ordnung integriert werden, bspw. Stellen zu Abteilungen. Die oberste Betrachtungsebene stellt schließlich die **Gesamtsystemebene** dar, auf der die Elemente der Zwischensystemebene zum Gesamtsystem Unternehmung zusammengeführt werden. Diese drei Ebenen weisen eine hohe Interdependenz zueinander auf.

Die vorliegende Arbeit verfolgt das Ziel, die Gestaltung der organisatorischen Zusammenführung zweier Unternehmungen, also die organisatorische Integration, im Rahmen der Post Merger Integration zu beschreiben. In diesem Kontext sind die beteiligten Unternehmungen als organisatorische Subsysteme zu verstehen, die zu einer neuen Organisation, einem neuen System, zusammengeführt werden. Die Ebene der

---

[259] Vgl. Bea/Göbel [Organisation 2006], S. 108ff.
[260] Vgl. Brehm [Flexibilität 2003], S. 73.
[261] Vgl. zum Folgenden Bleicher [Gestaltung 1992], Sp. 1885 sowie Bleicher [Organisation 1991], S. 45ff.

Gesamtunternehmung, die sog. **Mesoebene**, stellt aus diesem Grund die Referenzebene dieser Arbeit dar. Hier wird die wesentliche Gestaltungsaufgabe der Integration der Subsysteme zur Organisation der Unternehmung durch Kopplung, also Gestaltung der Beziehungen zwischen den Subsystemen, abgebildet. Die so entstehenden Organisationsstrukturen dienen als Regelsysteme zur zielorientierten Steuerung der Organisationsmitglieder. Im Rahmen dieser Gestaltungsaufgabe sind die vielfältigen Wechselwirkungen zwischen der Meso- und der Mikroebene auf der einen und der Makroebene auf der anderen Seite zu beachten.[262] Die **Mikroebene** stellt die unterste Betrachtungsebene dar, auf der die Bildung von Organisationseinheiten (Subsystemen) untersucht wird. Die Interaktion des Systems mit seiner Umwelt wird schließlich durch die **Makroebene** beschrieben. Die Umwelt hat Einfluss auf das System und seine Grenzen, beide entwickeln sich in Abhängigkeit voneinander. Aus diesem Grund stellen die Schnittstellen zu den Umsystemen ebenfalls einen organisatorischen Gestaltungsbereich dar.

2.2.4 Ableitung von Gestaltungsfragen der Organisation

2.2.4.1 Theoretischer Hintergrund der organisatorischen Gestaltung

Die organisatorische Gestaltung im Kontext der Post Merger Integration erfordert die Untersuchung und Unterscheidung verschiedener Problemfelder. Hierzu wird in der vorliegenden Arbeit eine pluralistische Sichtweise hinsichtlich der zugrunde liegenden Organisationstheorien eingenommen, um die Vielfalt der organisatorischen Phänomene entsprechend berücksichtigen zu können.[263] Im Wissenschaftsverständnis der Betriebswirtschaftslehre besteht die Aufgabe von Theorien darin, die Basis für die Gestaltung des Betrachtungsobjektes bereitzustellen.[264] Entgegen der vorherrschenden Kritik der Unvereinbarkeit unterschiedlicher Paradigmen[265] erfolgt in der vorliegenden Arbeit eine Kombination zweier Theorien – der Systemtheorie und des strukturtechnischen Ansatzes – mit dem Ziel, alle wesentlichen Aspekte des Problems der organisatorischen Gestaltung berücksichtigen zu können. Damit wird der Gefahr entgegengetreten, durch die Berücksichtigung nur eines theoretischen Ansatzes für die Organisationspraxis relevante Erkenntnisse unbeachtet zu lassen.[266]

---

[262] Vgl. zur folgenden Abgrenzung ähnlich Brehm [Flexibilität 2003], S. 74f. m.w.N.
[263] Vgl. Schanz [Pluralismus 1990].
[264] Vgl. Bea/Göbel [Organisation 2006], S. 233.
[265] Vgl. zur Inkommensurabilität von Paradigmen Scherer [Kritik 2002], S. 19ff.
[266] Vgl. Bea/Göbel [Organisation 2006], S. 237 sowie ähnlich Zaugg [Organisation 2003], S. 10.

Die Frage nach der Ausgestaltung der Organisation einer Unternehmung soll im Folgenden anhand von sechs **Gestaltungsfragen der Organisation** beantwortet werden, die sowohl eine Relevanz für die Organisationstheorie als auch für die Organisationspraxis besitzen. Diese generischen Gestaltungsfragen ergeben sich aus der Verknüpfung der Systemtheorie mit dem strukturtechnischen Ansatz und umfassen die Organisationsgestaltung nach innen und nach außen.[267] Diese Kombination ermöglicht somit eine stärkere Differenzierung der relevanten Gestaltungsfragen sowie die Betrachtung von umfassenden Aufgabenbündeln anstatt einzelner Aufgaben.[268]

2.2.4.2 Externe Systemabgrenzung

Die erste organisatorische Gestaltungsfrage[269] beschäftigt sich mit der **externen Systemabgrenzung**, also der Definition der Unternehmungsgrenzen. Im erweiterten Verständnis des strukturtechnischen Ansatzes handelt es sich hierbei zwar um ein originäres Gestaltungsfeld der Organisation, jedoch ist diese Gestaltungsoption eng mit der strategischen Ausrichtung der Unternehmung verbunden, durch die die Art der Wertschöpfung und ihre Tiefe bestimmt wird.[270] Durch die ständige Reflexion zwischen der Unternehmung und ihrer Grenze wird diese laufend reproduziert und verleiht dem System damit Stabilität.[271] Aus der externen Systemabgrenzung resultiert schließlich die Abgrenzung der Gesamtaufgabe der Unternehmung, die mithilfe der weiteren Gestaltungsfragen der Organisation zu organisieren, also mit Regeln zu versehen ist.[272]

Das System Unternehmung grenzt sich durch die **externe Arbeitsteilung** mit anderen Unternehmungen von seiner Umwelt ab. Damit bildet eine Unternehmung ein geschlossenes, stabiles System, das nach innen Sicherheit für die Mitglieder bietet, jedoch an seinen Grenzen mit der Umwelt in Interaktion steht. Diese Umweltkopplung führt auf der einen Seite zu Unsicherheit, eröffnet auf der anderen Seite aber auch Chancen zur Weiterentwicklung und Anpassung.[273]

Durch Grenzziehung und Abgrenzung von ihrer Umwelt konstituiert sich eine Unternehmung als System und erhält eine **Systemidentität**. Diese ist notwendig, damit die Systemmitglieder agieren können. Um die vielfältigen Schnittstellen zu anderen Systemen in der Umwelt beherrschen zu können, zerfällt diese System- bzw. Organisationsidentität durch fortwährende Subsystembildung in einzelne Subsysteme, die ihrer-

---
[267] Vgl. Krüger [Organisation 2005], S. 143.
[268] Vgl. Brehm [Flexibilität 2003], S. 29.
[269] Vgl. im Folgenden zu den Gestaltungsfragen Krüger [Organisation 2005], S. 143.
[270] Vgl. Brehm [Flexibilität 2003], S. 95 i.V.m. Welge/Al-Laham [Management 2001], S. 13f.
[271] Vgl. Duschek/Ortmann/Sydow [Grenzmanagement 2001], S. 201.
[272] Vgl. Brehm [Flexibilität 2003], S. 96 i.V.m. Krüger [Organisation 1994], S. 327ff.
[273] Vgl. Tacke [Grenzen 1997], S. 5 und 16.

seits über eine eigene Identität und Grenzen zur Umwelt verfügen. Durch diese Vervielfachung der Umweltreferenzen entlasten sich die Subsysteme eines Systems gegenseitig, indem sie sich nur noch der sie direkt betreffenden Unweltkomplexität gegenübersehen. Da die anderen Aufgaben der Unternehmung nicht mehr von jedem Subsystem berücksichtigt werden müssen, kann sich jedes einzelne Subsystem auf seine Teilaufgabe fokussieren.[274]

Die Anwendung dieser Erkenntnisse auf die Organisation von Unternehmungen führt zur **Abgrenzung der unternehmerischen Wertschöpfung** und damit zu der Frage nach dem Umfang der Gesamtaufgabe der Unternehmung. In diesem Zusammenhang sind in der Praxis zwei Entwicklungstendenzen zu beobachten. Auf der einen Seite führen Kooperationen, Allianzen und Akquisitionen zu einer Veränderung der Unternehmungsgrenzen. M&A-Aktivitäten führen dabei zu einer Erweiterung der Grenzen, wohingegen Allianzen und Kooperationen die Grenzen c.p. durchlässiger gestalten, sie jedoch nicht verschieben.[275] Auf der anderen Seite führen Trends wie Outsourcing oder Konzentration auf Kernkompetenzen zum Abbau von Potenzialen und somit zur Verringerung des Umfangs der Gesamtaufgabe der Unternehmung. Die Grenzen werden in diesen Fällen folglich enger gezogen.[276]

Die unternehmerische Wertschöpfung bildet die Gesamtaufgabe der Unternehmung ab und ist unternehmungsindividuell zu gestalten. Anhand der **Wertschöpfungskette** einer Unternehmung wird der Wert, den die Unternehmung durch ihre Tätigkeit schafft, transparent gemacht.[277] Zudem dient sie zur Identifizierung von Wettbewerbsvorteilen, indem sie die Wertschöpfung in primäre (Wert schaffende) und sekundäre (unterstützende) Aktivitäten unterteilt, die in einem interdependenten Verhältnis zueinander stehen. Die konkrete Ausgestaltung dieser Aktivitäten wird durch die Wettbewerbsstrategie bestimmt. Die Wertschöpfungskette einer Unternehmung ist eingebunden in ein übergeordnetes System von Wertaktivitäten, das als Wertsystem bezeichnet wird und die Wertschöpfungsketten der Lieferanten und der Abnehmer umfasst.[278] Der Umfang des Wertsystems bestimmt demnach ebenfalls die Unternehmungsgrenzen.

Diese Wertsysteme wurden bis vor einigen Jahren als relativ stabile Gebilde angesehen. In der jüngeren Vergangenheit erfolgte jedoch ein zunehmendes Auseinanderbre-

---

[274] Vgl. Tacke [Grenzen 1997], S. 8f. i.V.m. Brehm [Flexibilität 2003], S. 97.
[275] Vgl. zur grenzenlosen Unternehmung bspw. Ashkenas et al. [Organization 1995] sowie Picot/Reichwald/Wigand [Unternehmung 2003].
[276] Vgl. Brehm [Flexibilität 2003], S. 97.
[277] Vgl. Hungenberg [Management 2008], S. 157f. sowie Welge/Al-Laham [Management 2001], S. 238ff.
[278] Vgl. zur Wertschöpfungskette Porter [Wettbewerbsvorteile 2000], S. 67ff.

Theoretische Fundierung 57

chen der vorliegenden Strukturen, die als **Dekonstruktion von Wertschöpfungsketten** beschrieben wird. Steigender Wettbewerb auf Ebene der Wertschichten führt zu innovativen Kombinationen bisher getrennter Glieder der Wertschöpfungsketten und zur Ergänzung neuer Wertschöpfungsstufen, so dass im Ergebnis neue Wertschöpfungsarchitekturen anstelle der alten Wertsysteme entstehen.[279] Die Unternehmung ist jedoch weiterhin an ihren Grenzen mit den Wertschöpfungsprozessen der Umwelt verbunden.[280] Jedoch verändert eine Unternehmung dadurch ihre Systemgrenze.[281]

Durch die Dekonstruktion und die Neugestaltung der Wertschöpfungsarchitekturen nehmen die externen Schnittstellen einer Unternehmung zu, da die eigene Wertschöpfungskette mit den angrenzenden Wertschöpfungsarchitekturen verbunden werden muss. Durch eine Vermehrung der Schnittstellen wird es für eine Unternehmung wichtig, ihre **Grenzleistung zu erhöhen**, damit sie die gestiegene Komplexität beherrschen kann. Somit wird die Organisation dieser Grenzstellen zu einer neuen organisatorischen Gestaltungsaufgabe.[282] Die Gestaltung der Grenzen zum Umsystem ist jedoch Inhalt der zweiten organisatorischen Gestaltungsfrage, die im Folgenden behandelt wird.

Die Frage nach der organisatorischen Gestaltung der System- bzw. Unternehmungsgrenze ist vor dem Hintergrund einer Post Merger Integration insofern bedeutend, als dass durch eine Akquisition bzw. einen Zusammenschluss eine neue Unternehmung entsteht, die sich eine strategische Ausrichtung geben muss, die die Wertschöpfungsarchitektur determiniert und damit die Unternehmungsgrenzen festlegt. Je nach Art des Zusammenschlusses (horizontal, vertikal oder konglomerat)[283] können sich die strategischen und organisatorischen Voraussetzungen der beteiligten Unternehmungen sehr stark unterscheiden. Bei der organisatorischen Ausgestaltung der Post Merger Integration ist zu beachten, dass sie von der Ausrichtung der Strategie und Organisation der Beteiligten stark beeinflusst wird. Dabei ist die Entscheidung zu treffen, ob eine der beiden Strategien und Organisationen für die neue Unternehmung übernommen werden soll, ob beide vorherigen Ausrichtungen kombiniert werden sollen oder ob eine komplette Neugestaltung von Strategie und Organisation erfolgen soll. Im Rahmen der

---

[279] Vgl. Heuskel [Industriegrenzen 1999], S. 30ff.; Stern [Deconstruction 1998]; Schroers [Wertschöpfungsarchitekturen 2001], S. 73ff.; Krüger [Wertketten 2002], S. 68ff.; Bieger/Rüegg-Stürm [Net 2002], S. 20.
[280] Vgl. Ashkenas et al. [Organization 1995], S. 191ff.
[281] Vgl. zu Konfigurationsmanövern Krüger [Wertschöpfungsorientierung 2004], S. 70f.
[282] Vgl. Brehm [Flexibilität 2003], S. 98f.
[283] Vgl. zum leistungswirtschaftlichen Zusammenhang Abschnitt B.1.1.1, S. 13f.

Post Merger Integration zweier Unternehmungen muss die externe Systemabgrenzung anhand folgender Fragen gestaltet werden:

- Welchen Umfang hat die Gesamtaufgabe der neuen Unternehmung?
- Welche Wertschöpfung soll die neue Unternehmung abdecken?
- Wie ist die Wertschöpfungstiefe, sollen Funktionen aus- oder eingegliedert werden?
- Wie soll die zukünftige Arbeitsteilung mit externen Partnern gestaltet sein?

2.2.4.3 Externe Systemkopplung

Im Anschluss an die Frage nach der externen Systemabgrenzung ist die organisatorische Gestaltungsfrage nach der **externen Systemkopplung** zu beantworten. Ein System, das seine Grenzen und damit die Schnittstellen zu seinen Umsystemen definiert hat, muss darauf aufbauend Entscheidungen über die Regelung der funktionalen Beziehungen zu den Umsystemen treffen.[284] Gegenstand der organisatorischen Gestaltung ist hier die externe Organisation. Demnach sind die interorganisatorischen Schnittstellen der Unternehmung zu gestalten.

Durch die Entflechtung von Wertketten und die damit einhergehende Neugestaltung von Wertschöpfungsarchitekturen werden neue Aufgaben in die Unternehmung integriert und andere an die Marktpartner abgegeben. Dies führt zu Unsicherheiten und erhöhter Komplexität, weshalb die Unternehmungen Wertschöpfungspartnerschaften eingehen. Diese Netzwerke[285] können horizontal (Strategische Allianzen) oder vertikal (Abnehmer-Zulieferer-Kooperationen) ausgerichtet sein. Zur Kopplung der beteiligten Systeme wird eine Kombination aus marktlichen und hierarchischen Koordinationsmechanismen eingesetzt. Die beteiligten Unternehmungen müssen ihre Geschäftsmodelle und Wertschöpfungsketten so anpassen, dass eine externe Arbeitsteilung mit anderen Unternehmungen möglich ist.[286] Damit wird die Abstimmung zwischen mehreren Unternehmungen in einem Wertschöpfungsnetzwerk, also die **interorganisatorische Koordination**, zum Betrachtungsobjekt. Auf der Inputseite erfolgt die Koordination mit den Lieferanten hinsichtlich der Ressourcen. Die Koordination auf der Outputseite dient dazu, die erstellten Leistungen wieder in das Wertschöpfungsnetzwerk

---

[284] Vgl. Adams [Activities 1980], S. 328; Luhmann [Funktionen 1964], S. 221.
[285] Vgl. Sydow [Netzwerke 1992].
[286] Vgl. Krüger [Organisation 2005], S. 168.

Theoretische Fundierung 59

zur Weiterverarbeitung einzubringen oder aber sie direkt an den Endkunden zu verkaufen.[287]

Aufbauend auf der **Systemtheorie** sind diese Koordinationsleistungen sowohl innerhalb als auch außerhalb des Systems zu erbringen. Zum einen besteht ein System aus geschlossenen Subsystemen, deren arbeitsteilige Aktivitäten möglichst effizient und effektiv gestaltet werden müssen. Zum anderen hat das System Unternehmung eine Vielzahl von Schnittstellen mit seinen Umsystemen, an denen die Arbeitsteilung mit diesen zu gestalten ist. Diese als strukturelle Kopplungen bezeichneten Grenzen markieren die operative Geschlossenheit des Systems und gewähren die Anschlussfähigkeit des Systems an seine Umwelt.[288]

Aus der Sicht des **strukturtechnischen Ansatzes** entstehen die Grenzen der Organisation als Ergebnis der Strategie. Demzufolge ist als erste Koordinationsaufgabe die Abstimmung der Wertschöpfungskette auf die gewählte Strategie zu bewältigen. Diese Koordination wirkt sich organisatorisch insbesondere auf die Leistungserstellung und den Informationsaustausch aus. Die Koordinationsleistung hat dabei die interorganisatorische Schnittstelle zum Umsystem zu bewältigen. Dazu muss sie organisatorische Regeln schaffen und erhalten, die das Zusammenwirken von System und Umsystem gestalten. Durch die Interpretation und Ausgestaltung dieser organisatorischen Regeln durch die Organisationsmitglieder und die Herstellung von Beziehungen zu den Umsystemen werden die Organisationsgrenzen erst sichtbar.[289]

Die hier betrachtete Gestaltungsaufgabe der **externen Systemkopplung** beschäftigt sich mit der unternehmungsübergreifenden Arbeitsteilung, also der Teilung und Integration von Aufgaben. Diese **Interorganisationsbeziehungen** konstituieren ein **Unternehmungsnetzwerk** und sind damit Gegenstand der Koordination.[290] Ihren Ausdruck finden diese Beziehungsmuster in vernetzten Prozessen zwischen den Wertschöpfungspartnern. Die Hauptaufgabe der Koordination liegt demnach im Management dieser Prozesse, das Ergebnis der Koordination sind dezentrale und selbstorganisatorische Strukturen.[291] Die durch eine M&A-Transaktion neu entstandene Unternehmung muss also Netzwerkbeziehungen mit ihrer Umwelt aufbauen. Einerseits können dabei bereits bestehende Beziehungen (die schon von der Käuferunternehmung

---
[287] Vgl. Brehm [Flexibilität 2003], S. 184.
[288] Vgl. Brehm [Flexibilität 2003], S. 185.
[289] Vgl. Duschek/Ortmann/Sydow [Grenzmanagement 2001], S. 202.
[290] Vgl. zu Beziehungen in Unternehmungsnetzwerken Sydow [Netzwerke 1992], S. 78 sowie Sydow/Windeler [Netzwerksteuerung 2000], S. 15.
[291] Vgl. Brehm [Flexibilität 2003], S. 187 m.w.N.

oder dem Target genutzt wurden) verwendet werden, andererseits müssen alte Beziehungen der M&A-Beteiligten getrennt und neue Netzwerke vollständig aufgebaut werden.

Die organisatorische Abstimmung mit den externen Marktpartnern erfolgt durch eine institutionalisierte, aufeinander abgestimmte Mehrzahl von (organisatorischen) Regelungen, deren Aufgabe in der Verknüpfung von Systemen und Subsystemen liegt und die als **Regelungssysteme** bezeichnet werden. Die Anwendung dieser Regelungen erfolgt durch Interaktionspartner, in diesem Fall die beteiligten Subsysteme. Die Gesamtheit von Regelungen und Akteuren bildet ein **Handlungssystem**, in dem die Akteure die Elemente des Systems und die Regelungen die Beziehungen zwischen den Elementen darstellen.[292] Zur Erbringung der benötigten Koordinationsleistung verwenden Handlungssysteme verschiedene **Koordinationsmechanismen**. Im Handlungssystem Markt, in dem rational und opportunistisch agierende Teilnehmer aufeinander treffen, erfolgt die Koordination über den Preis. Liegt ein hierarchisches Handlungssystem vor, das auf Vertragsbeziehungen beruht, wird die Koordination zwischen den Organisationsmitgliedern mittels Anweisungen herbeigeführt.[293] Netzwerke stellen neben Markt und Hierarchie eigenständige Handlungssysteme dar, die sich zusätzlich zu Preis und Anweisung noch der Selektion und Sozialisation als Koordinationsmechanismen bedienen.[294] Durch Selektion wird sichergestellt, dass nur die passenden Interaktionspartner in das Netzwerk aufgenommen werden, und im Rahmen der Sozialisation erfolgt die Assimilation von Werten und Verhaltensweisen zwischen den Netzwerkpartnern.[295] Auf diese Weise kann sich Vertrauen im Netzwerk ausbilden.[296] Die drei Koordinationsmechanismen wirken in allen drei Handlungssystemen und haben in unterschiedlichem Maße Anteil an der Erbringung der Koordinationsleistung.[297]

Die organisatorische Ausgestaltung der externen Systemkopplung verfolgt das Ziel, die **Anschlussfähigkeit** der Unternehmung in Netzwerken herzustellen. Dazu sind die internen Prozesse der Organisation auf die Prozesse der Marktpartner abzustimmen,

---

[292] Vgl. zu einer überblicksartigen Darstellung von Handlungssystemen Horstig [Unternehmungen 1993], S. 124ff.
[293] Vgl. Jost [Koordination 2000], S. 52ff.; Laux/Liermann [Organisation 2003], S. 6ff.; Picot/Dietl/Franck [Organisation 2005], S. 68f.; Bach/Buchholz/Eichler [Wertschöpfungsnetzwerke 2003], S. 3. Vgl. grundlegend zur Transaktionskostentheorie Williamson [Markets 1975].
[294] Vgl. Krüger [Organisation 2005], S. 168.
[295] Vgl. Ouchi [Control 1979], S. 837.
[296] Vgl. Krüger [Organisation 2005], S. 168 sowie Bach/Buchholz/Eichler [Wertschöpfungsnetzwerke 2003], S. 4 m.w.N.
[297] Vgl. Ouchi [Markets 1980], S. 132; Hennart [Explaining 1993], S. 531; Vogt [Vertrauen 1997], S. 58.

indem die Kompatibilität der externen Organisationsschnittstellen hergestellt wird. Diese weisen im Vergleich zu den internen einen geringeren Standardisierungsgrad auf, weil die externen Kopplungen sehr viel variabler sein müssen als die internen Schnittstellen zwischen den Subsystemen.[298] Die Netzwerkfähigkeit einer Organisation wird durch die Intensität und Form der externen Beziehungen an der Organisationsschnittstelle bestimmt. Die Intensität der Beziehungen ist gekennzeichnet durch alle Merkmale, die den Einfluss der Beziehungen auf die Organisation beschreiben, die Form stellt die Konfigurationsmerkmale des Beziehungsmusters dar. Zudem muss der Gegenstand der zu regelnden Koordination inhaltlich definiert werden, also die Aufgaben und Prozesse, die zu den vom Netzwerk erstellten Produkten und Dienstleistungen führen.[299] Das organisatorische Gestaltungsziel der Netzwerkgestaltung liegt darin, eine **externe Prozessvernetzung** zu erreichen, die über die Organisationsgrenzen hinweg die Abstimmung mit den Netzwerkpartnern gewährleistet.[300]

Im Rahmen der Post Merger Integration muss die Frage nach der Kopplung der neu entstandenen Wertschöpfungsarchitektur mit den Wertschöpfungspartnern beantwortet werden. Die Art der externen Vernetzung der Unternehmung ist ebenso durch die strategische Ausrichtung bestimmt wie die externe Systemabgrenzung und hat wesentlichen Einfluss auf die Gestaltung der organisatorischen Schnittstellen zu den Umsystemen. Konkret sind folgende Fragen zu beantworten:

- Welche Schnittstellen hat die neue Unternehmung mit Zulieferern/Abnehmern?
- Wird durch die Akquisition eine neue Wertschöpfungsstufe erworben oder ein für sich stehendes Geschäft?
- Soll die neue Unternehmung in einem Netzwerk arbeiten? Welche Beziehungen sollen zu den Partnern herrschen? Wie erfolgt die Abstimmung mit den Netzwerkpartnern?
- Welche Aufgaben werden an das Netzwerk abgegeben?

2.2.4.4 Subsystembildung

Nach Klärung der externen Systemabgrenzung und -kopplung befassen sich die folgenden drei organisatorischen Gestaltungsfragen mit der internen Systemstrukturierung. Um eine effiziente Aufgabenerfüllung zu erzielen, muss dazu zunächst die **Sub-**

---

[298] Vgl. Brehm [Flexibilität 2003], S. 193.
[299] Vgl. zu den strukturellen Dimensionen Inhalt, Intensität und Form Sydow [Netzwerke 1992], S. 78ff.
[300] Vgl. Krüger/Buchholz/Rohm [Integration 1996], S. 6ff.; Krüger [Organisation 2005], S. 182; Buchholz/Werner [Vernetzung 1998], S. 211ff.; Fleisch [Gestaltung 2000], S. 1112ff.

systembildung untersucht werden. In diesem Zusammenhang ist ebenfalls die Eignung verschiedener Subsysteme zur Erfüllung der generellen Unternehmungsaufgabe zu untersuchen.

Die theoretische **Grundlage der Subsystembildung** stellt die systemtheoretische Überlegung der **Komplexitätsreduktion** dar. Aufgrund steigender Komplexität der Unternehmungsaufgaben sehen sich soziale Systeme wie Unternehmungen bzw. Organisationen mit der Notwendigkeit konfrontiert, Differenzierungen vorzunehmen, um die Komplexität auf viele kleinere Einheiten zu verteilen und damit beherrschbar zu machen. Die Konsequenz aus dieser Differenzierung ist die Bildung von Subsystemen.[301] Aus strukturtechnischer Sicht entspricht die Subsystembildung der Analyse der Sachaufgabe der Unternehmung, die nach unterschiedlichen Merkmalen in **Teilaufgaben** zerlegt wird.[302] Dabei sollen generalisierte Aufgaben- und Verantwortungsbereiche entstehen, die an der Wertschöpfung der Unternehmung ausgerichtet sind.[303]

Die Subsystembildung findet auf der **Mikroebene** der Organisation statt, die Subsysteme stellen also die Basissysteme dar. Diese Basissysteme sind Organisationseinheiten, die „versachlichte personenbezogene Aufgabenkomplexe"[304] wahrnehmen und damit Aufgabenträger sind.[305] Organisationseinheiten werden auf Grundlage der Ergebnisse der Aufgaben- und Arbeitssynthese gebildet. Die Bündelung der Teilaufgaben und Arbeitsteile erfolgt mit dem Ziel, sinnvolle Aufgabenbündel zu schaffen, die die Gesamtaufgabe der Unternehmung möglichst optimal erfüllen.

Im Kontext der vorliegenden Arbeit stellen **Käuferunternehmung und Target** vor dem Zusammenschluss zwar eigenständige Systeme dar, **nach dem Zusammenschluss** sind sie jedoch als **Subsysteme** zu verstehen, die zu einem **neuen System**, nämlich der neuen Unternehmung **zusammengeführt** werden. Damit befasst sich die organisatorische Gestaltungsfrage der Subsystembildung im Rahmen der Post Merger Integration mit der Gestaltung der Organisation der neuen Unternehmung nach dem Zusammenschluss. Aus den organisatorischen Subsystemen der beteiligten Unternehmungen entstehen also die Subsysteme der neuen Unternehmung.

---

[301] Vgl. Luhmann [Systemrationalität 1977], S. 121; Brehm [Flexibilität 2003], S. 136f.
[302] Vgl. Kosiol [Organisation 1976], S. 42ff.; Bea/Göbel [Organisation 2006], S. 96f.; Schreyögg [Organisation 2003], S. 113ff. sowie Vahs [Organisation 2005], S. 48ff.
[303] Vgl. Brehm/Hackmann/Jantzen-Homp [Programm-Management 2006], S. 240.
[304] Kosiol [Unternehmung 1976], S. 78.
[305] Vgl. Vahs [Organisation 2005], S. 59; Bea/Göbel [Organisation 2006], S. 270. Im Sinne der vorliegenden Arbeit sind nicht Personen die Aufgabenträger, sondern Subsysteme.

Theoretische Fundierung 63

Die Subsystembildung erfolgt auf der einen Seite durch horizontale und vertikale Arbeitsteilung.[306] Die **horizontale Arbeitsteilung** bestimmt den Umfang der von einer Organisationseinheit zu bearbeitenden Aufgaben. Ziel insbesondere der horizontalen Arbeitsteilung ist die Realisierung von Economies of Scale, also Produktivitätsvorteilen. Die Spezialisierung nach Verrichtungen führt zur funktionalen Aufbauorganisation, die nach Objekten zur divisionalen Struktur. Die **vertikale Arbeitsteilung** beinhaltet die qualitative Trennung von Planungs- und Kontrollaufgaben auf der einen und Durchführungsaufgaben auf der anderen Seite. Es werden also Managementaufgaben von Realisationsaufgaben getrennt. Der Grad der vertikalen Spezialisierung ist von der Komplexität der Gesamtaufgabe abhängig. Auf der anderen Seite erfolgt die Subsystembildung anhand von Kriterien, die sich an der **Gleichartigkeit von Merkmalen** orientieren. Demzufolge können Subsysteme nach individuell vorhandenen Fähigkeiten und Kenntnissen oder nach der Zeit gebildet werden. Weiter verbreitet ist jedoch die Subsystembildung aufgrund gleichartiger Verrichtungen oder Objekten auf der zweiten Ebene unter der Unternehmungsleitung.[307]

Die entstehenden Organisationsstrukturen können als **Regelsysteme** verstanden werden, deren Zweck in der Ausrichtung des Handelns der Subsysteme auf ein übergeordnetes Ziel liegt.[308] Aus diesem Grund hat sich die Subsystembildung an der strategischen Ausrichtung der Unternehmung zu orientieren. Dazu wird die Wertschöpfungskette in am Wertschöpfungsprozess orientierte Subsysteme gegliedert. Aus der Bündelung dieser Teilaufgaben entstehen Teilprozesse, die in sich geschlossene Teile der Wertschöpfung abbilden.[309]

Im Rahmen der Subsystembildung ergibt sich die **Zielorganisation** der neuen Unternehmung. Vor dem Hintergrund der strategischen Ausrichtung und der Art der Arbeitsteilung wird die organisatorische Struktur des neuen Systems (also der neuen Unternehmung) gestaltet. Dabei wird die Gesamtunternehmung in Geschäftsbereiche, Abteilungen und Gruppen aufgeteilt, die jeweils organisatorische Subsysteme darstellen. Die einzelnen Organisationseinheiten der Vorgängerunternehmungen werden in Ab-

---

[306] Vgl. hierzu und im Folgenden Krüger [Organisation 2005], S. 151; Schreyögg [Organisation 2003], S. 129ff.; Bea/Göbel [Organisation 2006], S. 301f.; Vahs [Organisation 2005], S. 66f.; Bleicher [Organisation 1991], S. 57. Zur horizontalen Arbeitsteilung im Speziellen vgl. Smith [Wealth 1977], zur vertikalen Taylor [Management 1911].
[307] Vgl. Schanz [Organisationsgestaltung 1994], S. 112.
[308] Vgl. Frese [Organisation 2005], S. 25.
[309] Vgl. Brehm [Flexibilität 2003], S. 139; Osterloh/Frost [Prozessmanagement 2006], S. 141f.

hängigkeit vom Integrationsansatz[310] entweder miteinander verbunden oder aufgelöst und dafür neue Organisationseinheiten gebildet.

Die durch Subsystembildung entstandenen Organisationseinheiten können nach der Art und dem Inhalt der von ihnen zu erfüllenden Aufgaben in die drei Kategorien Steuerungs-, Unterstützungs- und operative Einheiten eingeteilt werden. Diese Unterteilung wird als **SOS-Konzept** bezeichnet.[311] **Steuerungseinheiten** sind solche Organisationseinheiten, die ausschließlich sachbezogene und personenbezogene **Führungsaufgaben** für das System oder das Subsystem wahrnehmen.[312] Dies sind Aufgaben der Willensbildung, Willensdurchsetzung und Willenssicherung, also Planung, Steuerung und Kontrolle. Die **operativen Einheiten** übernehmen die **Ausführungsaufgaben**, d.h. sie setzen die Pläne in Produkte und Leistungen um. Damit Führungs- und Ausführungsaufgaben in der Unternehmung erfüllt werden können, ist eine gewisse Menge an **Unterstützungsaufgaben** notwendig, die von den **Supporteinheiten** wie Stäben oder Dienstleistungsstellen geleistet werden.[313] Das SOS-Konzept kann auf identische Art auch auf die Unterscheidung von Prozessen in der Unternehmung angewendet werden.[314] Dabei bilden die operativen Prozesse die Wertschöpfung der Unternehmung ab, die Steuerungs- und Unterstützungsprozesse entsprechen den sekundären Aktivitäten der Wertschöpfungskette.

Anhand der Aufgabenart können zwei verschiedene strukturelle Subsysteme voneinander abgegrenzt werden. Die **Primärorganisation** umfasst all jene Organisationseinheiten, die **Daueraufgaben** erfüllen. Daueraufgaben sind dadurch gekennzeichnet, dass sie unbefristet sind und sich aufgrund der Wiederholung standardisieren lassen. In der Primärstruktur sind die Stellenmehrheiten (Gruppen, Abteilungen) sowie Ausschüsse enthalten. Die Art der Aufgabenspezialisierung dieser Primärorganisationseinheiten auf der zweiten Ebene unterhalb der Unternehmungsführung führt zu den ver-

---

[310] Vgl. hierzu Abschnitt C.1.3.2, S. 95ff.
[311] Das SOS-Konzept nimmt grundsätzliche eine Einteilung der Aufgabenarten vor. Vgl. Wild [Management 1973], S. 30; Krüger [Organisation 1994], S. 37; Krüger [Organisation 2005], S. 154f. Das SOS-Konzept kann mit dem Konzept „Structure in Fives" von MINTZBERG erweitert werden. Die Organisationseinheiten, die Steuerungs-, Operations- und Supportaufgaben übernehmen, werden dann als funktionale Subsysteme bezeichnet. Vgl. Mintzberg [Structure 1983] sowie Krüger [Organisation 1994], S. 40f.
[312] Stellen, die Führungsaufgaben übernehmen, werden als Instanzen bezeichnet. Vgl. Krüger [Organisation 2005], S. 156f.
[313] Vgl. zu Aufgabenarten und Stellentypen Krüger [Organisation 1994], S. 37 sowie S. 49ff.; Vahs [Organisation 2005], S. 69ff.; Bea/Göbel [Organisation 2006], S. 271ff.; Krüger [Organisation 2005], S. 154f.
[314] Vgl. Krüger [Organisation 1994], S. 124; Krüger [Organisation 2005], S. 183f.; Picot/Dietl/Franck [Organisation 2005], S. 286.

schiedenen **Formen der Aufbauorganisation**. Zur Ergänzung der Primärorganisation, die aufgrund der Bearbeitung routinemäßiger Daueraufgaben nicht geeignet ist, komplexe Probleme zu lösen, wird die zweite Art von strukturellen Subsystemen gebildet, die als **Sekundärorganisation** bezeichnet wird. Sie befasst sich mit **Spezialaufgaben**, die überwiegend neuartig und innovativ sind und nur befristet anfallen. Organisationseinheiten, die diese Art von Aufgaben bearbeiten, sind Projektteams, Konferenzen und Workshops. Die Organisationseinheiten der Sekundärstruktur besitzen wichtige und notwenige Fähigkeiten, über die die Primärorganisation nicht verfügt. Aus diesem Grund wird der Primärorganisation oft eine Sekundärstruktur zur Seite gestellt, um die Primärorganisation hinsichtlich dieser Fähigkeiten zu ergänzen.[315]

Die Umsetzung der Unternehmungsstrategie wird von der Primärorganisation gewährleistet. Sie beherrscht das **Kerngeschäft** und sorgt für das Vorhandensein der **Kernfähigkeiten**, die dafür benötigt werden. Im Gegensatz dazu ist es Aufgabe der Sekundärorganisation, die Weiterentwicklung der Unternehmung sicherzustellen.[316]

Um die Primärstruktur der Unternehmung zu gestalten, ist die Subsystembildung an den strategischen Anforderungen der Unternehmung auszurichten. In Abhängigkeit von der vorhandenen und angestrebten Wertschöpfungskonfiguration wird die benötigte Abteilungs- und Bereichsstruktur determiniert. Dabei bildet der funktional oder objektorientierte Zuschnitt der Bereiche das Geschäftsverständnis ab, während die Bereichsanzahl auf den unterschiedlichen Organisationsebenen die Gesamtstruktur entwickelt. Des Weiteren sind Zentralisations- bzw. Dezentralisationsentscheidungen hinsichtlich der Unterstützungsaufgaben zu treffen.[317]

Diese sachbezogenen Fragen der Subsystembildung sind in der Integrationsphase eines Unternehmungszusammenschlusses von herausragender Bedeutung, weil die zu integrierenden Unternehmungen in den meisten Fällen unterschiedliche Wertschöpfungskonfigurationen aufweisen, die für die neu entstehende Unternehmung strategisch neu ausgerichtet und in Einklang gebracht werden müssen. Dabei muss die Primärstruktur neu bestimmt werden, die von den Subsystemen, wie z.B. Abteilungen als Stellenmehrheiten, getragen wird. Zusätzlich ist auch über die Einrichtung einer Sekundärstruktur und der dazu notwendigen Subsysteme zu entscheiden. Die Gestaltung der Subsysteme orientiert sich an folgenden Fragen:

---

[315] Vgl. Krüger [Organisation 2005], S. 169; Bleicher [Organisation 1991], S. 110ff. sowie ders. S. 135ff.
[316] Vgl. Krüger [Organisation 1994], S. 42.
[317] Vgl. Brehm/Hackmann [Unternehmensintegrationen 2005], S. 34f.

- In welche Teilaufgaben kann die Gesamtaufgabe der neuen Unternehmung unterteilt werden und welche Arten von Subsystemen werden dazu benötigt?
- Wie ist die horizontale und vertikale Arbeitsteilung zu gestalten?
- Wie ist das Verhältnis von Steuerungseinheiten zu operativen und Supporteinheiten?
- Welche Aufgaben übernimmt die Primär-, welche die Sekundärorganisation?

2.2.4.5 Subsystemintegration

Im Anschluss an die Subsystembildung ist die **Subsystemintegration** zu gestalten. Unter der organisatorischen Integration[318] werden der Prozess und das Ergebnis der Zusammenfassung oder Verbindung von vorher einzelnen Subsystemen zu neuen umfassenden Organisationseinheiten verstanden.[319] Das Ziel ist ein effizientes und zielorientiertes Zusammenwirken der arbeitsteiligen Einheiten und Prozesse in der Unternehmung.

Die strukturtechnische Betrachtungsweise verlangt notwendigerweise nach der **Gestaltung der Beziehungen** zwischen den Subsystemen.[320] Subsystembildung und Subsystemintegration bilden damit das organisatorische Grundproblem der Differenzierung und Integration ab.[321] Die Subsystemintegration führt dabei die durch Arbeitsteilung entstandenen Subsysteme zu geschlossenen Leistungseinheiten zusammen. Ergebnis der Integration sind die Organisationsstrukturen der Unternehmung, die sich in der Aufbauorganisation, der Ablauf- oder Prozessorganisation und der Hierarchie niederschlagen.[322] Die Organisationsstruktur stellt damit das System dar, das aus mehreren Subsystemen besteht.

Die Gestaltungsaufgabe der Subsystemintegration wird in der Organisationsliteratur häufig mit der vorhergehenden Gestaltungsaufgabe Subsystembildung in einem Atemzug genannt. Die jeweiligen Teilaufgaben der Bildung und Integration lassen sich dabei nicht eindeutig unterscheiden.[323] Im Rahmen der vorliegenden Arbeit wird jedoch eine getrennte Sichtweise gewählt, bei der die formalen Organisationsstrukturen als

---

[318] Der in diesem Abschnitt verwendete Integrationsbegriff ist in organisatorischem Kontext zu verstehen, d.h. „als Zusammenfassung der [..] Teilaufgaben [...] zu sinnvollen Einheiten", Vahs [Organisation 2005], S. 53.
[319] Vgl. Lehmann [Integration 1980], Sp. 976; Schulte-Zurhausen [Organisation 2005], S. 166.
[320] Vgl. Bleicher [Gestaltung 1979], S. 47.
[321] Vgl. Brehm [Flexibilität 2003], S. 136; Krüger [Organisation 2005], S. 151.
[322] Vgl. Vahs [Organisation 2005], S. 53ff.; Schreyögg [Organisation 2003], S. 155f.
[323] Vgl. bspw. Bleicher [Gestaltung 1992]; Bleicher [Organisation 1991]; Schanz [Organisationsgestaltung 1994]; Vahs [Organisation 2005]; Bea/Göbel [Organisation 2006]; Krüger [Organisation 2005].

Ergebnis der Subsystemintegration betrachtet werden. Wie oben beschrieben handelt es sich bei Subsystemen um Stellenmehrheiten, die bspw. als Abteilungen oder Geschäftsbereiche vorkommen.

Ausgangsgedanke der Subsystemintegration ist die Schaffung von geschlossenen Leistungseinheiten, in denen die durch Arbeitsteilung entstandenen Subsysteme zusammengefasst sind und aufeinander abgestimmt werden. Die Gestaltung des Zusammenwirkens der einzelnen Subsysteme erfolgt durch **Integration** bzw. **Koordination**.[324] Dabei ist der Koordinationsbedarf positiv mit dem Grad der Spezialisierung und der daraus entstehenden Anzahl an Schnittstellen zwischen den Subsystemen korreliert.[325] Organisatorische Integration kann auf vertikale, horizontale oder laterale Weise erfolgen. Die horizontale Integration erfolgt durch Selbstabstimmung zwischen den Subsystemen, im Rahmen der lateralen Integration wird eine interne Netzwerkorganisation eingerichtet. Die **vertikale Integration** als klassischer Weg der Organisationslehre, die im Folgenden den Schwerpunkt der Betrachtungen bilden soll, bedient sich auf der einen Seite des Koordinationsmechanismus der **Hierarchie**, auf der anderen Seite erfolgt die Abstimmung durch Pläne und Programme.[326]

Mithilfe von hierarchischen Strukturen kann die durch Arbeitsteilung entstandene Komplexität innerhalb des Systems bewältigt werden. Unter einer Hierarchie wird „ein universelles Ordnungsmuster komplexer Systeme"[327] verstanden, in dem die einzelnen Subsysteme durch Rangbeziehungen miteinander verbunden sind. Damit stellt die Hierarchie ein Leitungssystem dar, das sämtliche Stellen und ihre Verbindungen untereinander (die sog. Weisungsbeziehungen) umfasst.[328] Im Falle der **Organisationshierarchie**[329] bestehen dabei zwischen Organisationseinheiten wie Stellen und Abteilungen Über- und Unterordnungsverhältnisse. Die Hierarchie besteht aus Elementen (Leitungs- und Ausführungsebenen) und Beziehungen zwischen den Elementen. Leitungselemente sind durch einen höheren Rang und damit durch das Recht auf Fremdentscheidung, Anweisung und Kontrolle gekennzeichnet.

Die inhaltliche Aufgabenverteilung zwischen Leitungs- und Ausführungselementen markiert die Grenzen des vertikalen Handlungsspielraums und damit die Menge mög-

---

[324] Vgl. Kosiol [Organisation 1976], S. 171; Bleicher [Organisation 1992], Sp. 1889; Schreyögg [Organisation 2003], S. 155f.; Vahs [Organisation 2005], S. 106.
[325] Vgl. Bea/Göbel [Organisation 2006], S. 307.
[326] Vgl. Schreyögg [Organisation 2003], S. 157f.
[327] Krüger [Organisation 2005], S. 158.
[328] Vgl. Schmidt [Organisation 2002], S. 61.
[329] Vgl. im Folgenden zur Organisationshierarchie Krüger [Organisation 2005], S. 158ff. sowie Krüger [Organisation 1994], S. 62ff.

licher Handlungsalternativen.[330] Der Handlungsspielraum der Ausführungselemente ergibt sich durch die äußere Form und die inhaltliche Ausgestaltung der Hierarchie. Die **Inhaltsmuster** dienen dabei der Ausgestaltung des formalen hierarchischen Rahmens und werden durch die Gestaltungsparameter Entscheidungszentralisation bzw. Entscheidungsdezentralisation, Delegation und Partizipation repräsentiert. Mithilfe der **Entscheidungszentralisation** oder **-dezentralisation** wird die Verteilung von Entscheidungsaufgaben zwischen Leitungs- und Ausführungsebene beschrieben, die sich auf das gesamte Stellengefüge bezieht. Im Gegensatz dazu erstreckt sich die **Delegation** von Aufgaben nur auf zwei Ebenen der Hierarchie und beinhaltet die vertikale Abtretung von Aufgaben, Kompetenzen und Verantwortung an rangtuntere Stellen. Delegation dient der Entlastung von Führungskräften. Durch **Partizipation**, die von den beiden vorgenannten Gestaltungsparametern unabhängig zu betrachten ist, werden untere Hierarchieebenen am Willensbildungsprozess höherer Ebenen beteiligt.[331]

Die äußere Form der Hierarchie wird als **Konfiguration** bezeichnet. Sie gibt den formalen hierarchischen Rahmen vor, der von den bereits erläuterten Inhaltsmustern ausgefüllt wird. Die **Leitungsbreite** bezeichnet die Anzahl der Stellen, die einer Instanz untergeordnet sind, und wird auch Leitungsspanne genannt. Sie bestimmt die Breite einer Organisationshierarchie und hängt von der Art der zu verteilenden Aufgaben, der Qualifikation der Mitarbeiter, der Unterstützung durch Sachmittel sowie der Unternehmungs- und Gesellschaftskultur ab. Das logische Gegenstück zur Leitungsbreite stellt die **Leitungstiefe** dar. Sie beschreibt die Anzahl der vorhandenen Hierarchieebenen und führt damit zu flachen oder steilen Konfigurationen. Leitungsbreite und Leitungstiefe sind negativ miteinander korreliert. Abschließend wird die Konfiguration durch die **Struktur der Weisungsbeziehungen** bestimmt. Dabei werden Einlinien- und Mehrliniensysteme unterschieden. Bei einem **Einliniensystem** gibt es nur eine direkte Weisungsbeziehung zwischen Leitungs- und Ausführungsebene, während bei einem **Mehrliniensystem** vielfältige Weisungsbeziehungen zwischen den Hierarchieebenen bestehen.[332]

Eine Erweiterung zur Entlastung der Hierarchie stellt die **Integration durch Programme** dar, die ebenfalls vertikal verläuft.[333] Die Abstimmung verläuft hierbei ausschließlich über Programme, also verbindliche Regeln, so dass keine Leitungseinheit

---

[330] Vgl. zum Handlungsspielraum Brehm [Flexibilität 2003], S. 105.
[331] Vgl. Krüger [Organisation 2005], S. 160f. sowie Krüger [Organisation 1994], S. 66ff.
[332] Vgl. Krüger [Organisation 2005], S. 158f. sowie Krüger [Organisation 1994], S. 63ff.; Schmidt [Organisation 2002], S. 61f.
[333] Vgl. hierzu Schreyögg [Organisation 2003], S. 168ff.

Theoretische Fundierung 69

benötigt wird. Solche Regeln können überall dort in der Organisation angewendet werden, wo Routineentscheidungen zu treffen sind, die keiner Anweisung durch eine Instanz bedürfen. Einer bestimmten Ursache ist eine feste Wirkung zugeordnet. Im Gegensatz zu diesen Routineprogrammen dienen Zweckprogramme dazu, ein vorher festgelegtes Ziel mit beliebigen Maßnahmen zu erreichen. Das Führungskonzept ‚Management by Objectives'[334] ist ein Anwendungsbeispiel für Zweckprogramme.

Die Konfiguration stellt die Rahmenstruktur für die Gesamtheit der Unternehmungsaktivitäten bereit, auf deren Basis die Unternehmungsbereiche gebildet werden. Durch dauerhafte Strukturierung, also durch Zusammenfassung von Subsystemen zu Organisationseinheiten, entsteht ein festes Stellengefüge, das langfristig Bestand haben soll.[335] Die so gebildeten Unternehmungsbereiche werden durch die Grundformen der **Aufbauorganisation** beschrieben.[336] Die unterschiedlichen aufbauorganisatorischen Formen[337] der Unternehmung entstehen zum einen durch die Art der Arbeitsteilung auf der zweiten Ebene unter der Unternehmungsführung. Zum anderen beeinflusst die Verteilung der Weisungsbefugnisse und der Entscheidungsaufgaben die Ausgestaltung der formalen Organisationsstruktur. Die Aufgabenspezialisierung erfolgt entweder nach dem Verrichtungs- oder Objektmerkmal, die Verteilung der Weisungsbefugnisse führt zu Einlinien- oder Mehrliniensystemen, und die Entscheidungsaufgaben können sowohl zentral als auch dezentral verteilt sein. Aus der Kombination dieser Gestaltungsparameter ergeben sich drei relevante Strukturmodelle: Bei der **funktionalen Organisation** handelt es sich um eine verrichtungsorientierte Einlinienorganisation mit der Tendenz zur Entscheidungszentralisation. Die Arbeitsteilung erfolgt bspw. nach den unterschiedlichen Verrichtungen Beschaffung, Produktion, Absatz und Verwaltung. Demgegenüber stellt die **divisionale Organisation** eine objektorientierte Einlinienorganisation mit der Tendenz zur Entscheidungsdezentralisation dar. Die Gliederungsobjekte können je nach strategischer Ausrichtung entweder Produkte, Regionen oder Kunden sein. Schließlich ist die **Matrix- und Tensororganisation** eine sowohl verrichtungs- als auch objektorientierte Mehrlinienorganisation mit der Tendenz zur Entscheidungsdezentralisation.

---

[334] Vgl. Odiorne [Objectives 1965] sowie Krüger [Objectives 2001].
[335] Vgl. Kosiol [Organisation 1976], S. 28; Schreyögg [Organisation 2003], S. 8; Vahs [Organisation 2005], S. 94.
[336] Vgl. Frese [Organisation 2005], S. 443.
[337] Vgl. zu den verschiedenen Formen der Aufbauorganisation Krüger [Organisation 2005], S. 193ff.; Krüger [Organisation 1994], S. 95ff.; Bleicher [Organisation 1991], S. 388ff.; Vahs [Organisation 2005], S. 142ff.; Bea/Göbel [Organisation 2006], S. 377ff.; Schreyögg [Organisation 2003], S. 130ff.; Frese [Organisation 2005], S. 209ff.; Schanz [Organisationsgestaltung 1994], S. 113ff. sowie Schulte-Zurhausen [Organisation 2005], S. 259ff.

Im Rahmen der Subsystembildung entsteht neben der formalen Organisationsstruktur in Form der Aufbauorganisation auch deren logisches Gegenstück, die **Ablauf- oder Prozessorganisation**. Zwischen diesen beiden Organisationsformen bestehen vielfältige Wechselbeziehungen. In der ursprünglichen Sichtweise werden die Prozesse[338] innerhalb der bestehenden Aufbauorganisation gestaltet, sind also der Struktur nachgelagert. Die Form der Aufbauorganisation bestimmt demnach die Prozessgestaltung.[339] In einer Organisation, die sich an der Strategie orientiert und deren Ziel in der möglichst effizienten Umsetzung der Wertschöpfungskonfiguration liegt, ist es jedoch notwendig, dass zunächst über die Prozessgestaltung und erst im Anschluss über die Aufbaustruktur entschieden wird. Demzufolge sind zuerst in Abhängigkeit von der Unternehmungsstrategie die **Kernprozesse** der Unternehmung zu identifizieren, auf Basis derer dann in der Folge die Gestaltung der Aufbauorganisation erfolgt. Diese Reihenfolge wird in der Literatur als „structure follows process follows strategy" bezeichnet.[340]

Durch die in vielen Branchen vorherrschende Wertschöpfungsorientierung bekommt dieses Vorgehen einen immer höheren Stellenwert in der betrieblichen Organisationspraxis. Zudem entstehen durch die Dekonstruktion bestehender Wertschöpfungsketten neuartige Wettbewerbsformen, die neuartige Wertschöpfungsarchitekturen hervorbringen.[341] Zu deren Beherrschung dienen die Organisation und das Management von Prozessen.[342]

Zur Bildung einer Prozessorganisation müssen im Rahmen des **Prozessmanagements** zunächst die kritischen Prozesse in der Unternehmung identifiziert werden. Die Kriterien zu deren Bestimmung werden aus der Unternehmungsstrategie und angestrebten Wertschöpfungskonfiguration abgeleitet. **Kritische Prozesse**, auch als Kernprozesse bezeichnet, sind für den Unternehmungserfolg von besonderer Wichtigkeit, insbesondere sind dabei die **Geschäftsprozesse**, die beim Kunden beginnen und beim Kunden auch wieder aufhören, zu beachten.[343] Im Anschluss daran sind die Prozesse hinsichtlich ihrer Ist-Zustände sowie Stärken und Schwächen zu analysieren. Der anzustrebende Soll-Zustand der Prozessorganisation wird durch die im Rahmen der externen Sy-

---

[338] Unter einem Prozess wird eine „zusammenhängende Folge von Tätigkeiten" verstanden, die „als ganzheitliche, integrierte Operationsfolge" zu einem Output führt. Bea/Göbel [Organisation 2006], S. 414. Vgl. hierzu auch Vahs [Organisation 2005], S. 209.
[339] Vgl. Krüger [Organisation 1994], S. 119f.
[340] Vgl. Buchholz [Time 1996], S. 73f.; Osterloh/Frost [Prozessmanagement 2006], S. 40.
[341] Vgl. Heuskel [Industriegrenzen 1999], S. 36ff.
[342] Vgl. Krüger [Organisation 2005], S. 177.
[343] Vgl. Vahs [Organisation 2005], S. 230f.

stemabgrenzung und -kopplung entwickelte Wertschöpfungskonfiguration vorgegeben. Auf dieser Basis müssen die einzelnen Prozessschritte in eine zielorientierte Ordnung gebracht werden. Der Fit zwischen Prozessgestaltung und Unternehmungsstrategie ist dabei laufend zu überwachen.[344]

Die als Ergebnis des Prozessmanagements entstehende Prozessorganisation umfasst die dauerhafte Strukturierung und Optimierung der Geschäftsprozesse hinsichtlich der Unternehmungsziele. Wie bereits erwähnt, dienen die strukturellen Subsysteme, also die Organisationseinheiten zur Unterstützung der Prozesse und sind ihnen nachgelagert.[345] Die **Gestaltungsziele** der Prozessorganisation werden aus den Unternehmungszielen abgeleitet und bestehen in der Verringerung der Kosten, der Verkürzung der Durchlaufzeiten, der Erhöhung der Qualität sowie der Verbesserung der Innovationsfähigkeit der Unternehmung.[346]

Im Zuge der Zusammenführung vorher getrennter Unternehmungen im Rahmen der Post Merger Integration besteht eine der organisatorischen Hauptaufgaben in der Subsystemintegration. Ausgehend von Unternehmungsstrategie und Wertschöpfungskonfiguration sind die Beziehungen zwischen den Subsystemen zielorientiert zu gestalten. Das sichtbare Ergebnis dieser Gestaltungsprozesse sind die Aufbau- und die Ablauforganisation der Unternehmung, die Integration der Subsysteme erfolgt anhand der Gestaltung des Leitungssystems der Unternehmung. Die Subsystemintegration muss sich demnach an folgenden Fragen orientieren:

- Sind die Organisationsformen der beteiligten Unternehmungen ähnlich oder stark unterschiedlich? Gibt es eine dominierende Organisationsform?
- Welche Form der Aufbauorganisation passt am besten zur strategischen Ausrichtung der neuen Unternehmung?
- Wird in den Organisationen der beteiligten Unternehmungen der gleiche Koordinationsmechanismus angewendet? Welcher Koordinationsmechanismus bietet sich für die neue Unternehmung an?
- Wie hoch ist der Spezialisierungsgrad der Subsysteme? Wie kann die dadurch notwendige Koordination zwischen den Subsystemen erfolgen?
- Wie viele Hierarchieebenen benötigt die neue Unternehmung?

---

[344] Vgl. grundlegend zum Prozessmanagement Rohm [Prozessmanagement 1997], S. 23ff.; Picot/Dietl/Franck [Organisation 2005], S. 290ff.
[345] Vgl. Bea/Göbel [Organisation 2006], S. 369.
[346] Vgl. Vahs [Organisation 2005], S. 219ff.; Schmidt [Organisation 2002], S. 118ff.

- Können die kritischen Prozesse bzw. die Geschäftsprozesse der beteiligten Unternehmungen problemlos in einer neuen Prozessorganisation zusammengeführt werden?

2.2.4.6 Subsysteminterne Organisation

Im Kontext der vorliegenden Arbeit stellen Subsysteme die Organisationseinheiten in der neuen Unternehmung – dem System – dar, die im Rahmen der Subsystembildung durch die Zusammenführung der Organisationseinheiten der beteiligten Unternehmungen entstanden sind.[347] Dabei ergeben sich in der neuen Unternehmung eine Vielzahl von Stellenmehrheiten wie Unternehmungsbereichen oder Abteilungen. Die intersystemische Abstimmung zwischen den Subsystemen ist bereits oben unter dem Stichwort Subsystemintegration behandelt worden. Die **subsysteminterne Organisation** untersucht darauf aufbauend die intrasystemische Gestaltung innerhalb eines Subsystems. In diesem Zusammenhang ist die interne Arbeitsteilung und Koordination in einem Subsystem zu erläutern.[348]

Die Gestaltung der subsysteminternen Organisation setzt auf der **Mikroebene** der Organisation an und betrachtet dabei die organisatorischen Basissysteme, also die durch Arbeitsteilung entstandenen Subsysteme. Deren interne Koordination ist deshalb ein wichtiger Gestaltungsbereich, weil die bisher erbrachten Strukturierungsleistungen auf der Mesoebene, also der Systemebene der neuen Unternehmung, nicht ausreichen, um die notwendigen unternehmungsbezogenen Handlungsstrukturen zu erklären, da sie im Wesentlichen von der Unternehmungsleitung erbracht werden.[349] Genauer gesagt muss ein Großteil der notwendigen Strukturierungsleistung des Systems dezentral auf lokaler Ebene erbracht werden. Solche Aktivitäten der **Eigengestaltung** tragen zur Bildung und Anpassung aufgabenbezogener Handlungsmuster in der Unternehmung bei.[350]

Aus diesem Grund besteht der spezielle Betrachtungsgegenstand der subsysteminternen Organisation in der Gestaltung der Abstimmung zwischen den Elementen des Subsystems. Damit ist die Koordination der Stellen innerhalb von unmittelbaren Kooperationseinheiten angesprochen.[351] Der Zweck der Subsysteme liegt in der Erfüllung von Aufgaben. Dazu muss die Aufgabe aus Sicht der Strukturtechnik zunächst wie bereits oben beschrieben in einzelne Teile bzw. Arbeitsschritte zerlegt werden, die im

---

[347] Vgl. Abschnitt 2.2.4.4, S. 61ff.
[348] Vgl. Krüger [Organisation 2005], S. 143; Bleicher [Gestaltung 1992], Sp. 1890.
[349] Vgl. Brehm [Flexibilität 2003], S. 171.
[350] Vgl. Jung [Mikroorganisation 1985], S. 6ff.
[351] Vgl. Bleicher [Organisation 1991], S. 102.

Theoretische Fundierung 73

anschließenden Schritt der Einung bzw. Integration wieder in sinnvolle Beziehungen zueinander gesetzt werden müssen. Um eine effiziente Aufgabenerfüllung erreichen zu können, ist dazu eine intrasystemische Abstimmung zwischen den an der Aufgabenerfüllung beteiligten Stellen unabdingbar.[352]

Subsysteme als unmittelbare Kooperationseinheiten können nach unterschiedlichen Kriterien harmonisiert werden.[353] Nach dem **Harmonisationsprinzip** kann ein dauerhaftes Subsystem entweder hierarchisch oder systemorientiert ausgestaltet werden.

Das Ergebnis der **hierarchischen Gestaltung** ist die **Abteilung**, in der die darin zusammengefassten Stellen einer Leitungsstelle unbefristet unterstellt sind. Die Abteilungsbildung kann auf der einen Seite durch eine bottom up-ausgerichtete Verdichtung von Basissystemen, die ausschließlich Ausführungsaufgaben erledigen, zu Zwischensystemen erfolgen. Damit entstehen geschlossene Leistungsbereiche, die ihrerseits wiederum zu Zwischensystemen höherer Ordnung zusammengefasst werden können, bspw. zu Hauptabteilungen oder Unternehmungsbereichen. Die Abstimmung zwischen den Stellen einer Abteilung wird von der Instanz geleistet, indem sie die Aufgabenverteilung vornimmt. Im Gegensatz zu dieser als Kombination bezeichneten Abteilungsbildung erfolgt auf der anderen Seite die Zusammenfassung von Basissystemen bzw. Stellen im Delegationsmodell in top down-Richtung. Zur Entlastung der Unternehmungsführung wird zur Komplexitätsbewältigung die zunächst noch unstrukturierte Gesamtaufgabe in einzelne Teilaufgaben differenziert, die im Folgenden durch Delegation auf nachgeordnete Leitungsstellen verteilt werden. Die Gesamtaufgabe wird so schrittweise konkretisiert, und zwischen der Unternehmungsführung und der Ausführungsebene entsteht eine neue Leitungsebene, deren Aufgabe in der Abstimmung von Teilproblemen liegt.[354]

Die **systemorientierte Harmonisation** führt zu einer Verbindung der Basissysteme ohne Einrichtung einer formalen Leitungsstelle. Die so gebildete Organisationsform wird als **Arbeitsgruppe** oder **Team** bezeichnet, in der die Basissysteme gleichrangig angeordnet sind. Somit wird in einer Arbeitsgruppe keine Unterscheidung zwischen Leitungs- und Ausführungsaufgaben getroffen, sondern die Koordination auf die beteiligten Basissysteme verlagert. Es entsteht eine **selbststeuernde** Arbeitsgruppe, der ein kompletter Aufgabenbereich zur gemeinsamen Bearbeitung übertragen wird. Daraus

---

[352] Vgl. Jung [Mikroorganisation 1985], S. 12; Brehm [Flexibilität 2003], S. 171.
[353] Vgl. zu den Arten der Harmonisation Bleicher [Organisation 1991], S. 108f. Die vorliegende Arbeit betrachtet an dieser Stelle nur die Harmonisationsprinzipien.
[354] Vgl. Vahs [Organisation 2005], S. 95f.; Bleicher [Organisation 1991], S. 111f.; Krüger [Organisation 2005], S. 170f.; Krüger [Organisation 1994], S. 53f.; Schulte-Zuhausen [Organisation 2005], S. 207ff.

folgt, dass Arbeitsgruppen große Freiräume bei der Gestaltung der Aufgabenerfüllung besitzen, sie also **autonom** über die Aufgabenverteilung, die Beziehungen innerhalb der Gruppe und die Arbeitsorganisation entscheiden können, um das vorgegebene Ziel möglichst effizient zu erreichen. Diese segmentinterne Aufgabenverteilung wird dabei in einem partizipativen Entscheidungsprozess für jede Aufgabe neu vereinbart.[355] Diese autonome Gestaltung der Binnenstrukturen der Arbeitsgruppe wird als **Selbstorganisation** bezeichnet. Das Subsystem entwickelt dabei ordnungsschaffende Handlungsmuster, also Regeln für sich selbst. Subsysteme sind zweckgebunden und können innerhalb der durch Fremdorganisation vorgegebenen Rahmenregelungen selber die Regeln schaffen, die noch zur Aufgabenerfüllung notwendig sind.[356] Die Aufgabenträger benötigen die entsprechenden organisatorischen Kompetenzen, um dezentral für ihre Organisationseinheit die Regelungsgestaltung durchführen zu können.[357] Selbstorganisatorische Gestaltung ist insbesondere deshalb notwendig, um Komplexität beherrschen zu können. Dazu wird die Fähigkeit benötigt, starre Prozesse situativ und autonom an unvorhergesehene Ereignisse anpassen zu können.[358]

Die insbesondere aus Sicht des strukturtechnischen Ansatzes interessierenden **Gestaltungsobjekte der Selbstorganisation** sind zum einen die Arbeitsteilung und zum anderen die Koordination. Die **Selbstregelung der Arbeitsteilung** umfasst dabei die Aufteilung der Gesamtaufgabe in Teilaufgaben und die darauf folgende Verteilung der Teilaufgaben auf Aufgabenträger. Die daraus resultierenden Arbeitsschritte müssen im Anschluss wieder so zusammengeführt werden, dass die ursprüngliche Gesamtaufgabe erfüllt wird. Dazu dient die **Selbstregelung der Koordination** bzw. **Integration**. Die Abstimmung zwischen den Aufgabenträgern erfolgt dabei nach eigenem Ermessen, indem sie über den konkreten Abstimmungsbedarf, den Inhalt und die Form entscheiden. Dabei spielt die Kommunikation zwischen den Aufgabenträgern eine herausragende Rolle.[359]

Durch die vermehrte Selbstregelung werden zusätzliche Handlungsspielräume für die Aufgabenträger geschaffen. Durch **Job Enlargement** vergrößert sich der horizontale Ausführungsspielraum, indem zunehmend verschiedenartige Tätigkeiten ausgeführt werden. Demgegenüber wird durch **Job Enrichment** eine vertikale Aufgabenerweite-

---

[355] Vgl. Bleicher [Organisation 1991], S. 113; Krüger [Organisation 2005], S. 171f.; Picot/Dietl/Franck [Organisation 2005], S. 356f.; Schulte-Zurhausen [Organisation 2005], S. 200ff.
[356] Vgl. Jung [Mikroorganisation 1985], S. 11; Brehm [Flexibilität 2003], S. 171f.
[357] Vgl. Jung [Mikroorganisation 1985], S. 49f.
[358] Vgl. Probst [Organisation 1992], S. 499.
[359] Vgl. Schreyögg [Organisation 2003], S. 173ff.; Brehm [Flexibilität 2003], S. 176ff.

Theoretische Fundierung 75

rung erreicht, indem die Aufgabenträger zusätzlich zu den Ausführungsaufgaben Entscheidungs- und Kontrollaufgaben erfüllen.[360]

Durch die interne organisatorische Ausgestaltung der Subsysteme im Zuge der Zusammenführung nach M&A-Aktivitäten wird die organisatorische Gestaltung der neuen Unternehmung abgeschlossen. Die neu gebildeten Subsysteme werden mithilfe dieser Gestaltungsaktivitäten optimal an die Erfordernisse der angestrebten Wertschöpfungsziele angepasst und können aufgrund der durch die Bewegung von der Fremd- zur Selbstorganisation gewonnenen Handlungsspielräume effizient arbeiten. Die organisatorische Gestaltung der subsysteminternen Organisation im Falle der Post Merger Integration sollte sich dabei an folgenden Fragen orientieren:

- Welche Einheiten der Primär- und Sekundärorganisation werden zur Aufgabenerfüllung benötigt?
- Welcher Grad an Selbstorganisation soll den Subsystemen zugestanden werden?

2.2.4.7 Systementwicklung

Nachdem das System Unternehmung gebildet und organisatorisch gestaltet worden ist, soll es fähig sein, die Marktaufgabe der Unternehmung zielorientiert und effizient auszuführen. Dabei steht es in dauerhaftem Kontakt und Wechselwirkungen zu seinen Umsystemen, die einer Weiterentwicklung unterliegen. Um mit dieser Entwicklung Schritt halten zu können und überlebensfähig zu bleiben, muss sich auch das System selbst weiterentwickeln. Dazu benötigt es spezifische Kenntnisse, die ihm die Fähigkeiten zur Bewältigung der Veränderungen verschafft. Die **Systementwicklung** wird auf der **Mesoebene**, also auf Ebene der Unternehmung, bewerkstelligt. Die organisatorischen Voraussetzungen dazu müssen jedoch auf Ebene der Subsysteme bzw. Organisationseinheiten (Mikroebene) geschaffen werden.[361]

Ein System durchläuft dann eine Weiterentwicklung, wenn es auf der einen Seite die vorhandenen **Problemlösungsmöglichkeiten** verbessert und auf der anderen Seite seine **Handlungsmöglichkeiten** erweitert.[362] Daraus resultiert eine größere Zahl an Handlungsalternativen, die dem System in jeder Situation zur Verfügung stehen.[363]

---

[360] Vgl. Scholz [Personalmanagement 2000], S. 515ff.; Krüger [Organisation 1994], S. 135f.; Krüger [Organisation 2005], S. 152; Schreyögg [Organisation 2003], S. 245f.; Schulte-Zurhausen [Organisation 2005], S. 200f.
[361] Vgl. Brehm [Flexibilität 2003], S. 198f.
[362] Vgl. Klimecki/Probst/Eberl [Systementwicklung 1991], S. 115f.; Probst [Organisation 1992], S. 449ff.
[363] Vgl. Brehm [Flexibilität 2003], S. 199.

Die **klassische Systemtheorie** vertritt die Annahme, dass Systeme automatisch die notwendigen Anpassungen an die relevante Unternehmungsumwelt vornehmen. Dies kann als Selbstentwicklung verstanden werden. Im hier betrachteten Zusammenhang der **neueren Systemtheorie** soll jedoch davon ausgegangen werden, dass diese dauerhaften Gleichgewichtszustände nicht erreicht werden, sondern dass sich das System aktiv um eine Veränderung bemühen muss, um einen Gleichgewichtszustand zu erreichen.[364] Um eine solche Veränderung bewerkstelligen zu können, ist **organisationales Lernen** der Unternehmung notwendig.[365]

Durch das organisationale Lernen verändert ein System seine Wissensbasis. Es werden Informationen, die durch die Abgrenzung von der Umwelt an der Systemgrenze gewonnen werden, nach der Relevanz für den eigenen Entwicklungspfad selektiert und der Wissensbasis hinzugefügt. Auf diese Weise kann sich ein System die Veränderungen in seiner Umwelt zunutze machen, indem es sich selbst ebenfalls verändert und anpasst.[366] Die Wirklichkeitskonstruktion des Systems wird durch diese Entwicklung an den tatsächlich vorherrschenden System-Umwelt-Kontext angepasst, so dass von diesem neuen Stand weitere Entwicklungen möglich sind.[367]

Die Umsetzung der Entwicklungsbedarfe in der Organisation kann durch **strukturtechnische** Veränderungsmaßnahmen geleistet werden. Die Mikroebene der Organisation ist hinsichtlich Strukturen und Prozessen an den Entwicklungspfad des Systems anzupassen. Insbesondere die Probleme des **Unternehmungswachstums** sind hiermit angesprochen, da hierdurch die organisatorische Komplexität des Systems steigt, die durch weitere Schaffung von Regeln beherrschbar gemacht werden muss.[368]

Die von der Unternehmungsentwicklung ausgelöste Strukturentwicklung kann anhand von idealtypischen Modellen veranschaulicht werden. KRÜGER unterscheidet fünf typische **Stadien der Unternehmungsentwicklung**, die durch markt- und produktbezogene Veränderungen geprägt sind.[369] Im Anschluss an die Pionierphase erfolgt durch Marktausweitung die Markterschließung. Durch Produktvariationen werden neue Wachstumsimpulse ausgelöst, die zur Diversifikation und Programmerweiterung führen. Wird diese auch international durchgeführt, ist die Phase der Internationalisierung

---

[364] Vgl. zu einer Abgrenzung zwischen klassischer und neuerer Systemtheorie Brehm [Flexibilität 2003], S. 21f.
[365] Vgl. Schreyögg/Noss [Episode 2000], S. 51.
[366] Vgl. Klimecki/Laßleben/Thomae [Lernen 2000], S. 67. Zu den Systemgrenzen als Ort des Lernens vgl. Deiser [Architektur 1995], S. 314ff.
[367] Vgl. Klimecki/Probst/Eberl [Systementwicklung 1991], S. 120ff.
[368] Vgl. Brehm [Flexibilität 2003], S. 200.
[369] Vgl. Krüger [Organisation 1994], S. 344ff.; Krüger [Organisation 2005], S. 211ff.

erreicht, die noch weiter in Richtung Globalisierung getrieben werden kann. Auslöser der Organisationsdynamik sind die Entwicklungskrisen zwischen den Phasen, die z.T. durch nicht mehr ausreichende organisatorische Gestaltungsmerkmale entstehen. Diese organisatorischen Defizite machen an den Übergängen der Unternehmungsentwicklung vielfältige organisatorische Veränderungen notwendig. Um diese Veränderungen erfolgreich bewältigen zu können, benötigen Unternehmungen als soziale Systeme **dynamische Fähigkeiten 2. Ordnung**. Erst dann liegen in der Unternehmung kollektive Lern-, Entwicklungs- und Innovationsfähigkeiten vor, die zur Generierung von Basisfähigkeiten und dynamischen Fähigkeiten 1. Ordnung benötigt werden. Unter **Basisfähigkeiten** werden die organisatorischen Fähigkeiten zur Bewältigung des Tagesgeschäfts verstanden, während **dynamische Fähigkeiten 1. Ordnung** die proaktive oder reaktive Anpassung des Systems an seine Umwelt ermöglichen.[370] Das Ziel ist die **Wandlungsfähigkeit** der Unternehmung.[371]

Eine Unternehmung ist ständiger Veränderung ausgesetzt, insbesondere Mergers and Acquisitions stellen eine bedeutende Entwicklungsstufe in der Unternehmungsentwicklung dar. Eine auf die Zukunft gerichtete Gestaltung der Post Merger Integration muss demnach die Entwicklungsfähigkeit der neuen Unternehmung sicherstellen und Koevolution mit der Systemumwelt ermöglichen. Das System, seine Subsysteme und Kopplungen müssen so ausgestaltet sein, dass organisationales Lernen möglich ist, und zudem über dynamische Fähigkeiten 2. Ordnung verfügen, um auch weitere Entwicklungsschritte erfolgreich gehen zu können. Die Systementwicklung muss sich grundsätzlich an den folgenden Fragen orientieren:

- Wie wird organisatorische Wandlungsfähigkeit hergestellt?
- Ist die Möglichkeit zu organisationalem Lernen in der Unternehmung verankert?
- In welchen Bereichen besitzt die Unternehmung Basis- und dynamische Fähigkeiten?

Die Entwicklungsfähigkeit der Unternehmung wird jedoch im weiteren Verlauf der Arbeit nicht Gegenstand der weiteren Betrachtung sein, da sie nicht abhängig von der Art und Tiefe der organisatorischen Integration ist. Vielmehr muss die Systementwicklung einer Unternehmung in jeder Situation sichergestellt sein.

Der Fokus der nachfolgenden Ausführungen liegt auf den ersten fünf organisatorischen Gestaltungsfragen, da diese bei der organisatorischen Gestaltung der Post Mer-

---

[370] Vgl. Winter [Capabilities 2003], S. 991ff.; Krüger [3W 2006], S. 35f.
[371] Vgl. Krüger [3W 2006], S. 34.

ger Integration in den unterschiedlichen Integrationsansätzen, die im folgenden Kapitel C beschrieben werden, die wesentlichen Gestaltungsobjekte behandeln. Die Integrationsansätze bilden dabei einen speziellen Anwendungsfall für die generischen Gestaltungsfragen.

C Gestaltung der Post Merger Integration

1 Integrationsmanagement

1.1 Generelle Erfolgsfaktoren des Integrationsmanagements

Nachdem im vorangegangenen Kapitel B die Abgrenzung und theoretische Fundierung des Untersuchungsgegenstands der vorliegenden Arbeit erfolgt ist, widmet sich dieses Kapitel der **Gestaltung der Post Merger Integration**. Die Gestaltung der Post Merger Integration besteht auf der einen Seite aus dem **Integrationsmanagement** (Abschnitt C.1), das hier verstanden wird als die bewusste Planung, Umsetzung und Kontrolle der Integrationsmaßnahmen zur Gestaltung der neuen Unternehmung.[372] Es umfasst die generellen Erfolgsfaktoren, die Einflussfaktoren auf die Integrationsgestaltung, die Bestimmung des Integrationsansatzes sowie die Handlungsfelder. Auf der anderen Seite werden die **organisatorischen Gestaltungsdimensionen der Post Merger Integration** betrachtet (Abschnitt C.2). In der vorliegenden Arbeit werden die Gestaltungsdimensionen Organisation der Integration (OdI) und Integration der Organisation (IdO) unterschieden und deren Interdependenzen dargestellt.

Die Post Merger Integration ist unbestritten die kritischste Phase im gesamten M&A-Prozess,[373] gilt es doch hier, die in der Pre Merger Phase festgelegten Ziele und Synergien zu erreichen sowie die neue Unternehmung erfolgreich im Wettbewerb agieren zu lassen. Um dies erreichen zu können, muss das Integrationsmanagement einige Faktoren beachten, die einen **hohen Einfluss auf den Erfolg bzw. Misserfolg von Integrationen** nach Unternehmungszusammenschlüssen haben. Unter Erfolg werden hier das Erreichen der Akquisitionsziele sowie die Steigerung des Unternehmungswertes verstanden.[374] Die im Folgenden dargestellten Erfolgsfaktoren sind generisch und gelten für jede Integration im Rahmen einer M&A-Transaktion.

Eine wesentliche Bedeutung im Integrationsmanagement hat die **sorgfältige Vorbereitung und Planung des Integrationsprozesses**.[375] Bereits in der Pre Merger Phase sind die Integrationsziele und die Integrationsmaßnahmen zu durchdenken. Die Inte-

---

[372] Vgl. zu dieser Definition ähnlich Dabui [Postmerger-Management 1998], S. 24; Gerds [Integration 2000], S. 17; Wirtz [Mergers 2003], S. 274.
[373] Vgl. Larsson/Finkelstein [Integrating 1999], S. 1; Smith/Hershman [M&A 1997], S. 39f.; Habeck/Kröger/Träm [Merger 2000], S. 16; Dietrich [Integration 1999], S. 42; Dicken [Unternehmensfusionen 2000], S. 370.
[374] Vgl. Ungerath/Hoyningen-Huene [Erfolgsfaktoren 2006], S. 867.
[375] Vgl. Wirtz [Mergers 2003], S. 279 sowie Ungerath/Hoyningen-Huene [Erfolgsfaktoren 2006], S. 871.

gration wird umso einfacher umzusetzen sein, je mehr sich die strategische und organisatorische Ausrichtung der beiden Unternehmungen ähneln. Eine frühzeitige Abschätzung der Integrationspotenziale und -risiken kann falsche Entscheidungen und damit eine lange und/oder erfolglose Integration verhindern.[376] Dabei ist insbesondere von Bedeutung, dass die akquirierte Unternehmung so ausgewählt worden ist, dass sie die Käuferunternehmung sinnvoll ergänzt und dass eine Synergierealisierung durch den Zusammenschluss tatsächlich möglich ist.[377] Um den Integrationsprozess erfolgreich managen zu können, müssen neben einer detaillierten Planung der strategischen und operativen Integrationsmaßnahmen die Verantwortlichkeiten und die Aufgabenverteilung geklärt werden.[378] Dazu ist eine spezielle Sekundärorganisation einzurichten, die die Planung, Steuerung und Kontrolle der Integrationsmaßnahmen verantwortet.[379] Diese Integrationsorganisation sollte zumindest in groben Zügen bereits in der Pre Merger Phase eingerichtet werden, so dass die Mitarbeiter, die später die Integration verantworten, auch schon in deren Planung einbezogen sind. Des Weiteren sind die in Abhängigkeit vom Integrationsansatz benötigten Integrationsfelder frühzeitig festzulegen und diejenigen mit besonderem Handlungsbedarf intensiv zu analysieren.[380] Zudem muss die zum Integrationsansatz passende Integrationsgeschwindigkeit bestimmt werden, also die Zeitspanne, die zur Umsetzung der Integrationsmaßnahmen benötigt wird.[381]

Die Vorhaltung von ausreichend **Management-Kapazität** ist notwendig, um ein professionelles Programm-Management einrichten zu können, mit dessen Hilfe die Integration gesteuert wird. Die für die Steuerungsfunktion abgestellten Führungskräfte müssen von ihren Aufgaben im Tagesgeschäft entbunden werden, um sich mit voller Konzentration der Integration widmen zu können. Die Erreichung der Akquisitionsziele wird umso leichter, je mehr Management-Kapazität zur Steuerung der Integration

---

[376] Vgl. Görtz [Erfolg 2006], S. 529.
[377] Hagemann [Unternehmensentwicklung 1996], S. 150, hat in seiner empirischen Untersuchung herausgefunden, dass die Erzielung von funktionalen, finanziellen und strategischen Synergien aufgrund negativer Integrationserfahrungen oft nicht mehr als Ziel definiert wird. Viel wichtiger ist den Unternehmungen die Realisierung von Synergien auf der Management-Ebene.
[378] Vgl. Hagemann [Unternehmensentwicklung 1996], S. 113.
[379] In der vorliegenden Arbeit wird die Integrationsorganisation als ‚Organisation der Integration' (OdI) bezeichnet und stellt einen besonderen Schwerpunkt dar. Vgl. zur Gestaltungsdimension OdI Abschnitt D.1, S. 163ff.
[380] Scheiter [Integration 1989], S. 315ff. stellt eine Entscheidungsmatrix zur Auswahl der Handlungsfelder vor. Vgl. hierzu auch Haspeslagh/Jemison [Akquisitionsmanagement 1992], S. 234ff.
[381] Vgl. zur Integrationsgeschwindigkeit bspw. Gerpott/Schreiber [Integrationsgestaltungsgeschwindigkeit 1994], S. 99.

vorhanden ist.[382] Nicht zu unterschätzen ist auch die Bedeutung der Bereitschaft der Führungskräfte der akquirierten Unternehmung, die Integrationstätigkeiten zielorientiert zu unterstützen. Potenziellen Widerständen ist hier mit der Beibehaltung ihres Status und der Nichtbeschränkung von Entscheidungsbefugnissen zu begegnen.[383]

Demgegenüber kann durch eine umfassende **Zentralisierung der Entscheidungskompetenzen** für die neue Unternehmung bei der akquirierenden Unternehmung eine rasche Ausrichtung der Aktivitäten im Sinne des Erwerbers erfolgen. Insbesondere Kostensenkungsziele können einfacher erreicht werden, wenn die strategischen Entscheidungen ausschließlich von der Käuferunternehmung getroffen werden.[384] Durch die einseitige Entscheidungskompetenz müssen keine u.U. langwierigen Verhandlungen geführt werden, und es entstehen keine Kompromisse. Dies gilt insbesondere für die Erzielung von Synergien durch Economies of Scale und Economies of Scope.[385]

Um die Entstehung von Unsicherheiten bei den betroffenen Mitarbeitern zu vermeiden, ist eine **gezielte Kommunikation** der Integrationsmaßnahmen notwendig. Dies ist in besonderem Maße relevant für die Mitarbeiter der akquirierten Unternehmung, die aufgrund der Veränderungen bspw. um ihre Aufgaben und ihren Arbeitsplatz fürchten. Die integrationsbezogenen Kommunikationsmaßnahmen müssen inhaltlich die strategischen, organisatorischen und personalbezogenen Ziele umfassen und die zeitliche Gestaltung der Integration darstellen.[386] Dabei ist darauf zu achten, dass die Informationen zielgruppengerecht aufbereitet und zur Situation passende Medien verwendet werden.[387] Zwischen dem Erfolg von Integrationsmaßnahmen und der organisatorischen Verankerung der Kommunikationsverantwortung konnte bereits ein empirischer Zusammenhang festgestellt werden. Demnach war der Integrationserfolg hinsichtlich der Erreichung von Kostenzielen umso höher, je hierarchisch höher die Verantwortung der Kommunikationsmaßnahmen angesiedelt war. Des Weiteren ist ein höherer Integrationserfolg festzustellen, je mehr Mitarbeiter regelmäßig von den Kommunikationsmaßnahmen erreicht werden.[388] Aus diesen Erkenntnissen kann die hohe Bedeutung eines problem- und mitarbeiterorientierten Kommunikationskonzepts für den Integrationserfolg abgelesen werden.

---

[382] Vgl. Ungerath/Hoyningen-Huene [Erfolgsfaktoren 2006], S. 873.
[383] Vgl. Very et al. [Standing 1997], S. 595f. sowie Cartwright/Cooper [Human 1992], S. 110f.
[384] Vgl. Ungerath/Hoyningen-Huene [Erfolgsfaktoren 2006], S. 873f.
[385] Vgl. Buono/Bowditch [Human 1989], S. 144 sowie zum Entscheidungsprozess generell Haspeslagh/Jemison [Akquisitionsmanagement 1992], S. 75ff.
[386] Vgl. Gerpott [Integration 2003], S. 476.
[387] Vgl. zu den Anforderungen an ein Kommunikationskonzept in Wandlungssituationen Brehm [Kommunikation 2006], S. 291ff.
[388] Vgl. Ungerath/Hoyningen-Huene [Erfolgsfaktoren 2006], S. 874.

Daneben ist die **Überwindung von Widerständen**, die aufgrund der Sensibilität von Integrationsmaßnahmen und der damit verbundenen großen Betroffenheit einer Vielzahl von Mitarbeitern entstehen, ein weiterer wesentlicher Faktor für den Erfolg der Integration. Widerstände können durch mangelnde oder falsche Kommunikation entstehen oder verstärkt werden.[389] Sie können zum einen auf individueller Ebene bei den betroffenen Mitarbeitern und zum anderen auch als organisatorische Widerstände auftreten.[390] Der Erfolg der Integrationsmaßnahmen, also die Erreichung der Akquisitionsziele, wird zu einem großen Teil vom Ausmaß der Einstellungen und des Verhaltens sowie der Bereitschaft zur aktiven Unterstützung der Mitarbeiter in den beteiligten Unternehmungen beeinflusst. Sind Einstellung und Verhalten negativ ausgeprägt, entstehen daraus **individuelle Widerstände**.[391] Individuelle Widerstände entstehen dann, wenn der persönliche Nutzen der Integrationsmaßnahmen der betroffenen Mitarbeiter geringer ist als die Anreize, die die Mitarbeiter im Zuge der Integration erhalten. Zudem kann durch fehlende Wandlungsbereitschaft und Wandlungsfähigkeiten bei den Mitarbeitern Widerstand entstehen.[392] Mit der bereits als Erfolgsfaktor genannten Informations- und Kommunikationspolitik eng zusammen hängt ein weiterer Auslöser von individuellen Widerständen. Kennen die Betroffenen die Hintergründe der Integration nicht oder haben sie den Sinn der Maßnahmen nicht verstanden, ergibt sich daraus eine mangelnde Anpassungsbereitschaft und passives Verhalten. Schließlich kann auch fehlende Qualifikation für evtl. neue Aufgaben dazu führen, dass Widerstände entstehen. Bestehen individuelle Widerstände bei den Mitarbeitern, so werden sie versuchen, die Integrationsmaßnahmen zu verhindern, zu verzögern oder abzumildern, wodurch der Integrationsprozess erheblich beeinträchtigt wird.[393] Neben den individuellen Widerständen können im Rahmen der Post Merger Integration auch **organisatorische Widerstände** auftreten.[394] Diese manifestieren sich in den Problemen, die sich aus der Zusammenführung unterschiedlicher Unternehmungskulturen ergeben.[395] Die Unternehmungskultur ist ein Koordinationsinstrument und hat eine Sinn und Identität stiftende Funktion, die die Handlungsfähigkeit der Organisation beein-

---

[389] Vgl. zu Widerständen auch Abschnitt C.1.4.4, S. 130ff.
[390] Vgl. zu der Differenzierung von Widerständen Watson [Widerstand 1975], S. 417ff. sowie Schreyögg [Organisation 2003], S. 499.
[391] Vgl. hierzu und im Folgenden Grimpe [Integration 2005], S. 59f. und die dort angegebene Literatur.
[392] Vgl. zu Wandlungsbereitschaft und -fähigkeit Krüger [3W 2006], S. 32ff.
[393] Vgl. zu den Auswirkungen von Widerständen Hauschildt [Innovationsmanagement 2004], S. 164f.
[394] Vgl. hierzu und im Folgenden Grimpe [Integration 2005], S. 61ff.
[395] Vgl. zur Unternehmungskultur auch Abschnitt C.1.4.5, S. 138ff.

flusst. Daraus ergibt sich eine hohe Bedeutung für den Erfolg von Integrationsmaßnahmen. Bei der Zusammenführung der Kulturen der beteiligten Unternehmungen ist darauf zu achten, dass eine neue Kultur entsteht, die zum einen optimal zu der strategischen Ausrichtung der neuen Unternehmung passt und die zum anderen die Stärken der alten Kulturen so miteinander kombiniert, dass eine Effektivitätssteigerung erreicht wird.[396] Mithilfe einer Cultural Due Diligence können die Ausprägungen der zu integrierenden Unternehmungskulturen analysiert und Kulturunterschiede aufgezeigt werden. Anhand der Ergebnisse dieser Untersuchung kann das Integrationsmanagement Entwicklungspotenziale identifizieren und feststellen, ob auf Basis der einen Kultur eine neue gemeinsame Unternehmungskultur aufgebaut werden kann oder ob für die neue Unternehmung aufgrund einer vollständig neuen strategischen Ausrichtung eine neue Kultur entwickelt werden muss.[397] Um die Integration zum Erfolg zu führen, muss das Integrationsmanagement den Auslösern der individuellen und organisatorischen Widerstände durch intensive Berücksichtigung der o.g. Maßnahmen entgegenwirken.

Abschließend stellen die **Personalressourcen** einen weiteren Erfolgsfaktor in der Integration dar. Ohne die Mitarbeiter als Wissensträger können die Unternehmungsziele nicht erreicht werden. Insbesondere auf Seite der akquirierten Unternehmung ist die Unsicherheit bei den Mitarbeitern über den eigenen Arbeitsplatz sehr hoch, so dass viele eine hohe Bereitschaft zeigen, die Unternehmung freiwillig zu verlassen. Das Integrationsmanagement muss entsprechende Maßnahmen einleiten, um die wertvollsten Mitarbeiter beider Unternehmungen zu halten und den Wissensabfluss durch den Abgang von Kompetenzträgern zu verhindern. Mitarbeiter mit Schlüsselkompetenzen, die für das zukünftige Geschäft der neuen Unternehmung wichtig sind, müssen zunächst identifiziert und anschließend so mit Anreizen ausgestattet werden, dass ihre Motivation, der Unternehmung treu zu bleiben, steigt. Gelingt dies nicht, ist die Erreichung der Integrationsziele gefährdet.[398] Zudem ist es für den Integrationserfolg von immenser Bedeutung, frühzeitig die Führungsstruktur der neuen Unternehmung festzulegen und bekannt zu geben. Auf diese Weise werden Unsicherheiten und Gerüchte reduziert, und jeder Mitarbeiter kann seine eigene Position und Einordnung einschätzen.[399]

---

[396] Vgl. Wirtz [Mergers 2003], S. 314.
[397] Vgl. zur Cultural Due Diligence Jung [Erfolgsfaktoren 1993], S. 202ff. und Schneck/Zimmer [Cultural 2006], S. 593ff. Zum Umgang mit den Ergebnissen einer Cultural Due Diligence' vgl. Grimpe [Integration 2005], S. 64f. JANSEN sieht den Zusammenhang zwischen Unternehmungskultur und Integrationserfolg dagegen nicht bestätigt, vgl. Jansen [Mergers 2001], S. 231f.
[398] Vgl. Ungerath/Hoyningen-Huene [Erfolgsfaktoren 2006], S. 875f.
[399] Vgl. Jansen [Mergers 2001], S. 242.

1.2 Einflussfaktoren auf die Integrationsgestaltung

Neben den generellen Erfolgsfaktoren des Integrationsmanagements sind bei der konkreten Gestaltung des Integrationsprozesses verschiedene Einflussfaktoren zu beachten. Diese **Einflussfaktoren auf die Integrationsgestaltung** stellen Rahmenbedingungen der Integration dar, so dass je nach Ausprägung der Einflussfaktoren unterschiedliche Integrationsverläufe entstehen.[400] Dabei wird zur eingehenden Analyse dieser Einflussfaktoren in Ergänzung zur strukturtechnischen Perspektive, die der vorliegenden Arbeit zugrunde liegt, der situative Ansatz der Organisationstheorie herangezogen,[401] weil unterstellt wird, dass die Situationsbedingungen die Gestaltung der Integrationsmaßnahmen maßgeblich beeinflussen.[402]

Im Folgenden wird eine Einteilung in episodenbezogene[403], umweltbezogene und personenbezogene Einflussfaktoren vorgenommen.[404] Die **episodenbezogenen Einflussfaktoren** resultieren zum einen aus der Art der M&A-Transaktion und zum anderen aus Merkmalen der beteiligten Unternehmungen[405] und beschäftigen sich mit der Frage, inwieweit die Unternehmungen überhaupt integriert werden sollen.[406] Die **wirtschaftliche und rechtliche Form der Akquisition** hat einen erheblichen Einfluss auf die Integrationsgestaltung, da eine Konzernierung einen geringeren Integrationsaufwand erfordert als eine Fusion, bei der die akquirierte Unternehmung ihre rechtliche und wirtschaftliche Selbstständigkeit vollständig aufgibt und die Bindungsintensität umso höher ist.[407] Zudem ist die Gestaltung der Integration abhängig von der **strategischen Zielsetzung** der akquirierenden Unternehmung. Besteht das Ziel der M&A-Transaktion bspw. darin, Überkapazitäten in einer Branche abzubauen, liegt der Fokus

---

[400] Vgl. Grewe [Integration 2005], S. 33.
[401] Die Ergänzung der strukturtechnischen Sichtweise durch den situativen Ansatz ist deshalb problemlos möglich, weil beide Theorien ein instrumentelles Organisationsverständnis zugrunde legen und die formale Struktur einer Organisation untersuchen. Vgl. hierzu Bea/Göbel [Organisation 2006], S. 106f.
[402] Vgl. Grimpe [Integration 2005], S. 27. Eine Systematisierung von Kontingenzfaktoren nehmen Schanz [Organisationsgestaltung 1994], S. 311ff. sowie Steinmann/Schreyögg [Management 2005], S. 475ff. vor.
[403] Eine Episode bezeichnet zeitlich befristete zusammenhängende Aktivitäten und Interaktionen in einer Organisation, mit dem Ziel, eine bestimmte Organisationsgestalt festzulegen. Vgl. Kirsch [Unternehmensführung 1991], S. 131f. sowie Kirsch [Theorie 1997], S. 467f. Die Integration im Rahmen von M&A-Transaktionen stellt in diesem Zusammenhang ein für die Unternehmungsentwicklung wichtiges Ereignis dar und kann als Episode im Leben einer Unternehmung betrachtet werden, vgl. Schuster [Integration 2005], S. 88f. sowie Grimpe [Integration 2005], S. 20.
[404] Vgl. zu dieser Unterscheidung Grimpe [Integration 2005], S. 27. Eine ähnliche Unterscheidung trifft Grewe [Integration 2005], S. 34.
[405] Vgl. hierzu Grewe [Integration 2005], S. 35ff.
[406] Vgl. Grimpe [Integration 2005], S. 28.
[407] Vgl. Grewe [Integration 2005], S. 35.

der Integration auf Rationalisierungsmaßnahmen zu Lasten des Targets und dessen Eliminierung. Im Beispiel einer rein geographischen Markterweiterung kann die akquirierende Unternehmung ihre Stärken mit denen der übernommenen Unternehmung kombinieren und sie eigenständig bestehen lassen.[408] Daneben hat die **Ähnlichkeit der bestehenden Organisationsstrukturen** der beteiligten Unternehmungen eine beträchtliche Wirkung auf die Integrationsgestaltung. Wenn vollkommen unterschiedliche Organisationsstrukturen miteinander verbunden werden sollen, ist ein besonders hoher Aufwand nötig, um die Koordination und die Kommunikation zwischen den Strukturen herstellen zu können. Je mehr die Organisationsstrukturen der beteiligten Unternehmungen voneinander abweichen, desto mehr Anpassungsmaßnahmen müssen bei der Integrationsgestaltung berücksichtigt werden. Die Umsetzung des daraus resultierenden Reorganisationsbedarfs ist jedoch wirtschaftlich nur bis zu einem bestimmten Grad sinnvoll. Im Falle sehr unterschiedlicher Organisationsstrukturen muss in der Integrationsgestaltung die Beibehaltung der organisatorischen Selbstständigkeit des Akquisitionsobjektes berücksichtigt werden. Besteht dagegen eine große Übereinstimmung der Organisationsstrukturen der beteiligten Unternehmungen, kann aufgrund des geringen Reorganisationsbedarfs die Integration so gestaltet werden, dass die akquirierte Unternehmung voll in der Käuferunternehmung aufgeht.[409] In diesem Zusammenhang stellt die **Ähnlichkeit der Aufgaben** einen weiteren Einflussfaktor dar. Unterschiedliche Produktprogramme führen zu unterschiedlichen Anforderungen an die organisatorische Gestaltung der Produktion, bspw. ist eine Massenproduktion anders zu organisieren als eine Kleinserienfertigung. Des Weiteren bestimmt der **leistungswirtschaftliche Zusammenhang** die Integrationsgestaltung.[410] Bei horizontalen und vertikalen Akquisitionen können aufgrund der leistungswirtschaftlichen Gemeinsamkeiten der beteiligten Unternehmungen verschiedene Arten von Synergien realisiert werden, während bei konglomeraten Zusammenschlüssen diese Möglichkeit aufgrund der Verschiedenheit der Produkte und Geschäftsfelder nicht gegeben ist.[411] Die Integrationsgestaltung wird ferner durch das **Ordnungsverhältnis** der beteiligten Unternehmungen beeinflusst.[412] Es bestimmt, welche Unternehmung die Geschäftsführung und damit auch die Leitung der Integrationsmaßnahmen nach dem Zusammenschluss übernimmt. Sind beide Unternehmungen gleichberechtigt, wird der Inte-

---

[408] Vgl. Bower [M&As 2001], S. 94ff., der noch drei andere M&A-Strategien unterscheidet, die hier nicht weiter betrachtet werden sollen.
[409] Vgl. Grimpe [Integration 2005], S. 28f.
[410] Vgl. z.B. Hartmann [Integration 2002], S. 196f.
[411] Vgl. Gerpott [Integrationsgestaltung 1993], S. 45.
[412] Vgl. hierzu und im Folgenden Grewe [Integration 2005], S. 36ff.

grationsprozess von beiden Unternehmungen gestaltet und eine identische Anzahl Führungskräfte mit der Durchführung der Integration betraut. Bei einem Über- bzw. Unterordnungsverhältnis bestimmt die akquirierende Unternehmung die Integrationsgestaltung alleine, und es ist keine Abstimmung zwischen den beteiligten Unternehmungen nötig. Eng mit dieser Situationsvariablen verknüpft ist die **Grundlage der Zusammenarbeit**. Bei einer feindlichen Übernahme wird das Management der akquirierten Unternehmung nicht in den Transaktionsprozess eingebunden, weshalb die Besonderheiten der Unternehmung nicht mit in die Integrationsgestaltung einfließen. Zudem herrscht unter den Mitarbeitern der akquirierten Unternehmung eine hohe Unsicherheit und damit verbunden eine negative Einstellung. Diese Faktoren erschweren die Umsetzung und Durchführung der Integrationsmaßnahmen.[413] Nicht nur im Falle von internationalen Transaktionen stellen schließlich die **kulturellen Unterschiede** zwischen den beteiligten Unternehmungen einen weiteren episodenbezogenen Einflussfaktor dar. Neben die schwierige Aufgabe der Integration unterschiedlicher Unternehmungskulturen tritt hier noch die Zusammenführung unterschiedlicher Landeskulturen. Die daraus entstehenden Barrieren behindern die Umsetzung der Integration, so dass frühzeitig Maßnahmen zu ihrer Überwindung in die Integrationsplanung einbezogen werden müssen.[414]

Zu den **umweltbezogenen Einflussfaktoren**[415] zählt auf der einen Seite die **Dynamik des Wettbewerbsumfelds**, die durch die Triebkräfte des Wettbewerbs beschrieben wird.[416] Durch die Wettbewerbsintensität werden die Auswahl der zu akquirierenden Unternehmungen sowie die Integrationsgeschwindigkeit und die Integrationsdurchführung beeinflusst. Des Weiteren bestimmt die Ausprägung der Wettbewerbskräfte die sachliche und zeitliche Gestaltung des Integrationsprozesses.[417] Auf der anderen Seite führen M&A-Transaktionen zu **Veränderungen des Wettbewerbsumfeldes**, woraus kartellrechtliche Prüfungen resultieren können. Die Integrationsgestaltung ist erheblich vom Ergebnis dieser Prüfung abhängig, denn bei einer kartellrechtlichen Ablehnung

---

[413] Vgl. z.B. Hitt/Harrison/Ireland [Mergers 2001], S. 65ff.
[414] Vgl. zur Kultur als Integrationsbarriere bspw. Olie [Culture 1994], S. 384 sowie Stahl [Integration 2001], S. 61 und S. 72. Demgegenüber haben Morosini/Shane/Singh [Performance 1998], S. 137ff., herausgefunden, dass der Integrationserfolg umso höher ist, je größer die kulturellen Unterschiede zwischen den beteiligten Unternehmungen sind.
[415] Vgl. hierzu und im Folgenden Grewe [Integration 2005], S. 40ff. Die umweltbezogenen Einflussfaktoren haben keine weitere Bedeutung für den Gedankengang der vorliegenden Arbeit und werden deshalb an dieser Stelle nicht vertiefend und nur der Vollständigkeit halber behandelt.
[416] Vgl. zu den Triebkräften des Wettbewerbs Porter [Wettbewerbsstrategie 1999], S. 33ff.
[417] Vgl. Sommer [Integration 1996], S. 54.

der Akquisition wird keine Integration stattfinden. Wird der Akquisition hingegen zugestimmt, kann der Integrationsprozess erst nach Abschluss der Prüfung starten. Des Weiteren sind **personenbezogene Einflussfaktoren** zu berücksichtigen, die sich aus den spezifischen Kenntnissen und Kompetenzen der Mitarbeiter ergeben. Nach dem Zusammenschluss werden weiterhin sog. Schlüsselmitarbeiter in der neuen Unternehmung benötigt, die über besondere Fähigkeiten verfügen. Deren Verbleib in der integrierten Unternehmung muss durch geeignete Maßnahmen gesichert werden. Zusätzlich muss die Leistungsbereitschaft und Motivation der gesamten Belegschaft auf einem hohen Niveau gehalten werden, um die guten Mitarbeiter nicht zu verlieren.[418]

Abschließend kann für den weiteren Verlauf der Arbeit festgehalten werden, dass die beschriebene Vielzahl an Faktoren die Gestaltung des Integrationsprozesses in vielfältiger Weise beeinflusst. Die Berücksichtigung der individuellen Situationsbedingungen bei der Gestaltung des Integrationsprozesses ist unabdingbar, um die Integration erfolgreich umsetzen zu können und eine langfristige Wirkung zu erzielen. Die Entscheidung über den optimalen **Integrationsansatz** (siehe folgenden Abschnitt C.1.3) ergibt sich auf Basis der Ausprägungen der vorgenannten Einflussfaktoren. Der Integrationsansatz bestimmt, wie intensiv der Zusammenschluss der an der M&A-Transaktion beteiligten Unternehmungen vollzogen wird und wie eigenständig die akquirierte Unternehmung im Anschluss bleibt. Zudem bestimmen die Einflussfaktoren auch die Auswahl und Intensität, mit der die **Handlungsfelder der Integration** (siehe Abschnitt C.1.4) in der Integrationsgestaltung berücksichtigt werden müssen.

1.3 Integrationsansätze

1.3.1 Bestimmung des Integrationsansatzes

Wie im vorangegangenen Abschnitt erläutert, ist das Ausmaß der Eingliederung der übernommenen Unternehmung in den neuen Unternehmungsverbund abhängig von einer Vielzahl an Einflussfaktoren. Die Intensität der Verschmelzung zweier Unternehmungen und damit auch das Ausmaß der Eigenständigkeit der übernommenen Unternehmung wird durch den **Integrationsansatz** bestimmt. Dieser beschreibt den Grad der Eigenständigkeit der akquirierten Unternehmung oder ihrer Abteilungen nach dem Zusammenschluss.[419] Mit **Integration** sollen im Folgenden Verschmelzungstätigkeiten in einem Spektrum von der Eingliederung einzelner Funktionsbereiche bis hin zur

---

[418] Vgl. Grimpe [Integration 2005], S. 32ff.
[419] Vgl. Wirtz [Mergers 2003], S. 281.

Eingliederung einer kompletten Unternehmung bezeichnet werden.[420] Der Integrationsansatz ist immer spezifisch für den jeweiligen Fall zu bestimmen und variiert nach den situativen Gegebenheiten sowie der Art und dem Ziel des Zusammenschlusses.[421] Das Ausmaß der Integrationsaktivitäten sowie die Gestaltung des Integrationsprozesses werden durch den Integrationsansatz maßgeblich beeinflusst, so dass die Entscheidung darüber möglichst früh getroffen werden sollte. Bei einer späteren Änderung des Integrationsansatzes in der laufenden Integration müsste der gesamte Integrationsprozess u.U. vollständig neu aufgesetzt werden, womit wertvolle Zeit und Ressourcen verloren wären.

Im Folgenden wird kurz die Diskussion über den möglichen und erforderlichen Integrationsansatz in der älteren Akquisitionsliteratur vorgestellt, bevor das den weiteren Ausführungen zugrundeliegende Modell von HASPESLAGH/JEMSION ausführlich vorgestellt wird. BASTIEN/VAN DE VEN vertreten die Ansicht, der Integrationsansatz sei abhängig von der relativen Größe und der Übereinstimmung in den Motiven zwischen den beteiligten Unternehmungen. Aus der Gegenüberstellung dieser beiden situativen Faktoren leiten sie vier unterschiedliche Post Merger-Prozesse ab.[422] KITCHING vertritt die Meinung, dass die Integration bei extremen Größenunterschieden zwischen den beteiligten Unternehmungen durch eine enge Anbindung der akquirierten Unternehmung durch strikte Berichtswege erfolgen sollte. Um die kleinere Unternehmung nicht zu überfordern, sollten ihre Organisationsstrukturen jedoch nicht verändert oder der größeren angepasst werden.[423] Als weiteres Kriterium, das Auswirkungen auf den Integrationsansatz hat, wird von CHATTERJEE und LUBATKIN die Art der Synergierealisierung angeführt. Die Autoren unterscheiden bspw. zwischen Synergien in operativen Funktionsbereichen wie Beschaffung, Produktion oder Marketing sowie Synergien im Finanzierungsbereich. Die Funktionsbereiche, in denen die größten Potenziale zur Hebung von Synergien liegen, determinieren demnach den Integrationsansatz; zudem haben die Ähnlichkeit und die Verbundenheit der beteiligten Unternehmungen sowie die Motivation für den Zusammenschluss Einfluss auf den Integrationsansatz. Je mehr die Unternehmungen verbunden sein müssen, um die angestrebten Synergien heben zu können, desto intensiver muss der Zusammenschluss sein.[424] Eine dritte Gruppe von Bestimmungsgründen für den Integrationsansatz stellen unterschiedliche Unterneh-

---

[420] Vgl. Möller [Erfolg 1983], S. 245.
[421] Vgl. Werner [Integration 1999], S. 332.
[422] Vgl. Bastien/Van de Ven [Dynamics 1986], S. 19ff. Auf diese vier Merger-Prozesse soll in der vorliegenden Arbeit jedoch nicht näher eingegangen werden.
[423] Vgl. Kitching [Mergers 1967], S. 92.
[424] Vgl. Chatterjee [Synergy 1986], S. 119ff.; Lubatkin [Mergers 1983], S. 218ff.

mungskulturen dar. Wenn sich die Kulturen der beteiligten Unternehmungen stark voneinander unterscheiden, wird eine Integration schwieriger zum Erfolg zu bringen sein, als wenn sich die Kulturen ähnlich sind. Aufbauend auf den vier Formen der Akkulturation von BERRY[425] vertreten NAHAVANDI/MALEKZADEH die Meinung, dass jede dieser Akkulturationsformen organisatorischen Widerstand in den am Merger beteiligten Unternehmungen hervorrufe, weil dabei Elemente mindestens einer der Kulturen untergehen. Um jedoch eine erfolgreiche Integration erreichen zu können, wird argumentiert, dass die beteiligten Unternehmungen ihre jeweiligen Vorstellungen über die Akkulturation in Übereinstimmung bringen sollen. Somit entsteht weniger Widerstand und die Integration kann leichter umgesetzt werden.[426]

Als weitere Bestimmungsgrößen zur Entscheidung über den Integrationsansatz nennt SCHEITER zum ersten die Motive der Akquisition, zum zweiten die Produkt-/Markt-Dimension und schließlich zum dritten die strukturellen und kulturellen Merkmale der beteiligten Unternehmungen.[427] Unter den Akquisitionsmotiven werden die Wertsteigerungsziele verstanden, die durch den Transfer von Ressourcen und Fähigkeiten sowie Strukturen, Prozessen und Kulturen erreicht werden können. Der Umfang der Integrationsmaßnahmen – und damit auch der Integrationsansatz – wird erheblich durch die angestrebten Ziele beeinflusst. Sollen ausschließlich Wettbewerbsvorteile in den operativen Funktionen (bspw. Produktion oder Vertrieb) erreicht werden, so wird eine Integration der Teile der akquirierten Unternehmung angestrebt, die über die erwünschten Ressourcen verfügen. Besteht das Akquisitionsziel dagegen in der Generierung von Wachstum, so wird ein intensiverer Zusammenschluss nötig. Die produkt- bzw. marktbezogenen Bestimmungsgrößen umfassen zum einen die Überschneidungen zwischen den Geschäftsmodellen der beteiligten Unternehmungen. Je weniger Gemeinsamkeiten bestehen, desto weniger intensiv wird die Integration sein. Zum anderen hat die Marktsituation der beteiligten Unternehmungen Einfluss auf den möglichen und sinnvollen Integrationsansatz. Als dritte Bestimmungsgröße auf die Entscheidung über den Integrationsansatz werden abschließend die in den am Zusammenschluss beteiligten Unternehmungen vorherrschenden Strukturen genannt. Weichen die Aufbauorganisationen stark voneinander ab, so wird eine Eingliederung insbesondere dann sehr anspruchsvoll, wenn die administrativen Bereiche harmonisiert werden sollen. Wird dabei im Integrationsprozess zu schnell vorgegangen und der akquirierten Unternehmung zu wenig Mitspracherecht eingeräumt, so besteht das Risiko der Zer-

---

[425] Vgl. Berry [Acculturation 1983], S. 65ff.
[426] Vgl. Nahavandi/Malekzadeh [Acculturation 1988], S. 79ff.
[427] Vgl. hierzu und im Folgenden Scheiter [Integration 1989], S. 125ff.

störung spezifischer Fähigkeiten bei der übernommenen Unternehmung. Dies ist insbesondere bei der Integration von kleinen, dynamischen Unternehmungen in große, bürokratische und damit schwerfällige Konzerne der Fall. Weiterhin ist der Integrationsansatz abhängig vom Größenverhältnis als struktureller Einflussfaktor. Untersuchungen haben gezeigt, dass die Integration weniger intensiv ist, je größer die akquirierte Unternehmung im Verhältnis zum Akquisiteur ist.[428]

Einen der Hauptgründe für Entscheidungen über den Integrationsansatz sieht MÖLLER in der Art des leistungswirtschaftlichen Zusammenhangs der Akquisition.[429] Die stärkste Integration erfolgt seiner Untersuchung zufolge bei horizontalen Zusammenschlüssen, weil dabei eine umfangreiche Integration von administrativen und operativen Bereichen möglich ist. Demgegenüber sind konglomerate Zusammenschlüsse durch eine eher weniger starke Integration gekennzeichnet. In diesen Fällen erfolgt eine Integration nur hinsichtlich der Bereiche, die zur Führung der akquirierten Unternehmung benötigt werden.[430]

Nach Ansicht von KRÜGER/MÜLLER-STEWENS ergeben sich verschiedene Integrationsansätze zum einen aus dem strategischen Anlass der M&A-Transaktion und zum anderen aus der Art der Einflussnahme auf die übernommene Unternehmung. Der strategische Anlass kann dabei entweder die Erweiterung des eigenen Geschäftsfeldes, das Eintreten in neue Geschäftsfelder oder eine Diversifizierung umfassen. Im Anschluss an den Zusammenschluss kann die akquirierende Unternehmung im Verhältnis zum Target unterschiedliche Führungsansprüche anwenden, um die Akquisitionsziele zu erreichen. Das Spektrum reicht dabei von der finanziellen Führung, bei der das Portfoliomanagement im Vordergrund steht, über die strategische Führung, bei der eine gemeinsame Strategie festgelegt wird, bis hin zur operativen Führung, bei der auch operativer Einfluss genommen wird. Aus der Kombination dieser Dimensionen ergeben sich unterschiedliche Integrationsmethoden bzw. -ansätze.[431]

Die Ergebnisse der Untersuchung von HASPELASGH/JEMISON zum Integrationsansatz zeigen ebenfalls, dass die einzelne Betrachtung eines Kriteriums die Entscheidung über den Integrationsansatz nicht hinreichend erklären kann.[432] Die Autoren haben in

---

[428] Vgl. hierzu Kitching [Mergers 1967]; Kitching [Acquisitions 1973]; Ansoff et al. [Acquisition 1971] sowie Möller [Erfolg 1983].
[429] Vgl. Möller [Erfolg 1983], S. 250ff. Zu ähnlichen Ergebnissen kommen auch Kitching [Mergers 1967], S. 87; Ansoff et al. [Acquisition 1971], S. 37 sowie Lütringhaus [Diversifizierung 1973], S. 165.
[430] Vgl. Hase [Integration 1996], S. 61.
[431] Vgl. Krüger/Müller-Stewens [Integration Style 1994], S. 61ff.
[432] Vgl. Haspeslagh/Jemison [Akquisitionsmanagement 1992], S. 165ff.

Integrationsmanagement

ihrer Studie zwei wesentliche Schlüsselaspekte identifiziert, die den Integrationsansatz maßgeblich beeinflussen. Auf der einen Seite besteht die Notwendigkeit **strategischer Interdependenz** zwischen den Unternehmungen, um den Transfer von strategischen Fähigkeiten, die zur Erzielung einer gemeinsamen Wertschöpfung benötigt werden, zu ermöglichen. Auf der anderen Seite muss die integrierte Unternehmung sicherstellen, dass diese Fähigkeiten erhalten bleiben. Um dies gewährleisten zu können, ist ein bestimmter Grad an **organisatorischer Autonomie** vonnöten.[433]

Wie bereits erwähnt besteht das Ziel von Unternehmungszusammenschlüssen darin, eine Wertschöpfung zu erreichen, die die einzelnen Unternehmungen getrennt nicht erwirtschaften können.[434] Zur Realisierung der Synergien, durch die diese erhöhte Wertschöpfung zustande kommen kann, ist es notwendig, aus den am Merger beteiligten Unternehmungen eine neue Einheit zu gestalten. Diese Integration erfolgt z.T. durch den **Transfer von strategischen Fähigkeiten bzw. Ressourcen**.[435] Die so entstehenden **Interdependenzen** zwischen den Unternehmungen ergeben sich aus der Übertragung von materiellen Ressourcen, funktionellen Fähigkeiten oder allgemeinen Management-Fähigkeiten und führen zu gegenseitigen, wechselseitigen Abhängigkeiten zwischen den Unternehmungen.[436] Die gemeinsame Nutzung von Ressourcen führt zu einer sukzessiven Aufweichung und einem Abbau der Unternehmungsgrenzen.[437] Dies kann in der übernommenen Unternehmung jedoch zu Widerständen im Management führen, da auf diese Weise die individuellen Eigenschaften sowie die Eigenständigkeit der akquirierten Unternehmung verloren gehen. Somit stellt das Management der Interdependenzen einen wichtigen Erfolgsfaktor für das Gelingen der Integration dar.[438]

---

[433] Vgl. hierzu und im Folgenden Haspeslagh/Jemison [Akquisitionsmanagement 1992], S. 166ff.
[434] Vgl. zu Motiven und Zielen von Unternehmungszusammenschlüssen Abschnitt B.1.1.2, S. 15ff.
[435] Im Folgenden wird hier der Begriff Ressourcen als gemeinsamer Oberbegriff für Ressourcen und Fähigkeiten verwendet.
[436] Vgl. Haspeslagh/Jemison [Akquisitionsmanagement 1992], S. 42ff. Haspeslagh/Jemison [Acquisitions 1987], S. 56, unterscheiden zudem als vierte Transferart Finanztransfers, die hier jedoch nicht weiter betrachtet werden. Interdependenzen bestehen sowohl zwischen Unternehmungen als auch in der Unternehmung. Im Falle von Akquisitionen sind beide Interdependenzarten relevant. Vgl. zu den verschiedenen Arten von betriebswirtschaftlichen Interdependenzen bspw. Levine/White [Relationships 1961], S. 583ff. und Thompson [Organizations 1967].
[437] Vgl. zu Unternehmungs- bzw. Organisationsgrenzen Ortmann/Sydow [Grenzmanagement 1999], S. 210. Eine Unternehmungsgrenze trennt alle Elemente im Umfeld der Unternehmung in ‚zur Unternehmung gehörig' und ‚zur Umwelt gehörig'. Wird eine Unternehmung im Rahmen eines M&A-Vorgangs in eine andere integriert, so verändern sich die Unternehmungsgrenzen dahingehend, dass die zu integrierende Unternehmung nun Teil der Unternehmung wird und nicht mehr Teil der Umwelt ist. Vgl. Ringlstetter/Kaiser/Schuster [Wandel 2006], S. 888f. sowie O'Byrne/Angwin [Boundaries 2003].
[438] Vgl. Haspeslagh/Jemison [Akquisitionsmanagement 1992], S. 167; Wirtz [Mergers 2003], S. 281.

Die Erzielung von **Synergien** ist in den meisten Fällen eines der wichtigsten Ziele von Integrationen. Dazu ist es notwendig, strategische Ressourcen zwischen den beteiligten Partnern zu übertragen, damit sie dort eingesetzt und genutzt werden, wo sie den höchsten Wertschöpfungsbeitrag leisten können.[439] Das Hauptziel vieler Akquisitionen besteht in der Realisierung von Rationalisierungsvorteilen, die durch die Zusammenlegung von Betriebsmitteln erreicht werden können. Durch den Transfer von materiellen Ressourcen entsteht ein **Ressourcenverbund** zwischen den beteiligten Unternehmungen oder ihren Teilbereichen, der durch eine gemeinsame Nutzung der Betriebsmittel gekennzeichnet ist. Um einen solchen Verbund effizient nutzen zu können, muss ein intensiver Zusammenschluss der Unternehmungen bzw. ihrer Teilbereiche erfolgen, so dass ihre Grenzen verschwinden. Durch eine gemeinsame Nutzung vorhandener Ressourcen können Doppelarbeiten vermieden und Überschneidungen verhindert werden. Die zweite Art des Fähigkeitentransfers, die die Übertragung von funktionellen Fähigkeiten beinhaltet, führt zu anderen Anforderungen an die Integration. **Funktionelle Fähigkeiten** sind immaterielle Vermögensgegenstände und umfassen das Wissen sowie Vorgehens- und Verhaltensweisen von einzelnen Personen und Personengruppen. Die Übertragung dieser spezifischen, personengebundenen Fähigkeiten erfolgt im Rahmen der Integration, wenn das Wissen der Mitarbeiter des Akquisiteurs der übernommenen Unternehmung zugänglich gemacht wird. Dies kann bspw. durch eine koordinierte Leitung einer Abteilung oder eines Unternehmungsbereichs erreicht werden. Auch bei dieser Art des Fähigkeitentransfers werden die Grenzen der beteiligten Unternehmungen aufgeweicht und durchlässig gemacht. Durch die gemeinsame Nutzung von funktionellen Fähigkeiten kommt es zu horizontalen Interaktionen zwischen den Mitarbeitern.

Im Gegensatz dazu entsteht beim Transfer von **Management-Fähigkeiten** eine vertikale Interaktion, da diese Fähigkeiten zur Verbesserung der Steuerung und Koordination der übernommenen Unternehmung eingesetzt werden. Um das Ziel der Wertschöpfungssteigerung zu erreichen, erfolgt entweder eine Beteiligung an allgemeinen Managemententscheidungen oder die langfristige Einführung von Führungs- und Anreizsystemen, Kontrollmechanismen, Budgets oder Plänen. Mithilfe dieser Instrumente werden der strategische Entscheidungsprozess der übernommenen Unternehmung optimiert und die Effizienz ihrer operativen Tätigkeiten erhöht. Die Auswirkungen des Transfers von Management-Fähigkeiten führen dabei zu nicht so tief greifenden Ein-

---

[439] Vgl. im Folgenden zu den Arten des Fähigkeitentransfers Haspeslagh/Jemison [Akquisitionsmanagement 1992], S. 167ff.; Gerpott [Integrationsgestaltung 1993], S. 85ff.; Haspeslagh/Jemison [Acquisition Integration 1994], S. 450ff. sowie Wirtz [Mergers 2003], S. 282.

schnitten in die übernommene Unternehmung wie die Übertragung der beiden anderen Ressourcen und Fähigkeiten. Die Integration ist in diesem Fall nicht intensiv, so dass die Unternehmungsgrenzen nur in geringem Umfang aufgelöst werden. Zur Gestaltung des angestrebten Integrationsansatzes wird empfohlen, primär nur die Kategorie des Fähigkeitentransfers zu verfolgen, die den größten Einfluss auf die ursprünglich geplante Wertschöpfung hat. Mit einer solchen Fokussierung können die strategischen und organisatorischen Bedingungen des Zusammenschlusses einfacher bestimmt werden.[440]

Welche Ressourcenart dabei jeweils transferiert wird, hängt von der Zielsetzung der Transaktion ab. Handelt es sich um horizontale oder vertikale Zusammenschlüsse, so ist das Potenzial zu realisierender Synergien besonders hoch, und es wird ein intensiver Ressourcentransfer stattfinden. Bei einem konglomeraten Zusammenschluss liegen außer im administrativen Bereich kaum Überschneidungen in den Funktionsbereichen vor, so dass es hier zu keinem Ressourcentransfer kommt.[441]

Um sicherzustellen, dass die strategischen Fähigkeiten, die zwischen den an der Akquisition beteiligten Unternehmungen transferiert werden sollen, erhalten bleiben und nicht durch die Akquisitionstätigkeiten verloren gehen, besteht die zweite Anforderung an das Integrationsmanagement in der Aufrechterhaltung der **organisatorischen Autonomie** des Akquisitionsobjekts bis zu einem gewissen Ausmaß.[442] Je mehr die akquirierende Unternehmung die Kontrolle über die übernommene Unternehmung übernimmt, desto stärker wird deren organisatorische Autonomie eingeschränkt.[443] Diese Anforderung steht somit im direkten Widerspruch zu der Anforderung, strategische Fähigkeiten zwischen den beteiligten Unternehmungen zu transferieren. Wenn im Rahmen einer Akquisition die Eigenständigkeit der übernommenen Unternehmung verloren geht, fehlt den Mitarbeitern als Träger personengebundener Fähigkeiten die Identifikationsmöglichkeit mit ihrer Unternehmung. Damit besteht die Gefahr, dass es bei den betroffenen Mitarbeitern zu einer Verminderung der Motivation und Leistungsbereitschaft kommt und sie die Unternehmung mitsamt ihren spezifischen Fähigkeiten verlassen.[444] Aus diesem Grunde ist es bei der Planung des Integrationsan-

---

[440] Vgl. Haspeslagh/Jemison [Acquisitions 1987], S. 56f.
[441] Vgl. Wirtz [Mergers 2003], S. 282f.
[442] Vgl. hierzu und im Folgenden Haspeslagh/Jemison [Akquisitionsmanagement 1992], S. 169ff.; Wirtz [Mergers 2003], S. 284.
[443] Das Ausmaß der Autonomieeinschränkung kann durch ein Kontinuum zwischen autoritärer Führung durch den Akquisiteur und selbstständigen Entscheidungen auf Seiten des Akquisitionsobjekts beschrieben werden. Vgl. Gerpott [Integrationsgestaltung 1993], S. 364.
[444] Vgl. Frank [Erfolgsfaktoren 1993], S. 139.

satzes eine unerlässliche Aufgabe, den gewünschten Autonomiegrad der neuen Tochterunternehmung zu ergründen und herauszufinden, welches Maß an Autonomie zur Erhaltung der strategischen Fähigkeiten notwendig ist. Je tiefer diese Fähigkeiten in der Organisationsstruktur und der Unternehmungskultur der übernommenen Unternehmung verankert sind, desto bedeutender ist ein Erhalt ihrer organisatorischen Autonomie. Eine Einschränkung durch die Akquisition darf nur insoweit erfolgen, als dass die Motivation und Leistungsbereitschaft der Wissensträger nicht eingeschränkt werden.

Um das Ausmaß der Notwendigkeit organisatorischer Autonomie zu bestimmen, muss zunächst erforscht werden, inwieweit Autonomie überhaupt wichtig ist für die Erhaltung strategischer Fähigkeiten.[445] Organisatorische Autonomie ist dann wichtig für eine übernommene Unternehmung, wenn die zu erhaltenden Fähigkeiten eng mit der Unternehmungskultur verzahnt sind und deshalb bei deren Untergang ebenso verloren gehen können. In diesem Zusammenhang muss das Management entscheiden, ob es sinnvoll ist, die Kultur des Akquisitionsobjektes zu erhalten, also unterschiedliche Kulturen in der neuen Unternehmung nebeneinander bestehen zu lassen. Dies wird als Funktionalität der Unternehmungskultur bezeichnet. Bei einer Übernahme, die bspw. lediglich auf eine Verbesserung der Wirtschaftlichkeit einer Produktionsanlage abzielt, spielt die Unternehmungskultur keine große Rolle. Im Gegensatz dazu ist die Erhaltung der Unternehmungskultur erheblich, wenn die Übernahme auf die Erhaltung der Kunden des Akquisitionsobjektes ausgerichtet ist. Für den Fall, dass organisatorische Autonomie notwendig ist, ist in einem zweiten Schritt zu klären, ob die vorhandenen Fähigkeiten bei der übernommenen Unternehmung breit gestreut oder in einem Teilbereich der Unternehmung konzentriert sind. Das Ausmaß dieser Spezifität bestimmt im weiteren Verlauf das Ausmaß an organisatorischer Autonomie, das dem Akquisitionsobjekt zugestanden werden muss. Sind bei einem Akquisitionsobjekt die Fähigkeiten nicht nur in einem Teilbereich vorhanden, sondern beziehen sich auf die gesamte Unternehmung, benötigt es einen hohen Autonomiegrad, um diese Fähigkeiten bewahren zu können. Sind im Gegensatz dazu die Fähigkeiten durch eine hohe Spezifität gekennzeichnet, handelt es sich z.B. um besondere F&E-Fähigkeiten, die keine starke Verbindung zu anderen Einheiten haben, können diese vom Akquisiteur leicht heraus-

---

[445] Vgl. hierzu und im Folgenden Haspeslagh/Jemison [Akquisitionsmanagement 1992], S. 171ff.

Integrationsmanagement

gelöst werden, und das Akquisitionsobjekt benötigt keine große Autonomie.[446] Aufbauend auf diesen Erkenntnissen kann schließlich in einem dritten Schritt der Autonomiebedarf abgeleitet werden. Können die spezifischen Fähigkeiten nicht aus der Unternehmungskultur herausgelöst werden, ist eine unternehmungsweite Autonomie notwendig. Sind funktional verankerte Fähigkeiten zu bewahren, kann sich die Autonomie auf die betroffenen Teilbereiche beschränken.

1.3.2 Ableitung vier generischer Integrationsansätze

Einen ersten Ansatz zur Ableitung von Integrationsmaßnahmen stellen FOOTE/SUTTIE vor.[447] Dabei charakterisieren sie vier unterschiedliche Vorgehensweisen der Post Merger Integration, die sich aus dem Ausmaß an Restrukturierungsbedarf der am Merger beteiligten Unternehmungen sowie dem Grad an Überlappungen ihrer Geschäftsaktivitäten ergeben. Aus der Kombination dieser beiden Merkmale ergeben sich vier unterschiedliche Integrationsmaßnahmen. Besteht bei beiden Unternehmungen kein oder nur geringer Restrukturierungsbedarf und überschneiden sich ihre Geschäftsaktivitäten stark, so sollte ein „Merger of equals" angestrebt werden, der eine vollständige Integration der beiden Unternehmungen beinhaltet, um die jeweils besten Merkmale beider Unternehmungen miteinander zu kombinieren. Demgegenüber sollte in Fällen, in denen bei mindestens einer der Unternehmungen Restrukturierungsbedarf besteht und die Geschäftsaktivitäten sich kaum decken, der sog. Turnaround-Ansatz gewählt werden. Die beiden Fälle, in denen entweder eine der Unternehmungen als wirtschaftlich nicht gesund bezeichnet werden kann oder sich die Geschäftsaktivitäten nicht überschneiden, führen zu den Integrationsmaßnahmen Takeover und Nurture. Im Rahmen des Nurture-Ansatzes schließen sich zwei gesunde Unternehmungen ohne geschäftliche Überlappungen zusammen, um ihre jeweiligen Stärken miteinander kombinieren zu können, während beim Takeover die restrukturierungsbedürftige Unternehmung schnellstmöglich in die andere Unternehmung integriert wird, um die Restrukturierung durchführen zu können. Dabei wurde herausgefunden, dass Akquisitionen von Unternehmungen mit einem großen Restrukturierungsbedarf weniger erfolgreich sind als Akquisitionen von profitablen Unternehmungen.[448]

---

[446] Die Funktionalität beschreibt die kausale Verbindung zwischen der Unternehmungskultur und den strategischen Fähigkeiten, während unter Spezifität die lokale Verteilung der in die Unternehmungskultur eingebetteten strategischen Fähigkeiten verstanden wird. Vgl. Haspeslagh/Farquhar [Integration Process 1994], S. 431.
[447] Vgl. zum Folgenden Foote/Suttie [Post-Merger Management 1991], S. 122.
[448] Vgl. Kitching [Acquisitions 1973], S. 82ff.

Das in der Literatur am weitesten verbreitete Modell zu Integrationsansätzen ist jedoch das Modell von HASPESLAGH/JEMISON.[449] In diesem Modell stellen die beiden zuvor beschriebenen Faktoren[450] **Bedarf nach strategischer Interdependenz** und **Bedarf nach organisatorischer Autonomie** die beiden Dimensionen dar, an denen sich die Entscheidung über den Integrationsansatz orientiert. Dieses Modell dient im weiteren Verlauf als Grundlage für die vorliegende Arbeit.

Nach Meinung der Autoren ist grundsätzlich zu empfehlen, frühzeitig zu entscheiden, welche strategischen Fähigkeiten das Ziel der Akquisition unterstützen und damit erhalten werden müssen.[451] Daraus ergibt sich auf der einen Seite das Ausmaß des Bedarfs nach strategischer Interdependenz und auf der anderen Seite die Notwendigkeit des Bedarfs nach strategischer Autonomie. Aus der Kombination dieser beiden Einflussfaktoren ergeben sich die vier **generischen Integrationsansätze** Absorption, Symbiose, Erhaltung und Holding (vgl. Abbildung C-1).[452] Der für die jeweilige Transaktion passende Integrationsansatz wird von der strategischen Zielsetzung der Transaktion bestimmt.[453] Diese legt die Ziele, die mit dem Zusammenschluss erreicht werden sollen, fest.[454] Wachstumsziele können bspw. die Geschäftsfeld-Erweiterung, Geschäftsfeld-Festigung oder Erkundung neuer Geschäftsfelder anstreben.[455] Die strategischen Ziele der M&A-Transaktion können nur durch die Wahl und Umsetzung des situationsabhängig optimalen Integrationsansatzes erreicht werden.[456]

---

[449] Vgl. bspw. Wirtz [Mergers 2003], S. 285; Jansen [Mergers 2001], S. 233ff.; Lucks/Meckl [Mergers 2002], S. 103; Vogel [M&A 2002], S. 248f.; Hase [Integration 1996], S. 59. Einige Autoren ergänzen dieses Modell durch andere Ansätze, vgl. dazu bspw. Jansen [Mergers 2001], S. 233.
[450] Vgl. Abschnitt C.1.3.1, S. 91ff.
[451] Vgl. Haspeslagh/Jemison [Akquisitionsmanagement 1992], S. 173.
[452] Vgl. zu den Integrationsansätzen Haspeslagh/Jemison [Akquisitionsmanagement 1992], S. 174; Wirtz [Mergers 2003], S. 285; Jansen [Mergers 2001], S. 233ff.
[453] Vgl. Haspeslagh/Jemison [Akquisitionsmanagement 1992], S. 174f.
[454] Vgl. Abschnitt B.1.1.2, S. 15ff.
[455] Vgl. Haspeslagh/Jemison [Akquisitionsmanagement 1992], S. 47ff.
[456] Vgl. zu den Einflussfaktoren Abschnitt C.1.2, S. 84ff.

Integrationsmanagement 97

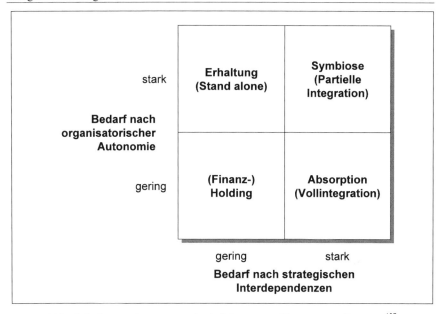

Abb. C-1: Integrationsansätze in Anlehnung an HASPESLAGH/JEMISON[457]

Der Integrationsansatz **Erhaltung** ist zum einen durch einen geringen Bedarf nach strategischen Interdependenzen und zum anderen durch einen hohen Bedarf an organisatorischer Autonomie gekennzeichnet.[458] Die akquirierte Unternehmung wird im Anschluss an den Zusammenschluss in ihrer eigenen Rechtspersönlichkeit völlig unabhängig weitergeführt, während die akquirierende Unternehmung die Führung der neuen Unternehmung übernimmt.[459] Somit kann dieser Integrationsansatz nur im Zusammenschlussfall der Akquisition angewendet werden. Da für die vorliegende Arbeit die Unterscheidung zwischen Fusion und Akquisition jedoch nicht weiter relevant ist, soll hier festgehalten werden, dass der Integrationsansatz Erhaltung im Falle von Fusionen nur für einzelne Geschäftsfelder möglich ist.[460] Erhaltungsakquisitionen werden in solchen Fällen angewendet, in denen z.B. die Unternehmungsziele stark voneinander abweichen oder im Markt bekannte Markennamen nicht untergehen sollen, weil sie einen wesentlichen Wettbewerbsvorteil ausmachen. Dazu kann es auch vorteilhaft sein, die

---

[457] In Anlehnung an Haspeslagh/Jemison [Akquisitionsmanagement 1992], S. 174; Jansen [Mergers 2001], S. 233; Lucks/Meckl [Mergers 2002]. S. 103.
[458] Vgl. Haspeslagh/Jemison [Akquisitionsmanagement 1992], S. 176.
[459] Vgl. Steinöcker [Akquisitionscontrolling 1993], S. 107.
[460] Vgl. hierzu Vogel [M&A 2002], S. 255.

Kontinuität der bisherigen Unternehmungsführung zu ermöglichen.[461] Dieser Integrationsansatz ist zudem dann empfehlenswert, wenn es sich bei der übernommenen Unternehmung um eine ausländische Unternehmung handelt, deren Geschäftsmodell sich deutlich von dem der akquirierenden Unternehmung unterscheidet.[462] Das Ziel der übernehmenden Unternehmung besteht in der Bewahrung der Wettbewerbsvorteile des Targets. Einschneidende Veränderungen könnten dort diese Wettbewerbsvorteile vernichten.[463] Somit stellt die Erzielung von Marktsynergien nicht das Hauptziel der Akquisition dar, vielmehr ist es aufgrund des Geschäftsmodells der übernommenen Unternehmung sinnvoll, dessen Eigenständigkeit aufrecht zu erhalten. In den meisten Fällen, in denen der Integrationsansatz Erhaltung gewählt wird, weist die akquirierte Unternehmung eine hohe Ertragskraft auf, an der sich der Käufer beteiligen möchte.[464] Um weiterhin erfolgreich arbeiten zu können, ist es jedoch notwendig, dass der erworbenen Unternehmung nach der Akquisition die Freiheitsgrade eingeräumt werden, die sie vorher schon hatte, um nach wie vor unabhängig arbeiten zu können.[465]

Durch die Aufrechterhaltung der Eigenständigkeit des Targets kann der Zusammenschluss auf relativ einfache Weise erreicht werden. Der Schwerpunkt der Integrationstätigkeiten liegt bei diesem Integrationsansatz auf dem **Integrationsfeld Organisation**[466]. Aufgrund der großen organisatorischen Autonomie bei diesem Integrationsansatz sind jedoch außer der organisatorischen Anbindung der neuen Tochterunternehmung an die Konzernmutter nur sehr wenige Organisationsänderungen bei den beteiligten Unternehmungen notwendig. Das Target wird bei diesem Integrationsansatz als strategische Geschäftseinheit geführt. Somit erfolgt im **Integrationsfeld Strategie** lediglich eine Abstimmung der strategischen Ziele, die der neuen Tochterunternehmung vorgegeben werden. Das bestehende Management kann seine Arbeit fortsetzen, ihm obliegt weiterhin die operative und strategische Führung.[467] Aufgrund der Bewahrung der Eigenständigkeit der akquirierten Unternehmung findet im **Integrationsfeld Personal** keine personelle Verflechtung zwischen den Unternehmungen statt. Da die Mitarbeiter des Targets in ihrem gewohnten Umfeld weiterarbeiten können, werden sie keinem Kulturschock unterworfen und es entstehen keine Widerstände, die häufig zu einer Verfehlung der angestrebten Akquisitionsziele führen. Dies führt des Weiteren

---

[461] Vgl. Jansen [Mergers 2001], S. 233f.
[462] Vgl. Lucks/Meckl [Mergers 2002], S. 104.
[463] Vgl. Haspeslagh/Jemison [Akquisitionsmanagement 1992], S. 176f.
[464] Vgl. Wirtz [Mergers 2003], S. 285.
[465] Vgl. Jansen [Mergers 2001], S. 234.
[466] Die Integrationsfelder werden ausführlich im folgenden Abschnitt C.1.4 behandelt, vgl. S. 104ff.
[467] Vgl. Krüger [Organisation 1994], S. 271.

für die Mitarbeiter der übernommenen Unternehmung zu einer Sicherheit bezüglich ihrer Verantwortungsbereiche und somit zu einer kontinuierlichen Leistungsbereitschaft. Um zu gewährleisten, dass die Übernahme erfolgreich verläuft und die übernommene Unternehmung im Folgenden erfolgreich weiterarbeitet, sollte die akquirierende Unternehmung umgehend ein Planungs- und Kontrollsystem installieren, um finanzielle Synergien realisieren zu können und stets einen Überblick über die Aktivitäten der akquirierten Unternehmung zu behalten.[468] Schließlich kann ein rechtlich eigenständiger Unternehmungsteil relativ einfach wieder desinvestiert werden, falls dies nötig werden sollte.[469]

Eine weitergehende Integration erfolgt bei dem Integrationsansatz **Symbiose**, der auch als **partielle Integration** bezeichnet wird.[470] Dieser Ansatz wird dann angewendet, wenn sowohl ein hoher Bedarf nach strategischer Interdependenz als auch ein hoher Bedarf nach organisatorischer Autonomie vorliegt. Die besondere Herausforderung bei diesem Integrationsansatz besteht in der gegenläufigen Zielsetzung, dem Akquisitionsobjekt eine größtmögliche organisatorische Autonomie zuzugestehen und gleichzeitig ein großes Synergiepotenzial auszuschöpfen.[471] Auf der einen Seite müssen die Fähigkeiten der akquirierten Unternehmung erhalten werden, weil sich diese nur in einem bestimmten organisatorischen Kontext entfalten können, und auf der anderen Seite benötigt die übernommene Unternehmung einen umfangreichen Transfer von Fähigkeiten, um die angestrebten Synergien realisieren zu können. Die Interdependenzen zwischen den beteiligten Unternehmungen nehmen bei symbiotischen Zusammenschlüssen nur allmählich zu. Die Unternehmungen arbeiten nach der Akquisition zunächst getrennt voneinander weiter, und in der Folge ergeben sich Spannungen, weil für eine gemeinsame Geschäftstätigkeit der Transfer von strategischen Fähigkeiten benötigt wird. Gleichzeitig müssen für eine erfolgreiche Zusammenarbeit die organisatorische und kulturelle Autonomie der Unternehmungen erhalten bleiben. Somit sind bei diesem Integrationsansatz besondere Fähigkeiten hinsichtlich des Managements der Unternehmungsgrenzen[472] erforderlich, denn auf der einen Seite müssen die Unternehmungsgrenzen aufrechterhalten werden, also die Identitäten der Unternehmungen

---

[468] Vgl. Steinöcker [Akquisitionscontrolling 1993], S. 108.
[469] Vgl. zu den Vorteilen dieses Integrationsansatzes Steinöcker [Akquisitionscontrolling 1993], S. 107; Jansen [Mergers 2001], S. 234; Wirtz [Mergers 2003], S. 285. Vgl. zu Desinvestitionen Ostrowski [Desinvestitionen 2007].
[470] Vgl. Wirtz [Mergers 2003], S. 286; Jansen [Mergers 2001], S. 234.
[471] Vgl. Lucks/Meckl [Mergers 2002], S. 104.
[472] Vgl. zur Veränderung von Unternehmungsgrenzen durch Integrationsmaßnahmen Schuster [Integration 2005], S. 83ff.

bestehen bleiben, auf der anderen Seite müssen sie durchlässig sein, damit Interaktionen zwischen den Unternehmungen möglich sind, die zum Austausch von funktionellen und allgemeinen Management-Fähigkeiten führen.[473]

Bei dem Integrationsansatz Symbiose steht die Erzielung von ausgewählten Synergien im Vordergrund.[474] Im **Integrationsfeld Strategie** erfolgt die Festlegung der zu realisierenden Synergien und Wettbewerbsvorteile. Markt- und Produktentwicklung müssen zukünftig koordiniert erfolgen. Um diese Ziele bestmöglich erreichen zu können, erfolgt im **Integrationsfeld Organisation** die Integration der Bereiche der erworbenen Unternehmung, bei denen ein enger Bezug zur Erwerberunternehmung vorhanden ist und somit Synergien durch Erzielung von Skaleneffekten realisierbar sind. Dies können sowohl administrative als auch operative Bereiche sein. Mit der Integration von administrativen Funktionen (z.B. Controlling) wird das Ziel der einheitlichen Steuerung und Kontrolle des Akquisitionsobjektes verfolgt. Durch die Integration der operativen Funktionen (sowohl primäre als auch Unterstützungsaktivitäten) werden dagegen Wettbewerbsvorteile und Skaleneffekte angestrebt.[475] Die übrigen Bereiche, die aufgrund von Dopplung oder fehlender Kompatibilität keinen direkten Bezug zur akquirierenden Unternehmung aufweisen, wie z.B. Stabsbereiche, werden nicht integriert und sofort weiterveräußert bzw. liquidiert. Im Gegensatz dazu werden Schlüsselbereiche der erworbenen Unternehmung, die dennoch einen Beitrag zur zukünftigen Entwicklung der zusammengeschlossenen Unternehmung leisten können, in der Stand alone-Position weitergeführt, ihre rechtliche Selbstständigkeit wird also erhalten. Aufgrund der selektiven Aufnahme von Unternehmungsteilen bleibt die Organisation der Erwerberunternehmung grundsätzlich unverändert.[476] Im **Integrationsfeld Personal** sind Personalentwicklung und Gehaltsstrukturen miteinander zu harmonisieren. Im **Integrationsfeld Operation** werden Maßnahmen angestoßen, um eine möglichst weitgehende Standardisierung in den integrierten Unternehmungsbereichen sowie einheitliche Qualitätsstandards zu erreichen. Dazu werden die Tätigkeiten in den Bereichen Produktion sowie Forschung und Entwicklung der beteiligten Unternehmungen aufeinander abgestimmt und die Marketinginstrumente angeglichen.

Der dritte Integrationsansatz, die sog. **Absorption** oder **Vollintegration**, kommt in solchen Fällen zur Anwendung, wenn zwischen den am Zusammenschluss beteiligten

---

[473] Vgl. Haspeslagh/Jemison [Akquisitionsmanagement 1992], S. 178.
[474] Vgl. hierzu und im Folgenden Jansen [Mergers 2001], S. 234.
[475] Vgl. Hase [Integration 1996], S. 60. Vgl. zu verschiedenen Arten der Teilverschmelzung Scheiter [Integration 1989], S. 123.
[476] Vgl. Steinöcker [Akquisitionscontrolling 1993], S. 108f.

Unternehmungen ein großer Bedarf an strategischer Interdependenz entsteht, damit die strategischen Ziele erreicht werden können, demgegenüber jedoch nur ein geringer Bedarf an organisatorischer Autonomie bei der übernommenen Unternehmung dazu nötig ist. Demzufolge werden im Rahmen der Integration alle Aktivitäten, die Strukturen und die Kulturen der beteiligten Unternehmungen vollständig konsolidiert. Mit diesem u.U. sehr zeitintensiven Prozess wird die Auflösung der Unternehmungsgrenzen angestrebt.[477] Die übernommene Unternehmung verliert dabei nicht nur ihre wirtschaftliche, sondern auch ihre rechtliche Selbstständigkeit.[478] Dieser Integrationsansatz korrespondiert folglich mit dem Takeover-Ansatz.[479] Aus zwei komplexen Organisationen entsteht eine neue Organisation mit einer neuen Strategie und vielfältigen Problembereichen. Im Vergleich zur partiellen Integration stellen im Falle der Vollintegration nicht nur ausgewählte, sondern sämtliche Funktionsbereiche der beteiligten Unternehmungen das Betätigungsfeld der Koordinations-, Harmonisierungs- und Standardisierungsbemühungen dar.[480]

Im **Integrationsfeld Organisation** müssen die Strukturen und Prozesse in der neuen Unternehmung neu definiert werden. Dabei können sie entweder vollständig neu gestaltet werden oder bestehende Strukturen und Prozesse werden aus einer der Vorgängerunternehmungen übernommen. In diesem Zusammenhang muss das Management im **Integrationsfeld Strategie** darauf achten, dass eine Lösung gefunden wird, mit der das Geschäftsmodell der neuen Unternehmung bestmöglich umgesetzt werden kann. Die bei der Zusammenführung der Organisationen durch die Auflösung der Unternehmungsgrenzen auftretenden Barrieren und Widerstände, insbesondere auf Seiten der Führungskräfte und Mitarbeiter der übernommenen Unternehmung, stehen im Fokus des **Integrationsfeldes Personal**. Ursachen für Widerstände und Barrieren müssen gefunden und überwunden werden. Des Weiteren muss die personelle Zusammenführung vorangetrieben werden, d.h. Kompetenzen angeglichen, Führungsgrundsätze vereinheitlicht sowie die Maßnahmen zur Anpassung der Personalkapazität umgesetzt werden. Aufgrund des hohen Integrationsgrades und der damit verbundenen hohen Integrationsintensität müssen im **Integrationsfeld Kultur** gemeinsame Werte und Verhaltensweisen für die zusammengeschlossene Unternehmung gefunden werden, die die Integrationsmaßnahmen in den Integrationsfeldern Organisation und Personal unterstützen. Schließlich sind im **Integrationsfeld Operation** die materiellen Ressourcen

---

[477] Vgl. Haspeslagh/Jemison [Akquisitionsmanagement 1992], S. 175f.
[478] Vgl. Hase [Integration 1996], S. 60.
[479] Vgl. zum Takeover-Ansatz S. 95.
[480] Vgl. Jansen [Mergers 2001], S. 235; Marquardt [Akquisitionen 1998], S. 106.

der beteiligten Unternehmungen zusammenzuführen. Dabei sind Entscheidungen über die Standortstruktur der neuen Unternehmung, die Zentralisierung von Funktionen sowie die Produktprogramme und Vertriebsstrukturen zu treffen.

Der Integrationsansatz Absorption erfordert vom Management eine starke Durchsetzungskraft, um die Akquisitionsziele erreichen zu können. Dabei können unpopuläre Maßnahmen bei der Umsetzung des Geschäftsmodells nicht immer vermieden werden, denn eine zu starke Berücksichtigung der kulturellen Probleme kann in der Nichterreichung der Wertschöpfungs- und Synergieziele resultieren.[481] Hinzu kommt die Herausforderung, dass die umfangreichen Integrationsmaßnahmen im laufenden Betrieb umgesetzt werden und sowohl die interne als auch die externe Kommunikation mit Marktpartnern professionell erfolgen müssen, so dass im Tagesgeschäft keine Reibungsverluste spürbar sind.[482]

Der vierte Integrationsansatz, bei dem sowohl der Bedarf nach strategischen Interdependenzen als auch der Bedarf nach organisatorischer Autonomie gering ist, wird als **Holding** bezeichnet. Die akquirierende Unternehmung strebt in diesem Fall keine direkte Wertsteigerung an. Somit findet keine Integration i.e.S. statt, der Erwerber übt lediglich eine Holding-Funktion aus.[483] Die akquirierte Unternehmung behält ihre rechtliche Selbstständigkeit, wird jedoch unter die wirtschaftliche Weisungsbefugnis der Erwerberunternehmung gestellt. Der Holding-Ansatz wird in solchen Fällen gewählt, in denen sich das Akquisitionsobjekt entweder in einer Turnaround-Situation mit schlechter Ertragskraft befindet oder nur als reine Finanzbeteiligung (z.B. als Investment einer Private Equity-Gesellschaft) geführt werden soll.[484] Durch Maßnahmen wie Neubesetzung der Führungspositionen und Verbesserung der Finanzierungssituation versucht die erwerbende Unternehmung, Kosteneinsparpotenziale zu realisieren und so langfristig auch Synergien zu heben. Besteht das Ziel der Akquisition im Gegensatz dazu darin, die akquirierte Unternehmung als reine Finanzbeteiligung zu führen, erfolgt ebenfalls keine echte Integration. Vielmehr zielt die akquirierende Unternehmung darauf ab, die Finanzierungssituation sowie die Ressourcen- und Personalqualität des Targets zu verbessern. Dazu werden allgemeine Management-Fähigkeiten und funktionsspezifisches Know-how transferiert. Um die übernommene Unterneh-

---

[481] Vgl. Haspeslagh/Jemison [Akquisitionsmanagement 1992], S. 176.
[482] Vgl. Wirtz [Mergers 2003], S. 287; Steinöcker [Akquisitionscontrolling 1993], S. 110.
[483] Vgl. Haspeslagh/Jemison [Akquisitionsmanagement 1992], S. 175.
[484] Vgl. Wirtz [Mergers 2003], S. 286. Der Holding-Ansatz kann für die akquirierende Unternehmung auch dann sinnvoll sein, wenn beim Akquisitionsobjekt ein hoher Restrukturierungs- und Sanierungsbedarf besteht, vgl. zu M&A in Krisensituationen Grünert [Unternehmungskrisen 2007].

Integrationsmanagement 103

mung führen zu können, muss insoweit eine Integration erfolgen, dass ein gemeinsames Planungs- und Kontrollsystem installiert werden kann. Obwohl das Hauptziel der Akquisition nicht in der Synergierealisierung besteht, ist es dennoch möglich, durch die Zusammenlegung von Aktivitäten in den Bereichen Finanzen, Einkauf oder Vertrieb Einspareffekte zu erzielen.[485] Da beim Integrationsansatz der Holding keine Integration im Sinne der vorliegenden Arbeit vollzogen wird, hat er für die zu untersuchende Fragestellung keine Bedeutung. Aus diesem Grund ist der Holding-Ansatz für den weiteren Verlauf der Arbeit nicht relevant.

Betrachtet man die drei Integrationsansätze Erhaltung, Symbiose und Absorption, so ergibt sich die Möglichkeit, eine Abstufung nach dem **Integrationsgrad** durchzuführen. Dieser ist umso höher, je stärker der **Führungsanspruch** der akquirierenden Unternehmung ausgeprägt und je geringer die daraus resultierende Autonomie bei der akquirierten Unternehmung sind (siehe dazu Abbildung C-2).

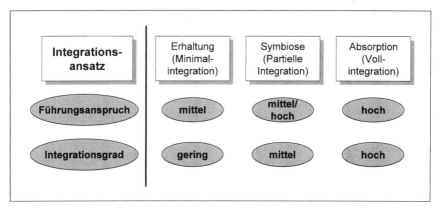

Abb. C-2: Ableitung von Führungsanspruch und Integrationsgrad aus dem Integrationsansatz

Bei den drei in der vorliegenden Arbeit untersuchten Integrationsansätzen sind ausschließlich der mittlere und hohe Führungsanspruch relevant. Der mittlere Führungsanspruch, der zur **strategischen Managementholding** führt, kommt bei dem Integrationsansatz Erhaltung zur Anwendung, während der hohe Führungsanspruch, der eine **operative Managementholding** zum Ergebnis hat, bei der Absorption angewendet

---

[485] Vgl. Jansen [Mergers 2001], S. 234.

wird. Bei dem Integrationsansatz Symbiose können beide Führungsansprüche umgesetzt werden.[486]

Abschließend ist festzuhalten, dass die **Entscheidung über die Art der Integration** der übernommenen Unternehmung **für jeden Akquisitionsfall individuell** zu treffen ist.[487] Es gibt jedoch auch Unternehmungen, die sehr erfolgreich grundsätzlich immer den gleichen Integrationsansatz anwenden. Bei General Electric kommt bspw. fast ausschließlich der Absorptionsansatz zur Anwendung, um die gekauften Unternehmungen vollständig in die eigene Struktur zu überführen und so durch Restrukturierung nur einer Einheit die gewünschte Wertsteigerung zu erzielen.[488]

Im weiteren Verlauf der Arbeit sollen die in Abschnitt B.2.2 abgeleiteten organisatorischen Gestaltungsfragen für die verschiedenen Integrationsansätze untersucht werden. Da der Holding-Ansatz wie beschrieben keine Integration i.e.S. nach sich zieht, werden nur die drei Formen Erhaltung, Symbiose und Absorption tiefer gehend analysiert.[489]

1.4 Handlungsfelder des Integrationsmanagements

1.4.1 Bestimmung der Integrationsfelder

Aufgabe und Ziel der Post Merger Integration ist die Schaffung und Gestaltung einer neuen Einheit aus den am Zusammenschluss beteiligten, vorher getrennten Unternehmungen. Um dieses Ziel zu erreichen, müssen vielfältige Integrationsaufgaben in unterschiedlichen unternehmungsinternen Handlungs- bzw. Integrationsfeldern bearbeitet werden. Die Gesamtheit der Gestaltungsmaßnahmen zur Umsetzung der Integration in diesen Integrationsfeldern ist somit Teil des **Integrationsmanagements**.[490]

Der Erfolg einer M&A-Transkation ist in erheblichem Maße vom Integrationserfolg abhängig.[491] Deshalb ist zur Sicherung des Integrationserfolges bei der Bestimmung der internen Integrationsfelder darauf zu achten, dass insbesondere diejenigen Integrationsfelder identifiziert werden, die zum Erfolg der jeweiligen Transaktion beitra-

---

[486] Vgl. zu den Führungsansprüchen Krüger [Organisation 2005], S. 209f. sowie Krüger [Organisation 1994], S. 269ff. Der geringe Führungsanspruch (Finanzholding) ist im vorliegenden Kontext nicht relevant, da er bei dem Integrationsansatz Holding angewendet würde, der hier nicht weiter betrachtet wird.
[487] Vgl. Lucks/Meckl [Mergers 2002], S. 104; Jansen [Mergers 2001], S. 235; Steinöcker [Akquisitionscontrolling 1993], S. 111.
[488] Vgl. Ashkenas/De Monaco/Francis [GE 1998], S. 165ff.
[489] Vgl. hierzu Abschnitt D.2, S. 175ff.
[490] Vgl. auch Vogel [M&A 2002], S. 253 sowie Abschnitt C.1.1, S. 79.
[491] Vgl. bspw. Gerds/Schewe [Integration 2004], S. 4f.

gen.[492] In der Literatur werden je nach Sichtweise unterschiedliche Handlungsfelder der Integration genannt. Dabei kristallisieren sich auf der einen Seite insbesondere Strukturen, Prozesse und Systeme als organisatorische Dimensionen heraus,[493] auf der anderen Seite werden zusätzlich die Integrationsfelder Finanzen, Geschäftsfelder, Produktion und Kultur als wichtige Gestaltungsfelder genannt.[494]

Die damit einhergehende Vielzahl von Integrations-Baustellen, die für jeden M&A-Fall unterschiedlich ausfällt, kann jedoch zu bestimmten **generischen Integrationsfeldern** zusammengefasst werden.[495] Daraus ergeben sich die für den weiteren Verlauf der vorliegenden Arbeit relevanten Integrationsfelder. Diese umfassen die **strategische Integration**, die **organisatorische Integration**, die **personelle Integration** sowie die **kulturelle Integration**.[496] Des Weiteren wird die **operative Integration** der Produktionsbereiche als spezielles Handlungsfeld betrachtet.[497] Abbildung C-3 gibt einen Überblick über die im Integrationsmanagement relevanten Integrationsfelder.

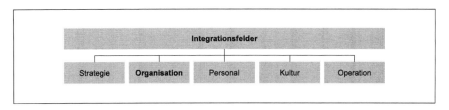

Abb. C-3: Integrationsfelder

---

[492] Vgl. Shrivastava [Integration 1986], S. 68.
[493] Vgl. hierzu Grimpe [Integration 2005], S. 65; Tushman/Newman/Romanelli [Evolution 1988], S. 708.
[494] Vgl. Steinöcker [Akquisitionscontrolling 1989], S. 111f.; Shrivastava [Integration 1986], S. 68ff.
[495] Zu einer systematischen Ableitung der Integrationsfelder empfiehlt sich eine Anlehnung an Erfolgsfaktorenmodelle, die die unternehmungsinternen Entstehungsgründe für Erfolg und Misserfolg analysieren. Im KOMPASS-Modell von Krüger werden die sechs Erfolgssegmente Strategie, Träger, Realisationspotenzial, Systeme, Struktur sowie Philosophie und Kultur unterschieden. In diesem mehrdimensionalen Modell weisen die einzelnen Segmente jeweils eine Abstimmung mit der Unternehmungsumwelt und den anderen Segmenten sowie einen segmentinternen Fit auf. Vgl. zum KOMPASS-Modell Krüger [Unternehmungserfolg 1988], S. 27ff.; Krüger/Schwarz [Erfolgsfaktoren 1990], S. 179ff. Das 7S-Modell von McKinsey unterscheidet zwischen den sog. „harten Faktoren" Strategie, Struktur, Systeme sowie den „weichen Faktoren" Selbstverständnis, Spezialkenntnisse, Stil und Stammpersonal. Vgl. Peters/Waterman [Excellence 1982].
[496] Vgl. zu den Integrationsfeldern bspw. Brockhaus [Success 1975], S. 41ff.; Krüger [Akquisitionsprojekte 1988], S. 373; Hase [Integration 1996], S. 75ff.; Sommer [Integration 1996], S. 153ff.; Hagemann [Unternehmensentwicklung 1996], S. 108ff.; Werner [Integration 1999], S. 332; Bishop/Martens [Post-Merger-Integration 2006], S. 1050f.
[497] Vgl. hierzu Jansen [Mergers 2001], S. 236.

Die folgenden Ausführungen konzentrieren sich auf die organisatorische Gestaltung im Rahmen der Post Merger Integration. Folglich liegt der Schwerpunkt bei der Betrachtung der Integrationsfelder auf dem **Integrationsfeld Organisation**. Da zwischen den einzelnen Integrationsfeldern jedoch starke Interdependenzen bestehen, erfolgt ebenso eine Erläuterung der anderen Integrationsfelder.

1.4.2 Integrationsfeld Strategie

Die generelle strategische Ausrichtung sowie insbesondere die Akquisitionsstrategie haben eine grundlegende Bedeutung für die Schaffung und Nutzung dauerhafter Wettbewerbsvorteile für eine Unternehmung.[498] Der Erfolg einer Integration ist umso wahrscheinlicher, je größer der strategische Fit zwischen den zu integrierenden Unternehmungen ist.[499] Aus diesem Grund stellt das **Integrationsfeld Strategie** den Mittelpunkt der Integrationsmaßnahmen dar, an dem die Gestaltungsmaßnahmen in den übrigen Integrationsfeldern ausgerichtet werden müssen.[500] Zudem wird durch einen Abgleich der strategischen Ausrichtungen des Akquisitionssubjektes mit denen des Akquisitionsobjektes der Bedarf nach strategischen Interdependenzen ermittelt, der eine der Determinanten für den Integrationsansatz darstellt.[501]

Die Integrationsmaßnahmen in diesem Handlungsfeld verfolgen das Ziel, für die neue Unternehmung eine gemeinsame Markt- und Wettbewerbsstrategie abzuleiten.[502] Dabei steht die akquirierende Unternehmung jedoch vor dem Problem, dass sie dem Akquisitionsobjekt nicht einfach dessen neue Strategie vorschreiben kann, da dessen Management all seine zur Verfügung stehende Macht dazu einsetzen wird, die eigenen strategischen Gedanken einzubringen. Vielmehr muss die neue Strategie mit gemeinsamen Werten und Zielvorstellungen zusammen entwickelt werden.[503] Die Möglichkeiten zur Einflussnahme auf die strategierelevanten Einstellungen der übernommenen Unternehmung werden durch die Präferenzordnung der akquirierenden Unternehmung determiniert, die im Rahmen der Integration auf die akquirierte Unternehmung übertragen werden müssen.[504] Im Rahmen der Zielpräferenz werden Unternehmungsphilosophie sowie Vision auf das Akquisitionsobjekt übertragen, und durch die Potenzialpräferenz wird festgelegt, inwieweit die übernommene Unternehmung vorhandene Po-

---

[498] Vgl. Hungenberg [Management 2008], S. 4ff., insbes. S. 6.
[499] Vgl. hierzu Jemison/Sitkin [Acquisitions 1986], S. 146.
[500] Vgl. Krüger [Unternehmungserfolg 1988], S. 29; Hungenberg [Management 2008], S. 8f.
[501] Vgl. den vorhergehenden Abschnitt C.1.3.1, S. 91ff.
[502] Vgl. Hase [Integration 1996], S. 77.
[503] Vgl. Vogel [M&A 2002], S. 254.
[504] Vgl. zu Präferenzordnungen und Einflussmöglichkeiten Bleicher [Unternehmungsakquisition 1986], S. 217ff.; Hase [Integration 1996], S. 77f. sowie Reineke [Akkulturation 1989], S. 114f.

Integrationsmanagement

tenziale ausnutzen bzw. neue entwickeln soll. Die strategische Präferenz der erwerbenden Unternehmung kann bspw. eine Internationalisierungsstrategie sein, in deren Rahmen die Akquisition durchgeführt wird. Auf diese Weise wird diese strategische Ausrichtung auch auf das Target übertragen.

Die **strategischen Integrationsmaßnahmen** umfassen diejenigen Teilgebiete, die Einfluss auf die langfristige Perspektive der Unternehmung haben.[505] Für die kurzfristige Perspektive ist es dazu notwendig, die in den beteiligten Unternehmungen vorherrschenden Markt- und Wettbewerbsstrategien aufeinander abzustimmen, da die Unternehmungen vor dem Zusammenschluss u.U. auf identischen oder ähnlichen Geschäftsfeldern gegeneinander gearbeitet haben. Somit sind die direkt auf den Markt gerichteten Aktivitäten der neuen Unternehmung frühzeitig festzulegen.[506]

Um eine gemeinsame Strategie entwickeln und verfolgen zu können, ist es im ersten Schritt wichtig, die abweichenden **strategischen Ziele aufeinander abzustimmen**.[507] Dies ist insbesondere dann notwendig, wenn die den strategischen Zielen zugrundeliegenden Unternehmungsphilosophien[508] stark divergieren. Die Unternehmungsphilosophie umfasst generelle und spezielle Zwecke der Unternehmung, die das Selbstverständnis einer Unternehmung darstellen und in Leitbildern formuliert werden.[509] Über Leitbilder wird die Grundorientierung einer Unternehmung hinsichtlich strategischer Ausrichtung, Kundenorientierung, Führungsprinzipien und Innovationsorientierung vermittelt. Für die neue Unternehmung ist ein neues Leitbild zu entwickeln, das die Grundorientierungen der am Merger beteiligten Unternehmungen berücksichtigt und aufnimmt. Im Idealfall erfolgt die Erarbeitung des Leitbildes gemeinsam im Vorfeld der Integration.[510]

Aufbauend auf der gemeinsamen Unternehmungsphilosophie und der daraus abgeleiteten Unternehmungsstrategie sind im folgenden Schritt die **Strategien für die einzelnen Geschäftsfelder** der neuen Unternehmung zu bestimmen.[511] Das Management muss entscheiden, welche Geschäftsfelder bzw. Unternehmungsbereiche in welcher

---

[505] Vgl. Bleicher [Unternehmungsakquisition 1986], S. 217ff.; Reineke [Akkulturation 1989], S. 114ff.
[506] Vgl. Sommer [Integration 1996], S. 155f.
[507] Vgl. Hase [Integration 1996], S. 85.
[508] Vgl. zur Unternehmungsphilosophie Ulrich [Unternehmungspolitik 1990], S. 11 sowie Ulrich/Fluri [Management 1995], S. 53ff.
[509] Vgl. zu generellen und speziellen Unternehmungszwecken Welge/Al-Laham [Management 2002], S. 104ff.
[510] Vgl. Vogel [M&A 2002], S. 255.
[511] Vgl. Steinöcker [Akquisitionscontrolling 1993], S. 111.

Form zukünftig bearbeitet werden sollen.[512] Zur Gestaltung des Portfolios nach dem Zusammenschluss können einzelne Bereiche, die vorher entweder dem Akquisitionssubjekt oder -objekt zugeordnet waren, entweder veräußert oder aber in einer unabhängigen Form fortgeführt werden. Diese Maßnahmen werden auf Geschäftsfelder angewendet, die nicht mehr zum neuformierten Kerngeschäft gehören oder aber ein so spezielles Geschäftsmodell betreiben, das nicht mit den anderen Bereichen sinnvoll verbunden werden kann.[513] Da durch einen Zusammenschluss durch gemeinsame Aktivitäten eine Wertsteigerung erreicht werden soll, werden in der Mehrzahl der Fälle die Unternehmungsbereiche auf strategischer Ebene integriert. Im Fall der strategischen Integration wird die akquirierte Unternehmung bzw. ihre nicht veräußerten Geschäftsfelder als neuer Unternehmungsbereich der erwerbenden Unternehmung betrachtet.[514] Somit muss die Markt- und Wettbewerbsstrategie für das neue Geschäftsfeld bestimmt werden.[515] Für den Erfolg der strategischen Integration ist eine schnelle und umfassende Strategieumsetzung erforderlich, die mit Unterstützung des Managements des Geschäftsbereichs entwickelt wurde.[516]

Der Schwerpunkt der strategischen Integration liegt auf der Integration der Geschäftsfeldstrategien, da auf dieser Ebene das größte Synergiepotenzial vorhanden ist. Dennoch ist zusätzlich eine **Integration der strategischen Planungsprozesse auf Unternehmungsebene** notwendig, um die langfristige Erfolgsposition der Unternehmung zu sichern.[517] Die Unternehmungsstrategie gibt vor, auf welchen Geschäftsfeldern die Unternehmung tätig sein wird und wie die Geschäftsfelder untereinander koordiniert werden.[518]

Zur Realisierung dieser Strategie benötigen die Geschäftsbereiche gewisse **strategische Ressourcen und Fähigkeiten**, die dazu von einer Unternehmung auf die andere übertragen werden müssen. Darunter sind materielle und immaterielle Inputs zu verstehen, die die Unternehmung dauerhaft zur Leistungserstellung einsetzt,[519] bspw. Kernkompetenzen als immaterielle Ressourcen und Fähigkeiten.[520] Die zu übertragen-

---

[512] Diese Portfolioentscheidungen müssen in Übereinstimmung mit der M&A-Strategie getroffen werden. Vgl. Lucks/Meckl [Mergers 2002], S. 74f.
[513] Vgl. Vogel [M&A 2002], S. 255.
[514] Vgl. Hase [Integration 1996], S. 95.
[515] Vgl. zu Markt- und Wettbewerbsstrategien Porter [Wettbewerbsstrategie 1999], S. 70ff.
[516] Vgl. Hase [Integration 1996], S. 97.
[517] Vgl. Sommer [Integration 1996], S. 156.
[518] Vgl. hierzu Hungenberg [Management 2008], S. 411ff.; Hinterhuber [Unternehmungsführung 1992], S. 162.
[519] Vgl. Scheiter [Integration 1989], S. 111f.; Gerpott [Integrationsgestaltung 1993], S. 85ff.
[520] Vgl. zu Kernkompetenzen Krüger/Homp [Kernkompetenz 1997], S. 25ff.

den strategischen Ressourcen und Fähigkeiten können nach HASPESLAGH/JEMISON in materielle, funktionale sowie allgemeine Management Fähigkeiten unterteilt werden.[521] Durch die Übertragung materieller Ressourcen erfolgt eine gemeinsame Nutzung von Produktionsanlagen zur Erzielung von Economies of Scale and Scope.[522] Diese können umso einfacher erreicht werden, je ähnlicher die Wettbewerbsstrategien und je geringer die Unterschiede in den Produkten, Märkten und Technologien der beteiligten Unternehmungen bzw. Geschäftsfelder sind.[523] Zur Übertragung funktionaler Fähigkeiten ist ein Wissensaustausch zwischen den beteiligten Unternehmungen notwendig, weshalb dieser Prozess sehr viel Zeit in Anspruch nimmt.[524] Funktionale Fähigkeiten werden bspw. bei solchen Zusammenschlüssen transferiert, in denen die F&E-Abteilungen zwecks gemeinsamer Produktentwicklung zusammengelegt werden.[525] Der Transfer von allgemeinen Management-Fähigkeiten umfasst das Fachwissen und die Erfahrungen des Managements der beteiligten Unternehmungen. Diese können in beiden Richtungen zwischen den Unternehmungen übertragen werden und sollen sich in strategischen und organisatorischen Fragestellungen niederschlagen.[526]

1.4.3 Integrationsfeld Organisation

1.4.3.1 Grundlagen der Organisationsintegration

Das **Integrationsfeld Organisation** baut auf den Ergebnissen der strategischen Integration auf und setzt die strategischen Entscheidungen langfristig in der Aufbau- und Ablauforganisation der Unternehmung um. Auch für M&A-Prozesse gilt CHANDLERs Postulat „structure follows strategy".[527] Zur bestmöglichen Umsetzung der Strategie und Realisierung der angestrebten Synergieeffekte sind die erforderlichen strukturellen Veränderungen durch eine Konsolidierung der i.d.R. voneinander abweichenden Organisationsstrukturen der beteiligten Unternehmungen umzusetzen.[528] Die organisatorische Zusammenführung stellt sich im Normalfall als sehr aufwändig dar, weil die

---

[521] Vgl. Haspeslagh/Jemison [Akquisitionsmanagement 1992], S. 43ff. sowie Abschnitt C.1.3, S. 92ff.
[522] Vgl. Pausenberger [Unternehmenszusammenschlüsse 1993], Sp. 4442ff. sowie Sautter [Unternehmensakquisitionen 1989], S. 237ff. Vgl. grundsätzlich zur Entstehung von Größen- (Economies of Scale) und Verbundvorteilen (Economies of Scope) Hungenberg [Management 2008], S. 212ff. i.V.m. der dort zitierten Literatur.
[523] Vgl. Gerpott [Integrationsgestaltung 1993], S. 91; Schneider [Synergie 1989], S. 24; Priewe [Synergie 1989], S. 25ff.
[524] Vgl. Vogel [M&A 2002], S. 255.
[525] Vgl. Hase [Integration 1996], S. 100.
[526] Vgl. Vogel [M&A 2002], S. 255.
[527] Vgl. hierzu Chandler [Strategy 1962], S. 383ff.
[528] Vgl. Lucks/Meckl [Mergers 2002], S. 94; Vogel [M&A 2002], S. 257; Hase [Integration 1996], S. 79.

Strukturen und Prozesse in den beteiligten Unternehmungen stark unterschiedlich gestaltet sind.[529] Aus diesem Grund empfiehlt sich eine frühzeitige Festlegung des Umfangs der organisatorischen Zusammenführung bereits im Vorfeld der Integration, um die organisatorischen Integrationsaktivitäten zielgerichtet umsetzen zu können.[530] Jedoch ist es nicht immer erforderlich, dass die vorherigen Organisationsstrukturen vollständig miteinander verschmolzen werden. Vielmehr ist der Umfang der Anpassung abhängig vom angestrebten Integrationsansatz.[531] Dieser wird umso höher sein, je mehr Synergierealisierung angestrebt wird.[532] Der angestrebte Integrationsansatz bestimmt das Ausmaß an notwendiger Interdependenz in der integrierten Organisation. Je intensiver die Verschmelzung der Organisationen, desto stärker ist die Abhängigkeit zwischen ihnen.[533] Bei der Gestaltung der organisatorischen Integration ist das Spannungsverhältnis zwischen Interdependenz und Autonomie zu beachten, denn ein hoher Integrationsgrad führt immer zu einer geringen Autonomie der Organisation.[534]

Zur Umsetzung dieses innovativen, komplexen und zeitlich begrenzten Vorhabens wird eine Projektorganisation eingesetzt, die in den meisten Fällen durch ein Integrationsteam ergänzt wird.[535] Die zur Unterstützung der Implementierung der gemeinsamen Organisationsstruktur notwendige Projektorganisation wird im weiteren Verlauf der Arbeit als Gestaltungsdimension **Organisation der Integration** bezeichnet. Die tatsächliche organisatorische Integration wird durch die Gestaltungsdimension **Integration der Organisation** beschrieben.[536]

Unter der **Organisation** einer Unternehmung wird im Folgenden nach dem instrumentellen Organisationsverständnis[537] die „präsituative Strukturregelung von Aktionsfeldern"[538] verstanden. Sie umfasst die Gesamtheit aller Regelungen, mithilfe derer das Verhalten der Organisationsmitglieder auf das übergeordnete Unternehmungsziel aus-

---

[529] Vgl. Wirtz [Mergers 2003], S. 298.
[530] Vgl. Grüter [Integrationsstrategien 1993], S. 48.
[531] Vgl. Schuster [Integration 2005], S. 208.
[532] Vgl. Wirtz [Mergers 2003], S. 304.
[533] Vgl. zum Verhältnis von Integration und Interdependenz Lawrence/Lorsch [Integration 1967], S. 24ff.; Lawrence/Lorsch [Organization 1969] sowie Schuster [Integration 2005], S. 15ff.
[534] Vgl. hierzu Schuster [Integration 2005], S. 208f.
[535] Vgl. Krüger [Akquisitionsprojekte 1988], S. 374; Grüter [Unternehmungsakquisitionen 1991], S. 179; Steinöcker [Akquisitionscontrolling 1993], S. 116f.; Reineke [Akkulturation 1989], S. 166f.; Dahm [Akquisitionsprozeß 1982], S. 16f.; Staerkle [Organisationsstruktur 1985], S. 549; Clever [Merger 1993], S. 135ff.
[536] Vgl. zu den Gestaltungsdimensionen und ihren Interdependenzen Abschnitt C.2, S. 150ff.
[537] Vgl. zum instrumentellen Organisationsverständnis Kosiol [Organisation 1976], S. 21ff.; Grochla [Unternehmungsorganisation 1972], S. 13ff. sowie Bleicher [Organisation 1991], S. 36.
[538] Krüger [Organisation 2005], S. 144.

Integrationsmanagement 111

gerichtet werden soll.[539] Die Aktionsfelder, die dazu im Rahmen der organisatorischen Integration zu gestalten sind, werden durch sämtliche Arten von organisatorischen Subsystemen beschrieben, beziehen sich also auf alle Stellen und Stellenmehrheiten in der gesamten Hierarchie. Zudem sind die Prozesse der neuen Unternehmung an die neue strategische Ausrichtung anzupassen.[540] Trotz der zwischen der Aufbau- und der Ablauforganisation einer Unternehmung bestehenden vielfältigen Wechselwirkungen[541] werden die Integrationsaufgaben dieser beiden Organisationsaspekte im Folgenden getrennt voneinander betrachtet.

Die Hauptaufgabe der organisatorischen Integration liegt in der Schaffung der strukturellen Voraussetzungen, um die durch den Zusammenschluss angestrebten Synergien realisieren zu können. Dazu wird eine Soll-Struktur für die neue Unternehmung entwickelt und im Folgenden in der Aufbau- und Ablauforganisation umgesetzt. Zusätzlich müssen Verantwortungen zugeordnet und das Zusammenwirken einzelner organisatorischer Subsysteme geregelt werden.[542] Die **Gestaltungsschwerpunkte des Integrationsfeldes Organisation** liegen demzufolge in der Festlegung der gesellschaftsrechtlichen und der organisatorischen Strukturen. Die **gesellschaftsrechtliche Konstruktion** umfasst die Entscheidung über die Art des Unternehmungszusammenschlusses. Bei einer Akquisition stellt sich die Frage, ob eine rechtliche Integration der übernommenen Unternehmung erfolgen soll oder ob im Sinne der Akquisitionsziele die Beibehaltung der rechtlichen Eigenständigkeit vorteilhaftig ist. Im Falle einer Fusion muss die Entscheidung zwischen der Gründung einer neuen Gesellschaft und der Integration der akquirierten Unternehmung in die akquirierende Unternehmung erfolgen. Diese grundlegenden Entscheidungen haben langfristige Auswirkungen und sind nur mit großem Aufwand wieder zu verändern. Zudem werden die Einflussmöglichkeiten des Akquisiteurs auf das Target damit determiniert.[543]

Die **Gestaltung der organisatorischen Strukturen** befasst sich auf der einen Seite mit der Festlegung und Einführung der **aufbauorganisatorischen Struktur** und auf der anderen Seite mit der Gestaltung der **Ablauforganisation** der neuen Unterneh-

---

[539] Vgl. Schanz [Organisation 1992], Sp. 1460f.; Schreyögg/Werder [Organisation 2004], Sp. 967ff. sowie die jeweils dort angegebene Literatur.
[540] Vgl. zu strukturellen Subsystemen Kosiol [Organisation 1976], S. 89ff.; Krüger [Organisation 1994], S. 38; Krüger [Organisation 2005], S. 169ff.
[541] Vgl. hierzu Krüger [Organisation 2005], S. 144 sowie Krüger [Organisation 1994], S. 15.
[542] Vgl. Lucks/Meckl [Mergers 2002], S. 95.
[543] Vgl. hierzu Abschnitt B.1.1.1, S. 9ff. sowie zu den Einflussgrößen auf die gesellschaftsrechtliche Konstruktion Lucks/Meckl [Mergers 2002], S. 97ff.

mung.[544] Der Prozess der organisatorischen Integration basiert auf den in Abschnitt B.2.2.4 abgeleiteten Gestaltungsfragen der Organisation und führt zu einer organisatorischen Gesamtkonzeption, die die Aufbau- und Ablauforganisation umfasst:

Abb. C-4: *Organisatorische Gesamtkonzeption*[545]

1.4.3.2 Integration der Aufbauorganisation

Im Rahmen der **aufbauorganisatorischen Integration** sind harte organisatorische Faktoren wie Organigramme, Führungskonzepte, Stellenbeschreibungen, Verantwortungsbereiche und Planungsabläufe für die neue Unternehmung festzulegen und einzuführen. Das Ziel besteht in der raschen Erreichung eines arbeits- und wettbewerbsfähigen Zustands der Organisation, indem die Aufgabenvielfalt verringert und Doppelarbeiten abgebaut werden.[546] Dazu muss zunächst die **Arbeitsteilung** in der neuen Organisation bestimmt werden. Diese ist von der Entscheidung abhängig, wie zentral oder dezentral die Unternehmung geführt werden soll. Unter Zentralisation wird die Zusammenfassung von Teilaufgaben mit gleichartigen Merkmalen, z.B. Verrichtung, Objekt, Ort oder Entscheidungsbefugnis, in einer Organisationseinheit verstanden,

---

[544] Vgl. Hase [Integration 1996], S. 79.
[545] In Anlehnung an Clever [Merger 1993], S. 74.
[546] Vgl. Wirtz [Mergers 2003], S. 297; Hase [Integration 1996], S. 103.

während die Dezentralisation die Trennung gleichartiger Aufgaben und Zuordnung zu unterschiedlichen Organisationseinheiten beschreibt.[547] Je mehr dezentrale Entscheidungsgewalt die Organisationseinheiten nach der Integration besitzen sollen, desto weniger zentrale Entscheidungen durch übergeordnete Instanzen sind notwendig.[548] Das Ausmaß an Zentralisierung ist eng verbunden mit dem Integrationsansatz. Dieser impliziert den Autonomiebedarf der übernommenen Unternehmung, der durch die neue Organisationsstruktur abgebildet werden sollte.[549] Je höher dieser gewählt wird, desto zentraler sollten die Entscheidungen in der Unternehmung getroffen werden, um die enge Verbindung der beteiligten Unternehmungen aufrecht erhalten und eine gemeinsame Zielerreichung sicherstellen zu können. Im Gegensatz dazu dient eine dezentrale Organisationsstruktur, die bei einem geringen Integrationsgrad sinnvoll erscheint, zur Entlastung des Managements und zu einer verbesserten Reaktion auf die komplexe Unternehmungsumwelt.[550]

Aufbauend auf den Entscheidungen zur Arbeitsteilung wird die Integration der Aufbauorganisation mit der Festlegung der neuen **Abteilungsstruktur** fortgeführt.[551] Dazu ist in einem ersten Schritt über die Notwendigkeit der Vereinheitlichung der Weisungsstrukturen zu entscheiden. Unter Weisungsstrukturen werden hier das Einlinien- und das Mehrliniensystem verstanden, die die Weisungsbeziehungen der organisatorischen Subsysteme untereinander beschreiben. Bei einem Einliniensystem untersteht eine Organisationseinheit nur einem Vorgesetzten, bei einem Mehrliniensystem mehreren Vorgesetzten.[552] Die Wahl der Weisungsstrukturen ist dabei vom Geschäftsmodell und der Aufgabenverteilung in dem Unternehmungsbereich abhängig. Bei einem geringen Integrationsgrad ist es nicht erforderlich, eine einheitliche Weisungsstruktur herzustellen; bei einem hohen Integrationsgrad hingegen ist es sinnvoll, die Weisungsstrukturen zu vereinheitlichten. Dabei wird zweckmäßigerweise das System weitergeführt, das in der Abteilung, in die die andere integriert wird, vorherrscht. Im zweiten Schritt muss die Entscheidung über die hierarchische Kombination der Abteilungen getroffen werden, die das aufbauorganisatorische Grundmodell der Unternehmung be-

---

[547] Vgl. Kosiol [Organisation 1976], S. 81.
[548] Vgl. Wirtz [Mergers 2003], S. 305 sowie Krüger [Organisation 2005], S. 160f.; Frese [Organisation 2005], S. 230ff.; Bea/Göbel [Organisation 2006], S. 303.
[549] Vgl. zum Integrationsansatz Abschnitt C.1.3, S. 87ff. Vgl. zur Umsetzung des Autonomiebedarfs in der Organisation Bühner [Organisationslehre 2004], S. 173 sowie Pausenberger [Organisation 1992], Sp. 1052.
[550] Vgl. Lindstädt [Neuausrichtung 2003], S. 353f.
[551] Vgl. zur Gestaltung der Abteilungsstruktur Lindstädt [Neuausrichtung 2003], S. 349f. i.V.m. Wirtz [Mergers 2003], S. 306.
[552] Vgl. hierzu Krüger [Organisation 1994], S. 66.

stimmt. Dieses ist abhängig von der Art der Aufgabenspezialisierung sowie der Verteilung der Weisungsbefugnisse und der Entscheidungskompetenzen. Aus der Kombination dieser drei Gestaltungsparameter ergeben sich die funktionale und die divisionale Organisation.[553] Bei der **funktionalen Organisation** erfolgt eine verrichtungsorientierte Zentralisierung der Teilaufgaben, bei der auf der zweiten Hierarchieebene gleichartige Funktionen angesiedelt sind. Die Entscheidungskompetenzen sind dabei zentral an der Unternehmungsspitze angesiedelt. Demgegenüber sind bei einer **divisionalen Organisation** die Objekte Gegenstand der Zentralisation, die Entscheidungskompetenzen sind weitestgehend auf die einzelnen Geschäftsbereiche verteilt, so dass diese relativ autonom entscheiden können. Diesen beiden Einlinienmodellen steht die Matrixorganisation als Mehrlinienmodell gegenüber, bei der sowohl eine Verrichtungs- als auch eine Objektorientierung vorherrscht. In diesem Modell sind die Entscheidungskompetenzen ebenfalls auf die zweite Ebene verteilt. Im Rahmen der organisatorischen Integration kann nun die erworbene Unternehmung bei einem geringen Integrationsgrad als eigenständiger Geschäftsbereich in der Form der divisionalen Organisation in die akquirierende Unternehmung integriert werden. Ebenso ist es möglich, dass nur eine spezielle Verrichtung in eine funktionale Organisation integriert wird, die übrigen Bereiche des Akquisitionsobjektes jedoch ihre Eigenständigkeit behalten. Im Falle eines hohen Integrationsgrades und einer damit einhergehend intensiven Integration des Akquisitionsobjektes in die akquirierende Unternehmung besteht zum einen die Möglichkeit, die Organisationsstruktur des Akquisiteurs beizubehalten und die Organisationseinheiten des Akquisitionsobjektes, die zuvor u.U. in einer abweichenden Organisationsform aufgehängt waren, in diese einzufügen. Zum anderen kann der Akquisiteur bei dieser Gelegenheit auch eine komplett neue Organisationsstruktur festlegen und diese in beiden beteiligten Unternehmungen einführen.[554]

Die Integration der Aufbauorganisation wird mit der Entscheidung über die Form der intraorganisatorischen **Koordination** vervollständigt. Unter Koordination werden situative Regelungen zur Kopplung von Aktionsbündeln verstanden.[555] Mit ihrer Hilfe sollen die Handlungen der Organisationsmitglieder harmonisiert und auf die Ziele der Unternehmung ausgerichtet werden.[556] Dies ist insbesondere bei unterschiedlichen

---

[553] Vgl. zu den aufbauorganisatorischen Grundmodellen und ihren Vor- und Nachteilen Krüger [Organisation 2005], S. 193ff. sowie Krüger [Organisation 1994], S. 95ff.
[554] Vgl. Wirtz [Mergers 2003], S. 306.
[555] Vgl. Krüger [Organisation 2005], S. 146.
[556] Vgl. Kosiol [Organisation 1976], S. 171 i.V.m. Scheibler [Organisation 1974], S. 192 und Hauff [Organisation 1974], S. 43. Einen Überblick über unterschiedliche Abgrenzungen des Koordinationsbegriffs bietet Hoffmann [Führungsorganisation 1980], S. 301f.

Zielen und Interessen erforderlich, zudem auch durch die Arbeitsteilung bedingt, um die einzelnen Teilaufgaben zielgerichtet zur Gesamtaufgabe zusammenführen zu können.[557] Koordination kann entweder durch unmittelbare, persönliche Kommunikation zwischen den Organisationsmitgliedern oder aber durch unpersönliche Maßnahmen erfolgen. Die persönliche Koordination kann dabei durch persönliche Weisung vom Vorgesetzten an den Mitarbeiter (vertikal) oder durch Selbstabstimmung (horizontal) geschehen, während die unpersönliche Koordination durch Pläne, die ein Ziel vorgeben, oder durch Programme, die den Prozess vorgeben, geschehen.[558] Die Wahl der Koordinationsform ist im Wesentlichen von den Merkmalen der zu erfüllenden Aufgabe abhängig. Bei hoher Dynamik der Aufgabe bieten sich die persönlichen Koordinationsformen an, um rasch auf die schnellen Veränderungen reagieren zu können. Ist die Aufgabendynamik eher gering, so sind auch die unpersönlichen Koordinationsformen wirksam, die generell statischer sind als die persönlichen. Neben der Dynamik hat auch die Komplexität der Aufgabe Auswirkungen auf die Wahl der Koordinationsform. Selbstabstimmung und Zielvorgaben sind geeignet, eine hohe Komplexität zu bewältigen, persönliche Weisung und Prozessvorgaben haben eine hohe Effizienz bei niedriger Komplexität.[559]

Des Weiteren kann eine Unterscheidung nach interner oder externer Koordination vorgenommen werden. Unternehmungen stellen aus institutionsökonomischer Sicht hierarchische Handlungssysteme dar, da sie generell durch Über- und Unterordnungsbeziehungen gekennzeichnet sind. Die interne Koordination in einer Unternehmung erfolgt demnach über hierarchische Koordinationsmechanismen, die typischerweise in den Formen Befehl, Anordnung oder Weisung vorkommen, also persönliche Koordinationsformen sind.[560] Sind die Interaktionspartner dagegen gleichberechtigt und selbstständig, wird ihre externe Austauschbeziehung über den Koordinationsmechanismus Preis geregelt. Dieses Handlungssystem wird als Markt bezeichnet.[561] Marktliche Mechanismen ergänzen strukturelle Mechanismen zunehmend, so dass einige Organisationseinheiten in großen Unternehmen nicht in hierarchischen, sondern in marktlichen Austauschbeziehungen zueinander stehen.[562] Diese Koordination bietet sich insbesondere für solche Organisationseinheiten an, die ausschließlich interne Kundenbeziehungen haben und denen ein hohes Maß an Autonomie eingeräumt wer-

---

[557] Vgl. Frese [Organisation 2005], S. 143f.
[558] Vgl. Kieser/Walgenbach [Organisation 2003], S. 108f.
[559] Vgl. Wirtz [Mergers 2003], S. 303.
[560] Vgl. Laux/Liermann [Organisation 2003], S. 97f.
[561] Vgl. Krüger [Organisation 2005], S. 148.
[562] Vgl. Frese [Marktwirtschaft 1998], S. 78.

den soll. Ziel ist die Optimierung der Ressourcenverteilung ohne steuernde Eingriffe seitens der Unternehmungsleitung. Des Weiteren werden strukturelle Regelungen häufig durch kulturelle Regelungen ergänzt, so dass Selektion und Sozialisation als dritter Koordinationsmechanismus zur Anwendung kommt. Diese dienen dazu, die passenden Systemmitglieder auszuwählen und die in der Unternehmung herrschenden Verhaltensmuster und Werte auf die neuen Mitglieder zu übertragen.[563]

Der vornehmlich in der neu zu entwickelnden Aufbauorganisation der zusammengeschlossenen Unternehmung anzuwendende Koordinationsmechanismus ist in Abhängigkeit vom Integrationsgrad zu bestimmen. Je höher der Integrationsgrad, desto notwendiger ist eine Vereinheitlichung der bisherigen Koordinationsmechanismen, damit eine wirkungsvolle Zusammenarbeit der beteiligten Unternehmungen möglich ist. Dies hat Veränderungen der täglichen Geschäftsprozesse zur Folge und wirkt sich damit auf das Selbstverständnis der Mitarbeiter aus. Ist der Integrationsgrad im Gegensatz dazu gering, so können in den einzelnen Organisationseinheiten auch unterschiedliche Koordinationsmechanismen angewendet werden.[564] Behält die akquirierte Unternehmung bspw. ihre Selbstständigkeit, kann die akquirierende Unternehmung die akquirierte über den marktlichen Koordinationsmechanismus Preis steuern, intern aber hierarchische Koordination anwenden.

Die organisatorische Zusammenführung mehrerer Unternehmungen im Rahmen einer M&A-Transaktion hat das Ziel, eine zu der neuen Unternehmung und deren Geschäftsmodell passende Organisationsstruktur zu finden und zu implementieren, um die in der Pre Merger Phase identifizierten Synergiepotenziale realisieren zu können.[565] Für die Aufbauorganisation der neuen Unternehmung muss im Rahmen der organisatorischen Gesamtkonzeption zunächst über die **strukturorganisatorische Alternative** entschieden werden. Die Entscheidung über die Struktur sollte anhand der innen- und außengerichteten **Anforderungen an die Organisation** erfolgen, um zu gewährleisten, dass die gewählte Struktur einen möglichst hohen Grad an Effizienz und Effektivität aufweist.[566] Je nach Geschäftsmodell und strategischer Ausrichtung kann sich die Struktur entweder an Standorten bzw. Produkten, Funktionen oder Geschäftsfeldern orientieren.[567] Wird eine **Standort- bzw. Produktorientierung** gewählt, behalten die operativen Unternehmungsbereiche ihre Autonomie. In der Unter-

---

[563] Vgl. Krüger [Organisation 2005], S. 146f. i.V.m. Ouchi [Control 1979], S. 833ff.
[564] Vgl. Wirtz [Mergers 2003], S. 306.
[565] Vgl. Lucks/Meckl [Mergers 2002], S. 124.
[566] Vgl. zu den Anforderungen an die Organisation Krüger [Organisation 2005], S. 150.
[567] Vgl. hierzu und im Folgenden Clever [Merger 1993], S. 75f. i.V.m. Hase [Integration 1996], S. 107f. und Vogel [M&A 2002], S. 258.

nehmungszentrale werden die Strategieplanung und die finanzielle Führung der Gesamtunternehmung verantwortet. Diese Struktur hat den Vorteil, dass an jedem Standort die benötigten Funktionen vorhanden sind, kann jedoch zu dem Nachteil führen, dass Doppelarbeiten sowie Produkt- und Marktüberschneidungen entstehen können. Diese Strukturalternative wird häufig bei der Akquisition ausländischer Unternehmungen angewendet, da der Integrationsgrad eher gering ist. Die **Funktionsorientierung** führt zu einer funktionalen Gliederung der Unternehmungsaktivitäten, bei der sowohl die operativen als auch die administrativen Funktionen der beteiligten Unternehmungen konsolidiert und integriert werden. Die Produktionsbereiche werden dabei am Markt ausgerichtet und verfügen über Produktgruppenverantwortung. Eine funktionale Gliederung ist jedoch durch geringe Flexibilität und schlechte Führbarkeit gekennzeichnet. Diese Strukturalternative weist einen mittleren bis hohen Integrationsgrad auf. Die dritte Alternative stellt die **Orientierung an Geschäftsfeldern** dar. Zur Erreichung einer gezielten Produkt-, Markt- und Kundenorientierung werden die operativen Aufgaben in strategischen Geschäftsfeldern gebündelt, die gedankliche Produkt-Markt-Kombinationen darstellen. Strategische Geschäftsfelder werden organisatorisch in strategischen Geschäftsbereichen abgebildet.[568] Diese Organisationseinheiten werden autonom geführt und verfügen über eigene Gewinnverantwortung. Die Steuerung als Profit Center eröffnet die Möglichkeit, eine akquirierte Unternehmung als Ganzes in die akquirierende Unternehmung zu integrieren.[569] Geschäftsfeldorientierte Organisationsstrukturen gehen aufgrund des hohen Autonomiegrades mit niedrigen Integrationsgraden einher.

Um eine passende Struktur zu erreichen, muss entweder eine vollständig neue Aufbauorganisation für die gesamte Unternehmung anhand der vorgestellten Kriterien Arbeitsteilung, Abteilungsstruktur und Koordination entworfen werden. Es besteht jedoch auch die Möglichkeit, dass die Struktur einer der beteiligten Unternehmungen auf die zusammengeschlossene Unternehmung passt und somit organisatorische Veränderungen bzw. Anpassungen nur in einzelnen Bereichen erforderlich sind.[570] Aufbauend auf den drei institutionell-hierarchischen Strukturalternativen, die die Zusammenarbeit in der neuen Unternehmung bestimmen, kann die organisatorische Integration bei diversifizierten Unternehmungen zu unterschiedlichen aufbauorganisatorischen Formen

---

[568] Vgl. zu strategischen Geschäftsfeldern und Geschäftseinheiten Krüger [Organisation 2005], S. 195f.
[569] Vgl. Steinöcker [Akquisitionscontrolling 1993], S. 111.
[570] Vgl. Vogel [M&A 2002], S. 257.

führen. Diese Formen sind eng mit dem Integrationsansatz[571] verknüpft, da sie unterschiedliche Autonomiegrade der akquirierten Unternehmungen aufweisen.

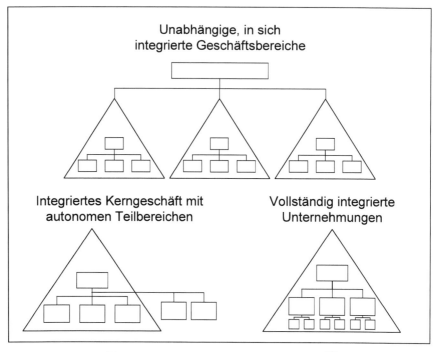

Abb. C-5: Alternative Organisationsstrukturen[572]

Die Organisationsform **Holding ohne Integration** ist im Kontext der vorliegenden Arbeit nicht relevant, da hier keine organisatorische Zusammenführung stattfindet.[573] Ist es nicht ohne weiteres möglich, die Aufbauorganisationen der beteiligten Unternehmungen miteinander zu kombinieren, muss eine neue Struktur für die neue Unternehmung entwickelt werden. Dies ist in solchen Fällen notwendig, wenn sich die Grundstrukturen erheblich unterscheiden, die eine Unternehmung über eine objektorientierte Grundstruktur verfügt und die andere über eine funktionale. In diesen Fällen muss eine Entscheidung hinsichtlich der für die neue Unternehmung geltenden Grund-

---

[571] Vgl. Abschnitt C.1.3, S. 87ff.
[572] In Anlehnung an Leontiades [Mischkonzerne 1987], S. 137 i.V.m. Gomez/Weber [Akquisitionsstrategie 1989], S. 73.
[573] Vgl. hierzu Abschnitt C.1.3.2, S. 95ff.

struktur getroffen werden.[574] Eine Organisationsform mit **unabhängigen, in sich integrierten Geschäftsbereichen** stellt eine Möglichkeit einer neu entwickelten Struktur dar, die häufig in Übergangsphasen auf dem Weg zum Mischkonzern angewendet wird. Dabei wird die akquirierte Unternehmung als unabhängiger Geschäftsbereich in die Organisation der akquirierenden Unternehmung integriert. Diese Organisationsform bietet sich an, wenn die akquirierende Unternehmung ihre Übernahmeaktivitäten verlangsamt und das stabile Kerngeschäft den größten Teil zum Wachstum beiträgt.[575] Das Management hat einen tiefgehenden, operativen Führungsanspruch, die Geschäftsbereiche sind im Gegensatz zur Holding-Organisation jedoch nicht rechtlich selbstständig.

Die Organisationsform, die durch ein **integriertes Kerngeschäft mit autonomen Tochtergesellschaften** gekennzeichnet ist, kommt in solchen Fällen zur Anwendung, in denen die Aufbauorganisationen der beteiligten Unternehmungen miteinander gekoppelt werden können.[576] Häufig wird diese Organisationsform für Auslandsakquisitionen oder für Übergangsstadien bei der Fokussierung auf neue Kerngeschäfte gewählt.[577] Die akquirierten Tochtergesellschaften werden als autonome, dezentrale Einheiten geführt. Für diese Organisationsform ist lediglich der Transfer von finanziellen Ressourcen und allgemeinen Management-Fähigkeiten notwendig, so dass der Integrationsgrad ebenso als gering bezeichnet werden kann.

Eine **vollständig integrierte Unternehmung** bildet schließlich eine ebenfalls für die neue Unternehmung neu entwickelte Organisationsform, für deren Umsetzung eine komplette Verschmelzung der Aufbauorganisationen der beteiligten Unternehmungen erfolgt. Es entsteht ein durchgehend integrierter Mischkonzern, in dem die nicht unabhängigen Geschäftsbereiche strategische Gruppen bilden. Die u.U. nach unterschiedlichen Kriterien gegliederten Geschäftsbereiche der beteiligten Unternehmungen werden unter einer einheitlichen Leitung als dezentrale Geschäftsbereiche zusammengefasst.[578] Weichen die zu integrierenden aufbauorganisatorischen Grundstrukturen der beteiligten Unternehmungen voneinander ab, muss das Management der integrierten Unternehmung über die am besten zum Geschäft passende organisatorische Grundstruktur entscheiden. In Abhängigkeit von der verfolgten Strategie besteht eine Mög-

---

[574] Vgl. Hase [Integration 1996], S. 108.
[575] Vgl. Leontiades [Mischkonzerne 1987], S. 143f.
[576] Vgl. hierzu und im Folgenden Hase [Integration 1996], S. 106.
[577] Vgl. Vogel [M&A 2002], S. 257.
[578] Vgl. Leontiades [Mischkonzerne 1987], S. 141. Zu strategischen Gruppen vgl. Welge/Al-Laham [Management 2001], S. 221ff. sowie die dort angegebene Literatur.

lichkeit darin, die Funktions- und Objektorientierung in einer Matrixorganisation zu verbinden.[579]

Die Möglichkeit der **Synergierealisierung** ist eng mit den aufgeführten alternativen Organisationsformen verknüpft. Sie nimmt von der Holding bis zur vollständig integrierten Unternehmung stetig zu. Dabei können finanzielle und funktionale Synergien relativ einfach erreicht werden, da hierfür nur ein verhältnismäßig geringer Integrationsgrad erforderlich ist. Die Hebung organisatorischer Synergien ist deutlich schwieriger und nur dann möglich, wenn die optimale Organisationsstruktur für die zusammengeschlossene Unternehmung gefunden und eingesetzt wird. Zu Beginn der organisatorischen Integration kommt es in der neuen Unternehmung aufgrund der nicht zueinander passenden Strukturen zu unwirtschaftlichen und kostenintensiven Aktivitäten und somit zu einer ineffizienten Organisation, es entstehen negative organisatorische Synergien. Erst nach einer erfolgreichen Integration mit einer effizienten Struktur werden sich auch langsam positive organisatorische Synergien einstellen. Je schneller eine Unternehmung nach einer M&A-Transaktion die für ihr Geschäftsmodell optimale Organisationsstruktur findet und umsetzt, desto eher kann der Zusammenschluss zum Erfolg führen.[580]

Während des Prozesses der organisatorischen Integration muss das Integrationsmanagement einige **Probleme** hinsichtlich der organisatorischen Ausgestaltung der Struktur der neuen Unternehmung lösen.[581] Die dazu notwendigen Entscheidungen müssen auf der einen Seite auf Basis vorheriger Entscheidungen getroffen werden, auf der anderen Seite haben sie in der Folge weitreichende Konsequenzen auf andere Integrationsfelder. Dabei muss die Entscheidung über die zu implementierende Organisationsstruktur vor dem Hintergrund der Strategie der neuen Unternehmung, der Art des Zusammenschlusses und den Organisationsstrukturen der zusammengeschlossenen Unternehmungen getroffen werden. Hier gilt insbesondere CHANDLERs These, dass die Struktur auf der Strategie aufbauen sollte.[582] Insbesondere bei internationalen M&A-Transaktionen spielt die **Strukturentscheidung** eine bedeutende Rolle. Eine multinationale Strategie, die sich auf die Bearbeitung ausgewählter Länder beschränkt, kann bspw. durch eine objektorientierte Organisationsstruktur umgesetzt werden, die nach

---

[579] Vgl. Hase [Integration 1996], S. 108f.
[580] Vgl. Gomez/Weber [Akquisitionsstrategie 1989], S. 73 sowie Leontiades [Mischkonzerne 1987], S. 110f.
[581] Vgl. zu Anpassungsschwierigkeiten bei strukturellen Änderungen Brockhaus [Post-Merger 1970], S. 31ff.
[582] Vgl. Chandler [Strategy 1962], S. 383ff.; Müller-Stewens [Organisationsstruktur 1992], Sp. 2346f.; Wolf [Organisationsstruktur 2004], Sp. 1377ff.

Regionen gegliedert ist, um die in den jeweiligen Landesmärkten gültigen Marktbedingungen berücksichtigen zu können. Für eine auf den Weltmarkt ausgerichtete globale Strategie empfiehlt sich ebenfalls eine divisionale Struktur, in diesem Fall jedoch nach Produkten aufgestellt. Auf diese Weise wird das Produkt in den Mittelpunkt gestellt, und die Unternehmung versucht eine Stückkostendegression zu erreichen. Werden diese beiden Perspektiven in der Strategie der Unternehmung verbunden, so kann diese am effektivsten durch eine Matrixorganisation umgesetzt werden. Die global ausgerichtete Dimension dient zur Schaffung von Globalisierungsvorteilen, die andere, regional ausgerichtete Dimension, steuert die lokalen Einflüsse bei.[583]

In Verbindung mit der Entscheidung über die passende Struktur kann sich ein weiteres Problem der organisatorischen Integration ergeben. Die Anzahl der **Hierarchieebenen** in der Organisation der neuen Unternehmung kann deutlich von denen in den Organisationen der zusammengeschlossenen Unternehmungen abweichen, so dass in der Folge die Führungskräfte insbesondere der akquirierten Unternehmung in der neuen Organisation auf einer niedrigeren Hierarchieebene angesiedelt sein können. Diese Führungskräfte werden den Zusammenschluss umso mehr als Machtverlust werten, je größer die organisatorische Distanz zwischen ihnen und dem Management der akquirierenden Unternehmung ist.[584] Mit einer großen organisatorischen Distanz werden die Möglichkeiten der Einflussnahme auf die neue Unternehmung geringer, so dass die Gefahr einer geringen Motivation der Führungskräfte der akquirierten Unternehmung besteht.[585] Durch eine Beteiligung der betroffenen Führungskräfte am unternehmerischen Entscheidungsprozess kann dieses Motivationsproblem gelöst werden.[586]

Die bereits erwähnte Wahl des **Grades an Zentralisierung** stellt den dritten Problembereich der strukturellen Anpassung dar.[587] Die Entscheidung über eine zentrale oder dezentrale Struktur wird stark von der in der neuen Unternehmung vorherrschenden Unternehmungskultur beeinflusst, so dass jeweils für den Einzelfall darüber entschieden werden muss.[588] Eine dezentrale Struktur mit verteilten Weisungsbefugnissen in unterschiedlichen Organisationseinheiten bietet sich in solchen Fällen an, in denen die akquirierende und die akquirierte Unternehmung weniger stark miteinander ver-

---

[583] Vgl. zu diesen Beispielen Hase [Integration 1996], S. 108f.; Vogel [M&A 2002], S. 258 sowie Gerpott [Integration 1992], S. 321f.
[584] Unter der organisatorischen Distanz wird die Anzahl der Hierarchieebenen zwischen dem Management der Gesamtunternehmung und dem Management der akquirierten Unternehmung verstanden, vgl. Brooke/Remmers [Strategy 1978], S. 49.
[585] Vgl. hierzu Reineke [Akkulturation 1989], S. 161f.; Brockhaus [Post-Merger 1970], S. 35f.
[586] Vgl. Möller [Erfolg 1983], S. 272f.
[587] Vgl. zur Zentralisierung bzw. Dezentralisierung Abschnitt C.1.4.3.2, S. 112ff.
[588] Vgl. hierzu auch die Ausführungen zum Integrationsfeld Kultur in C.1.4.5, S. 138ff.

schmolzen werden sollen. Der Tochtergesellschaft wird somit eine hohe Autonomie zugestanden, und es findet keine kulturelle Anpassung statt. Aufgrund der daraus folgenden eher schwachen Kommunikation zwischen den Organisationseinheiten können Informationsverluste entstehen, und die Bildung von Subkulturen wird gefördert. Die Zentralisation führt im Gegensatz dazu zu einer engen Verbindung der beteiligten Unternehmungen. In Fällen, in denen Synergien durch Ressourcenzusammenlegung erzielt werden sollen, ist eine zentral ausgerichtete Struktur notwendig. Die damit einhergehende Aufgaben- und Entscheidungszentralisierung in der akquirierenden Unternehmung führt bei der akquirierten Unternehmung zu Unsicherheiten aufgrund der damit verbundenen umfangreichen strukturellen Anpassungen.[589]

Die Notwendigkeit der Neuentwicklung einer gemeinsamen Unternehmungsstruktur in der Folge eines Zusammenschlusses beinhaltet die Vorteile, dass diese Struktur optimal auf das Produkt und den Markt ausgerichtet werden kann und die dafür notwendigen Kompetenzen im Management und bei den Mitarbeitern aufgebaut werden. Insbesondere die Erreichung einer dauerhaften Flexibilität in der Struktur und der Strategie sind hier zu nennen.[590] Abschließend kann gesagt werden, dass die strukturelle Konsolidierung nach einem Unternehmungszusammenschluss generell von den spezifischen Konstellationen abhängt. Die Wahl der passenden Organisationsstruktur für die neue Unternehmung muss auf die Strategie und die Unternehmungsziele abgestimmt werden. Die dargestellten Alternativen stellen die organisatorischen Anforderungen und Optionen dar, die dem Integrationsmanagement zur Verfügung stehen.

1.4.3.3 Integration der Ablauforganisation

Der zweite organisatorische Gestaltungsbereich betrifft die **Integration der Ablauforganisationen** der beteiligten Unternehmungen.[591] Die Optimierung und Zusammenlegung der Prozesse und Systeme auf Steuerungs-, Unterstützungs- und operativer Ebene bilden hier den Gegenstand der Gestaltung.[592] Das Ziel besteht darin, die Arbeitsabläufe der beteiligten Unternehmungen in den zusammengefassten Organisationseinheiten und auch zwischen den Organisationseinheiten anzupassen, zu harmoni-

---

[589] Vgl. Reineke [Akkulturation 1989], S. 162ff.; Hase [Integration 1996], S. 109.
[590] Vgl. hierzu Pümpin/Huber [Strukturwandel 1988], S. 3.
[591] In der Literatur werden drei unterschiedliche Konzepte der Ablauforganisation unterschieden: Die Ablauforganisation als Arbeitsorganisation, als Ablaufplanung sowie als Prozessorganisation, vgl. hierzu Gaitanides [Ablauforganisation 1992], Sp. 3ff.; Bea/Göbel [Organisation 2006], S. 265f. In der vorliegenden Arbeit werden das Konzept der Prozessorganisation im Sinne einer prozessorientierten Organisation und die Begriffe Ablauforganisation und Prozessorganisation synonym verwendet.
[592] Vgl. Lucks/Meckl [Mergers 2002], S. 126; Hase [Integration 1996], S. 79.

sieren und zu standardisieren.[593] Durch Routinisierung und Standardisierung wird die Komplexität der Unternehmungsaktivitäten beherrschbar gemacht.[594]

Im Gegensatz zur statisch geprägten Aufbauorganisation beschreibt die Ablauforganisation die in der Organisation zu verrichtenden Aktivitäten zur Erreichung der Unternehmungsziele und stellt damit die dynamische Perspektive der Organisation dar.[595] Sie umfasst die Regelung der Aktivitäten zur Aufgabenerfüllung.[596] Die zur Aufgabenbewältigung in den einzelnen Organisationseinheiten notwendigen Arbeitsschritte werden nach sachlichen, räumlichen und zeitlicher Kriterien zu komplexen Prozessen kombiniert.[597]

Zur Etablierung einer **strategiefokussierten Organisation** in der Unternehmung muss die Gestaltung der Ablauforganisation im Vordergrund stehen.[598] Im Vergleich zum alten Paradigma, nach dem die Prozesse im Anschluss an die Struktur gestaltet werden, ist die heutige Organisationsgestaltung durch die Vorstellung geprägt, dass die Kernprozesse einer Unternehmung deren Aufbauorganisation bestimmen sollten. Kernprozesse sind solche Prozesse, die für den Unternehmungserfolg von besonderer Bedeutung sind und dabei funktions- und bereichsübergreifend zu gestalten sind. Die Aufbauorganisation dient zur Unterstützung der Kernprozesse.[599] Im Ergebnis wird eine **prozessorientierte Organisation** geschaffen, in der der Fokus auf einer möglichst schnellen, reibungslosen und qualitativ hochwertigen Bearbeitung der Aufgaben liegt.[600] Im Rahmen einer **strategischen Prozessorganisation** werden sämtliche Prozesse in der Unternehmung an der Unternehmungsstrategie mit dem Ziel ausgerichtet, die Leistungsfähigkeit zu erhöhen.[601]

Um eine möglichst effiziente Nutzung aller in der Unternehmung vorhandenen Ressourcen zu erreichen, ist eine Vorstrukturierung, Vereinfachung und Standardisierung der Teilarbeitsschritte notwendig. Auf diese Weise können die Prozesskosten gering

---

[593] Vgl. Shrivastava [Integration 1986], S. 68.
[594] Vgl. Gaitanides [Ablauforganisation 1992], Sp. 2.
[595] Vgl. Kosiol [Organisation 1976], S. 32; Küpper/Helber [Ablauforganisation 1995], S. 3; Bea/Göbel [Organisation 2006], S. 255.
[596] Vgl. Frost [Ablauforganisation 2004], Sp. 49; Liebelt/Sulzberger [Ablauforganisation 1989], S. 13.
[597] Vgl. Schreyögg [Organisation 2003], S. 120; Vahs [Organisation 2005], S. 30; Picot/Dietl/Franck [Organisation 2005], S. 25. Vgl. zum dabei anzuwendenden Konzept der organisatorischen Differenzierung und Integration Abschnitt B.2.2.2, S. 47ff.
[598] Vgl. Gaitanides [Prozessorganisation 2004], Sp. 1209f.
[599] Vgl. Krüger [Organisation 2005], S. 176; Osterloh/Frost [Prozessmanagement 2006], S. 36.
[600] Vgl. Eversheim [Unternehmensorganisation 1995], S. 14.
[601] Vgl. Fischermanns [Prozessmanagement 2006], S. 20f.

gehalten und die Durchlaufzeiten verkürzt werden, wodurch insgesamt die Qualität der Prozessorganisation steigt.[602]

Die **Intensität der Integration** der Prozessorganisationen ist ebenfalls abhängig vom Integrationsgrad. Bei einem geringen Integrationsgrad bleiben die Unternehmungen relativ autonom, so dass nur eine geringe organisatorische Integration und damit auch nur eine geringe Prozessintegration zu vollziehen ist. Die zusammenzuführenden Prozesse werden sich in diesem Fall auf Management- und Steuerungsprozesse konzentrieren, die sich mit der strategischen und operativen Planung befassen. Je intensiver die beiden Unternehmungen jedoch miteinander verschmolzen werden sollen, desto mehr müssen auch die Prozesse beider Unternehmungen vereinigt werden. Dabei werden nicht nur Steuerungsprozesse zusammengeführt, sondern auch operative Prozesse sowie Unterstützungsprozesse.[603]

Zur Ermittlung des tatsächlichen **Gestaltungsbedarfs** der Soll-Prozesse für die neue Unternehmung sind die Prozesse der akquirierenden und der akquirierten Unternehmung auf ihre jeweilige Qualität und ihre Übereinstimmung hin zu überprüfen.[604] Bei der Prüfung des Grades an **Übereinstimmung der Prozesse** wird davon ausgegangen, dass die Prozesse der beteiligten Unternehmung entweder identisch oder nichtidentisch sind. Bei **identischen Prozessen** wird die Aufgabe in beiden Unternehmungen mit denselben Aktivitäten und Arbeitsinhalten bearbeitet. Es handelt sich um weitgehend kongruente Prozesse. Abweichungen bestehen nur hinsichtlich eher unwichtiger Formalien. Weichen die Arbeitsabläufe dagegen aufgrund deutlich unterschiedlicher Arbeitsinhalte und -abläufe in größerem Maße voneinander ab, wird von **differierenden Prozessen** gesprochen, deren Kongruenz nur gering ist. Anhand dieser Bewertung kann schon eine erste Schätzung des Gestaltungsbedarfs der Prozessorganisation vorgenommen werden.

Durch das zweite Bewertungskriterium, die **Effizienz bzw. Qualität der Prozesse**, kann der Gestaltungsbedarf der Prozessorganisation präzisiert werden.[605] Zur Ermittlung der Qualität bzw. Effizienz eines Prozesses wird seine für die Integration relevante inhaltliche Ausgestaltung anhand von Kriterien bewertet, die grundsätzlich für jede Integration individuell aufgestellt werden müssen. CLEVER nennt beispielhaft die

---

[602] Vgl. Gaitanides [Ablauforganisation 1992], Sp. 2f.
[603] Vgl. Wirtz [Mergers 2003], S. 307.
[604] Vgl. zum Folgenden Clever [Merger 1993], S. 83.
[605] Vgl. zur Bewertung von Prozessen Hammer/Champy [Reengineering 1993], S. 122ff.; Fischermanns [Prozessmanagement 2006], S. 220ff.; Osterloh/Frost [Prozessmanagement 2006], S. 191ff.

nachfolgend vorgestellten Kriterien, die über einen relativ hohen Grad an Verallgemeinbarkeit verfügen.[606] Die **Struktur der Geschäftsabläufe** zeigt, ob die Strukturierung der einzelnen Prozessschritte organisatorisch einfach oder umständlich zu einem Ergebnis führt. Des Weiteren wird durch die **Transparenz der Geschäftsabläufe** ersichtlich, inwiefern die Aktivitäten und deren Ablauf nachvollziehbar gestaltet ist. Zudem wird hier untersucht, ob die einzelnen Geschäftsabläufe deutlich voneinander abgegrenzt sind. Das dritte Qualitätskriterium eines Prozesses ist seine **Konsistenz**. Sie beschreibt die Lückenlosigkeit und Widerspruchsfreiheit sowohl innerhalb des Prozesses als auch zwischen den Prozessen. Sie ist also das Ergebnis einer Inter- und Intra-Prozessanalyse. Wie weit alle betroffenen Personen und Organisationseinheiten in den Geschäftsablauf eingebunden sind, wird anhand des Grades an **Durchdringung der Organisation** ersichtlich. Abschließend ist zu beurteilen, ob zur Erfüllung der jeweiligen Aufgaben **Unterstützung** durch alle benötigten Informationen vorhanden ist. Weitere qualitative Beurteilungskriterien für die zu integrierenden Prozesse können z.B. Kosten und Durchlaufzeit sein.[607] Die Prozessqualität und -effizienz ist dann als hoch einzustufen, wenn der Geschäftsablauf einfach strukturiert, der Weg zum Ergebnis nachvollziehbar und der Geschäftsablauf vollständig ist sowie alle betroffenen Stellen berücksichtigt werden und schließlich alle zur Abwicklung des Prozesses notwendigen Informationen zur Verfügung stehen. Zudem sollten die Kosten gering und die Durchlaufzeiten kurz sein.

Im Anschluss an die Bestimmung der Bewertungskriterien müssen die zu integrierenden Prozesse in den beteiligten Unternehmungen auf ihre Qualität überprüft werden. Anhand der Gegenüberstellung der jeweiligen Prozessqualitäten kann auch eine weitere Übereinstimmung festgestellt werden, denn u.U. ist die Prozessqualität bei der einen Unternehmung sehr hoch, bei der anderen jedoch eher niedrig oder aber beide Prozesse weisen die gleiche Qualität auf.[608]

---

[606] Vgl. hierzu und im Folgenden Clever [Merger 1993], S. 84.
[607] Vgl. Eversheim [Unternehmensorganisation 1995], S. 27ff.
[608] Vgl. Clever [Merger 1993], S. 85.

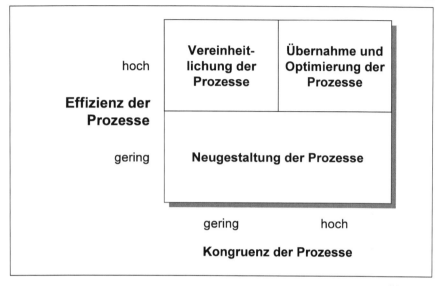

Abb. C-6: Entscheidungsmatrix zur Integration der Ablauforganisation[609]

Zur Entscheidung über die Gestaltung der Soll-Prozesse in der neuen Unternehmung werden die Ergebnisse aus der Übereinstimmungs- und Qualitätsanalyse in einer Matrix gegenübergestellt (siehe Abbildung C-6). Daraus ergeben sich drei unterschiedliche Handlungsmöglichkeiten, die Prozessintegration für die neue Unternehmung zu gestalten.[610]

Den Idealfall stellt eine Situation dar, in der die zu integrierenden Geschäftsabläufe eine große Übereinstimmung aufweisen und gleichzeitig qualitativ hochwertig sind. Hier kann eine **Übernahme** der effizienteren Prozesse erfolgen. Das durch die tiefgehende Analyse der Prozesse aufgedeckte **Optimierungspotenzial** ist in diesem Fall relativ gering, so dass nur einzelne Teilschritte einer Überarbeitung bedürfen. Diese kann durch Know-how-Transfer zwischen den beteiligten Unternehmungen eine Verbesserung des Soll-Prozesses für die neue Unternehmung herbeiführen.[611] Die Übernahme von Prozessen bedeutet allerdings nicht, dass die Soll-Prozesse der neuen Unternehmung ausschließlich aus Prozessen einer der vormaligen Unternehmungen bestehen werden. An dieser Stelle sollte vielmehr ein Ansatz verfolgt werden, nach dem eine

---

[609] In Anlehnung an Clever [Merger 1993], S. 88; Wirtz [Mergers 2003], S. 307.
[610] Vgl. zu einer differenzierten Darstellung Lucks/Meckl [Mergers 2002], S. 126.
[611] Vgl. Hase [Integration 1996], S. 117.

fallweise Auswahl der jeweils besten Lösungen aus den beteiligten Unternehmungen erfolgt, falls diese zur Struktur der neuen Unternehmung passen.[612] Für den Fall zweier qualitativ hochwertiger Prozesse, die jedoch inhaltlich stark von einander differieren, lautet die Handlungsoption, die **Prozesse zu vereinheitlichen**. Da es in der Regel eher selten vorkommt, dass zwei Unternehmungen über absolut identische Prozesse verfügen, stellt dieser Fall die häufigste Integrationsoption dar. Dies trifft insbesondere für solche Prozesse zu, die der Marktbearbeitung dienen und sich mit externen Kunden befassen. Bei unterstützenden Prozessen ist eine Übereinstimmung der Prozessgestaltung bei zwei Unternehmungen schon eher wahrscheinlich. Die Vereinheitlichung betrifft diejenigen Prozesse, die eine hohe Qualität aufweisen. Dabei wird ein stufenweises Verfahren angewendet, das sich an den bereits genannten Beurteilungskriterien der Qualität ausrichtet. Diejenigen Prozesselemente (bspw. Struktur, Transparenz, Konsistenz, s.o.), die im Vergleich mit der anderen Unternehmung von höherer Qualität sind, werden in den neuen Soll-Prozess der Gesamtunternehmung übernommen. Auf diese Weise wird eine hohe Prozessqualität und -identität für den neuen Soll-Prozess erreicht. Für diejenigen Elemente der Prozesse der beteiligten Unternehmungen, deren Qualität geringer ist, erfolgt eine Anpassung und **Optimierung**, bevor sie in die Struktur dieses neuen Soll-Prozesses integriert werden. Durch dieses Vorgehen wird die Qualität des Gesamtprozesses verbessert, da vorher nicht bekannte Schwächen eliminiert werden.

Das Integrationsmanagement muss im Falle der Vereinheitlichung qualitativ hochwertiger Prozesse besonderes Augenmerk auf diejenige Unternehmung legen, die ihre qualitativ hochwertigen Prozesse aufgeben muss, da durch die Aufgabe der eigenen und Anpassung an die neuen Prozesse bei den Mitarbeitern Barrieren und Widerstände entstehen können. Diese können durchaus zu einer Leistungseinbuße führen. Um diese Widerstände möglichst gering zu halten, sollten in Anlehnung an die Größenverhältnisse der beteiligten Unternehmungen auch Teilprozesse der akquirierten Unternehmung in die neue Prozesslandschaft übernommen werden.[613]

Eine Prozessvereinheitlichung hat größere Auswirkungen auf die Arbeitsabläufe in der effizienteren Unternehmung als die Übernahme der Prozesse, da in diesem Fall auch Prozesse der weniger effizienten Unternehmung in den neuen Soll-Prozess integriert werden. Dies gilt mit umgekehrten Vorzeichen analog für die weniger effizientere Un-

---

[612] Vgl. Wirtz [Mergers 2003], S. 307f.
[613] Vgl. Lucks/Meckl [Mergers 2002], S. 127.

ternehmung.[614] Grundsätzlich gilt die Empfehlung, dass eine Prozessvereinheitlichung nur dann vollzogen werden sollte, wenn eine deutliche Verbesserung der Effizienz der Geschäftsabwicklung zu erwarten ist. Es wird in den wenigsten Fällen möglich sein, eine vollständige Prozessvereinheitlichung durchzuführen, da insbesondere bei internationalen Akquisitionen unterschiedliche Rechtsvorschriften in den einzelnen Ländern unterschiedliche Arbeitsabläufe erfordern. In diesen Fällen müssen für die identischen Tätigkeiten in den einzelnen Landesgesellschaften unterschiedliche Prozesse gestaltet werden.[615]

Weisen die zu integrierenden Prozesse in beiden Unternehmungen eine schlechte Qualität bzw. Effizienz auf, ist es für die Gestaltung des Soll-Prozesses unerheblich, ob sie kongruent zueinander sind oder nicht. Bei einer durchweg schlechten Qualität wird eine **Neugestaltung** der Prozesse notwendig. Ziel dieser Neugestaltung muss es sein, einheitliche sowie qualitativ hochwertige und effiziente Prozesse für die neue Unternehmung zu gestalten.[616] Zunächst sollte im Rahmen der Neugestaltung[617] eine Übernahme der Prozesse erfolgen, die als Basis für die Neugestaltung dienen. Im zweiten Schritt werden diese Prozesse auf die Erfordernisse der neuen Unternehmung angepasst, wobei solche Prozessschritte, die nicht zur neuen Unternehmung passen, eliminiert werden und durch vollständig neue ersetzt werden.[618]

Bei der Integration der Ablauforganisation ist jedoch zu beachten, dass die beschriebenen Beurteilungskriterien oftmals nicht herangezogen werden, sondern in der Praxis die Machtverteilung zwischen den am Merger beteiligten Unternehmungen die entscheidende Rolle spielt. Aus diesem Grund erfolgt häufig eine Übernahme der Prozesse der größeren und dominierenden Käuferunternehmung für die neue Unternehmung, ohne dass die Fähigkeiten der gekauften Unternehmung Berücksichtigung finden.[619]

Die wesentlichen Erfolgsfaktoren der strukturellen Integration liegen in der Einbindung der betroffenen Organisationseinheiten und der Berücksichtigung der spezifischen Anforderungen der beteiligten Unternehmungen. Ein großes Erfolgspotenzial wird einer einfachen Struktur beigemessen, die sowohl innerhalb der Unternehmung als auch bei Kunden verständlich ist. Zudem ist eine frühzeitige Kompetenzverteilung

---

[614] Vgl. Hase [Integration 1996], S. 118.
[615] Vgl. Clever [Merger 1993], S. 87.
[616] Vgl. Lucks/Meckl [Mergers 2002], S. 127.
[617] Vgl. zur Prozessgestaltung bspw. Fischermanns [Prozessmanagement 2006], S. 22ff.; Krüger [Organisation 1994], S. 126ff.
[618] Vgl. Hase [Integration 1996], S. 118.
[619] Vgl. Wirtz [Mergers 2003], S. 308.

Integrationsmanagement 129

und Verantwortungszuordnung wichtig. Der Zeitpunkt der Umstrukturierung ist in Abhängigkeit von den zu realisierenden Synergien zu wählen.[620]

Einen zusammenfassenden Überblick über die möglichen Ausprägungen der strukturellen Integration gibt die folgende Abbildung C-7. Dabei ist zu beachten, dass in unterschiedlichen Funktionsbereichen der neuen Unternehmung jeweils unterschiedliche Integrationsgrade angestrebt werden können, die sich an den jeweiligen situativen Anforderungen der neuen Unternehmung orientieren.[621] Die eingehende Analyse des Integrationsgrades im Rahmen der organisatorischen Integration bei unterschiedlichen Integrationsansätzen erfolgt in Teil D der vorliegenden Arbeit.

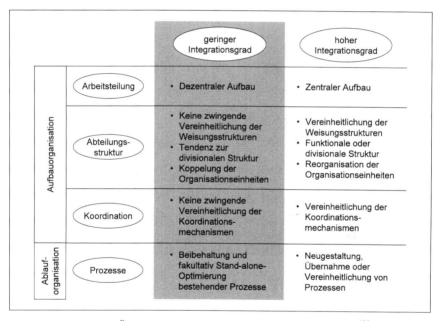

Abb. C-7: Überblick über das Integrationsfeld Organisation[622]

Die so geschaffenen strukturellen Rahmenbedingungen, die auf der Strategie aufbauen, dienen als Vorgabe für die Umsetzung der Maßnahmen in den weiteren Integrationsfeldern.[623]

---

[620] Vgl. Lucks/Meckl [Mergers 2002], S. 131f.
[621] Vgl. Wirtz [Mergers 2003], S. 308.
[622] Vgl. Wirtz [Mergers 2003], S. 309.
[623] Vgl. Lucks/Meckl [Mergers 2002], S. 94.

1.4.4 Integrationsfeld Personal

Neben Strategie und Organisation bildet das Integrationsfeld **Personal** das dritte Kerngebiet der Integration.[624] Dem Faktor Personal wird ein großer Beitrag für den Erfolg von M&A-Transaktionen beigemessen.[625] Die Einstellungen und das Verhalten der Mitarbeiter und Führungskräfte der an dem Merger oder der Akquisition beteiligten Unternehmungen stellen einen wesentlichen Erfolgsfaktor für das Integrationsmanagement dar. Auf der einen Seite unterstützen Mitarbeiter durch positives Verhalten die Integrationsmaßnahmen, auf der anderen Seite können die – oft nur unterschwellig – vorhandenen Widerstände bei Mitarbeitern und Führungskräften dazu führen, dass strukturelle und kulturelle Integrationsmaßnahmen nicht zum gewünschten Ergebnis führen und die neue Unternehmung eine schlechte Produktivität aufweist. Die Gründe für die Widerstände auf Seiten der Mitarbeiter müssen also aufgedeckt und weitestgehend vermieden bzw. ausgeräumt werden.[626]

Die **Hauptaufgabe** des Integrationsmanagements für das Integrationsfeld Personal besteht also folglich in der Zusammenführung der Mitarbeiter. Dabei wird das Ziel einer möglichst hohen Effizienz der neuen Unternehmung angestrebt. Diese Effizienz ergibt sich zum einen durch eine sinnvolle und passende Struktur, zum anderen durch eine dazu in qualitativer und quantitativer Hinsicht kompatible Personalausstattung.[627] Die Motivation der Mitarbeiter muss so gestaltet werden, dass die Zusammenarbeit ohne Reibungsverluste erfolgt.[628] Aufgrund der großen Erfolgsbedeutung der personellen Integration ist dieses Thema insbesondere durch die Unternehmungsleitung zu konzipieren und zu koordinieren. Durch ein verlässliches und vertrauenswürdiges Verhalten und Agieren des Topmanagements können Unsicherheiten bei Mitarbeitern und Führungskräften vermieden werden. Ebenso trägt eine frühzeitige Entscheidung über die Besetzung der Unternehmungsleitung der neuen Unternehmung und der nachfolgenden Führungsebene dazu bei, unnötige Unruhe und Gerüchte in der Unternehmung zu vermeiden.[629]

Die personalwirtschaftlichen Faktoren in M&A-Transaktionen können in harte und weiche Faktoren unterteilt werden. Die **weichen Faktoren** umfassen dabei die Kompetenzen und die Motivationslage der Mitarbeiter, den Führungsstil der Vorgesetzten

---

[624] Vgl. Lucks/Meckl [Mergers 2002], S. 55ff.
[625] Vgl. zu den personalwirtschaftlichen Erfolgsfaktoren Jochmann [Human 2006], S. 912f.
[626] Vgl. Pribilla [Integration 2000], S. 377.
[627] Vgl. Lucks/Meckl [Mergers 2002], S. 133.
[628] Vgl. Büttgenbach [Integration 2000], S. 62ff.; Steinöcker [Akquisitionscontrolling 1993], S. 127.
[629] Vgl. Vogel [M&A 2002], S. 256.

sowie die Unternehmungskultur.[630] Diese Faktoren sind deshalb sehr bedeutsam, weil sie vielfältige Wechselwirkungen zu den Integrationsfeldern Strategie und Organisation aufweisen. Demgegenüber sind die **harten Faktoren** Personalkosten und Personalkapazitäten wichtig für die operative Umsetzung der Transaktion und haben wiederum Auswirkungen auf die weichen Faktoren.[631]

Um dysfunktionales Verhalten der Mitarbeiter und Führungskräfte in der neuen Unternehmung zu verhindern,[632] muss das Integrationsmanagement insbesondere die **Barrieren und Widerstände**, die bei Mitarbeitern und Führungskräften zur Ablehnung der Integrationsmaßnahmen führen können, identifizieren und weitestgehend vermeiden. In der Literatur ist eine Systematisierung der Integrationsbarrieren allerdings bisher noch nicht erfolgt.[633] Grundsätzlich entstehen Barrieren dann, wenn unternehmerische Entscheidungen bei einzelnen Mitarbeitern, bei Gruppen oder der ganzen Belegschaft auf Bedenken und/oder Ablehnung stoßen. In der Folge ist das Verhalten der Mitarbeiter passiv, und die geplanten Maßnahmen können nicht umgesetzt werden.[634] Die Ursachen für die Entstehung der Barrieren liegen in den kognitiven Merkmalen der betroffenen Mitarbeiter.[635]

Dabei führen die **personellen Barrieren** zu Widerständen, die sowohl bei Mitarbeitern als auch bei Führungskräften auftreten und in fehlender Bereitschaft und Fähigkeit zur Umsetzung der Integrationsmaßnahmen bestehen.[636] Die **Bereitschaft** eines Mitarbeiters, die im Rahmen der Integration zu bewältigenden Veränderungen zu begleiten, wird durch seine Einstellung und sein Verhalten bestimmt.[637] Die sog. **Einstellungsakzeptanz** wird durch die mit der Situation verbundenen positiven Erfahrungen auf Seiten des Mitarbeiters erklärt. Sind die Erfahrungen eines Mitarbeiters mit einer Integration positiv, so wird seine Einstellungsakzeptanz positiv sein, hat er in einer solchen Situation in der Vergangenheit negative Erfahrungen gemacht, ist seine Einstellungsakzeptanz negativ. Die **Verhaltensakzeptanz** eines Mitarbeiters beschreibt seine Handlungsbereitschaft. Sie ist dann positiv, wenn der Mitarbeiter das Ergebnis

---

[630] Die Unternehmungskultur wird im folgenden Abschnitt C.1.4.5, S. 138ff., behandelt.
[631] Vgl. Jochmann [Human 2006], S. 913.
[632] Vgl. zu dysfunktionalem Verhalten Buono/Bowditch [Human 1989], S. 114; Haspeslagh/Jemison [Akquisitionsmanagement 1992], S. 137ff.; Cartwright/Cooper [Human 1992], S. 35.
[633] Vgl. Gerds [Integration 2000], S. 56.
[634] Vgl. Doppler/Lauterburg [Change-Management 2005], S. 324ff.
[635] Vgl. Gerds [Integration 2000], S. 57. Die kognitiven Prozesse Wahrnehmung, Interpretation, Selektion, Bewertung und Entscheidung bestimmen das menschliche Verhalten, vgl. Hill/Fehlbaum/Ulrich [Organisationslehre 1994], S. 57.
[636] Vgl. zu den personellen Barrieren Krüger [Implementierung 1999], S. 872ff.
[637] Vgl. Krüger [3W 2006], S. 32.

der Integration anhand seiner individuellen Präferenzen positiv bewertet. Sieht er Nachteile für sich, dann ist seine Verhaltensakzeptanz negativ.[638] Die negative Ausprägung der Einstellungs- und/oder Verhaltensakzeptanz führt bei einzelnen oder mehreren Mitarbeitern zu organisatorischen Barrieren in Form sog. **Willensbarrieren**.[639] Als Beispiel für Willensbarrieren in Integrationssituationen kann eine geringe Bereitschaft der Mitarbeiter zur Zusammenarbeit mit den Mitarbeitern der jeweils anderen Unternehmung genannt werden. Dies ist insbesondere auf der Managementebene anzutreffen.[640]

Willensbarrieren entstehen durch Veränderungsresistenz auf Seiten der Mitarbeiter. Sie wollen den aktuellen Status quo beibehalten, da der neue Zustand für sie mit einer hohen **Unsicherheit** behaftet ist.[641] Diese wird durch mangelnde Informationen über den Hintergrund und die Ziele der Integration noch verstärkt.[642] Unsicherheit führt zu einer Änderung des Verhaltens und der Motivation der Mitarbeiter.[643] Daraus entstehen **Widerstände**, die durch Abwesenheit, Kündigung, Widerspruch oder Sabotage entweder aktiv von den Mitarbeitern gezeigt oder aber durch fehlende Motivation passiv ausgedrückt werden.[644] Solche Reaktionen sind generell in Wandlungssituationen anzutreffen, treten aber insbesondere in der Post Merger Integration auf, da Unsicherheit und Stress hier häufig besonders stark ausgeprägt sind.[645] Dieses Phänomen wird von MARKS/MIRVIS als **Merger-Syndrom**[646] bezeichnet und stellt eines der größten Wertvernichtungspotenziale bei M&A-Transaktionen dar.[647] Die Gründe für die Entstehung des Merger-Syndroms liegen zum einen in direkten, unmittelbaren Veränderungen in der Umwelt des Mitarbeiters, die hauptsächlich von der akquirierenden Unternehmung ausgelöst werden. Beispiele hierfür sind Personalabbau, Versetzungen oder modifizierte Organisationsstrukturen. Im weiteren Verlauf der Integration kom-

---

[638] Vgl. zur Einstellungs- und Verhaltensakzeptanz Bach [Mentale Modelle 2000], S. 80ff. und die dort angegebene Literatur.
[639] Vgl. zu Willensbarrieren Witte [Promotorenmodell 1973], S. 5ff.
[640] Vgl. Haspeslagh/Jemison [Akquisitionsmanagement 1992], S. 156ff.
[641] Vgl. Claßen/Arnold [Change-Management 2004], S. 27f.
[642] Vgl. Wittwer [Kommunikation 1995], S. 83; Naase [Konflikte 1978], S. 99; Scior [Öffentlichkeitsarbeit 1982], S. 77; Watzka [Innovationswiderstände 1987], S. 725.
[643] Generell kann davon ausgegangen werden, dass die Verunsicherung bei den Mitarbeitern der akquirierten Unternehmung größer ist als die bei den Mitarbeitern der akquirierenden Unternehmung, weil die Erwerberunternehmung in einer typischen M&A-Transaktion aufgrund ihrer Machtposition Veränderungen in der Zielunternehmung auslöst, vgl. hierzu Gerpott [Integrationsgestaltung 1993], S. 108.
[644] Vgl. Lickert [Unternehmenszusammenschlüsse 2000], S. 28ff.
[645] Vgl. Gerpott [Integrationsgestaltung 1993], S. 106.
[646] Vgl. Marks/Mirvis [Merger Syndrome 1985], S. 50ff.; Marks/Mirvis [Merger Syndrome 1986], S. 38 sowie Marks [Merger Syndrome 1988], S. 19.
[647] Vgl. Gerpott [Integrationsgestaltung 1993], S. 106.

men zum anderen die Auswirkungen von indirekten Veränderungen, die sich bspw. in veränderten Entscheidungswegen oder der Nichtbeachtung eingespielter organisatorischer Normen niederschlagen, auf die Mitarbeiter zu. Von diesen Veränderungen sind hauptsächlich die Mitarbeiter der akquirierten Unternehmung betroffen, mittel- und langfristig wirken sie sich jedoch auch auf die Mitarbeiter der akquirierenden Unternehmung aus.[648] Diese Symptome führen zu bestimmten Gefühlen und Verhaltensweisen bei den Betroffenen, was sich erheblich auf das kollektive Wohlbefinden in der Unternehmung auswirken kann.[649]

Die Stärke des Merger-Syndroms wird durch den Grad der Verunsicherung der Mitarbeiter bestimmt.[650] Dieser ist umso höher, je höher der Integrationsgrad ist, je undurchsichtiger die Integrationsmaßnahmen sind, je geringer die Vorbereitungszeit für die betroffenen Mitarbeiter ist und je länger die Integrationsphase ist.[651] Anhand von zwölf **Indikatoren** kann das Integrationsmanagement feststellen, ob die Mitarbeiter der beteiligten Unternehmungen ein Merger-Syndrom aufweisen, das den Erfolg des Zusammenschlusses gefährden könnte.[652] Die ersten Anzeichen für das Vorliegen des Mergers-Syndroms können bereits **kurz nach Bekanntgabe der M&A-Transaktion** beobachtet werden. Sind bspw. bereits Gerüchte in der Unternehmung über die Ergebnisse der Integration im Umlauf und zeigen die Mitarbeiter Zeichen der Anspannung mit daraus resultierenden Produktivitätsverlusten, dann deutet dies ebenso wie eine eingeschränkte Kommunikation von Seiten der Führungskräfte auf ein Merger-Syndrom hin. In der **Integrationsphase** kann anhand von feindlichen Einstellungen gegenüber den Mitarbeitern und der Unternehmungskultur der jeweils anderen Unternehmung sowie einer starken Konkurrenz innerhalb der neuen Unternehmung auf ein Merger-Syndrom geschlossen werden. Liegen diese Anzeichen vor, ist das Integrationsmanagement aufgefordert, entsprechende Maßnahmen zur Abwehr dieser internen Konflikte und Probleme zu ergreifen. Eine umfangreiche und frühzeitige Kommunikation der Ziele sowie eine frühzeitige Festlegung der zukünftigen Organisationsstruktur kann bspw. zu einer Abmilderung der Symptome führen, da jeder Mitarbeiter damit schon früh seine eigene Position in der neuen Unternehmung einschätzen kann. Nichtsdestotrotz kann nicht allen Unsicherheiten der Mitarbeiter schnell begegnet werden. Vor allem in der Anfangsphase wird es aufgrund von nicht geklärten Fragen

---

[648] Vgl. Marks [Acquisition Impact 1981], S. 95ff.
[649] Vgl. Gut-Villa [Human 1997], S. 121.
[650] Vgl. Vogel [M&A 2002], S. 238.
[651] Vgl. Gerpott [Integrationsgestaltung 1993], S. 107f.
[652] Vgl. zu den Indikatoren Marks/Mirvis [Merger Syndrome 1986], S. 38 sowie Gerpott [Integrationsgestaltung 1993], S. 109 und die dort angegebene Literatur.

zu Ängsten bei den Mitarbeitern kommen, aus denen Demotivation und geringere Leistung resultieren.[653] Die zweite Ausprägung der personellen Barrieren liegt in mangelnder **Fähigkeit** zur Umsetzung der Maßnahmen begründet. Die in der spezifischen Integrationssituation benötigten Fähigkeiten eines Mitarbeiters setzen sich aus seinem **Wissen** und seinem **Können** zusammen.[654] Nicht vorhandenes Wissen und Können führen bei den Mitarbeitern und Führungskräften zu einer **Fähigkeitsbarriere**.[655] Zur Reduzierung der Wissensbarriere ist es insbesondere wichtig, die betroffenen Mitarbeiter mit soviel Informationen wie möglich auszustatten, damit sie die Notwendigkeit der Veränderungen nachvollziehen können.[656] Nicht vorhandenes Wissen und Können der Mitarbeiter und der Organisation führen je nach Aufgabenstellung entweder zu einer integrationsspezifischen oder einer fachspezifischen Fähigkeitsbarriere. **Integrationsspezifische Fähigkeitsbarrieren** zeigen sich anhand des Mangels, integrationsspezifische Aufgaben, wie z.B. Projektmanagement oder Abstimmung betrieblicher Funktionen, bewältigen zu können.[657] Probleme bei der Neugestaltung oder Vereinheitlichung von Geschäftsprozessen stellen ein weiteres Beispiel für eine integrationsspezifische Fähigkeitsbarriere dar. Haben die Mitarbeiter nicht das zur Prozessgestaltung benötigte Know-how, können sie die geplante Integration der Ablauforganisation nicht leisten.[658] Im Gegensatz dazu resultieren **fachspezifische Fähigkeitsbarrieren** bspw. aus neuen Arbeitsinhalten aufgrund neugestalteter Geschäftsabläufe. Zudem stellen fehlende Kenntnisse über das Produktprogramm der anderen Unternehmung, das die Vertriebsmitarbeiter nun auch verkaufen sollen, ebenfalls eine fachspezifische Fähigkeitsbarriere dar.[659] Diese Fähigkeitsbarriere wird sich zudem negativ auf die persönliche Bereitschaft zur Unterstützung der Integration auswirken.[660]

Der Führungsstil der Vorgesetzten stellt einen weiteren wichtigen weichen Faktor des Personalmanagements bei Integrationen dar. Die Wahl des Führungsstils kann entweder dazu beitragen, die vielfältigen personellen Probleme in der Integrationsphase

---

[653] Vgl. Vogel [M&A 2002], S. 239.
[654] Vgl. Krüger [3W 2006], S. 34.
[655] Vgl. zu Fähigkeitsbarrieren Witte [Promotorenmodell 1973], S. 5ff.
[656] Vgl. Wittwer [Kommunikation 1995], S. 83; Naase [Konflikte 1978], S. 99; Scior [Öffentlichkeitsarbeit 1982], S. 77; Watzka [Innovationswiderstände 1987], S. 725.
[657] Vgl. Gerds [Integration 2000], S. 91f. Vgl. zu integrationsspezifischen Aufgabenstellungen bspw. Searby [Postmerger 1969], S. 5f.
[658] Vgl. Kitching [Mergers 1967], S. 95f.; Searby [Postmerger 1969], S. 5; Paine/Power [Merger 1984], S. 108; Lausberg/Rose [Mergers 1997], S. 423.
[659] Vgl. Gerds/Schewe [Integration 2004], S. 50f.
[660] Vgl. Becker [Unternehmungswandel 2001], S. 121.

Integrationsmanagement 135

möglichst gering zu halten oder aber ist deren Ursache.[661] Mithilfe des Führungsstils, der eine langfristig stabile und situationsunabhängige Verhaltensweise einer Führungskraft darstellt, gestaltet diese die Beziehung zu ihren Mitarbeitern und beeinflusst so deren Motivation und Verhalten.[662] In der Literatur herrscht Einigkeit darüber, dass sich im Integrationsprozess der Führungsstil durchsetzt, der in der akquirierenden Unternehmung vorherrscht. Dessen Management geht davon aus, dass der eigene Führungsstil besser ist und so die Effektivität und Effizienz der akquirierten Unternehmung steigern kann.[663]

Neben diesen weichen Faktoren des Integrationsfeldes Personal sind noch die **harten Faktoren** des Personalmanagements zu bearbeiten. Die Umsetzung dieser Integrationsmaßnahmen obliegt in der Hauptsache der Personalabteilung der neuen Unternehmung, die dabei durch ein eigenes Teilprojekt des Integrationsmanagements unterstützt werden kann.[664] Weiterhin wird in der Literatur auch die Empfehlung ausgesprochen, die beiden Personalabteilungen zunächst nicht zusammen zu legen, um sie von ihrer wichtigen Integrationsaufgabe nicht abzulenken.[665] Auch hier besteht die Aufgabe des Integrationsmanagements darin, die Integrationswilligkeit und -fähigkeit der Mitarbeiter zu erhalten oder ggf. zu schaffen, damit sie ihren Beitrag zum Erfolg des Zusammenschlusses leisten können.[666]

Das Aufgabenspektrum der harten Personalfaktoren umfasst im Wesentlichen die **operativen Aktivitäten des Personalmanagements**, also die Personalplanung, die Personalbeschaffung sowie die Personalfreisetzung. Daneben sind auch **steuernde Aktivitäten** wie Anreizsysteme und Personalentwicklung zu erledigen.[667]

Nach der Entscheidung über die Organisationsstruktur der neuen Unternehmung muss der dafür benötigte Personalbestand in qualitativer, quantitativer und zeitlicher Hinsicht bestimmt werden. Bereits zu Beginn der M&A-Transaktion sollte das Topmanagement entscheiden, wie der benötigte Personalbestand erreicht werden soll.[668] Die **Personalplanung** im Integrationsfall kümmert sich bzgl. der qualitativen Personalausstattung auf der einen Seite darum, dass Einstellung und Verhalten der Mitarbeiter ge-

---

[661] Vgl. Hase [Integration 1996], S. 133.
[662] Vgl. grundlegend zu Führungsstilen Berthel/Becker [Personal-Management 2007], S. 113ff.
[663] Vgl. Datta [Acquisition 1991], S. 291; Morse/Feldman/Martin [Managements 1987], S. 315.
[664] Vgl. Wirtz [Mergers 2003], S. 329.
[665] Vgl. Jansen [Integration 2001], S. 28f.
[666] Vgl. Wirtz [Mergers 2003], S. 335; Godoy Tenter/Müller [Unternehmenskultur 1999], S. 167.
[667] Vgl. zu dieser Einteilung Becker [Personalmanagement 2000], S. 7f.; Bach/Becker/Danner [Personalmanagement 2002], S. 24.
[668] Vgl. Schwarz [Integration 2006], S. 399. Im Rahmen der Integration ist insbesondere die qualitative Personalplanung relevant, auf die im Folgenden näher eingegangen wird.

genüber den Integrationsmaßnahmen positiv ausgeprägt sind und dass solche Mitarbeiter als Multiplikatoren im Integrationsprozess eingesetzt werden.[669] Mit Vorbehalten behaftete Mitarbeiter müssen dabei besonders beachtet werden, da sie den Integrationsprozess behindern können, indem sie ihr u.U. wertvolles Wissen nicht einbringen oder die Unternehmung sogar verlassen. Auf der anderen Seite ist durch die Personalplanung die optimale fachliche Besetzung der Stellen in der neuen Unternehmung zu gewährleisten.[670] Die frühzeitige und zügige Besetzung der Führungspositionen steht dabei im Vordergrund.[671] Um Unsicherheit und Kündigungen von Managern der zweiten und dritten Führungsebene zu verhindern, sollte versucht werden, sie auf ihren Positionen zu bestätigen oder ihnen vergleichbare Positionen anzubieten.[672] Auf diese Weise wird Vertrauen und Kontinuität in der Führung gewährleistet.[673]

Die **Personalbeschaffung**[674] wird dann notwendig, wenn die nach dem Zusammenschluss benötigten Qualifikationen in der neuen Unternehmung nicht verfügbar oder zu wenig Mitarbeiter vorhanden sind, um alle Stellen zu besetzen. Ist eine quantitative Personalbeschaffung notwendig, kann entweder innerhalb der neuen Unternehmung nach Mitarbeitern mit der passenden Qualifikation gesucht werden oder auf dem externen Arbeitsmarkt. Da insbesondere die externe Personalbeschaffung einen relativ langwierigen Prozess darstellt, wird empfohlen, schon vor Beginn der Integrationsmaßnahmen durch eine Personalbestandsanalyse den aktuellen qualitativen und quantitativen Personalbestand zu ermitteln, um die im Zuge der Integration entstehenden Stellen besetzen zu können.[675] Stellt sich durch die Personalbestandsanalyse heraus, dass die Qualifikation der Mitarbeiter nicht den Anforderungen der Aufgaben in der integrierten Unternehmung entspricht, ist es notwendig, den für diese Aufgaben vorgesehenen Mitarbeitern durch **Personalentwicklungsmaßnahmen** das benötigte Wissen und Können zu vermitteln.[676] Neben der Teilnahme an Seminaren bieten sich insbesondere die Arbeit in Projekten und Job Rotation als Weiterbildungsmaßnahmen an.[677] Darüber hinaus ist auch auf das Vorhandensein von Führungsqualitäten zu achten, da-

---

[669] Vgl. Uder/Kramarsch [Integration 2001], S. 331.
[670] Vgl. Wirtz [Mergers 2003], S. 330.
[671] Vgl. Kay/Shelton [People 2000], S. 29.
[672] Vgl. Matuschka [Risiken 1990], S. 111.
[673] Vgl. Fischer/Wirtgen [Integration 2000], S. 98.
[674] Vgl. Bühner [Personalmanagement 1997], S. 95ff.
[675] Vgl. Wirtz [Mergers 2003], S. 331.
[676] Vgl. Thom/De Souza [Personalintegration 2001], S. 43f. Die Personalentwicklung ist eine steuernde Aktivität des Personalmanagements, vgl. Bach/Becker/Danner [Personalmanagement 2002], S. 225ff.
[677] Vgl. Hase [Integration 1996], S. 145.

Integrationsmanagement 137

mit in die Integration eingebundene Mitarbeiter auf die spätere Übernahme von Führungspositionen vorbereitet werden.[678]

Aufgrund der häufig als Ziel des Zusammenschlusses angestrebten Realisierung von Synergien und Kosteneinsparungen wird es im Rahmen von Integrationsmaßnahmen zwangsläufig auch immer zu **Personalfreisetzungsmaßnahmen** kommen.[679] Die Bandbreite der möglichen Maßnahmen umfasst dabei sowohl Versetzungen als auch Sozialpläne und Kündigungen,[680] die bei Mitarbeitern höherer Ebenen oft von Outplacement-Aktivitäten flankiert werden.[681] Um die Entstehung von Unsicherheit und Gerüchten in der Unternehmung zu verhindern, sollte offen mit den von der Freisetzungsmaßnahme betroffenen Mitarbeitern kommuniziert werden und ihnen die Gründe erläutert werden.[682]

Neben den bis hierher genannten operativen Aktivitäten des Personalmanagements ist mit der Gestaltung der **Anreizsysteme** zusätzlich eine weitere Steuerungsaufgabe zu erfüllen. Ein Anreizsystem umfasst alle materiellen und immateriellen Maßnahmen zur Gestaltung der Arbeitsbedingungen,[683] die zunächst direkt auf das Verhalten und später indirekt auf die Einstellung der Mitarbeiter wirken.[684] Zunächst muss festgestellt werden, ob die Anreizsysteme der beteiligten Unternehmungen miteinander kompatibel sind und eine Zusammenführung den Anforderungen der integrierten Unternehmung entspricht. Unterscheiden sie sich sehr stark voneinander und ist keines in der neuen Unternehmung einsetzbar, muss ein neues Anreizsystem entwickelt werden, da nur so eine gemeinsame Strategie- und Zielorientierung aller Mitarbeiter möglich ist.[685] Zusätzlich zur (Neu-)Gestaltung des Anreizsystems und Anpassung auf die neue Unternehmung können besondere Anreize zur Mitgestaltung der Integration in das Anreizsystem eingebaut werden, z.B. Erfolgsbeteiligungen oder integrationsspezifische Personalentwicklungsmaßnahmen.[686]

Eine Gefahr, die trotz aller Maßnahmen zur Vermeidung der Integrationsschwierigkeiten im Handlungsfeld Personal besteht, ist der Verlust von Know-how-Trägern und von wichtigen Führungspersonen. Häufig sind es die am höchsten qualifizierten Mit-

---

[678] Vgl. Wirtz [Mergers 2003], S. 331. Vgl. zur Karriereplanung Hase [Integration 1996], S. 146.
[679] Vgl. Wächter [Voraussetzungen 1990], S. 116.
[680] Vgl. Wirtz [Mergers 2003], S. 331f.
[681] Vgl. Werner [Integration 1999], S. 334.
[682] Vgl. Rohloff [Unternehmenskultur 1994], S. 202ff.
[683] Vgl. Bleicher [Anreizsysteme 1985], S. 21f.; Hungenberg [Anreizsysteme 1999], S. 728f. Zur inhaltlichen Ausgestaltung der Anreize vgl. Berthel/Becker [Personal-Management 2007], S. 41f.
[684] Vgl. Becker [Unternehmungswandel 2001], S. 111; Uder/Kramarsch [Integration 2001], S. 330.
[685] Vgl. Leighton/Tod [Acquisition 1969], S. 97.
[686] Vgl. Wirtz [Mergers 2003], S. 333.

arbeiter, die schnell kündigen, sobald sie merken, dass sie nicht zu den Gewinnern der M&A-Transaktion gehören.[687] Die Fluktuationsrate nach M&A-Transaktionen steigt unterschiedlichen Untersuchungen zufolge auf das Zwölffache des Normalniveaus; bis zu 70% der oberen Führungskräfte verlassen innerhalb von fünf Jahren die neue Unternehmung. Diese Mitarbeiter nehmen ihr wertvolles Wissen oft mit zur Konkurrenz.[688] Aus diesem Grund gehören auch Maßnahmen zur Haltung wichtiger und leistungsstarker Mitarbeiter zu den Kernaufgaben im Integrationsfeld Personal.[689]

Aufgrund der vorgenannten Probleme, die im Integrationsfeld Personal auftreten können, ist eine verstärkte Berücksichtigung des Faktors Personal in Management des Integrationsprozesses notwendig. Aufgabe des Integrationsmanagements ist es daher, die Mitarbeiter sorgfältig und ausführlich auf die Integrationsmaßnahmen vorzubereiten und ihnen ein realistisches Bild zu vermitteln, damit jeder einzelne Mitarbeiter seine Position in der neuen Unternehmung ermitteln kann.[690] Dabei ist auf eine auf die Integrationssituation abgestimmte Informationsgestaltung und Kommunikation mit den betroffenen Mitarbeitern zu achten, um die Fähigkeiten der Mitarbeiter zu erhalten und eine Grundlage für den Wissenstransfer zu schaffen.[691]

Die daraus folgenden verstärkten Integrationsmaßnahmen verursachen zum einen erhebliche Kosten, führen zum anderen jedoch auch zu einer steigenden Beschäftigung der Unternehmung mit sich selbst. Dabei besteht die Gefahr, dass die neue Unternehmung nicht mehr ausreichende Anstrengungen auf den Markt und ihre Kunden lenkt und somit aufgrund der personellen Integrationsaktivitäten zunächst Marktanteilsverluste hingenommen werden müssen.[692]

1.4.5 Integrationsfeld Kultur

Eng verzahnt mit den vorher behandelten Integrationsfeldern Organisation und Personal ist das Integrationsfeld **Unternehmungskultur**. Sie umfasst die etablierten und von allen Mitgliedern einer Unternehmung geteilten Denkmuster, Werte, Normen und Verhaltensweisen.[693] Sie beschreibt somit das kollektive Denken in einer Gruppe bzw.

---

[687] Vgl. Vogel [M&A 2002], S. 240.
[688] Vgl. Jansen [Integration 2001], S. 28 sowie Gerpott [Ausscheiden 1993], S. 1279.
[689] Vgl. Kay/Shelton [People 2000], S. 28.
[690] Vgl. Müller-Stewens [Problemfelder 1991], S. 164; Müller-Stewens [Integration 1992], S. 336.
[691] Vgl. Gerpott [Integrationsgestaltung 1993], S. 372. Zur Informationsgestaltung in der Integration vgl. Hase [Integration 1996], S. 140ff.
[692] Vgl. Vogel [M&A 2002], S. 238.
[693] Vgl. Schwarz [Unternehmungskultur 1989], S. 30; Wächter [Voraussetzungen 1990], S. 121; Bleicher [Organisation 1991], S. 732; Ulrich [Unternehmenskultur 1993], Sp. 4352.

Integrationsmanagement 139

in einer Unternehmung.[694] Die Unternehmungskultur wird als selbstverständlich betrachtet und somit implizit gelebt. Sie entsteht durch die Interaktionen der Unternehmung und ihrer Mitglieder mit ihren jeweiligen Umwelten.[695] Aufgrund ihrer spezifischen Kulturmerkmale grenzt sich eine soziale Gruppe von anderen ab und kann sich an die Umwelt anpassen.[696] Im Ergebnis entsteht ein gemeinsamer Orientierungsrahmen für das Handeln und Verhalten eines Individuums in einer Organisation. Durch gemeinsame Werten und Normen entsteht die verhaltenssteuernde Wirkung der Unternehmungskultur, indem sie bspw. Orientierung und Motivation bietet.[697] Auf diese Weise finden die Mitarbeiter einer Unternehmung eine soziale Identität in der Struktur der Unternehmung.[698]

Eine **starke Unternehmungskultur** zeichnet sich durch **eindeutige und prägnante Wertvorstellungen und Verhaltensweisen** der Unternehmungsmitglieder aus, die von den meisten Mitarbeitern akzeptiert werden.[699] Je stärker eine Unternehmungskultur allerdings ist, desto schwieriger ist ihre Veränderung. Passen die Wertvorstellungen der Mitarbeiter nicht mit der Unternehmungsumwelt zusammen, kann die Kultur hemmend und versteinernd wirken, während eine an die Situation angepasste Kultur Veränderungen begünstigt und unterstützt.[700]

Aufgrund der vorgenannten Merkmale der Unternehmungskultur erfolgt in diesem Integrationsfeld die Verbindung der Integrationsfelder Organisation und Personal. Wenn alle Mitglieder der Unternehmung über gemeinsame Werte, Normen und Grundeinstellungen verfügen, ist die Gestaltung und Umsetzung der Integrationsmaßnahmen in der neuen Unternehmung deutlich einfacher, als wenn sich gegensätzliche Grundwerte gegenüberstehen.[701]

Aus diesem Grund stellt die Integration und Koordination unterschiedlicher Unternehmungskulturen **eine der anspruchsvollsten Aufgaben in der Post Merger Integration** dar.[702] Zudem wird dem Integrationsfeld Kultur in der Literatur ein hoher Er-

---

[694] Vgl. Hofstede [Kultur 1980], Sp. 1169; Schein [Culture 2004], S. 13.
[695] Vgl. Schreyögg [Organisationskultur 1992], Sp. 1526.
[696] Vgl. Bleicher [Organisation 1991], S. 732; Reineke [Akkulturation 1989], S. 25f.; Keller [Management 1982], S. 118f.
[697] Vgl. Schreyögg [Organisationskultur 1992], Sp. 1526; Krüger [Unternehmungskultur 1991], S. 269ff.
[698] Vgl. Bleicher [Organisation 1991], S. 732.
[699] Vgl. Schreyögg [Organisationskultur 1992], Sp. 1530.
[700] Vgl. Krüger [Organisation 1994], S. 314f. sowie Krüger [Implementierung 1999], S. 873.
[701] Vgl. Hase [Integration 1996], S. 151.
[702] Vgl. Bower [M&As 2001], S. 93ff.; Buono/Bowditch [Human 1989].

folgsbeitrag beigemessen.[703] Gelingt es dem Integrationsmanagement nicht, die durch divergierende Unternehmungskulturen entstehenden Konflikte zwischen den zu integrierenden Organisationen beizulegen, wird die Integration sehr schwierig und die scheinbar einfache Realisierung von Synergien und damit auch der gesamte M&A-Erfolg werden gefährdet.[704]

Das Ziel der kulturellen Integration besteht in der **Identifikation** von Effektivität fördernden und integrierbaren Komponenten der Kulturen der beteiligten Unternehmungen und der Eliminierung von dysfunktionalen Komponenten. Dazu muss in einem ersten Schritt eine Analyse der aktuellen Unternehmungskulturen durchgeführt werden, um anschließend im zweiten Schritt festzulegen, wie die Kultur der neuen Unternehmung ausgestaltet sein soll. Der Prozess der Kulturintegration ist allerdings sehr **zeitintensiv**, und es wird sehr schwierig sein, eine vollständig neue Kultur zu schaffen, die die jeweils besten Komponenten der vorherigen Kulturen enthält.[705] Vielmehr wird es häufig so sein, dass eine Kultur – meistens die der akquirierenden Unternehmung – dominiert und die neue Kultur an ihr ausgerichtet wird.[706]

Die **Analyse der aktuellen Unternehmungskulturen** erfolgt in einem ersten Schritt anhand von externen Kulturmerkmalen wie z.B. Symbolen, Ritualen oder Standards.[707] Im zweiten Schritt schließt sich dann die Erhebung der in den Unternehmungen gelebten Werte und Grundeinstellungen an, die für die Integration der Kulturen maßgeblich sind. Hier spielen auch Merkmale wie Kunden-, Führungs- oder Innovationsorientierung eine wichtige Rolle.[708] Die Beurteilung und Messung der Unternehmungskultur stellt eine schwierige Herausforderung dar, da es sich bei ihr um einen intangiblen Gegenstand handelt. Voraussetzung sind eine Operationalisierung und Definition der Merkmale, die beurteilt werden sollen. Ist dies erfolgt, kann anhand von unterschiedlichen Methoden, z.B. Befragungen, eine Beurteilung vorgenommen werden.[709]

Auf Basis der Kulturdiagnose kann im Folgenden dann beurteilt werden, inwiefern die Kulturen miteinander **kompatibel** sind. Sind die Kulturmerkmale der beteiligten Un-

---

[703] Vgl. Wächter [Voraussetzungen 1990], S. 121; Krystek [Unternehmungskultur 1992], S. 539; Uder/Kramarsch [Integration 2001], S. 326.
[704] Vgl. Knyphausen-Aufseß/Schweizer [Unternehmenskultur 2006], S. 261. Verschiedene Studien belegen die hohe Erfolgsbedeutung der Unternehmungskultur in M&A-Transaktionen, vgl. hierzu Zimmer [Unternehmenskultur 2001] sowie Habeck/Kröger/Träm [Merger 2000], S. 86.
[705] Vgl. Wirtz [Mergers 2003], S. 314; Hase [Integration 1996], S. 157.
[706] Vgl. Kramer [Integration 1990], S. 29; Wirtz [Mergers 2003], S. 316.
[707] Vgl. zu den externen Kulturmerkmalen Schwarz [Unternehmungskultur 1989], S. 104ff.
[708] Vgl. Scholz [Unternehmenskultur 1988], S. 85; Kobi/Wüthrich [Unternehmenskultur 1986].
[709] Vgl. zum Problem und den Methoden der Messung Reineke [Akkulturation 1989], S. 28ff.

ternehmungen weitgehend identisch, ist eine erfolgreiche kulturelle Integration sehr wahrscheinlich. Für den Fall, dass die Kulturprofile der beteiligten Unternehmungen nur in einzelnen Kulturmerkmalen deutlich voneinander abweichen, kann durch Gestaltung der Integrationsmaßnahmen ein Erfolg der Integration erreicht werden. Unterscheiden sich dagegen jedoch alle Kulturmerkmale der beteiligten Unternehmungen stark voneinander, wird die Integration sehr schwierig, und es wird empfohlen, die beiden Kulturen nebeneinander bestehen zu lassen.[710]

Im Anschluss an die Analyse der Kompatibilität der beteiligten Unternehmungskulturen muss eine Entscheidung über die Ausprägung der **Soll-Kultur** der neuen Unternehmung hinsichtlich Leistungsorientierung, Verhaltensweisen und Werten getroffen werden.[711] Die Zusammenführung der Unternehmungskulturen erfolgt schließlich anhand des Konzepts der **Akkulturation**, das die Auswirkungen des Aufeinandertreffens und der Anpassung unterschiedlicher Kulturen beschreibt.[712] Das Spektrum der Anpassungsformen reicht dabei von der Kulturbewahrung bis zur völligen Kulturaufgabe.[713] Im Verlauf der Akkulturation kommt es zunächst zum **Kulturkontakt**, auf den eine durch die Integrationsmaßnahmen ausgelöste **Kulturkrise** folgt, in der schließlich die Richtung der **Kulturfestigung** bestimmt wird.[714]

Der Erfolg der Akkulturationsmaßnahmen wird zum einen bestimmt durch das Verhältnis zwischen der akquirierenden und der akquirierten Unternehmung und zum anderen durch das Ausmaß der Kulturbewahrung. Anhand dieser beiden Dimensionen können als **Ergebnis** der unternehmungskulturellen Anpassung aus Sicht der akquirierten Unternehmung vier verschiedene **Formen der Akkulturation** unterschieden werden (vgl. Abbildung C-8). Diese Formen beschreiben die Art, in der sich zwei Gruppen aneinander anpassen und Konflikte lösen.[715]

---

[710] Vgl. hierzu Hase [Integration 1996], S. 159.
[711] Vgl. Uder/Kramarsch [Integration 2001], S. 326; Bromann/Piwinger [Unternehmenskultur 1992], S. 124f.
[712] Vgl. zum Konzept der Akkulturation Berry [Acculturation 1983], S. 66; Nahavandi/Malekzadeh [Acculturation 1988], S. 81; Reineke [Akkulturation 1989], S. 51ff.; Krystek [Unternehmungskultur 1992], S. 548f. sowie die in diesen Quellen jeweils angegebene Literatur.
[713] Vgl. Hase [Integration 1996], S. 160.
[714] Vgl. zum Verlauf des Akkulturationsprozesses Reineke [Akkulturation 1989], S. 80ff. sowie Krystek [Unternehmungskultur 1992], S. 549f.
[715] Vgl. Nahavandi/Malekzadeh [Acculturation 1988], S. 82.

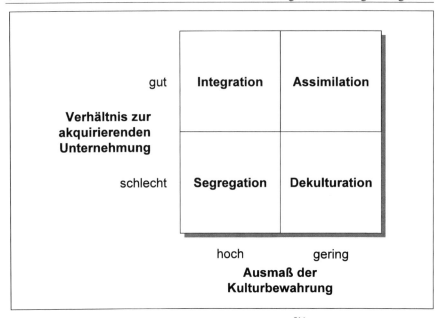

Abb. C-8: Akkulturationsformen[716]

Im Falle der **Integration** besteht ein gutes Verhältnis zwischen der akquirierenden und der akquirierten Unternehmung, weil es sich bspw. um eine freundliche Übernahme handelt. Zudem werden die kulturellen Besonderheiten der akquirierten Unternehmung berücksichtigt. Bei dieser Akkulturationsform erfolgt zwar eine strukturelle Eingliederung der übernommenen Unternehmung, sie behält jedoch ihre kulturelle Identität und Autonomie. Die Kultur der neuen Unternehmung besteht in einem annähernd gleichen Verhältnis aus den Elementen der beteiligten Unternehmungen, keine der beiden Unternehmungen nimmt eine dominierende Position ein. Eine Anpassung der Kultur der akquirierten Unternehmung erfolgt nur hinsichtlich einzelner Merkmale, ansonsten bleiben die Grundannahmen und Kulturelemente beider Unternehmungen bestehen. Eine solche Akkulturation kann jedoch nur dann erfolgen, wenn das Management der akquirierenden Unternehmung diesen Kulturpluralismus erlaubt. Die Aufrechterhaltung unterschiedlicher Kulturen kann für differierende Aufgabenstellungen in verschiedenen Geschäftsbereichen vorteilhaft sein.[717] Da bei der Integration nur ein geringes Maß an Veränderung erforderlich ist und somit ein Gleichgewichtszustand zwi-

---

[716] Vgl. Reineke [Akkulturation 1989], S. 92.
[717] Vgl. Gaitanides/Sjurts [Merger 1999], S. 353; Habeck/Kröger/Träm [Merger 2000], S. 91.

schen Bewahrung der kulturellen Werte der beteiligten Unternehmungen und Anpassung an die akquirierende Unternehmung erreicht wird, kann diese Akkulturationsform als optimal angesehen werden.[718]

Im Gegensatz dazu kommt es bei der **Assimilation** trotz eines guten Verhältnisses zwischen den beteiligten Unternehmungen nur zu einem geringen Maß an Kulturbewahrung bei der akquirierten Unternehmung. Dabei gibt die übernommene Unternehmung – freiwillig oder gezwungenermaßen – ihre Kultur zum Großteil auf und passt sich an die Werte und Verhaltensweisen der akquirierenden Unternehmung an. Damit kommt es zu einer Kulturübernahme, und im Ergebnis entsteht eine Einheitskultur für die neue Unternehmung. Diese Akkulturationsform bietet sich bei Übernahmen von erfolglosen Unternehmungen an oder wenn die Mitarbeiter der übernommenen Unternehmung selber feststellen, dass ihre Werte und Verhaltensweisen dysfunktional sind.

Bei einer unfreundlichen Übernahme ist das Verhältnis zwischen den beteiligten Unternehmungen schlecht. Bleibt die Kultur der akquirierten Unternehmung dennoch zu einem großen Teil erhalten, kommt es zur sog. **Segregation** bzw. **Separation**. Diese Akkulturationsform entsteht dann, wenn die akquirierte Unternehmung mit allen Mitteln versucht, ihre eigene Identität und Verhaltensweisen zu erhalten und sich nicht an die akquirierende Unternehmung anzupassen. Billigt das Management der akquirierenden Unternehmung diese Eigenständigkeit, entstehen in der neuen Unternehmung eigenständige und unabhängige Teilbereiche, zwischen denen nur ein minimaler Kulturaustausch stattfindet.

Zur **Dekulturation** kommt es, wenn die Mitglieder der akquirierten Unternehmung ihre eigene Kultur nicht ausreichend wertschätzen und damit aufgeben, sich andererseits aber auch nicht an die Kultur der akquirierenden Unternehmung anpassen wollen. Bei der Dekulturation verliert die übernommene Unternehmung jegliche Identität und gibt sich damit vollständig auf. Die Akkulturation kann in diesem Fall als gescheitert betrachtet werden.

Damit die akquirierende Unternehmung die Ziele der M&A-Maßnahme erreichen kann, muss sie verhindern, dass es zur Segregation oder zur Dekulturation kommt, da

---

[718] Vgl. zur Integration und zu den folgenden Formen der Akkulturation Berry [Acculturation 1983], S. 68f.; Nahavandi/Malekzadeh [Acculturation 1988], S. 82f.; Reineke [Akkulturation 1989], S. 91ff.; Krystek [Unternehmungskultur 1992], S. 550; Hase [Integration 1996], S. 162f. sowie Wirtz [Mergers 2003], S. 317.

diese beiden Formen aufgrund ihrer dysfunktionalen Wirkung den Erfolg der Akquisition stark gefährden können.[719]

Die Gestaltung der Kultur der neuen Unternehmung im Rahmen der Akkulturation kann entweder durch einen radikalen Umbruch erfolgen oder sich in kleinen Schritten vollziehen.[720] Die bewusste Veränderung und Entwicklung einer Unternehmungskultur stellt einen nur in Grenzen steuer- und planbaren Prozess dar, der auf bestimmten Werten, Regeln und Erwartungen basiert.[721]

Ein radikaler Umbruch, auch als **Kulturrevolution** bezeichnet, entsteht bspw. durch einen Austausch der Führungskräfte der übernommenen Unternehmung durch Führungskräfte der akquirierenden Unternehmung. Die Folgen einer solchen Akkulturation sind zum einen das Gefühl der Unterlegenheit bei den Mitarbeitern der akquirierten Unternehmung und zum anderen ein großer Verlust von Management-Know-how.[722] Demgegenüber stellt eine **Kulturrevolution**, die Veränderungen in kleinen Schritten mit sich bringt, die deutlich empfehlenswertere Alternative der Akkulturation dar. Sie kann als dynamischer Anpassungs- bzw. Lernprozess beschrieben werden, der auf der einen Seite mithilfe einer kulturbewussten Gestaltung der übrigen Integrationsfelder die Integration der Kulturen anstrebt, auf der anderen Seite von den Führungskräften symbolisches Verhalten verlangt.[723]

Kommunikation ist eine wesentliche Maßnahme zur Gestaltung der Unternehmungskultur. Vision, Mission und Philosophie der neuen Unternehmung müssen in einer der konkreten Integrationssituation angepassten Art und Weise kommuniziert werden, um das gewünschte Verhalten und Akzeptanz bei den Mitarbeitern hervorzurufen. Daneben dient die Einrichtung von Integrationsteams, die sich während des gesamten Integrationsprozesses ausschließlich um Kulturfragen kümmern und als Ansprechpartner für die Mitarbeiter dienen, der Kulturgestaltung.[724] Zwischen diesen Maßnahmen besteht eine Interdependenz, sie wirken also nur gemeinsam auf die Kultur. Daraus folgt, dass sie nicht als Einzelmaßnahmen eingesetzt werden sollten, sondern ein abge-

---

[719] Vgl. Grüter [Integrationsstrategien 1993], S. 49; Werner [Integration 1999], S. 333.
[720] Vgl. Bleicher [Organisation 1991], S. 761f.; Staerkle [Organisationsstruktur 1985], S. 545.
[721] Vgl. Chromy/Stork [Unternehmenskultur 1999], S. 131; Uder/Kramarsch [Integration 2001], S. 331.
[722] Vgl. Bleicher [Organisation 1991], S. 761f.; Hase [Integration 1996], S. 167f.
[723] Vgl. hierzu bspw. Krystek [Unternehmungskultur 1992], S. 555ff. Die instrumentellen und symbolischen Maßnahmen sind ausführlich bei Hase [Integration 1996], S. 168ff. beschrieben.
[724] Vgl. zu den Maßnahmen der Kulturgestaltung Wirtz [Mergers 2003], S. 318f.

stimmtes Maßnahmenbündel entwickelt werden muss, mit dem die angestrebte Unternehmungskultur gestaltet werden kann.[725]

1.4.6 Integrationsfeld Operation

Die **operative Integration** der beteiligten Unternehmungen bezieht sich auf die physische Zusammenführung des Realisationspotenzials, also auf die **materiellen Ressourcen** der neuen Unternehmung.[726] Konkret geht es um die Konsolidierung allgemeiner Subsysteme, wie bspw. Produktlinien, Produktionstechnologien, Standorte und Fertigungsstätten, um die angestrebten Synergien realisieren zu können. Dazu müssen die Kosten durch Zusammenlegung von Leistungsbereichen und Vermeidung von Doppelbesetzungen reduziert werden. Weiterhin können durch eine bessere Auslastung der Produktionsanlagen und die Verwertung von Erfahrungen Synergien realisiert werden. Die operative Integration stellt eine komplexe und zeitintensive Aufgabe im Integrationsprozess dar, sie bietet jedoch auch ein großes Potenzial.[727] Betroffen von der operativen Integration sind sämtliche wertschöpfenden Funktionsbereiche der Unternehmung, primär also der Einkauf, die Produktion, der Vertrieb und die Logistik. Zudem ist die Standortstruktur für die neue Unternehmung zu bestimmen.[728]

Im Bereich **Produktion** muss die Entscheidung über das zukünftige Produktprogramm der neuen Unternehmung getroffen werden. Je nach Richtung des Zusammenschlusses (horizontal, vertikal oder konglomerat)[729] kann das Produktprogramm mehrere vorherige oder neue Produkte entfalten. Haben die beteiligten Unternehmungen ein identisches oder ähnliches Produktprogramm, kann z.B. das schlechtere Produkt eingestellt werden. Eine weitere Handlungsmöglichkeit ist, die Stärken der Produkte miteinander zu verknüpfen. Auf Basis dieser Entscheidungen müssen die Kapazität der Fertigungsstätten bestimmt und eine optimale Auslastung angestrebt werden.

In der Funktion **Einkauf** sollten bei einem konsolidierten Produktprogramm die Rahmenverträge mit den Lieferanten überprüft und eine Zentralisierung der Einkaufstätigkeiten vorgenommen werden. Zudem ist es in dieser Situation sinnvoll, das Lieferantenportfolio zu überarbeiten.

---

[725] Vgl. Seidler [Unternehmenskultur 1997], S. 88 sowie Clever [Fusionen 1993], S. 127.
[726] Vgl. Gerpott [Integration 1992], S. 319.
[727] Vgl. Steinöcker [Akquisitionscontrolling 1993], S. 112.
[728] Vgl. hierzu und im Folgenden Jansen [Mergers 2001], S. 236 sowie Steinöcker [Akquisitionscontrolling 1993], S. 112.
[729] Vgl. zum leistungswirtschaftlichen Zusammenhang Abschnitt B.1.1.1, S. 13f.

Im **Vertriebsbereich** muss in Abhängigkeit von der o.g. Art der Zusammenführung des Produktprogramms ein einheitlicher Marketingauftritt für die neue Unternehmung und deren Produktprogramm konzipiert und eingeführt werden. In manchen Fällen bietet es sich an, eine neue Marke für die neue Unternehmung zu schaffen, die dem Konsumenten vermittelt werden muss. Zudem ist es wahrscheinlich, dass es Überschneidungen in der Vertriebsstruktur gibt, so dass eine Bereinigung der Vertriebsregionen vorzunehmen ist. Durch die Neugestaltung des Produktprogramms können u.U. neue Kundenkreise von der Unternehmung angesprochen werden.

Der Funktionsbereich **Logistik** stellt einen weiteren Gestaltungsbereich der operativen Integration dar. Die räumliche Logistikstruktur ist in Abhängigkeit von der Entscheidung über die Vertriebsstruktur zu bestimmen, da in jeder Vertriebsregion ein Logistikzentrum vorhanden sein sollte, um eine schnelle und termingerechte Auslieferung gewährleisten zu können. Die Gestaltung und Optimierung der innerbetrieblichen Logistik zwischen den Standorten der neuen Unternehmung orientiert sich an der strategischen Standortentscheidung.

Damit ist schließlich auch das letzte operative Integrationsfeld angesprochen, die **Standortstruktur**. Hier ist während der Planung der M&A-Transaktion, also deutlich vor der Integration, zu klären, wo welche Funktionen der neuen Unternehmung angesiedelt sein sollen, ob alle alten Standorte erhalten bleiben oder einzelne geschlossen werden oder ob neue Standorte eröffnet werden. Diese Problematik ergibt sich insbesondere bei internationalen Zusammenschlüssen. Dabei spielt auch die Größe des Standortes und die Wichtigkeit der Funktion eine besondere Rolle, da sich durch die Konsolidierung von einzelnen Funktionen immer auch die Möglichkeit der Verkleinerung oder Auslagerung in Shared Service Center ergibt.[730]

Die Intensität, mit der diese unterschiedlichen Handlungsfelder im konkreten Fall bearbeitet werden müssen, wird im Wesentlichen durch die Entscheidung über den Integrationsgrad bestimmt, der im folgenden Abschnitt ausführlich behandelt wird.

1.5 Zwischenfazit: Organisatorische Integration als Kernstück der Post Merger Integration

Bisher hat die vorliegende Arbeit eine ganzheitliche Betrachtungsweise der Gestaltung der Post Merger Integration eingenommen. Dabei sind neben den möglichen Integrati-

---

[730] Vgl. zu Shared Service Centern bspw. Kagelmann [Shared 2001]; Werder/Stöber [Hrsg. 2004] sowie Krüger/Danner [Center 2004].

onsansätzen und den relevanten Integrationsfeldern auch die wesentlichen Erfolgs- und Einflussfaktoren, die auf die Integrationsgestaltung wirken, betrachtet und deren Bedeutung für den Erfolg einer M&A-Transaktion untersucht worden.

Das **Integrationsfeld Organisation** steht im Zentrum der Aktivitäten im Rahmen der Post Merger Integration, da zwischen ihm und den übrigen Integrationsfeldern vielfältige **Interdependenzen** bestehen (vgl. hierzu Abbildung C-9). Die Integrationsfelder Strategie, Personal, Kultur und Operation geben auf der einen Seite den Rahmen für die organisatorische Integration vor, auf der anderen Seite bauen sie auf der neuen Organisation auf. Die Interdependenzen zwischen den Integrationsfeldern **Organisation und Strategie** zeigen sich, indem im Integrationsfeld Strategie die strategische Ausrichtung der neuen Unternehmung festgelegt wird, zu deren erfolgreicher Umsetzung im Integrationsfeld Organisation geeignete Prozesse und Strukturen gefunden werden müssen („structure follows strategy"). Demgegenüber wird durch die Möglichkeiten der organisatorischen Integration die Strategiewahl für die Unternehmung eingeschränkt. Dies ist z.B. dann der Fall, wenn eine Strategie umfangreiche Organisationsänderungen zur Folge hat, die in der neuen Unternehmung jedoch nicht oder erst mit großem Zeitverzug umgesetzt werden können. Zwischen den Integrationsfeldern **Organisation und Personal** bestehen ebenfalls Wechselbeziehungen. Auf der einen Seite werden durch die in den beteiligten Unternehmungen vorhandenen Mitarbeiter und deren Qualifikation die Rahmenbedingungen für die organisatorische Integration gesetzt, auf der anderen Seite ergeben sich als Konsequenz von organisatorischen Integrationsmaßnahmen wiederum Maßnahmen im Personalbereich, wie z.B. Trainings, Versetzungen, Einstellungen oder Entlassungen. Des Weiteren gibt es Interdependenzen zwischen den Integrationsfeldern **Organisation und Kultur**. In den beteiligten Unternehmungen entwickeln sich ergänzend zu den strukturellen jeweils auch spezifische kulturelle Regelungen.[731] Durch die organisatorische Integration werden neue strukturelle Regelungen geschaffen, und es muss ein Anpassungsprozess zwischen struktureller und kultureller Regelung in der neuen Unternehmung erfolgen. Schließlich sind die Wechselbeziehungen zwischen den Integrationsfeldern **Organisation und Operation** zu nennen. Die organisatorische Integration kann zunächst nur für die Realisationspotenziale durchgeführt werden, die in den beteiligten Unternehmungen vorhanden sind. Im Zuge der organisatorischen Integration kann dann die Notwendigkeit entstehen, neue materielle Ressourcen bereitzustellen oder nicht mehr benötigte Ressourcen abzuschaffen.

---

[731] Vgl. hierzu Krüger [Organisation 2005], S. 146f.

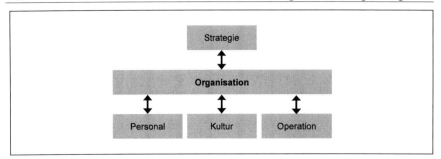

Abb. C-9: Interdependenzen zwischen den Integrationsfeldern

Für die Fokussierung auf die organisatorische Integration im weiteren Verlauf der vorliegenden Arbeit sprechen neben der zentralen Stellung innerhalb der Integrationsfelder[732] die folgenden Argumente:

- Durch die organisatorische Integration wird der Zusammenschluss der beteiligten Unternehmungen in die Tat umgesetzt. Erst durch die organisatorische Zusammenführung erlangt die neue Unternehmung Gestalt und kann am Markt agieren.[733] Der Integrationsansatz gibt dabei die Art und Intensität der organisatorischen Zusammenführung vor.
- Mit der organisatorischen Integration werden geeignete Strukturen und Prozesse geschaffen, mit denen die strategische Ausrichtung der neuen Unternehmung bestmöglich umgesetzt werden kann. Eine optimale Organisation der neuen Unternehmung ist die wesentliche Voraussetzung, um die Ziele der M&A-Transaktion (z.B. Kostenreduktion, Synergien) erreichen zu können.
- Zur Umsetzung der erforderlichen Maßnahmen der organisatorischen Integration ist ein hoher Ressourcenaufwand nötig. Während bspw. die strategische Integration eher auf konzeptioneller Ebene abläuft und nur eine relativ kurze Zeit dauert, sind bei der Realisierung der organisatorischen Integration viele Mitarbeiter eingebunden, und die Durchführung dauert erheblich länger.

Damit kann als **Zwischenfazit** festgehalten werden, dass die **organisatorische Integration das Kernstück der Post Merger Integration** darstellt. Aus diesem Grund

---

[732] In der Problemstellung sowie der Zielsetzung der Arbeit wurde das Integrationsfeld Organisation als Erkenntnisobjekt definiert, vgl. hierzu Kapitel A, S. 1ff.
[733] Damit die neue Unternehmung am Markt agieren kann, wird noch die rechtliche Integration vorausgesetzt, die in der vorliegenden Arbeit jedoch nicht thematisiert wird.

wird im weiteren Verlauf der Arbeit nun eine tiefer gehende Analyse der organisatorischen Integration durchgeführt.

Die **organisatorische Integration** umfasst alle Aufgaben einer bewussten und aktiven Gestaltung der Unternehmungsorganisation mit dem Ziel, bisher getrennte, externe Organisationseinheiten zusammenzuführen. Gegenstand der organisatorischen Integrationsaufgaben im weiteren Sinne sind Aufgaben und deren Regelung sowie Aufgabenträger. Ziel der strukturellen Integration ist Schaffung von Voraussetzungen zur Realisierung von Wettbewerbsvorteilen und Synergien für die neue Unternehmung. Dazu müssen für die neu definierten Geschäftsfelder der neuen Unternehmung geeignete Strukturen eingerichtet und Verantwortlichkeiten festgelegt sowie die Koordination der organisatorischen Elemente gewährleistet werden.[734]

Für die Verdeutlichung der Umsetzung der organisatorischen Integration werden in der vorliegenden Arbeit zwei Gestaltungsdimensionen unterschieden, die zum einen den organisatorischen Rahmen der Integration bilden, in dem zum anderen die Integration der Organisation abläuft.[735] Die **Gestaltungsdimension Organisation der Integration** umfasst die Integrations-Projektorganisation sowie ein Integrationsbüro und bildet den Rahmen für die Integrationsmaßnahmen, die in der **Gestaltungsdimension Integration der Organisation** umgesetzt werden. Die organisatorischen Integrationsmaßnahmen werden anhand der fünf Gestaltungsfragen der Organisation abgearbeitet, die in den drei für die weitere Untersuchung relevanten Integrationsansätzen unterschiedlich ausgeprägt sind.

Die folgende Abbildung C-10 gibt einen Überblick über die im Rahmen des Integrationsmanagements zu bearbeitenden Integrationsfelder sowie die im weiteren Verlauf der Arbeit zu untersuchenden organisatorischen Gestaltungsdimensionen.

---

[734] Vgl. Lucks/Meckl [Mergers 2002], S. 95.
[735] Die Unterscheidung der Gestaltungsdimensionen wird im folgenden Abschnitt C.2 vorgenommen, vgl. S. 150ff.

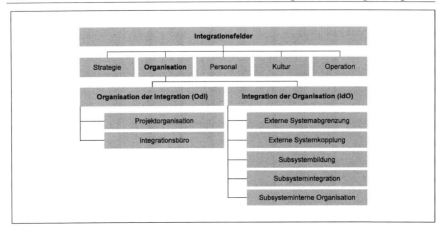

Abb. C-10: Gestaltungsdimensionen im Integrationsfeld Organisation

2 Organisatorische Gestaltungsdimensionen der Post Merger Integration

2.1 Abgrenzung der Gestaltungsdimensionen des organisatorischen Integrationsmanagements

Aufbauend auf den in Kapitel C.1 behandelten Merkmalen des Integrationsmanagements sollen in diesem Kapitel die beiden **Gestaltungsdimensionen** dargestellt werden, die zur Umsetzung der Post Merger Integration benötigt werden. Die analytische Unterscheidung dieser beiden Dimensionen wird bisher in der Literatur zum Integrationsmanagement nur unzureichend vorgenommen. Als Gestaltungsdimensionen werden in der vorliegenden Arbeit Aufgaben- bzw. Aktivitätenbündel bezeichnet, die der organisatorischen Gestaltung dienen.

Auf der einen Seite sind hierbei die **primären Aktivitäten**, die sich mit den Herausforderungen und Problemen der eigentlichen Gestaltung der Integration befassen, näher zu beleuchten. Demgegenüber sind auf der anderen Seite die sog. **sekundären Aktivitäten** genauer zu untersuchen, die die primären Aktivitäten unterstützen, indem sie organisatorische Lösungsansätze für die Umsetzungsprobleme bereitstellen und zusätzlich als Enabler und Promotor fungieren.[736] Im Rahmen der organisatorischen Umsetzung der Post Merger Integration liegt der Schwerpunkt auf den primären Aktivitä-

---

[736] Vgl. Schuster [Integration 2005], S. 185.

ten, deren zentrale Aufgabe in der organisatorischen Zusammenführung der Organisationsstrukturen der beteiligten Unternehmungen liegt. Diese Gestaltungsdimension wird deshalb im Folgenden als **Integration der Organisation (IdO)** bezeichnet. Zur Unterstützung der Planung und Koordination dieser Kernaktivitäten stellen die sekundären Aktivitäten geeignete organisatorische Maßnahmen zur Begleitung des Integrationsprozesses dar. Da sie den organisatorischen Rahmen der Integrationstätigkeiten bilden, wird diese Gestaltungsdimension im weiteren Verlauf als **Organisation der Integration (OdI)** bezeichnet.[737]

Diese beiden Gestaltungsdimensionen hängen in der Praxis des Integrationsmanagements unmittelbar zusammen, wenngleich sich dahinter aus organisatorischer Sicht vollkommen verschiedene Aufgaben verbergen. Die Gestaltungsdimension Organisation der Integration stellt die organisatorische Plattform zur Verfügung, die die Gestaltungsdimension Integration der Organisation benötigt, um die organisatorische Zusammenführung der Unternehmungen leisten zu können. Die organisatorische Integration kann ohne die Plattform nicht stattfinden, und ohne Integration ist die Plattform sinnlos. Der Bedarf nach der organisatorischen Plattform und nach den eigentlichen Integrationstätigkeiten ist abhängig vom gewählten Integrationsansatz.

Konzeptionelles Ziel der hier vorgenommenen Abgrenzung ist es, sich über beide Dimensionen weitergehende Klarheit zu verschaffen. Daraus abgeleitet lassen sich aus pragmatischer Sicht Hinweise für die Gestaltung der Aufgaben und Aufgabenträger gewinnen. Die wesentlichen Abgrenzungsmerkmale der beiden Gestaltungsdimensionen werden in Abbildung C-11 gegenübergestellt:

---

[737] Vgl. Schuster [Integration 2005], S. 207f., der eine ähnliche Begriffsverwendung nutzt, jedoch nicht ausdrücklich auf die organisatorischen Merkmale der Gestaltungsdimensionen eingeht.

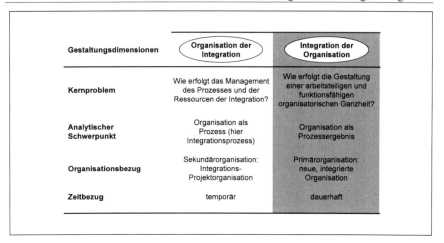

Abb. C-11: Abgrenzungsmerkmale der Gestaltungsdimensionen OdI und IdO

Des Weiteren unterscheiden sich die beiden Gestaltungsdimensionen hinsichtlich **Ziel, Aufgaben und Gestaltungsobjekten sowie Aufgabenträgern**.[738] Dabei wird die Sichtweise einer übergeordneten Einheit eingenommen, die für die beiden Gestaltungsdimensionen verantwortlich ist, bspw. das Topmanagement oder ein interner bzw. externer Berater.[739]

Das **Ziel** der Gestaltungsdimension **Organisation der Integration** besteht darin, die Ressourcen und den Prozess der Integration zu organisieren. Aus diesem Grund stellt diese Gestaltungsdimension typischerweise den ersten Schritt der Umsetzung der Integrationsaufgaben dar. Der **Aufgabenschwerpunkt** liegt auf den Gestaltungsaufgaben des organisatorischen Rahmens der Integration. Dies betrifft hauptsächlich die personale und sachlogische Zuordnung der Integrationsaufgaben auf Organisationseinheiten des Integrationsmanagements. Dabei ist insbesondere auf die Integrations-Projektorganisation und deren spezielle Ausgestaltungen hinzuweisen, die als ein Führungsinstrument des Integrationsmanagements dazu dienen soll, die zielgerechte Erfüllung der komplexen Integrationsaufgaben organisatorisch sicherzustellen. Die Schwerpunkte dieser Dimension, z.B. die Ernennung der möglichen Aufgabenträger, sollen hier als die wesentlichen **Gestaltungsobjekte** bezeichnet werden. Darüber hin-

---

[738] Aufgaben und Aufgabenträger stellen zwei Elemente der Organisation dar, vgl. Krüger [Organisation 2005], S. 144 sowie Krüger [Organisation 1994], S. 15ff. Die beiden Elemente Information und Sachmittel werden hier nicht betrachtet.

[739] Vgl. zur Abgrenzung der Gestaltungsdimensionen Brehm/Hackmann [Unternehmensintegrationen 2005], S. 11ff.

aus ist in diesem Kontext die Führungsorganisation der neuen Unternehmung zu entwerfen. Dies beinhaltet zunächst die Entscheidung über die Zentralisierung von Entscheidungskompetenzen und die frühzeitige Verzahnung von Planungs- und Reportingprozessen Im Anschluss daran ist die personelle Besetzung der oberen Führungsebenen zu klären. Die Akzeptanz der neuen Führungskräfte unter den Mitarbeitern ist wie bereits dargestellt ein wesentlicher Erfolgsfaktor, um die Veränderungen in der Unternehmung vorantreiben zu können. Schließlich müssen die Mitarbeiter in den Integrationsprozess eingebunden und ihre Unsicherheiten abgebaut werden, damit sie die Integration proaktiv unterstützen können.[740] Die **Aufgabenträger** der OdI sind die Auftraggeber des Projektes in ihrer Initialfunktion (also das Topmanagement) und die von ihnen eingesetzten Steuerungseinheiten (z.B. der Lenkungsausschuss) oder beauftragten Organisationsverantwortlichen. In der Gestaltungsdimension Organisation der Integration ergeben sich somit folgende Organisationseinheiten:

- Auf der einen Seite können dauerhafte Organisationseinheiten eingerichtet werden, die entweder zentral als Stabs- oder Zentralfunktionen oder dezentral organisiert sind und die Integration steuern. Solche Einheiten können bspw. eine spezielle **M&A-Abteilung** oder **M&A-orientierte Fachabteilungen** sein. Dies wird in solchen Unternehmungen der Fall sein, die regelmäßig M&A-Transaktionen durchführen und somit das in diesen Organisationseinheiten gesammelte und konzentrierte Know-how immer wieder benötigen.
- Auf der anderen Seite bietet sich für einmalige komplexe Integrationsvorhaben die Einrichtung einer **Integrations-Projektorganisation** an, die sich aus temporären interdisziplinären Teams zur bereichsübergreifenden Zusammenarbeit zusammensetzt. In dieser sind sowohl interne Personalressourcen als auch häufig externe Berater eingesetzt. Eine solche temporäre Organisation empfiehlt sich für Unternehmungen, für die M&A-Transaktionen nur einmalige oder selten wiederkehrende Ereignisse sind.
- Zur Unterstützung der Integrationsleitung kann bei beiden Lösungen ein sog. **Integrationsbüro** eingerichtet werden, eine mit Fachexperten besetzte temporäre Spezialeinheit. Das Integrationsbüro dient zur zielgerichteten Koordination der mit den Integrationsaufgaben betrauten Organisationseinheiten.

Die zweite Gestaltungsdimension, die **Integration der Organisation**, baut auf der in der Organisation der Integration geschaffenen Infrastruktur auf. Ihr **Ziel** besteht darin,

---

[740] Vgl. hierzu Gerds/Schewe [Integration 2004], S. 69ff.

aus der Ausgangssituation heraus eine zielorientierte, arbeitsteilige und funktionsfähige organisatorische Ganzheit zu schaffen: die neue Organisation oder Zielorganisation, als möglichst dauerhafte Realisierung der gemeinsamen Wertschöpfung. Die **Aufgabenträger** sind die im Rahmen der Gestaltungsdimension Organisation der Integration festgelegten Einheiten Projektorganisation und Integrationsbüro. Der Schwerpunkt dieser Gestaltungsdimension liegt aber auf den **Aufgaben** bzw. Aufgabenfolgen der Organisationsintegration. Diese werden durch die **Gestaltungsfragen der Organisation** beschrieben:[741]

- Für die neue Unternehmung muss eine gemeinsame Organisationsgrenze definiert werden, innerhalb derer die zu integrierenden Unternehmungen funktional zusammengeführt werden und die die neue Unternehmung von ihrer Umwelt abgrenzt (**externe Systemabgrenzung**).[742]
- Aufgrund der neuen Außengrenzen der Unternehmung sind die Schnittstellen zur Unternehmungsumwelt neu zu bestimmen (**externe Systemkopplung**).
- Innerhalb der neuen Unternehmungsorganisation müssen die Form der Arbeitsteilung bestimmt und die dazu notwendigen Organisationseinheiten gebildet werden (**Subsystembildung**).
- Die arbeitsteiligen Organisationseinheiten der neuen Unternehmung müssen so koordiniert werden, dass eine effiziente und zielorientierte Zusammenarbeit gewährleistet ist (**Subsystemintegration**).
- Abschließend müssen die Arbeitsteilung und Koordination innerhalb der Organisationseinheiten der neuen Unternehmung geregelt werden (**subsysteminterne Organisation**).

Anhand dieser Aufgaben ist ersichtlich, dass es sich bei den **Gestaltungsobjekten** der Gestaltungsdimension Integration der Organisation um sämtliche Elemente der Zielorganisation handelt. Es sind Organisationseinheiten zu bilden, Prozesse und Aufgaben zu definieren sowie die passenden personellen Aufgabenträger zu bestimmen. Das Zusammenwirken der einzelnen Elemente wird durch Regeln beschrieben, die den Handlungs- und Entscheidungsspielraum von einzelnen Personen und ganzen Organisationseinheiten vorgeben.[743] Deshalb muss während des Integrationsprozesses insbesondere die Stimmigkeit der Regeln untereinander hergestellt und gewährleistet wer-

---

[741] Vgl. zur Ableitung der Gestaltungsfragen der Organisation Abschnitt B.2.2.4, S. 54ff.
[742] Vgl. hierzu auch Ringlstetter/Kaiser/Schuster [Wandel 2006], S. 890f.
[743] Vgl. Burr [Regeln 1999], S. 1162.

den.⁷⁴⁴ Die Überwindung der durch die Veränderung der organisatorischen Regeln auftretenden Widerstände auf Seiten der Betroffenen stellt eine weitere Aufgabe im Rahmen der Integration der Organisation dar.⁷⁴⁵ Zur Berücksichtigung von Widerständen wird die Begleitung des Integrationsmanagements durch Maßnahmen des Unternehmungswandels empfohlen. Hier sind insbesondere die personenbezogenen Spezialaspekte der organisatorischen Gestaltung, wie z.B. Einbindung, Kommunikation etc. zu nennen.⁷⁴⁶

Zusammenfassend zeigt die folgende Abbildung C-12 die Ziele und Elemente der beiden Gestaltungsdimensionen im Überblick:

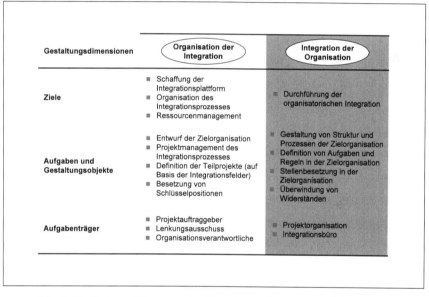

Abb. C-12: Ziele und Elemente der Gestaltungsdimensionen OdI und IdO

Im Rahmen der Gestaltungsdimension **Integration der Organisation** wird somit die Realisierung der organisatorischen Integrationsziele angestrebt. Diese umfasst auf der einen Seite die formalen Aspekte der Organisationsintegration, also die Organisations-

---

⁷⁴⁴ Vgl. Schuster [Integration 2005], S. 197f.
⁷⁴⁵ Vgl. zur Entstehung von Widerständen durch die Veränderung von Regeln Kühlein [Regelwerke 2007], S. 86ff., insbes. S. 90.
⁷⁴⁶ Vgl. Ringlstetter/Kaiser/Schuster [Wandel 2006], S. 897. Zu Maßnahmen des Unternehmungswandels vgl. Krüger [Hrsg. 2006].

strukturen und die Rechtsform. Auf der anderen Seite erfolgt eine Realintegration, die eine Zusammenführung der Regelwerke der Organisationen bedeutet. Die Umsetzung der organisatorischen Integration ist dabei in einem hohen Maß abhängig vom angestrebten Integrationsansatz.[747] Für die vorliegende Arbeit sind die drei **Integrationsansätze** Erhaltung, Symbiose und Absorption relevant. Die Gestaltung der Organisationsstrukturen orientiert sich für jeden dieser drei Integrationsansätze an den fünf in Abschnitt B.2.2.4 herausgearbeiteten **Gestaltungsfragen der Organisation**. Diese Verknüpfung stellt den Schwerpunkt des folgenden Kapitels D dar.[748] Die vorgenommene Untersuchung und daraus abgeleitete Vorgehensweise der organisatorischen Integration ist so in der Literatur bisher noch nicht vorgenommen worden.

Die Gestaltungsdimension **Organisation der Integration** bildet mit ihren unterstützenden und begleitenden Maßnahmen den Rahmen, in dem die Integration der Organisation stattfindet.[749] Die Organisation der Integration sorgt für eine koordinierte und zielgerichtete Planung, Steuerung und Kontrolle der Integrationsaktivitäten und hat somit eine hohe Bedeutung für den Erfolg der Integrationsmaßnahmen.

Im Rahmen der Organisation der Integration ist zudem über die passende **Integrationsgeschwindigkeit**,[750] hier verstanden als die Zeitspanne, die zur Umsetzung der Integrationsmaßnahmen benötigt wird, zu entscheiden.[751] Dabei kann zwischen einem evolutionären, also relativ langsamen, und einem revolutionären, also relativ schnellen, Vorgehen unterschieden werden.[752] Der **evolutionäre Ansatz** geht logischerweise mit einer geringen Integrationsgeschwindigkeit und damit einer langen Integrationsdauer einher und bietet so die Möglichkeit, die Qualifikation der Mitarbeiter, die Führungssysteme sowie die kulturellen Eigenschaften der akquirierten Unternehmung zu ergründen und Gemeinsamkeiten und Gegensätze aufzudecken, bevor die Integrationsmaßnahmen umgesetzt werden. Auf Basis dieser gründlichen Analyse kann eine fundierte Integrationsstrategie entwickelt werden, die diesen Gegebenheiten Rechnung trägt. Zudem fällt die Einbindung und Motivation der betroffenen Mitarbeiter bei diesem Ansatz leichter, weil mehr Rücksicht auf ihre Befindlichkeiten und ihre Qualifika-

---

[747] Vgl. Schuster [Integration 2005], S. 208. Vgl. zu den Integrationsansätzen Haspeslagh/Jemison [Akquisitionsmanagement 1992], S. 174 sowie Abschnitt C.1.3.2, S. 95ff.
[748] Vgl. Abschnitt D.2, S. 175ff.
[749] Vgl. Lucks [Organisation 2002], S. 198 sowie Jansen [Integrationsmanagement 2005], S. 535ff.
[750] Vgl. Gerpott/Schreiber [Integrationsgestaltungsgeschwindigkeit 1994], S. 99; Schewe/Gerds [Erfolgsfaktoren 2001], S. 78f.; Adolf/Cramer/Ollmann [Fusionen 1991], S. 8.
[751] Gerpott [Integrationsgestaltung 1993], S. 161f., unterscheidet sowohl eine Zeitraum- als auch eine Zeitpunktperspektive. Für die vorliegende Arbeit ist jedoch nur die Zeitraumperspektive relevant.
[752] Vgl. McCann/Gilkey [Joining 1988], S. 186ff.; Freund [Integration 1992], S. 345.

tionen genommen werden kann.[753] Der evolutionäre Ansatz der Integrationsgeschwindigkeit ist somit insbesondere für solche Integrationen sinnvoll, die nicht unter Zeitdruck stehen und bei denen in der Pre Merger Phase keine tiefgehenden Integrationsplanungen vorgenommen wurden. Nachteilig ist jedoch, dass die Unsicherheit, die mit der M&A-Transaktion verbunden ist, bei einer langen Integrationsdauer nicht abgebaut werden kann, sondern lange in der Unternehmung vorherrscht. Der große Vorteil des **revolutionären Ansatzes**, der durch eine hohe Integrationsgeschwindigkeit und damit eine kurze Integrationsdauer gekennzeichnet ist, liegt in der schnellen Schaffung neuer Fakten, wodurch die Unsicherheit in der Unternehmung überwunden werden kann.[754] Zudem ist die Akzeptanz für Neuerungen und damit die Veränderungsbereitschaft der Mitarbeiter kurz nach Abschluss der Transaktion höher, und die Maßnahmen können einfacher umgesetzt werden. Durch die Schaffung kurzfristiger Erfolge, sog. „quick hits", kann Vertrauen der Mitarbeiter gewonnen und Unsicherheit abgebaut werden.[755] Durch eine schnelle Umsetzung der Integration erfolgt eine rasche Fokussierung der Ressourcen der neuen Unternehmung auf den Markt, und die angestrebten Wertsteigerungspotenziale können leichter realisiert werden. Insgesamt kann aufgrund von empirischen Ergebnissen die Empfehlung einer hohen Integrationsgeschwindigkeit abgegeben werden.[756] In bestimmten Integrationssituationen kann es sinnvoll sein, die beiden Extremfälle der Integrationsgeschwindigkeit miteinander zu kombinieren. Da kurz nach Abschluss der Transaktion die Wandlungsbereitschaft der Mitarbeiter besonders hoch ist, sollte mit einer hohen Integrationsgeschwindigkeit begonnen werden. Nachdem die ersten wichtigen Ergebnisse erzielt sind, kann die Geschwindigkeit reduziert werden, um die Mitarbeiter nicht dauerhaft zu überfordern.[757] In jedem Fall sollten den Mitarbeitern die Integrationsgeschwindigkeit verdeutlicht und realistische Ziele vorgegeben werden.[758]

Diese Gestaltungsdimension umfasst **Organisationseinheiten der Sekundärstruktur**, die insbesondere bei solchen Integrationsaktivitäten eingesetzt werden, die eine hohe Spezifität besitzen und deshalb von einer zentralen Einheit übergreifend gesteuert werden sollten.[759] Solche Organisationseinheiten werden spezifisch für die Durchfüh-

---

[753] Vgl. Gerpott [Integration 2003], S. 470.
[754] Vgl. Marquardt [Akquisitionen 1998], S. 109.
[755] Vgl. Krüger [Erneuerung 2006], S. 76f.
[756] Vgl. Ungerath/Hoyningen-Huene [Erfolgsfaktoren 2006], S. 872f.
[757] Vgl. Hoyningen-Huene [Integration 2004], S. 207f. sowie Spickers [Unternehmenskauf 1995], S. 256f. und S. 306.
[758] Vgl. McCann/Gilkey [Joining 1988], S. 188.
[759] Vgl. Lucks [Organisation 2002], S. 201f.

rung und Gestaltung von Integrationsprojekten gebildet.[760] Im weiteren Verlauf der vorliegenden Arbeit umfasst die Gestaltungsdimension Organisation der Integration eine **Integrations-Projektorganisation** sowie ein **Integrationsbüro** als Unterstützungseinheit. Die Einrichtung solcher Einheiten zum Management des Integrationsprozesses ist insbesondere dann sinnvoll, wenn die akquirierende Unternehmung ein professionelles Integrationsmanagement anstrebt und die Akquisitionstätigkeiten wiederholt vorkommen, so dass sie als eine Kerngeschäftstätigkeit betrachtet werden. Die Integrations-Projektorganisation und das Integrationsbüro sind temporäre Organisationseinheiten, die für die Dauer des Integrationsvorhabens eingerichtet und nach Abschluss der Integration wieder aufgelöst werden. Die Struktur der Integrations-Projektorganisation orientiert sich an den Handlungsfeldern der Integration und wird mit dem Projektmanagement-Ansatz geführt. Die Mitarbeiter in der Projektorganisation werden von speziellen Fachabteilungen und aus den von der Integration betroffenen Bereichen abgestellt und arbeiten im Idealfall ausschließlich in den Integrationsprojekten. Das Integrationsbüro wird als Unterstützungseinheit für die Integrations-Projektleitung eingerichtet und verantwortet den koordinierten Ablauf des Integrationsprozesses.[761] Neben diesem auch im weiteren Verlauf der Arbeit verfolgten Ansatz der temporären Institutionalisierung der Gestaltungsdimension Organisation der Integration besteht die Möglichkeit, dauerhafte Organisationseinheiten mit dem Integrationsmanagement zu betrauen.[762] Eine solche spezialisierte M&A-Fachabteilung besteht jedoch nur aus wenigen spezialisierten Mitarbeitern, so dass zur Umsetzung einer Integrationsmaßnahme Mitarbeiter aus anderen Bereichen hinzugezogen werden müssen und daraus eine Projektorganisation entsteht, die einer temporären Einheit gleicht. Aus diesem Grund wird die Institutionalisierung in der vorliegenden Arbeit nicht weiter betrachtet.

Im folgenden Kapitel D der Arbeit wird im Gegensatz zur Reihenfolge in diesem Abschnitt zunächst auf die Gestaltungsdimension Organisation der Integration eingegangen, bevor daran anschließend der Schwerpunkt auf die Betrachtung der Gestaltungsdimension Integration der Organisation gelegt wird. Zum Abschluss von Abschnitt C.2 werden im Folgenden zunächst jedoch die Interdependenzen zwischen den beiden Gestaltungsdimensionen herausgearbeitet.

---

[760] Vgl. Schuster [Integration 2005], S. 267.
[761] Die Integrations-Projektorganisation und das Integrationsbüro werden in Abschnitt D.1, S. 163ff., eingehend behandelt.
[762] Vgl. zu dauerhaften Organisationseinheiten Ringlstetter [Organisation 1997], S. 60f. Müller-Stewens/Schreiber [Anbindung 1993], S. 284f., beschreiben solche auf Dauer eingerichteten M&A-Organisationseinheiten.

2.2 Interdependenzen zwischen den Gestaltungsdimensionen

Bei der näheren Betrachtung der beiden Gestaltungsdimensionen stellt sich heraus, dass zwischen ihnen vielfältige Wechselbeziehungen bestehen und sie in einem starken Ausmaß voneinander abhängig sind und sich gegenseitig beeinflussen. Wird der in der vorliegenden Arbeit vorgeschlagene organisatorische Ansatz gewählt, ist eine zielorientierte und zweckmäßige Integrationsorganisation unabdingbar, damit die Integrationsaufgaben in den einzelnen Handlungsfeldern und insbesondere im Integrationsfeld Organisation erfolgreich bearbeitet werden können. Die wechselseitigen **Interdependenzen** lassen sich vereinfacht als **prozessuale, inhaltliche, führungsrelevante und strukturelle Beziehungen** charakterisieren, die mit steigendem Integrationsgrad immer stärker zunehmen. Wie die folgende Abbildung C-13 zeigt, handelt es sich beim Prozess der organisatorischen Integration letztlich um einen fließenden Übergang zwischen den beiden Gestaltungsdimensionen.

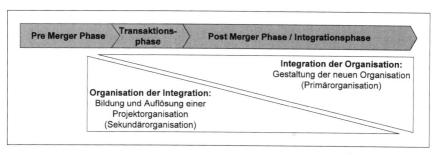

Abb. C-13: Arbeitsschwerpunkte der Gestaltungsdimensionen in den Phasen des M&A-Prozesses

Der M&A-Prozess verläuft wie bereits beschrieben in mehreren Phasen,[763] innerhalb derer die beiden Gestaltungsdimensionen der organisatorischen Integration ablaufen. Der Arbeitsschwerpunkt liegt naturgemäß in der Post Merger bzw. Integrationsphase. Bereits gegen Ende der Pre Merger Phase beginnt im Rahmen der Gestaltungsdimension Organisation der Integration die Entwicklung einer Projektorganisation, die als Plattform zur Bearbeitung der organisatorischen Integrationsaufgaben dient. Der Umfang der Projektorganisation, die zur Sekundärorganisation der Unternehmung gehört, nimmt im Verlauf des M&A-Prozesses stetig ab, und sie wird am Ende der Integrationsphase wieder aufgelöst. Nach der Errichtung der Projektorganisation beginnt suk-

---

[763] Vgl. hierzu Abschnitt B.1.1.3, S. 17ff.

zessive der Übergang in die Gestaltungsdimension Integration der Organisation, deren Aufgabe die Durchführung der organisatorischen Integration, insbesondere die Einführung der neuen Primärorganisation in der neuen Unternehmung ist. Ihr Aufgabenumfang nimmt beständig zu, und mit dem Abschluss der Integrationsphase sollte die neue Organisation endgültig eingeführt und etabliert sein.

Im Rahmen des Integrationsmanagements, also der Planung, Umsetzung und Kontrolle der Integrationsmaßnahmen, müssen die Schnittstellen und Beziehungen zwischen den einzelnen Prozessphasen und Gestaltungsdimensionen so koordiniert werden, dass eine Durchgängigkeit von der Pre Merger über die Integrationsphase bis hin zur späteren Geschäftssteuerung gewährleistet ist. Ziel ist die Verstetigung der Integrations- bzw. Wandlungsergebnisse und die Sicherung der Nachhaltigkeit, damit die Geschäftsprozesse nach Abschluss der Integration reibungslos ablaufen können.[764]

Die zwischen den beiden Gestaltungsdimensionen entstehenden Beziehungen lassen sich wie folgt in vier Arten unterscheiden:

- **Prozessuale Beziehungen:** Durch den fließenden Übergang im Laufe des Veränderungsprozesses (vgl. Abbildung C-13) entstehen Beziehungen zwischen den beteiligten Organisationseinheiten. Die alten Organisationsstrukturen verlieren im Zeitablauf an Bedeutung. Dies hat zur Folge, dass ein Teil der Mitarbeiter für einen Übergangszeitraum ohne organisatorische Heimat in der Unternehmung ist. Für diesen Übergang empfiehlt sich in der praktischen Umsetzung eine Projektorganisation, die nur für diesen Zweck eingerichtet und nach erfolgtem Übergang wieder aufgelöst wird. Aufgrund der Komplexität und der damit verbundenen Nichtparallelisierbarkeit von zwei oder mehreren Organisationen ist ein einfaches „Umschalten" von der alten auf die neue Struktur nicht möglich. Deshalb muss ein Vorgehen gewählt werden, bei dem schrittweise zunächst die Bereichsanzahl und der Bereichszuschnitt festgelegt werden. Im Anschluss daran sind die neuen Führungskräfte zu bestimmen und in ihre Positionen einzuführen. Die neue Struktur und das Datum ihrer alleinigen Gültigkeit müssen in der Unternehmung bekannt gemacht sowie die zukünftig zugeordneten Mitarbeiter ausgewählt werden. Bis zu diesem Datum erfolgt ein sukzessives Umschalten auf die neue Struktur. Dabei muss auch die Quantität und Qualität des Personalbestands an die neue Struktur angepasst werden, d.h. es kann zu Freisetzungen und Neueinstellungen von Mitarbeitern kommen.

- **Inhaltliche Beziehungen:** Diese entstehen dadurch, dass sämtliche in der Integrationsphase geleistete inhaltliche Arbeit später im operativen Tagesgeschäft der neuen

---

[764] Vgl. zur Verstetigung von Wandlungsergebnissen Krüger [Erneuerung 2006], S. 78ff.

Unternehmung zur Verfügung stehen und weiterentwickelt werden muss. Dabei ist selbstverständlich auch auf die strategiekonforme Ausrichtung der neuen Struktur zu achten. Durch die Verklammerung von Projekt- und Geschäftsverantwortung ab der Integrationsphase ergibt sich eine realistische und geschäftsnahe Lösung, die die Durchsetzbarkeit in der neuen Organisation erheblich erleichtert, weil so schon zu einem frühen Zeitpunkt die inhaltlichen Anforderungen der neuen Organisation von den Mitarbeitern angewendet werden.[765] Daneben werden in der Projektarbeit häufig ergänzend zur eigentlichen Integrationsarbeit verschiedene Einzelkonzepte entwickelt, die Auswirkungen auf die Geschäftssteuerung haben und später in einer dafür vorgesehenen Abteilung bearbeitet werden müssen.

- **Führungsrelevante Beziehungen:** Bei der Besetzung der Führungspositionen ist ebenfalls darauf zu achten, dass es zwischen den Integrationsprozessphasen und Stadien der Projektorganisation[766] keine Brüche gibt. Um dies zu vermeiden, sollte bei der Auswahl der späteren Führungskräfte das Kongruenzprinzip der Organisation angewendet werden, das die Einheit von Aufgabe, Kompetenz und Verantwortung vorschreibt.[767] Im Falle des Integrationsmanagements bedeutet dies, dass eine durchgehende Führungsverantwortung für das gesamte Integrationsprojekt anzustreben ist, damit die Projektleitung nicht von Phase zu Phase wechseln muss. Zusätzlich sollten konsequenterweise die in der zukünftigen Geschäftssteuerung verantwortlichen Personen bereits in der Integrationsphase mit der Leitung von Teilprojekten beauftragt und/oder in den Lenkungsausschuss berufen werden. Dies impliziert die frühe Auswahl und Benennung dieser Führungskräfte schon in der Pre Merger Phase.[768] Die Projektmitarbeiter, die zum gleichen Zeitpunkt bestimmt werden, übernehmen somit in der Geschäftssteuerung Aufgaben in der Linie. Dies könnte z.B. bedeuten, dass im Lenkungsausschuss die späteren Aufsichtsratsmitglieder vertreten sind, ggf. ergänzt um M&A-Spezialisten. In das Kernteam bzw. die Projektleitung könnten die späteren Vorstandsmitglieder der integrierten Unternehmung berufen werden. Weitere Vertreter der beteiligten Vorgängerunternehmungen könnten in jedem Teilprojekt leitend oder mitwirkend aktiv sein.

- **Organisatorische/strukturelle Beziehungen:** Um die oben angesprochene personelle und verantwortungsmäßige Konstanz gewährleisten zu können, muss bei der Erstellung der Projektstrukturen bereits ab der Pre Merger Phase – spätestens je-

---

[765] Vgl. Krüger [Post-Merger-Integration 2006], S. 816.
[766] Vgl. zur Integrations-Projektorganisation Abschnitt D.1.1, S. 163ff.
[767] Vgl. hierzu z.B. Krüger [Organisation 1994], S. 47f.
[768] Vgl. Gerpott [Integrationsgestaltung 1993], S. 135.

doch ab der Integrationsphase – das Augenmerk auf das spätere Tagesgeschäft gelegt werden. Je mehr die spätere Zielorganisation schon durch die Projektorganisation gestaltet wird, desto einfacher kann später der Übergang in das Tagesgeschäft erfolgen. Dazu muss die geplante strategische Ausrichtung der integrierten Unternehmung gedanklich vorweggenommen und in die Projektorganisation transferiert werden. Im Verlauf der Integrationsphase setzen die Instrumente und Methoden des Change Managements[769] ein, die die spätere Zielorganisation auf die Übernahme der Geschäftsverantwortung vorbereiten. Erst wenn die Zielstruktur ausreichend reif dafür ist, kann von der Projekt- auf die operative Geschäftsorganisation umgeschaltet werden.

---

[769] Vgl. hierzu exemplarisch Krüger [Hrsg. 2006].

D Umsetzung des Integrationsmanagements durch die Gestaltungsdimensionen

1 Organisation der Integration

1.1 Integrations-Projektorganisation

Aufbauend auf den Erkenntnissen aus Abschnitt B.1.1.4, in dem verschiedene Organisationsformen für das Management von M&A-Transaktionen vorgestellt wurden, wird in diesem Abschnitt die Gestaltungsdimension Organisation der Integration charakterisiert, die die **Plattform für die Umsetzung der Integrationstätigkeiten** zur Verfügung stellt. Sie besteht zum einen aus der Integrations-Projektorganisation und zum anderen aus dem Integrationsbüro als Unterstützungseinheit.[770] Die in diesem Abschnitt beschriebenen Aufgaben und Ausprägungen der Gestaltungsdimension Organisation der Integration sind generisch zu verstehen und demzufolge bei allen drei Integrationsansätzen gleichermaßen anzuwenden.

Aufgrund der hohen Komplexität der Integrationsaufgabe, für die zudem auch nur ein begrenzter Zeitraum zur Verfügung steht, hat sich in der wissenschaftlichen Literatur und auch in der Praxis die Ansicht durchgesetzt, dass das **Projektmanagement** für die Bewältigung dieser Aufgabenstellung am besten geeignet ist. Zudem kann durch den Projektmanagement-Ansatz die notwendige interdisziplinäre Bearbeitung der Integrationsfelder gewährleistet werden.[771] Grundsätzlich bezeichnet ein **Projekt** ein Vorhaben mit einem definierten Beginn und Ende, das durch seine zeitliche Befristung, seine Komplexität und Einmaligkeit gekennzeichnet ist.[772] Das **Projektmanagement** umfasst dabei sowohl die Träger der Projektaufgaben als auch die Gesamtheit der projektbezogenen Aufgaben.[773] Daneben soll es in der vorliegenden Arbeit als dauerhafte Führungskonzeption verstanden werden, die alle willensbildenden und willensdurchsetzenden Aktivitäten im Bezug auf die Abwicklung von Projekten umfasst.[774]

Bei der Gestaltung des Projektmanagements in der Integrationsphase ist zum einen zu klären, welche Integrationsaufgaben in welcher Reihenfolge zu bewältigen sind. Zum

---

[770] Vgl. zum Integrationsbüro Abschnitt D.1.2, S. 170ff.
[771] Vgl. Krüger [Post-Merger-Integration 2006], S. 807; Wirtz [Mergers 2003], S. 292; Sauermann [M&A-Management 2000], S. 126ff.; Gerpott [Integrationsgestaltung 1993], S. 134; Madauss [Projektmanagement 2000], S. 9.
[772] Vgl. Krüger [Projektmanagement 1993], Sp. 3559; Frese [Organisation 2005], S. 512.
[773] Vgl. Frese [Organisation 2005], S. 513.
[774] Vgl. Schröder [Projekt-Management 1973], S. 25; Haberfellner [Projektmanagement 1992], Sp. 2091; Jantzen-Homp [Projektportfolio 2000], S. 11.

anderen muss festgelegt werden, aus welchen Organisationseinheiten die Projektorganisation bestehen soll und wie diese koordiniert werden sollen, damit die Integrationsaufgaben optimal bearbeitet werden können. Schließlich muss die personelle Besetzung der Projektorganisation bestimmt werden.[775] Die **Integrationsaufgaben** ergeben sich aus den in Abschnitt C.1.4 erläuterten Integrationsfeldern. In Ergänzung zu diesem Grobkonzept sind in einem Detailkonzept die Ziele und Nebenbedingungen der Integration, die sich in den Integrationsfeldern niederschlagen, zu definieren. Die Umsetzung des Detailkonzepts beinhaltet die konkreten Integrationsmaßnahmen in den einzelnen Handlungsfeldern. Dabei sind zu Beginn prioritäre Maßnahmen zu ergreifen, die sachlogisch am Anfang stehen, weil sie z.b. Voraussetzungen für folgende Projekte darstellen. Des Weiteren sind zu Beginn auch solche Teilprojekte zu bearbeiten, die ohne große Risiken kurzfristige Erfolge versprechen. Diese sog. „quick hits" steigern wie in Abschnitt C.2.1 dargestellt die Akzeptanz und Motivation bei den betroffenen Mitarbeitern und können helfen, Widerstände zu überwinden. Den Abschluss der Integrationsaufgaben bildet die Erfolgskontrolle, die im Sinne einer Vorgehenskontrolle die Effektivität und Effizienz der Projektarbeit beurteilt und im Sinne einer Ergebniskontrolle die Erreichung der Integrationsziele überprüft.[776]

Zur Bewältigung der komplexen Integrationsaufgabe wird diese gedanklich in Teilaufgaben bzw. Teilprojekte zerlegt, die von einzelnen Teams bearbeitet werden.[777] Zur Steuerung dieser Einzelprojekte muss eine klar strukturierte **Projektorganisation** eingerichtet werden, in der Aufgaben, Kompetenzen und Verantwortlichkeiten eindeutig geregelt sind.[778] Die **Integrations-Projektorganisation** wird speziell für die Integrationsphase eingerichtet. Sie leitet sich jedoch aus der M&A-Projektorganisation ab, die bereits in der Pre Merger- und der Transaktionsphase eingesetzt wurde, da die Ergebnisse aus diesen Phasen die Basis für die Integrationsmaßnahmen bilden.[779] Zwischen diesen unterschiedlichen Stadien der Projektorganisationen besteht eine starke personelle Verflechtung. Mitarbeiter, die in der Integrationsphase für die Umsetzung der Teilprojekte verantwortlich sein sollen, werden schon frühzeitig in die Pre Merger Projektorganisation eingebunden, um integrationsrelevante Themen in die Planungen ein-

---

[775] Vgl. Krüger [Post-Merger-Integration 2006], S. 807.
[776] Vgl. zu den Integrationsaufgaben Krüger [Post-Merger-Integration 2006], S. 810. Zur Vertiefung des Integrationscontrollings vgl. bspw. Bark [Integrationscontrolling 2002], S. 136ff.; Wirtz [Mergers 2003], S. 389.
[777] Vgl. Krüger [Post-Merger-Integration 2006], S. 815; Olenzak/Ruddock [Team 1987], S. 107ff.
[778] Vgl. Koch [Integrationen 2001], S. 100.
[779] Vgl. Lucks/Meckl [Mergers 2002], S. 285f.; Wirtz [Mergers 2003], S. 294.

Organisation der Integration

zubeziehen.[780] Insbesondere führende Mitglieder der Projektorganisation sollten die Transaktion kontinuierlich begleiten und in allen Phasen ihre Aufgaben wahrnehmen.[781] Dabei ist zu beachten, dass in der Integrationsphase andere Qualifikationen benötigt werden als in den vorherigen Phasen. Deshalb müssen die entsprechenden Experten in die Projektorganisation integriert werden.[782] Eine typische Integrations-Projektorganisation wird in Abbildung D-1 dargestellt:

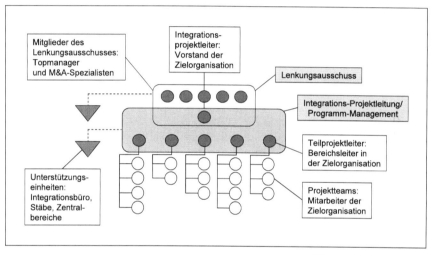

Abb. D-1: Integrations-Projektorganisation[783]

Die wesentlichen Bausteine einer Projektorganisation sind üblicherweise Lenkungsausschuss, Projektleitung und Projektteams.[784] Der **Lenkungsausschuss** ist die oberste Instanz der Projektorganisation und stellt somit das Leitungsorgan dar. Er besteht aus ranghohen Mitarbeitern der Linienorganisation der beteiligten Unternehmungen.[785] Seine Aufgabe ist die Schaffung und Gestaltung der projektübergreifenden Unternehmungsumwelt. Hierzu gehören die Kommunikation der Integrationsstrategie, die Ver-

---

[780] Vgl. Gerpott [Integrationsgestaltung 1993], S. 135. Jemison/Sitkin [Acquisitions 1986], S. 148ff. sowie Jemison/Sitkin [Process 1986], S. 107ff., befürworten diese personelle Verflechtung, weil die Arbeitsteilung und damit Bearbeitung durch unterschiedliche Mitarbeiter zu unterschiedlichen Sichtweisen und damit Problemlösungen führen kann.
[781] Vgl. Krüger [Post-Merger-Integration 2006], S. 816.
[782] Vgl. Meckl [Organisation 2006], S. 422.
[783] In Anlehnung an Krüger [Post-Merger-Integration 2006], S. 816.
[784] Vgl. zur Projektorganisation Dammer et al. [Projektorganisation 2005]; Lomnitz [Multiprojektmanagement 2004] sowie Jantzen-Homp [Projektportfolio 2000], S. 137ff.
[785] Vgl. Krüger [Post-Merger-Integration 2006], S. 815; Lucks/Meckl [Mergers 2002], S. 285.

mittlung von operationalen Integrationszielen, die Erstellung und Verabschiedung eines klar strukturierten Integrationsplanes sowie die Bereitstellung von personellen, finanziellen und zeitlichen Ressourcen. Der Integrationsplan enthält Angaben über den geplanten Integrationsgrad und die gewünschte Integrationsgeschwindigkeit.[786] Zugleich nimmt der Lenkungsausschuss eine Rolle als Initiator und Machtpromotor[787] der Integration wahr und hat Entscheidungen über die personelle Besetzung der Integrationsprojektleitung zu treffen.[788]

Bei großen Integrationsprojekten mit sehr vielen Teilprojekten kann es sinnvoll sein, zur Verbesserung der Koordination eine hierarchisch noch höher angesiedelte Organisationseinheit einzusetzen. Dieser sog. **Integrationsvorstand** sollte paritätisch aus Mitgliedern der Vorstände der beteiligten Unternehmungen besetzt werden, die in der neuen Unternehmung ebenfalls im Vorstand vertreten sein werden. Die Aufgabe des Integrationsvorstands ist es, Richtlinien für den Lenkungsausschuss und die einzelnen Projektteams vorzugeben. Zudem entscheidet der Integrationsvorstand über die Freigabe von personellen und finanziellen Ressourcen. Damit wird der Lenkungsausschuss entlastet und kann sich intensiver mit der Koordination der Teilprojekte befassen.[789]

Auf der Ebene unterhalb des Lenkungsausschusses steht die **Integrations-Projektleitung**. Sie wird auch als Programm-Management bezeichnet und berichtet direkt an den Lenkungsausschuss. Das Programm-Management besteht zum einen aus einem Mitglied des Lenkungsausschusses und zum anderen aus den Teilprojektleitern.[790] Die Integrations-Projektleitung trägt die operative Verantwortung für das gesamte Integrationsprojekt. Ihre Aufgabe besteht in der projektübergreifenden Koordination zwischen den einzelnen Teilprojekten als Prozesspromotor. Dazu wird das übergeordnete Integrationsziel in konkrete Teilziele transformiert, die dann als Aufträge für die jeweiligen Projektteams dienen. Zudem ist die Projektleitung für die Ressourcenverteilung zwischen den Teilprojektteams, die Festlegung der personellen Besetzung der Teilprojektteams und die Bestimmung der Teilprojektleiter zuständig und

---

[786] Vgl. Vogel [M&A 2002], S. 245; Lucks/Meckl [Mergers 2002], S. 285f.
[787] Vgl. zu den Promotorenrollen Witte [Promotorenmodell 1973], S. 17ff. sowie Hauschildt [Innovationsmanagement 2004], S. 199ff.
[788] Vgl. zum Lenkungsausschuss Brehm/Hackmann/Jantzen-Homp [Programm-Management 2006], S. 227f.
[789] Vgl. ähnlich Koch [Merger 2000], S. 354 und Gerpott [Integrationsgestaltung 1993], S. 135.
[790] Vgl. Brehm/Hackmann/Jantzen-Homp [Programm-Management 2006], S. 228f.; Werner [Integration 1999], S. 335; Gerpott [Integrationsgestaltung 1993], S. 136.

Organisation der Integration

stellt schließlich das Bindeglied zwischen dem Lenkungsausschuss und den Teilprojektteams, der dritten Ebene der Projektorganisation, dar.[791]

Die Teilprojektteams können als **operative Integrationsteams** beschrieben werden. Ihre Aufgabe besteht in der operativen Umsetzung der Integrationsaufgaben in den bereits genannten Integrationsfeldern. Dazu werden Maßnahmen zur Sicherstellung der Funktionalität, zur Synergierealisierung und zur Wertsteigerung erarbeitet.[792] Diese werden der Integrations-Projektleitung zur Entscheidung vorgelegt und anschließend entweder von den Integrationsteams selber oder vom Linienmanagement umgesetzt, wobei in diesem Fall die Integrationsteams unterstützend zur Seite stehen.[793] Die Besetzung der Teilprojektteams sollte paritätisch mit Mitarbeitern der zu integrierenden Unternehmungen erfolgen. Dabei ist es sinnvoll, dass der von der Integrations-Projektleitung als zukünftiger Leiter des Bereichs vorgesehene Mitarbeiter die Teilprojektleitung übernimmt.[794]

Zur Verbesserung der horizontalen Koordination wird auch in der Integrations-Projektorganisation das **Prinzip der Vermaschung** angewendet. Dies bedeutet, dass die Leiter der einzelnen Einheiten der Projektorganisation in Form von Mehrfachmitgliedschaften auch noch Mitglied der nächst höheren Einheit sind und somit als Bindeglied auftreten (siehe auch Abbildung D-1).[795]

Die Integrationsfelder bilden die Grundlage für die Bildung der Teilprojekte. Zur Gewährleistung einer besseren Koordination der vielen Teilprojekte und zur Sicherstellung einer zielgerichteten Kommunikation bietet es sich an, eine **Integrationsmatrix**[796] aufzustellen, in der die Integrationsfelder Strategie, Organisation, Personal und Kultur die Grundlage bilden und damit quer zu den Teilprojekten im Integrationsfeld Operation liegen (vgl. Abbildung D-2).

---

[791] Vgl. Werner [Integration 1999], S. 335; Brehm/Hackmann [Unternehmensintegrationen 2005], S. 21.
[792] Vgl. Koch [Merger 2000], S. 355.
[793] Vgl. Gerpott [Integrationsgestaltung 1993], S. 135.
[794] Vgl. Koch [Merger 2000], S. 355; Krüger [Post-Merger-Integration 2006], S. 816.
[795] Die Mitarbeiter mit Mehrfachmitgliedschaft werden auch als „linking pins" bezeichnet, vgl. Likert [Organization 1967], S. 50; Schreyögg [Organisation 2003], S. 261ff. Vgl. zur Anwendung bei Integrationen Krüger [Post-Merger-Integration 2006], S. 816.
[796] Vgl. zum Konzept der Integrationsmatrix Lucks/Meckl [Mergers 2002], S. 122f.

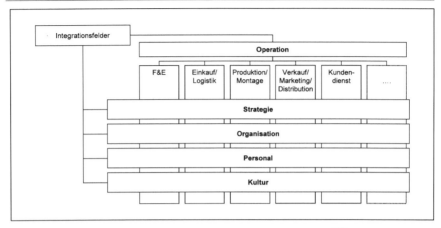

Abb. D-2: Teilprojekte in der Integrationsmatrix[797]

Die Felder der Integrationsmatrix sollten sinnvollerweise kongruent zur beabsichtigten Zielorganisation der neuen Unternehmung angelegt sein. Dieses muss in groben Zügen schon in der Pre Merger Phase festgelegt werden und die Struktur der neuen Unternehmung mit ihren Geschäftsbereichen, Funktionsbereichen, Standorten und Regionen bezeichnen, woraus sich schließlich die zu bearbeitenden Integrationsfelder ergeben.[798]

Die konkrete Ausgestaltung der Integrations-Projektorganisation erfolgt anhand der institutionalen, funktionalen und instrumentalen Dimension des Projektmanagements.[799] In der **institutionalen Dimension** werden die personelle Zusammensetzung der Projektorganisation und die Rollen der beteiligten Personen festgelegt.[800] Um eine breite Akzeptanz der Integrationsentscheidungen zu erreichen, sollten die einzelnen Einheiten der Projektorganisation paritätisch aus Mitarbeitern der beteiligten Unternehmungen besetzt werden.[801] Auf diese Weise kann vermieden werden, dass sich die Mitarbeiter der akquirierten Unternehmung unterlegen fühlen, und die Integrationsmaßnahmen können leichter umgesetzt werden.[802] Durch die Beteiligung von Mitarbeitern der betroffenen Unternehmungs- und Funktionsbereiche sowie einiger Zentralbereiche

---

[797] In Anlehnung an Lucks/Meckl [Mergers 2002], S. 122 i.V.m. Krüger [Post-Merger-Integration 2006], S. 817.
[798] Vgl. Krüger [Post-Merger-Integration 2006], S. 817; Borowicz [M&A-Aufbauorganisation 2006], S. 169.
[799] Vgl. zu den drei Dimensionen Lechler [Erfolgsfaktoren 1997], S. 37.
[800] Vgl. Penzel [Erfolgsfaktoren 2000], S. 26.
[801] Vgl. De Noble/Gustafson/Hergert [Success 1988], S. 83; Werner [Integration 1999], S. 335; Clever [Merger 1993], S. 135.
[802] Vgl. Wirtz [Mergers 2003], S. 293.

(z.B. Unternehmungsplanung, Controlling, Marketing und Technik) wird die benötigte Fachexpertise in die Projektorganisation eingebracht.[803] Externe Berater bringen zusätzlich Spezialkenntnisse für spezifische Problemstellungen in die Erarbeitung der Integrationsmaßnahmen ein. Aufgrund ihrer Unabhängigkeit wird ihnen in vielen Fällen die Aufgabe der Kommunikation nach innen und nach außen übertragen.[804] Des Weiteren muss in der institutionalen Dimension des Projektmanagements die Kompetenzausstattung der einzelnen Organisationseinheiten bzw. (Teil-)Projektleiter geregelt werden. Jede Projektführungskraft muss über die jeweils für die Umsetzung der Integrationsmaßnahmen benötigten Handlungsrechte und Ressourcen verfügen. Zudem müssen die Aufgabenabgrenzung der Teilprojekte sowie die Berichtswege klar und eindeutig definiert sein und die Projektmitarbeiter für die Dauer der Integrationsphase von ihrer Linientätigkeit entbunden werden.[805]

Die **funktionale Dimension** des Projektmanagements stellt die in der Integrations-Projektorganisation wahrzunehmenden Aufgaben und Aktivitäten dar. Die Aufgaben können in Planungs-, Durchführungs-, Kontroll- und Dokumentationsaufgaben eingeteilt werden. Um die Integrationsmaßnahmen und den Ablauf sinnvoll planen zu können, benötigt die Projektleitung die Vorgabe eines eindeutigen Integrationsziels nach inhaltlichen und zeitlichen Aspekten. Des Weiteren muss die personelle Zuordnung auf einzelne Integrationsmaßnahmen vorgenommen werden. In der anschließenden Durchführungsphase werden die Integrationsmaßnahmen in den einzelnen Teilprojekten umgesetzt. Dabei erfolgt ein stetiger Vergleich der erreichten Teilziele mit den aus dem Integrationsziel abgeleiteten Sollvorgaben. Diese Kontrolle erfolgt auf der einen Seite hinsichtlich der entstandenen Kosten und des Ressourcenverbrauchs und auf der anderen Seite hinsichtlich zeitlicher Aspekte.[806]

Die zur Realisierung der Integrationsprojekte benötigten Instrumente und Steuerungstools werden durch die **instrumentale Dimension** des Projektmanagements beschrieben. Im Projekt werden entsprechend der in der funktionalen Dimension festgelegten Aufgaben Planungs-, Steuerungs- und Kontrollinstrumente eingesetzt.[807]

---

[803] Vgl. Clever [Merger 1993], S. 135; Müller-Stewens/Schreiber [Anbindung 1993], S. 278; Naber [Planung 1987], S. 45.
[804] Vgl. Thommen/Sauermann [Lösungskonzepte 1999], S. 319f.; Ottersbach/Kolbe [Integrationsrisiken 1990], S. 148.
[805] Vgl. Wirtz [Mergers 2003], S. 294; Gut-Villa [Human 1997], S. 160.
[806] Vgl. Wirtz [Mergers 2003], S. 295. Zum Integrationscontrolling vgl. bspw. Bark [Integrationscontrolling 2002] sowie Wirtz [Mergers 2003], S. 389ff. m.w.N.
[807] Vgl. Wirtz [Mergers 2003], S. 296.

Abschließend lässt sich zur Integrations-Projektorganisation festhalten, dass ihre Ausgestaltung im Verlauf des Integrationsprozesses einer gewissen Veränderung unterworfen ist. Diese ergibt sich aus den sich ändernden Aufgabenstellungen in den einzelnen Phasen des Integrationsprozesses. In der Vorfeldphase besteht die Integrationsprojektorganisation aus dem Lenkungsausschuss, der Projektleitung und Teilprojektteams für die Strategieentwicklung, die Bewertung und die Verhandlung. Unterstützt wird die Projektleitung dabei von der Abteilung für Unternehmungsentwicklung. Nach dem Übergang in die Integrationsphase ändern sich die Aufgabengebiete der Teilprojektteams, hier sind jetzt die einzelnen Handlungsfelder der Integration zu bearbeiten. Die Grundstruktur der Projektorganisation bleibt jedoch identisch, neu hinzu kommt das einzurichtende Integrationsbüro, das die Projektleitung nun in der operativen Umsetzung der Integration koordinierend unterstützt. Nach Abschluss der Integration löst sich die Integrations-Projektorganisation auf. Lediglich das Integrationsbüro kann noch zur Unterstützung der Geschäftssteuerung in geringerem Maße tätig sein.

1.2 Integrationsbüro als Unterstützungseinheit

Aufgrund der hohen Bedeutung der Integrations-Projektorganisation für die Umsetzung der Integration und damit den Erfolg der gesamten M&A-Transaktion wird für umfangreiche und komplexe Integrationen die Einrichtung eines **Integrationsbüros** vorgeschlagen. Diese spezielle Einheit dient der Projektleitung als Stabsstelle und unterstützt sie in der Koordination der Umsetzung der Integration.[808] Das Integrationsbüro ist eine besondere Form eines Projektbüros kann daher als das **zentrale Arbeits- und Steuerungsinstrument** im Falle einer Organisationsintegration bezeichnet werden.[809] Es unterstützt die Integrations-Projektleitung bei der Steuerung des Gesamtprozesses, indem es die Koordination der Integrationsaufgaben, die von den Teilprojektteams bearbeitet werden, übernimmt. Hierzu gehört, die arbeitsteiligen Prozesse abzustimmen, die Ausrichtung aller Aktivitäten auf das Integrationsziel zu überwachen und für die Ressourcenverteilung zwischen den Teilprojektteams zu sorgen.[810] Mithilfe einer permanenten Kommunikation zwischen dem Integrationsbüro und den Teilprojekten wird die Projektarbeit vorangetrieben und gesteuert.

---

[808] Vgl. Schewe/Lohre [Integrationsbüro 2006], S. 387f.
[809] Vgl. zum Projekt- bzw. Programm-Büro Brehm/Hackmann/Jantzen-Homp [Programm-Management 2006], S. 233f.
[810] Vgl. Schewe/Brast/Lohre [Integrationsbüro 2003], S. 14f.

Organisation der Integration 171

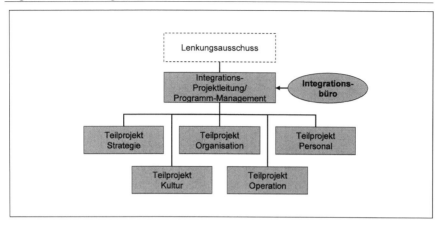

Abb. D-3: Integrations-Projektorganisation mit Integrationsbüro

Je nach Umfang der Integration sollte die **personelle Besetzung** des Integrationsbüros vier bis sechs Mitarbeiter umfassen, die im Idealfall ganz oder teilweise für die Aufgaben freigestellt werden. Hierbei sollte es sich um eine identische Anzahl ausgewählter Führungskräfte und Teammitarbeiter aus den beteiligten Unternehmungen handeln, die über eine umfangreiche Integrationserfahrung verfügen und somit ein gutes Standing in den Vorgängerorganisationen haben. Für ihre Aufgabenerfüllung sind sie auf die Anerkennung ihrer fachlichen und persönlichen Autorität angewiesen.[811] Die fachlichen Kompetenzen der Mitglieder des Integrationsbüros sind zum einen an den Besonderheiten der beteiligten Unternehmungen und der jeweiligen Integration auszurichten, zum anderen sind Experten aus den Bereichen Controlling, Vertrieb und Entwicklung mit aufzunehmen. Zusätzlich können externe Berater aufgrund ihrer Neutralität mit ihrer großen Akquisitions- und Integrationserfahrung bei komplexen Integrationen das Integrationsbüro sinnvoll ergänzen. Damit wird gewährleistet, dass die Teilprojektmitarbeiter jederzeit eine kompetente Anlaufstelle haben, an die sie sich mit operativen Problemen wenden können.[812]

Die **interne Organisation** des Integrationsbüros ist durch eine klare Kompetenz- und Aufgabenabgrenzung zwischen den Mitarbeitern gekennzeichnet. Dazu ist es außerdem nötig, einen Leiter des Integrationsbüros zu benennen, der in Personalunion auch die Funktion des Projektleiters innehat. Die Aufgabenverteilung zwischen den Mitarbeitern erfolgt nach ihren individuellen Spezialisierungsgraden und obliegt dem Inte-

---

[811] Vgl. Koch [Merger 2000], S. 354.
[812] Vgl. Schewe/Lohre [Integrationsbüro 2006], S. 389.

grationsbüroleiter. Die Aufgaben von u.U. zusätzlich eingesetzten externen Beratern werden ebenfalls von ihm koordiniert. Zur Sicherstellung einer effizienten Arbeitsweise müssen umfassende Kommunikationsstrukturen eingerichtet sein. Dies kann bspw. durch räumliche Nähe der Mitarbeiter oder regelmäßige Projektmeetings, in denen über den aktuellen Stand berichtet wird und Erfahrungen ausgetauscht werden, erreicht werden.[813]

Die **Hauptaufgabe** des Integrationsbüros besteht in der Steuerung des Integrationsprozesses sowie der Koordination der Teilprojekte.[814] Dazu müssen zunächst alle arbeitsteiligen Prozesse, die zur Umsetzung der Integrationsmaßnahmen notwendig sind, identifiziert und in eine Projektstruktur transferiert werden. Daneben unterstützt das Integrationsbüro die Projektleitung dabei, diese Aktivitäten auf die Integrationsziele auszurichten und eine effektive und effiziente Projektarbeit zu gewährleisten. Durch die Vorgabe von Zeitplänen und Budgets an die Teilprojekte können mögliche Konflikte über die Verteilung der knappen Ressourcen gelöst werden. Um im weiteren Verlauf die in den Handlungsfeldern konkret zu erledigenden Aufgaben zu identifizieren und die Projektziele zu definieren, sind Workshops mit den betroffenen Unternehmungsbereichen durchzuführen. Diese Teilprojekte bilden dann die unterste Ebene der Projektorganisation und sind vom Integrationsbüro zu koordinieren, und zwar sowohl horizontal als auch vertikal mit der Projektleitung und dem Lenkungsausschuss.

Schließlich ist die Durchführung des begleitenden Projektcontrollings mithilfe eines evtl. zu entwickelnden Projektcontrollingtools eine der Aufgaben des Integrationsbüros, um zeitnah einen Gesamtüberblick bzgl. Ergebniserreichung und Risikostatus des Projektfortschritts zu erhalten. Hierzu müssen die Teilprojektleiter in regelmäßigen Abständen Berichte über den Projektfortschritt an das Integrationsbüro melden. Durch diese regelmäßigen Reportings wird das Integrationsbüro auf akute Probleme innerhalb der Teilprojekte aufmerksam, deren Lösung die Projektleitung im Folgenden anstreben muss. Im Rahmen der Risikobetrachtung werden Teilprojekte, die an einer kritischen Stelle ins Stocken geraten sind, unter besondere Beobachtung gestellt, und es ist abzuwägen, inwiefern diese Teilprojekte fortgeführt oder ob sie besser abgebrochen werden, falls sie keine erfolgskritischen Aufgaben bearbeiten. Die Rolle des Integrationsbüros ist dabei die eines Unterstützers und Prozesspromotors, der das Schnittstel-

---

[813] Vgl. Schewe/Brast/Lohre [Integrationsbüro 2003], S. 16f.
[814] Vgl. hierzu und im Folgenden Schewe/Lohre [Integrationsbüro 2006], S. 392f. sowie Schewe/Brast/Lohre [Integrationsbüro 2003], S. 17f.

lenmanagement zwischen den entscheidungsbefugten Instanzen im Lenkungsausschuss und den operativen Projektteams betreibt.[815]

Die genaue Ausgestaltung der Aufgabenfelder eines Integrationsbüros hängt von einer Vielzahl von Faktoren ab. Zunächst einmal kann es auch für Integrationsbüros selbst in sehr großen Veränderungsvorhaben eine hierarchische Struktur geben. An der obersten Stelle steht dann z.B. ein **globales Integrationsbüro**, welchem **regionale** und **lokale Integrationsbüros** unterstellt sind. In einer matrixähnlichen Struktur liegen dazu quer die verschiedenen **funktionalen Integrationsbüros**. Je nachdem, ob bspw. zwei oder mehrere IT-, Personal- oder Finanzabteilungen integriert werden müssen, werden diese speziellen Funktionsprobleme in den entsprechenden funktionalen Integrationsbüros bearbeitet. Von den weiteren Einflussfaktoren seien an dieser Stelle nur einige genannt: Größe und Art des Projektes, Stellung des Integrationsvorstandes in der Unternehmung, Qualifikation und Motivation der Mitarbeiter im Integrationsbüro. Bei sämtlichen Aufgaben des Integrationsbüros handelt es sich um Unterstützungsaufgaben, die sich vereinfacht in die folgenden Kategorien einteilen lassen:

- **Begleitung des Integrationsprozesses:** Hierunter sind auch alle Aufgaben des Projekt- und Change Managements zu fassen. Grundsätzlich umfassen diese neben der Koordination des Gesamtprozesses die Entwicklung von Integrationsstandards. Sollte die Integrationsstrategie aufgrund aktueller Entwicklungen oder Kontroversen innerhalb des Leitungsgremiums verändert werden, muss das Integrationsbüro als Prozesspromotor und Koordinator des Integrationsprozesses darauf reagieren und die Projektorganisation entsprechend anpassen. Dies kann sich auf die Zielsetzungen der Teilprojekte, deren Anzahl oder Zusammensetzung auswirken.
- **Administration:** Hierunter fallen im Wesentlichen alle Aufgaben, die der Umsetzung organisatorischer Veränderungen i.e.S. dienen. Im Allgemeinen zählen z.B. die Vor- und Nachbereitung von regelmäßigen und unregelmäßigen Meetings, Erstellung von Stellenbeschreibungen und Zielvereinbarungen für die neue Struktur sowie Administration von Umzugs- und Konsolidierungsaktivitäten dazu. Abschließend ist die Organisation von sozialen Veranstaltungen Aufgabe des Integrationsbüros, die zur notwendigen Integration der unterschiedlichen Unternehmungskulturen dienen sollen.
- **Personal:** Die Personalfunktion im Rahmen der Integration übernimmt sowohl eigene Aufgaben als auch Abstimmungsaufgaben. Zu der wichtigsten Aufgabe gehört

---

[815] Vgl. Schewe/Brast/Lohre [Integrationsbüro 2003], S. 15f. sowie Schewe/Lohre [Integrationsbüro 2006], S. 393f.

sicherlich die strategische und operative Personalplanung und die sich daraus ergebenden „Wanderungslisten" (d.h. Mitarbeiter X wandert von Organisationseinheit/Gesellschaft A nach B) und deren Realisierung. Da das Integrationsbüro dafür meist nicht mit den entsprechenden Kompetenzen ausgestattet ist, bedarf es hier einer engen Zusammenarbeit mit den Personalabteilungen der Unternehmungen und/oder des Konzerns. Hier ist eine möglichst aktive Steuerung und Begleitung der internen Personalfunktionen und gegebenenfalls mit dem funktionalen Integrationsbüro „HR" vonnöten. Weiterhin müssen alle mit der Integration in Zusammenhang stehenden sozialpartnerrelevanten Themen hier geplant und vorbereitet werden.

- **Spezialaufgaben:** Diese ergeben sich aus der Einbindung in eine Gesamtorganisation oder eine hierarchische Integrationsstruktur. Diese stabsähnlichen Aufgaben umfassen z.B. die Unterstützung von Linieneinheiten in spezifischen Fragestellungen und das Reporting an Unternehmungs- und Konzerneinheiten oder übergeordnete Integrationseinheiten („Management by Templates"). Die Übernahme von betriebswirtschaftlichen Sonderberechnungen („Business Cases") gehört ebenfalls in diesen Aufgabenbereich. In der Praxis kommt es vor allem bei nur Teilzeit arbeitenden Projektleitungen häufig zu einer Vermischung von Linien- und Integrationstätigkeit, so dass die verfügbaren Personalressourcen auch zur persönlichen Unterstützung eingesetzt werden, z.B. bei internen und externen Integrationsvorträgen.

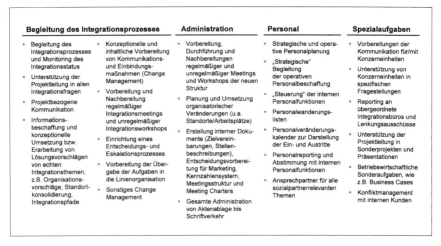

Abb. D-4: Aufgabenfelder des Integrationsbüros

Damit das Integrationsbüro zum Erfolg der Integrationsmaßnahme beitragen kann, sind einige wichtige **Voraussetzungen** zu erfüllen. Die personelle Zusammensetzung des Integrationsbüros ist derart zu gestalten, dass für sämtliche Teilprobleme in den Handlungsfeldern Spezialisten zur Verfügung stehen, die den Teilprojektteams unterstützend zur Hand gehen können, wenn diese auf ein operatives Umsetzungsproblem stoßen. Nicht zu unterschätzen ist die Notwendigkeit der Förderung des Integrationsbüros durch das Topmanagement bzw. den Lenkungsausschuss. Je mehr Commitment bzgl. der Integration von deren Seite zu spüren ist, desto größer ist der Rückhalt, den das Integrationsbüro in der Unternehmung hat. Da die operative Integrationsverantwortung bei den Geschäftsbereichen liegt, kann sich das Integrationsbüro aus politisch brisanten Themen (bspw. Personalentscheidungen) heraushalten und läuft somit nicht Gefahr, seine gute Reputation zu gefährden. Schließlich ist ein wichtiger Erfolgsfaktor, dass die operative Verantwortung der Integrationsmaßnahmen von den betroffenen Teilprojektteams und Geschäftsbereichen getragen wird. Das Integrationsbüro hat lediglich die Aufgabe des Schnittstellenmanagements und des Vorantreibens des Gesamtprozesses und stellt eine Lern- und Wissensplattform für die an der Integration beteiligten Mitarbeiter und Organisationseinheiten dar.

2 Integration der Organisation

2.1 Gestaltungsfragen der Organisation in der Post Merger Integration

Die im vorangegangenen Abschnitt beschriebene Gestaltungsdimension Organisation der Integration umfasst diejenigen Aktivitäten, die den organisatorischen Rahmen der Integrationstätigkeiten bilden. Die Maßnahmen zur organisatorischen Zusammenführung der an der M&A-Transaktion beteiligten Unternehmungen werden in der Gestaltungsdimension **Integration der Organisation** gebündelt. Das Ziel dieser Gestaltungsdimension ist die Realisierung einer strategieorientierten und funktionsfähigen Organisation für die neue Unternehmung, mit der die integrierte Unternehmung Wettbewerbsfähigkeit erlangt und mit ihren Geschäftsfeldern erfolgreich am Markt agieren kann.

Im Begriffsverständnis der vorliegenden Arbeit wird mit organisatorischer **Integration** sowohl der Prozess als auch das Ergebnis der Zusammenführung von vorher getrennten Organisationsstrukturen und -prozessen zu einer neuen, gemeinsamen Organisation bezeichnet.[816] Aus Sicht der der Arbeit zugrundeliegenden Systemtheorie bedeutet dies, dass die einzelnen Systemelemente bzw. Subsysteme zu einem neuen System

---

[816] Vgl. Lehmann [Integration 1980], Sp. 976f.

verknüpft und auf das Systemziel ausgerichtet werden. Zwischen den Systemelementen bestehen starke Interdependenzen, so dass sich Veränderungen bei einem Systemelement unmittelbar auf die anderen Systemelemente auswirken. Damit unterliegt auch das System an sich diesen Veränderungen.[817]

Die folgenden Ausführungen beziehen sich ausschließlich auf das **Integrationsfeld Organisation**. Demzufolge bilden neben aufbauorganisatorischen Elementen wie Aufgaben, Stellen, Stellenmehrheiten und ihre hierarchischen Beziehungen zueinander, die Ablauforganisation sowie die Unternehmung als Gesamtsystem die Gegenstände der Integrationsmaßnahmen. Die organisatorische Gestaltung dieser Elemente erfolgt anhand der **Kernfragen der organisatorischen Gestaltung**, die in Abschnitt B.2.2.4 auf Basis der Systemtheorie und des strukturtechnischen Ansatzes abgeleitet wurden.[818]

In einem ersten Schritt ist die Frage nach der von der neuen Organisation abzudeckenden Wertschöpfung zu klären. Die **externe Systemabgrenzung** ist eng mit der strategischen Ausrichtung der Unternehmung verbunden und beschreibt den Umfang ihrer Gesamtaufgabe. Für die neue Unternehmung muss eine optimale Wertschöpfungstiefe gefunden werden. Damit sind ebenfalls Fragen nach dem In- und Outsourcing von Wertschöpfungsschritten verbunden. Die zweite organisatorische Gestaltungsfrage baut auf der externen Systemabgrenzung auf. Im Rahmen der Frage nach der **externen Systemkopplung** muss die neue Unternehmung in Abhängigkeit von der Grenzziehung ihre Schnittstellen zu den Netzwerkpartnern gestalten. Es muss geklärt werden, ob die Unternehmung Teil eines Wertschöpfungsnetzwerkes sein soll und welche Koordinationsmechanismen zur Abstimmung mit den anderen Netzwerkpartnern angewendet werden sollen. In diesem Zusammenhang muss auch die Arbeitsteilung zwischen der Unternehmung und den Netzwerkpartnern festgelegt werden. Im Anschluss daran wird mit der dritten organisatorischen Kernfrage die interne Strukturierung der Primärorganisation der neuen Unternehmung beantwortet. Im Rahmen der **Subsystembildung** muss geklärt werden, in welche Organisationseinheiten die neue Unternehmung gegliedert werden soll. Nur durch eine effektive und effiziente Aufbauorganisation können die angestrebten Synergieeffekte realisiert werden. Das Problem der Subsystembildung sind die in aller Regel ungleichen organisatorischen Strukturen der beteiligten Unternehmungen.[819] Durch die mengen- und artenmäßige Arbeitsteilung werden unterschiedliche Organisationseinheiten wie Bereiche, Abteilungen und Stel-

---

[817] Vgl. Bleicher [Gestaltung 1979], S. 48 sowie Lehmann [Integration 1980], Sp. 978.
[818] Vgl. zu den Fragen der organisatorischen Gestaltung Abschnitt B.2.2.4, S. 54ff.
[819] Vgl. Wirtz [Mergers 2003], S. 298.

len gebildet, die jeweils unterschiedliche Aufgaben erfüllen.[820] Zusätzlich ist ein angemessenes Verhältnis zwischen Steuerungseinheiten, operativen Einheiten und Unterstützungseinheiten zu ermitteln. Das zielgerichtete Zusammenwirken der einzelnen Subsysteme ist Gegenstand der vierten organisatorischen Kernfrage. Die **Subsystemintegration** ist das logische Gegenstück zur Subsystembildung und somit iterativ mit ihr verbunden. Sie umfasst sämtliche Maßnahmen und Aktivitäten zur Koordination der arbeitsteiligen Organisationseinheiten im Hinblick auf das Gesamtziel der neuen Unternehmung.[821] Zur Gestaltung der vertikalen Beziehungen zwischen den Subsystemen wird neben verschiedenen anderen Koordinationsmechanismen und -instrumenten hauptsächlich die hierarchische Koordination eingesetzt. In diesem Zusammenhang sind Fragen der Leitungsbreite und -tiefe in der neuen Unternehmung zu beantworten. An die Integration schließt sich die **interne Organisation der Subsysteme** bzw. Organisationseinheiten an. Dabei ist zum einen die interne Arbeitsteilung und Koordination in einem Unternehmungsbereich bzw. einer Abteilung oder Gruppe zu bestimmen und zum anderen der Grad an Eigenständigkeit der jeweiligen Subsysteme.

Diese organisatorischen Gestaltungsfragen sind zwar generisch,[822] können jedoch nicht ohne Weiteres auf jede beliebige Post Merger Integrations-Situation angewendet werden. Die Intensität, mit der die Organisationsstrukturen der beteiligten Unternehmungen verschmolzen werden, ist bei jeder M&A-Transaktion unterschiedlich. Die Entscheidung über die Intensität der Zusammenführung ist akquisitionsspezifisch und wird vom **Integrationsansatz** bestimmt.[823] Der Integrationsansatz **Erhaltung** führt zu dem geringsten Integrationsgrad, die akquirierte Unternehmung wird in einer eigenständigen Rechtsform weitergeführt und behält einen Großteil ihrer Autonomie. Bei dem Integrationsansatz Erhaltung wird die Verschmelzung der Organisationsstrukturen der beteiligten Unternehmungen demzufolge nur sehr oberflächlich erfolgen. Die Beziehungen zwischen den Organisationseinheiten sind nur inaktiv, d.h. Veränderungen bei einem Element führen nicht zu Veränderungen bei anderen Elementen oder dem Gesamtsystem.[824] Eine intensivere Integration findet bei dem Integrationsansatz der **partiellen Integration** bzw. **Symbiose** statt. Hier wird das Ziel der Synergierealisierung angestrebt, wozu die Verbindung der beteiligten Organisationen intensiver sein

---

[820] Vgl. Grochla [Unternehmungsorganisation 1972], S. 56f.
[821] Vgl. Kosiol [Organisation 1976], S. 171; Laßmann [Koordination 1992], S. 247ff.; Jost [Koordination 2000], S. 49ff.
[822] Vgl. Krüger [Organisation 2005], S. 143.
[823] Vgl. zu den Integrationsansätzen Abschnitt C.1.3, S. 87ff.
[824] Vgl. auch im Folgenden zu den Beziehungen Lehmann [Integration 1980], Sp. 980f.

muss. Es werden diejenigen Organisationseinheiten integriert, bei denen sich Synergien erreichen lassen. Gleichzeitig werden doppelt vorhandene Organisationseinheiten eliminiert. Die Beziehungen zwischen den Elementen sind z.T. noch inaktiv, z.T. allerdings aktiv, so dass sich Veränderungen auf andere Elemente und das System auswirken. Die intensivste Integration findet bei dem Integrationsansatz **Absorption** statt. Hier erfolgt eine vollständige Integration der akquirierten Unternehmung mit vollständiger Aufgabe ihrer Autonomie. Dies bedeutet für die organisatorische Integration, dass alle Organisationseinheiten miteinander verknüpft werden, was zu einem hohen Maß an Koordination und Standardisierung führt. Die Beziehungen zwischen den Elementen sind aus diesem Grund aktiv, so dass vielfältige Interdependenzen bestehen.

Aufgrund dieser sehr unterschiedlichen Anforderungen, die die verschiedenen Integrationsansätze an die organisatorische Integration stellen, führt die Beantwortung der Kernfragen der organisatorischen Gestaltung für jeden Integrationsansatz zu einer unterschiedlichen Ausgestaltung der Organisationsstrukturen und -prozesse für die neue Unternehmung. Die Problematik besteht darin, dass sich die zu integrierenden Organisationsstrukturen und Geschäftsprozesse der beteiligten Unternehmungen im Normalfall sehr stark unterscheiden, selbst wenn diese in ähnlichen Geschäftsfeldern tätig sind. Dies betrifft neben der Hierarchie bspw. die Aufgabenverteilung zwischen einzelnen Abteilungen sowie die Zentralisierung von Entscheidungen. Aus diesem Grund muss zunächst eine Harmonisierung bzw. Neugestaltung der Strukturen und Prozesse erfolgen, bevor sie miteinander verzahnt werden können. Dabei ist die Frage zu beantworten, welche Teile der Strukturen und Prozesse von welcher Unternehmung übernommen werden können und sollen.[825]

In den folgenden Abschnitten D.2.2 bis D.2.4 wird deshalb der Versuch unternommen, für jeden Integrationsansatz generische Antworten auf die Kernfragen zu finden (vgl. Abbildung D-5).

---

[825] Vgl. hierzu Gerds/Schewe [Integration 2004], S. 80f.

Integration der Organisation

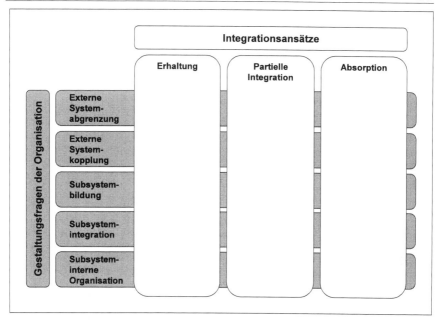

Abb. D-5: Organisatorische Gestaltung bei unterschiedlichen Integrationsansätzen

Konkret sind also **für jeden Integrationsansatz** die folgenden **Gestaltungsfragen** zu beantworten:[826]

- **Externe Systemabgrenzung:**
  - Welchen Umfang hat die Gesamtaufgabe der neuen Unternehmung?
  - Welche Wertschöpfung soll die neue Unternehmung abdecken?
  - Wie ist die Wertschöpfungstiefe, sollen Funktionen aus- oder eingegliedert werden?

- **Externe Systemkopplung**
  - Welche Schnittstellen hat die neue Unternehmung mit Zulieferern/Abnehmern?
  - Wird durch die Akquisition eine neue Wertschöpfungsstufe erworben oder ein für sich stehendes Geschäft?
  - Soll die neue Unternehmung in einem Netzwerk arbeiten? Welche Beziehungen sollen zu den Partnern herrschen? Wie erfolgt die Abstimmung mit den Netzwerkpartnern?

---

[826] Vgl. zur Ableitung der Gestaltungsfragen Abschnitt B.2.2.4, S. 54ff.

- Welche Aufgaben werden an das Netzwerk abgegeben?

- **Subsystembildung**
  - In welche Teilaufgaben kann die Gesamtaufgabe der neuen Unternehmung unterteilt werden und welche Arten von Subsystemen werden dazu benötigt?
  - Wie ist die horizontale und vertikale Arbeitsteilung zu gestalten?
  - Wie ist die Standortstruktur der neuen Unternehmung zu gestalten?

- **Subsystemintegration**
  - Sind die Organisationsformen der beteiligten Unternehmungen ähnlich oder stark unterschiedlich? Gibt es eine dominierende Organisationsform?
  - Welche Form der Aufbauorganisation passt am besten zur strategischen Ausrichtung der neuen Unternehmung?
  - Wird in den Organisationen der beteiligten Unternehmungen der gleiche Koordinationsmechanismus angewendet? Welcher Koordinationsmechanismus bietet sich für die neue Unternehmung an?
  - Können die kritischen Prozesse bzw. die Geschäftsprozesse der beteiligten Unternehmungen problemlos in einer neuen Prozessorganisation zusammengeführt werden?

- **Subsysteminterne Organisation**
  - Welche Einheiten der Primär- und Sekundärorganisation werden zur Aufgabenerfüllung benötigt?
  - Welcher Grad an Selbstorganisation soll den Subsystemen zugestanden werden?

2.2 Organisationsgestaltung bei dem Integrationsansatz Erhaltung

2.2.1 Integrationsgestaltung und Organisationsstruktur der integrierten Unternehmung bei Erhaltung

Die konkrete **Integrationsgestaltung** bei einer typischen Erhaltungsintegration wird durch die Ausprägungen der in Abschnitt C.1.2 vorgestellten Einflussfaktoren charakterisiert.[827] Der Integrationsansatz Erhaltung wird bei **Akquisitionsformen** angewendet, bei der die Erhaltung der akquirierten Unternehmung als rechtliche Einheit ge-

---

[827] Vgl. zu den Einflussfaktoren auf die Integrationsgestaltung Abschnitt C.1.2, S. 84ff. Die umweltbezogenen Einflussfaktoren werden aus den dort genannten Gründen hier nicht behandelt.

währleistet ist. Demnach erfolgt der Zusammenschluss in der Form der Akquisition. Die **strategische Zielsetzung** besteht in der Ausweitung eines Geschäftsfeldes der akquirierenden Unternehmung. Dazu sollen die Stärken beider Unternehmungen miteinander kombiniert werden. Der Aspekt der **Ähnlichkeit der Organisationsstrukturen** ist für Erhaltungsintegrationen nicht relevant, denn die akquirierte Unternehmung wird organisatorisch unverändert als neuer Geschäftsbereich in die Käuferunternehmung eingegliedert. Der Integrationsansatz Erhaltung wird bei **vertikalen oder konglomeraten Zusammenschlüssen** angewendet, d.h. die Synergierealisierung steht aufgrund der wenig ausgeprägten **Ähnlichkeit der Aufgaben** nicht im Vordergrund. Bei einer Erhaltungsintegration besteht zwischen den beteiligten Unternehmungen ein klares **Ordnungsverhältnis**. Die akquirierende Unternehmung ist eindeutig in der mächtigeren Position, so dass keine Beteiligung der akquirierten Unternehmung an der Gestaltung und Durchführung der Integration vorgesehen ist. Zudem wird die übernommene Unternehmung nicht an der Geschäftsleitung der integrierten Unternehmung beteiligt sein, sondern auf der zweiten Ebene eingegliedert. Die mit dem Ordnungsverhältnis eng verknüpfte **Grundlage der Zusammenarbeit** ist für die Gestaltung des Integrationsansatzes Erhaltung nicht maßgeblich. Bei Eingliederung als neuer Geschäftsbereich ist die Beteiligung des Managements der akquirierten Unternehmung nicht notwendig und führt sowohl bei freundlichen als auch bei feindlichen Übernahmen zu keinen großen Unsicherheiten auf Seiten der Mitarbeiter der akquirierten Unternehmung, da der Integrationsansatz ihre Eigenständig garantiert und keine umfangreichen Organisationsänderungen erfordert. Damit sind **kulturelle Unterschiede** zwischen den beteiligten Unternehmungen ebenso nicht bedeutsam. Jede Unternehmung kann ihre kulturellen Besonderheiten beibehalten, eine kulturelle Integration ist aufgrund der nicht durchzuführenden organisatorischen Integration nicht notwendig. Die Berücksichtigung der **personenbezogenen Einflussfaktoren** stellt bei Erhaltungsintegrationen keine große Herausforderung dar. Durch die Beibehaltung der Eigenständigkeit der akquirierten Unternehmung nach der Integration wird die Motivation der gesamten Belegschaft sowie insbesondere von Schlüsselmitarbeitern mit besonderen Qualifikationen nicht beeinträchtigt, so dass sie der neuen Unternehmung erhalten bleiben. Allerdings besteht bei Mitgliedern der Geschäftsleitung der übernommenen Unternehmung die Gefahr des Ausscheidens aus der neuen Unternehmung, da sie in der neuen Unternehmung nicht mehr dem obersten Leitungsorgan angehören.

Bezogen auf die organisatorische Integration ergibt sich aus dieser Integrationsgestaltung die **Organisationsstruktur** der neuen Unternehmung. Diese entsteht bei dem Integrationsansatz Erhaltung durch die Eingliederung der akquirierten Unternehmung als

eigenständiger Bereich auf der ersten Ebene unterhalb der Unternehmungsleitung der akquirierenden Unternehmung. Die akquirierte Unternehmung bleibt somit weitestgehend in unveränderter Form bestehen und bildet einen neuen Geschäftsbereich in der Organisation der akquirierenden Unternehmung. Die ehemalige Unternehmungsleitung der zu integrierenden Unternehmung fungiert als Bereichsleitung und berichtet direkt an die Leitung der übergeordneten Ebene, in den meisten Fällen die Unternehmungsleitung der neuen Unternehmung. Der Integrationsansatz Erhaltung bietet sich insbesondere bei M&A-Transaktionen an, bei denen die akquirierte Unternehmung entweder eine vollkommen eigenständige Produktgruppe anbietet, die nicht zu den bestehenden Geschäftsfeldern der akquirierenden Unternehmung passt (konglomerater Zusammenschluss), oder eine vor- oder nachgelagerte Wertschöpfungsstufe bearbeitet (vertikaler Zusammenschluss). Durch die Eingliederung der akquirierten Unternehmung als neuer Geschäftsbereich erhöht sich die Führungsspanne der Unternehmungsleitung der akquirierenden Unternehmung. Aufgrund der Beibehaltung der Eigenständigkeit der akquirierten Unternehmung ist des Weiteren eine schnelle und reibungslose Integration möglich, denn die Strukturen und Weisungsbeziehungen bleiben sowohl bei der zu integrierenden Organisation als auch in der Käuferunternehmung weitestgehend erhalten, und die beiden Organisationen haben nur wenige Berührungspunkte. Dies bedeutet für die erworbene Unternehmung und deren Mitarbeiter, dass die Fortführung ihres Geschäftsbetriebes nicht gefährdet ist. Die Zielsetzung der M&A-Transaktion besteht nicht in der Realisierung von Synergien, so dass demzufolge kaum Veränderungen in den beteiligten Organisationen vorgenommen werden. Schließlich unterliegen auch die internen und externen Geschäftsbeziehungen der beteiligten Unternehmung keinen Veränderungen. Nur die ehemals externen Beziehungen zu der übernommenen Unternehmung werden zu internen Beziehungen innerhalb der neuen Unternehmung, während alle externen Beziehungen der beteiligten Unternehmungen weiterhin bestehen bleiben.

Abbildung D-6 zeigt zwei beispielhafte Organisationsstrukturen, die durch die Anwendung des Integrationsansatzes Erhaltung entstehen.

Integration der Organisation 183

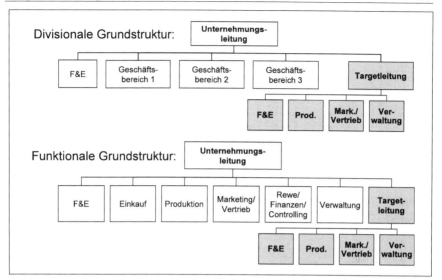

Abb. D-6: Beispielhafte Organisationsstruktur der neuen Unternehmung nach einer Erhaltungsintegration

Als Beispiel für diesen Integrationsansatz kann die Akquisition eines Spezialherstellers, dessen Unabhängigkeit, Firmen- und Markenname unbedingt erhalten bleiben müssen, zur Stärkung und Ausweitung eines Geschäftsfeldes eines Konzerns genannt werden.[828]

Die nachfolgende Behandlung der Kernfragen der organisatorischen Gestaltung für den Integrationsansatz Erhaltung bezieht sich auf die obige Abbildung, die eine typische Zielorganisation für diesen Integrationsansatz darstellt.

2.2.2 Externe Systemabgrenzung bei Erhaltung

Mit der Frage nach der **externen Systemabgrenzung** wird im Rahmen der Post Merger Integration geklärt, wie die Wertschöpfung der neuen Unternehmung ausgestaltet sein soll.[829] Die Wertschöpfungstiefe und damit der Aufgabenumfang der neuen Unternehmung werden maßgeblich von der strategischen Zielsetzung der M&A-Transaktion geprägt. Zudem stellt der leistungswirtschaftliche Zusammenhang des Zusammenschlusses einen weiteren Einflussfaktor dar.

---

[828] Vgl. zu diesem Beispiel Haspeslagh/Jemison [Akquisitionsmanagement 1992], S. 248ff.
[829] Vgl. zu den theoretischen Grundlagen Abschnitt B.2.2.4.2, S. 55ff.

Die akquirierte Unternehmung bildet in der neuen Unternehmung einen zusätzlichen Geschäftsbereich, der vollkommen eigenständig geführt wird. Demzufolge wird der **Aufgabenumfang** der neuen Unternehmung um das akquirierte Geschäftsfeld erweitert. Die operativen Aktivitäten der beteiligten Unternehmungen werden unverändert fortgeführt und stehen unverbunden nebeneinander. Diese Beibehaltung der Eigenständigkeit der akquirierten Unternehmung ist sehr wichtig, um ihre spezifischen Fähigkeiten erhalten zu können. Auf der einen Seite erfordert der Integrationsansatz Erhaltung also, dass die Muttergesellschaft die akquirierte Unternehmung autonom arbeiten lässt, demgegenüber benötigt die akquirierte Unternehmung auf der anderen Seite jedoch Förderung und Unterstützung durch Management-Fähigkeiten und materielle Ressourcen von der Muttergesellschaft. Diese Unterstützung ist notwendig, um die gewünschte Wertsteigerung durch eine bessere und schnellere Entwicklung erreichen zu können, als es ohne Akquisition möglich gewesen wäre.[830] Somit gibt es zwischen den beteiligten Unternehmungen **keine Arbeitsteilung**.

Die **Wertschöpfungstiefe** der neuen Unternehmung wird des Weiteren durch den leistungswirtschaftlichen Zusammenhang der Akquisition beeinflusst. Eine Umsetzung des Integrationsansatzes Erhaltung erscheint bei **horizontalen Zusammenschlüssen** nur dann sinnvoll, wenn durch die eigenständige Weiterführung der akquirierten Unternehmung, die in derselben Branche auf der gleichen Produktionsstufe tätig ist, neue Produkt- oder Marktsegmente erschlossen werden können. Die Wertschöpfungstiefe ändert sich dadurch jedoch nicht zwingend. Bei **vertikalen Zusammenschlüssen** wird mit der akquirierten Unternehmung eine vor- oder nachgelagerte Produktionsstufe in derselben Branche erworben. Dabei kann die akquirierte Unternehmung als eigenständiges Geschäftsfeld neben den Aktivitäten der übernehmenden Unternehmung in der neuen Unternehmung erhalten bleiben. Durch diesen Zukauf von Zulieferer- oder Vertriebsaktivitäten wird das von der neuen Unternehmung zu bewältigende Aufgabenspektrum deutlich erweitert, und die Wertschöpfungstiefe nimmt zu. Im Falle von **konglomeraten Zusammenschlüssen** ist die akquirierte Unternehmung in einem Geschäftsfeld tätig, das keine Überschneidungen oder Verbindungen zu den Aktivitäten der Muttergesellschaft aufweist. Aus diesem Grund ist eine organisatorische Verknüpfung nicht möglich, und der Integrationsansatz Erhaltung kann sinnvoll angewendet werden. Die Wertschöpfungstiefe und der Aufgabenumfang der akquirierenden Unternehmung werden durch das neue Geschäftsfeld stark erweitert. Die **Gesamtaufgabe** der neu zu organisierenden Unternehmung wird nach der Integration durch eine neue,

---

[830] Vgl. Haspeslagh/Jemison [Akquisitionsmanagement 1992], S. 245f.

spezifische Wertschöpfungskette abgebildet, deren Ausgestaltung von der Akquisitionsrichtung abhängig ist.[831]

Der Integrationsansatz Erhaltung führt dazu, dass die neue Unternehmung zwei Wertschöpfungsaktivitäten getrennt voneinander betreibt. Die Aufrechterhaltung dieser Trennung ist dann sinnvoll, wenn die Unternehmungs- und Wettbewerbsstrategie von zwei getrennten Geschäftsfeldern ausgeht. Durch die Akquisition hat die Muttergesellschaft ein mit dem Kerngeschäft eng verbundenes Geschäftsfeld erworben und durch dieses Insourcing ihren Aufgabenumfang erweitert. Demgegenüber stellen Erhaltungsakquisitionen per se kein Potenzial für ein Outsourcing von Teilen der Wertschöpfungskette dar.[832] Durch die Notwendigkeit der Aufrechterhaltung der Eigenständigkeit der akquirierten Unternehmung entstehen in der neuen Unternehmung zwar Doppelarbeiten und damit negative Synergien, dennoch ist die organisatorische Integration kein Auslöser für die Fremdvergabe von Wertschöpfungsaktivitäten. Damit ist die Frage nach der optimalen Funktionskumulierung und der damit verbundenen Erreichung von Economies of Scope bei Erhaltungsakquisitionen nicht relevant.[833]

2.2.3 Externe Systemkopplung bei Erhaltung

Im Anschluss an die Definition der Wertschöpfungsgrenze der neuen Unternehmung müssen die Schnittstellen zum Umsystem festgelegt werden. Gegenstand der **externen Systemkopplung** ist demzufolge die externe Organisation der neuen Unternehmung.[834] Damit ist die Koordination und Arbeitsteilung zwischen der neuen Unternehmung und externen Partnern angesprochen. Zudem ist die Frage zu klären, wie die Verbindungen zu diesen Partnern gestaltet sein sollen und ob die Unternehmung fester Bestandteil eines Netzwerkes sein soll.

Durch die Akquisition und anschließende organisatorische Angliederung eines eigenständigen Geschäftsfeldes verändern sich die **Schnittstellen** der Muttergesellschaft mit ihrer Umwelt. Auf der einen Seite können durch die organisatorische Integration externe Schnittstellen der Muttergesellschaft mit der akquirierten Unternehmung entfallen, da sie deren Aktivitäten eingliedert. Bestanden im Falle eines vertikalen Zusammenschlusses zwischen den beteiligten Unternehmungen bereits Geschäftsbeziehun-

---

[831] Die Wertschöpfungskette stellt ein System interdependenter Aktivitäten dar, sie ist typischerweise wiederum in einen übergeordneten Strom von Aktivitäten eingebettet, der als Wertsystem bezeichnet wird. Vgl. zu Wertkette und Wertsystem Porter [Wettbewerbsvorteile 2000], S. 63ff.
[832] Vgl. zur Outsourcingproblematik bspw. Sjurts [Outsourcing 2004], Sp. 1108ff.; Bruch [Outsourcing 1998].
[833] Vgl. Krüger [Organisation 1994], S. 38.
[834] Vgl. zu den theoretischen Grundlagen Abschnitt B.2.2.4.3, S. 58ff.

gen, werden diese nach der Integration innerhalb der neuen Unternehmung fortgeführt. Aus vormals externen Zulieferer-/Abnehmer-Beziehungen zwischen der Käuferunternehmung und der akquirierten Unternehmung werden nun konzerninterne Beziehungen, die zwischen zwei Subsystemen koordiniert werden. Auf der anderen Seite bringt die akquirierte Unternehmung ihre Geschäftsbeziehungen zu anderen externen Partnern mit in die neue Unternehmung ein, so dass diese für die Muttergesellschaft neue Schnittstellen bilden. Auch wenn die beteiligten Unternehmungen vor dem Zusammenschluss keine gemeinsamen Schnittstellen hatten, werden alle Geschäftsbeziehungen der akquirierten Unternehmung zu neuen Schnittstellen der Muttergesellschaft. Bei konglomeraten Zusammenschlüssen bestehen vor der M&A-Transaktion im Normalfall keine Geschäftsbeziehungen zwischen den beteiligten Unternehmungen, da sie in vollkommen unterschiedlichen Geschäftsfeldern tätig sind. Da die akquirierte Unternehmung ihre seitherigen Geschäfte nach der Integration unverändert weiterführt, gehen ihre Schnittstellen mit externen Partnern in die neue Unternehmung über. Somit ergeben sich für die Muttergesellschaft neue Schnittstellen zu Märkten, Kunden und Zulieferern, mit denen sie zuvor keine Geschäftsbeziehungen unterhalten hatte. Im Falle von horizontalen Zusammenschlüssen verhält es sich ähnlich wie bei konglomeraten Akquisitionen, denn auch hier liegen im Vorfeld der M&A-Transaktion keine Geschäftsbeziehungen vor. Mit der Integration des eigenständigen Geschäftsfeldes übernimmt die akquirierende Unternehmung die bereits bestehenden externen Schnittstellen an den Außengrenzen der akquirierten Unternehmung und muss diese gestalten.

Im Rahmen der organisatorischen Integration ist des Weiteren die **Koordination der Beziehungen** zwischen der neuen Unternehmung und ihrer Umwelt zu gestalten. Dabei besteht zum einen die Möglichkeit, dass die neue Unternehmung vollkommen selbstständig am Markt agiert, oder aber zum anderen, dass sie ihre Wertschöpfungsprozesse mit anderen Unternehmungen vernetzt hat und damit einen Teil eines Unternehmungsnetzwerkes bildet. In diesem Zusammenhang ist es unerheblich, ob die Unternehmungen vor der M&A-Transaktion in Netzwerken oder autark gearbeitet haben. Eine Unternehmung, die Teil eines Unternehmungsnetzwerkes ist, hat zusätzlich zu den Beziehungen zu den Netzwerkpartnern auch immer noch Schnittstellen zu einer Nichtnetzwerkumwelt.

Gerade bei Erhaltungsakquisitionen ist es aufgrund der notwendigen organisatorischen Autonomie der akquirierten Unternehmung so, dass sich die Wertschöpfungsausrichtung der neuen Unternehmung grundsätzlich nicht ändert. Die neue Unternehmung führt die Geschäftsfelder der akquirierenden und der akquirierten Unternehmungen getrennt voneinander fort, da zwischen ihnen keine Überschneidungen vorhanden sind und die akquirierte Unternehmung auch nur eigenständig erfolgreich sein kann. Dabei bleiben die Geschäftsfelder ihren jeweiligen Wertschöpfungskonfigurationen treu, und durch den Zusammenschluss entstehen keine neuen Wertschöpfungsnetzwerke.

2.2.4 Subsystembildung bei Erhaltung

Im Anschluss an die Gestaltung der externen Organisation erfolgt die Gestaltung der internen Organisation, die zur Reduzierung der durch die Integration gestiegenen Komplexität dient. Die Gestaltungsfrage nach der **Subsystembildung** bei Anwendung des Integrationsansatzes Erhaltung führt auf der einen Seite zu der Frage nach der Struktur der Primärorganisation der neuen Unternehmung und auf der anderen Seite zu der in der Unternehmungspraxis häufig damit verbundenen Frage nach der Standortstruktur der neuen Unternehmung.[835]

Die Subsystembildung zur Gestaltung der Organisationsstruktur ist in Abhängigkeit von der strategischen Ausrichtung der neuen Unternehmung zu gestalten, durch sie wird die Wertschöpfungskonfiguration abgebildet. Zur Umsetzung der Strategie sind entsprechende Organisationseinheiten notwendig, die jeweils einen Teil der Gesamtaufgabe der neuen Unternehmung erfüllen. Durch die **horizontale Arbeitsteilung** wird der Aufgabenumfang der einzelnen Organisationseinheiten festgelegt und damit das aufbauorganisatorische Grundmodell der neuen Unternehmung bestimmt. Bei einer verrichtungsorientierten Aufgabenspezialisierung entsteht ein funktionaler Organisationsaufbau, bei dem die Subsysteme auf der zweiten Ebene nach unterschiedlichen Verrichtungen gegliedert sind. Es werden somit einzelne Subsysteme für Beschaffung, Produktion, Absatz und Verwaltung gebildet, zwischen denen vielfältige produkt- und marktbezogene Interdependenzen bestehen. Diese Struktur eignet sich für Unternehmungen, die nur ein Produkt herstellen. Demgegenüber entsteht durch eine objektorientierte Aufgabenspezialisierung eine divisionale Struktur, bei der die Subsysteme Geschäftsbereiche darstellen, die Objekte wie Produkte, Kunden oder Regionen betreuen. Dieses Modell ist besonders für Unternehmungen geeignet, die auf unabhängigen Geschäftsfeldern tätig sind.[836]

Die Integration von akquirierten Unternehmungen bei Anwendung des Integrationsansatzes Erhaltung ist dadurch gekennzeichnet, dass nur sehr **wenige organisatorische**

---

[835] Vgl. zu den theoretischen Grundlagen Abschnitt B.2.2.4.4, S. 61ff. Als Subsysteme werden hier die an der Akquisition beteiligten Unternehmungen verstanden, die neue Unternehmung stellt das Gesamtsystem dar.
[836] Vgl. Krüger [Organisation 1994], S. 95ff., der auch die hier nicht beschriebene Matrixorganisation erläutert.

Veränderungen bei den beteiligten Unternehmungen vorgenommen werden. Bei Erhaltungsintegrationen erfolgt demnach keine vollständige Neugestaltung der Organisationsstruktur der neuen Unternehmung, sondern sie entsteht durch Angliederung der kompletten akquirierten Unternehmung auf der zweiten Ebene der Käuferunternehmung. Bei einer **funktionalen Grundstruktur** entsteht somit ein eigenständiger Geschäftsbereich mit eigener Leitungseinheit neben den verrichtungsorientierten Subsystemen der Käuferunternehmung. Die Unternehmungsleitung der neuen Unternehmung hat demnach direkte Weisungsbeziehungen sowohl gegenüber den funktional orientierten Subsystemen der Käuferunternehmung, zwischen denen starke Beziehungen bestehen, als auch gegenüber der Leitung der akquirierten Unternehmung (siehe auch Abbildung D-6). Dabei ist zu beachten, dass die akquirierte Unternehmung nach der Integration als eigenständiger Geschäftsbereich mit einem hohen Grad an organisatorischer Autonomie geführt wird. Diese Konstellation kann insofern zu Problemen führen, als dass die Unternehmungsleitung nun gleichzeitig zwei verschiedene Ausprägungen des Führungsanspruches anwenden muss. Die Führung der funktional orientierten Subsysteme verlangt ein starkes Eingreifen, um ein zielorientiertes Zusammenspiel der Subsysteme zu gewährleisten, während die akquirierte Unternehmung an der langen Leine geführt und bspw. nur über Budgets und Pläne gesteuert wird. Verfügt die Käuferunternehmung vor der Akquisition jedoch über eine **divisionale Struktur** mit einzelnen Geschäftsbereichen, wird durch die Erhaltungsintegration zu den schon bestehenden Divisionen ein neues Subsystem in Form der akquirierten Unternehmung hinzugefügt. Deren Leitungseinheit untersteht nun direkt der Unternehmungsleitung der neuen Unternehmung, die ihr den gleichen Entscheidungsspielraum einräumen kann, wie den alten Geschäftsbereichen.

Neben der horizontalen Arbeitsteilung erfolgt die Subsystembildung auch durch die **vertikale Arbeitsteilung**. Diese führt zur Aufteilung der Gesamtaufgabe der Unternehmung in Planungs- und Kontrollaufgaben einerseits sowie operative Durchführungsaufgaben andererseits. Daneben stellen bereichsübergreifende Unterstützungsaufgaben eine dritte Aufgabenkategorie dar, die zur Entlastung der Leitungs- und operativen Einheiten dient. Für diese Aufgabenarten müssen die entsprechenden Subsysteme in der Unternehmung eingerichtet werden, also eine Leitungseinheit, mehrere Bereiche, Abteilungen und Stellen für die operativen Aufgaben sowie Stabsabteilungen, Zentralbereiche und bspw. Shared Service Center für die Unterstützungsaufgaben.[837] Zudem ist mit dieser Art der Arbeitsteilung auch immer die Entscheidung über die **(De-)Zentralisation von Entscheidungsaufgaben** verbunden.[838] Eine weitere Frage, die in diesem Kontext zu beantworten ist, stellt die mikropolitisch sehr bedeutsame **Besetzung der Führungspositionen** in der neuen Unternehmung dar. Eine Subsystembildung ohne Benennung der jeweiligen Führungskraft ist nicht sinnvoll und hat oberste Priorität, um die Integration personell zu verankern. Dabei ist es wichtig, dass bei der Stellenbesetzung soweit wie möglich Transparenz und ein Mindestmaß an Fairness herrscht.[839]

Da im Rahmen von **Erhaltungsintegrationen** – wie oben bereits erläutert – kaum organisatorische Veränderungen auf Ebene der Subsysteme nötig und erwünscht sind, werden durch die vertikale Arbeitsteilung in der neuen Unternehmung keine neuen Subsysteme gebildet. Die ehemalige Unternehmungsleitung der akquirierten Unternehmung nimmt nach der Integration zwar noch Führungsaufgaben wahr, durch die Akquisition ist sie jedoch eine Ebene niedriger angesiedelt und damit als Bereichsleitung nur für ihren Geschäftsbereich zuständig. Die Führung der Gesamtunternehmung liegt in der Verantwortung der Unternehmungsleitung, die sich hauptsächlich aus Führungskräften der akquirierenden sowie u.U. aus einem Mitarbeiter der akquirierten Unternehmung zusammensetzt. Eine **Zentralisation von Entscheidungsaufgaben** an der Unternehmungsspitze findet bei Erhaltungsintegrationen aufgrund der notwendigen Aufrechterhaltung der Autonomie der akquirierten Unternehmung nicht statt. Im Hinblick auf den neu integrierten Geschäftsbereich entsteht eine dezentrale Organisationsstruktur, die übrigen Subsysteme auf der zweiten Ebene werden weiterhin so geführt wie vor der Integration. Dies wirkt sich insbesondere positiv auf die Motivation der Mitarbeiter der akquirierten Unternehmung aus, da sie ihre Eigenständigkeit nicht aufgeben müssen.[840]

Neben der Gestaltung der Organisationsstruktur gehört schließlich die Frage nach der Gestaltung der regionalen Organisation, also der nationalen bzw. internationalen **Standortstruktur**, zum Aufgabengebiet der Subsystembildung. Im Falle von Erhaltungsintegrationen erfolgen aus den o.g. Gründen keine organisatorischen Veränderungen der Subsysteme und somit auch keine Verlagerung oder Neubildung von Standorten.

---

[837] Vgl. zu einem Überblick über diese Unterstützungseinheiten Krüger [Center-Konzepte 2004], insbes. S. 190ff. sowie Krüger/Danner [Center 2004], S. 215ff.
[838] Vgl. Krüger [Organisation 1994], S. 66f.
[839] Vgl. hierzu Krüger [3W 2002], S. 31f.; Gerds/Schewe [Integration 2004], S. 106ff.
[840] Vgl. Wirtz [Mergers 2003], S. 305; Lindstädt [Neuausrichtung 2003], S. 353f.

Insgesamt kann also für die Gestaltungsfrage Subsystembildung festgehalten werden, dass bei Anwendung des Integrationsansatzes Erhaltung keine neuen Subsysteme gebildet werden und auch kaum eine Neuverteilung von Aufgaben innerhalb der neuen Unternehmung erfolgt. Die beteiligten Unternehmungen verfolgen nach wie vor ihre ursprünglichen Wertschöpfungsziele, dies jedoch getrennt voneinander.

2.2.5 Subsystemintegration bei Erhaltung

Auf die Gestaltung von Subsystemen in der neuen Unternehmung folgt als nächster Schritt der organisatorischen Gestaltung die Verknüpfung dieser arbeitsteiligen Subsysteme zu einer zielorientierten Gesamtunternehmung. Die **Subsystemintegration** dient zur Gestaltung der Beziehungen zwischen den Subsystemen und führt im Ergebnis zur formalen Organisationsstruktur der neuen Unternehmung.[841] Sie baut auf der durch die Akquisitionsstrategie festgelegten Grundstruktur der neuen Unternehmung auf und wird sukzessive auf die nachgelagerten Subsysteme ausgedehnt.

Die Komplexität der Beziehungen zwischen den Subsystemen steigt mit zunehmender Arbeitsteilung. Mithilfe der **Koordination** wird eine Abstimmung und Harmonisierung der Aktivitäten der beteiligten Subsysteme auf ein gemeinsames Ziel herbeigeführt.[842] Koordination kann auf unterschiedliche Weise erfolgen. Bei horizontaler Koordination unterstehen die Subsysteme keiner Instanz und koordinieren sich selbst, während bei vertikaler Koordination eine Leitungseinheit die Abstimmung übernimmt. Dabei entstehen zwischen den Subsystemen Über- und Unterordnungsverhältnisse, die die Organisationshierarchie beschreiben. Daneben können zur vertikalen Koordination Programme bzw. Zielvorgaben eingesetzt werden, durch die Routineentscheidungen gesteuert werden. Bei der Gestaltung der Koordination sind neben der Richtung noch zwei weitere Gestaltungsparameter zu beachten. Zum einen muss die Auswahl der Koordinationsinstrumente und -mechanismen vorgenommen werden und zum anderen die Entscheidung, welches Subsystem welche anderen Subsysteme koordinieren soll, also die Frage nach den Leitungseinheiten und Führungskräften.

Im Zuge der organisatorischen Integration nach einer M&A-Transaktion müssen zunächst die vorhandenen Koordinationsmechanismen in den beteiligten Unternehmungen identifiziert und auf ihre Anpassungsfähigkeit untersucht werden. Anschließend muss für die integrierte Unternehmung ein einheitlicher Koordinationsmechanismus

---

[841] Vgl. zu den theoretischen Grundlagen Abschnitt B.2.2.4.5, S. 66ff. Integration bedeutet in diesem Zusammenhang die Verbindung der einzelnen Subsysteme zu einem geordneten Ganzen, vgl. Kosiol [Organisation 1976], S. 171.
[842] Vgl. zur Koordination Kosiol [Organisation 1976], S. 171 sowie Abschnitt B.2.2.2, S. 46ff.

gefunden werden, der schnellstmöglich zu einer produktiven Arbeitsweise führt und in allen Bereichen angewendet werden kann.

Bei Erhaltungsintegrationen hat die akquirierende Unternehmung einen mittleren Führungsanspruch, so dass eine **strategische Managementholding** entsteht.[843] Aus diesem Grund ist der Bedarf nach Koordination infolge der Beibehaltung der Eigenständigkeit der akquirierten Unternehmung sehr gering. Eine **horizontale Koordination** auf der obersten Ebene der neuen Unternehmung ist theoretisch zwar möglich, aus dem o.g. Grund praktisch jedoch nicht denkbar. Die akquirierende Unternehmung möchte durch den Kauf die Verfügungsgewalt über die erworbene Unternehmung erlangen und wird aus diesem Grund keine Selbstabstimmung auf der zweiten Ebene zulassen. Somit wird die Subsystemintegration durch **vertikale Koordination** erfolgen, und es werden hierarchische Koordinationsmechanismen angewendet. Die Organisationsstruktur der akquirierenden Unternehmung dominiert auch die Struktur der neuen Unternehmung, die durch Eingliederung des Subsystems ‚akquirierte Unternehmung' als kompletter Geschäftsbereich in die Struktur der akquirierenden Unternehmung entsteht. Durch diese Integration wird die Hierarchie der neuen Unternehmung im Vergleich zur Hierarchie der akquirierenden Unternehmung nur in geringem Ausmaß verändert. Die Eingliederung der akquirierten Unternehmung führt zu einer Vergrößerung der Leitungsbreite, da der Unternehmungsleitung der neuen Unternehmung nun ein Subsystem mehr direkt untersteht. Damit vergrößert sich der Handlungsspielraum der Unternehmungsleitung, wodurch die Freiheiten der ehemaligen Unternehmungsleitung der akquirierten Unternehmung generell eingeschränkt werden. Die Leitungstiefe der neuen Unternehmung verändert sich nur dann, wenn die akquirierte Unternehmung über mehr Hierarchiestufen verfügt als die akquirierende Unternehmung; die Struktur der Weisungsbeziehungen zwischen der ersten und zweiten Ebene der neuen Unternehmung ändert sich durch die Integration nicht. Demgegenüber fallen die Veränderungen bei den Inhaltsmustern der Hierarchie deutlicher aus. Ein niedriger Integrationsgrad, der bei der Integration eines eigenständigen Geschäftsbereichs vorliegt, führt zu einer dezentralen Verteilung von Entscheidungskompetenzen. Dies gilt jedoch nur für die Weisungsbeziehungen zwischen der Unternehmungsleitung der neuen Unternehmung und der zur Bereichsleitung zurückgestuften Leitung der neuen Unternehmung, der eine umfassende Autonomie gewährt wird. Damit einher geht eine weitreichende Delegation der Aufgaben, Verantwortung und Kompetenzen für den Ge-

---

[843] Vgl. zum Zusammenhang von Integrationsansätzen und Führungsanspruch Abschnitt C.1.3.2, S. 103f.

schäftsbereich. Durch Entsendung eines Mitarbeiters in die Unternehmungsleitung der neuen Unternehmung ist das Ausmaß an Partizipation ebenfalls sehr groß.

Neben der hierarchischen Koordination durch persönliche Weisung können andere **Koordinationsmechanismen** eingesetzt werden, die entweder durch die Person oder die Struktur geprägt sind.[844] **Persönliche Koordination** wird dabei durch Rahmenregelungen und Selbstabstimmung erbracht. Die Einführung von Rahmenregelungen ermöglicht bei Erhaltungsintegrationen die Reduzierung von Detailregelungen. Die akquirierte Unternehmung soll zwar ihr Geschäft eigenständig führen, damit aber das Kerngeschäft der akquirierenden Unternehmung stärken und unterstützen. Zur Koordination der jeweils eigenständigen Aktivitäten bieten sich deshalb Rahmenregelungen an, die die Grundsätze der gemeinsamen Aktivitäten regeln, was zu einer kontrollierten Autonomie des akquirierten Geschäftsbereichs führt.[845] Dadurch ergibt sich Spielraum für Selbstabstimmung der Aufgabenträger innerhalb des Subsystems akquirierte Unternehmung, so dass autark ohne Eingreifen der Unternehmungsleitung entschieden werden kann.[846]

Strukturelle Koordinationsmechanismen eignen sich insbesondere für Integrationen mit niedriger Komplexität, wie es Erhaltungsintegrationen sind. Durch die Vorgabe und Anpassung von Prozessen werden Beziehungen zwischen arbeitsteiligen Subsystemen hergestellt. Die Anpassung der Prozesse zwischen der akquirierenden und der akquirierten Unternehmung auf allen Prozessebenen, also bei Steuerungs-, operativen und Supportprozessen, führt zu Effizienzverbesserungen.[847] Dies gilt insbesondere für die Vereinheitlichung der Steuerungsprozesse, wobei die akquirierte Unternehmung aufgrund ihrer Eigenständigkeit weiterhin ihre eigenen nutzen kann, jedoch anhand der Steuerungsprozesse der Muttergesellschaft geführt wird. Diese Maßnahme ermöglicht auch die Koordination durch Ziele. Durch Zielvorgabe koordiniert die Muttergesellschaft die Tätigkeiten der akquirierten Unternehmung, indem sie ihr Orientierung und Handlungsfähigkeit bietet. Innerhalb der akquirierten Unternehmung können die Ziele dann von den Führungskräften auf die Mitarbeiter heruntergebrochen werden.

2.2.6 Subsysteminterne Organisation bei Erhaltung

Den Abschluss der organisatorischen Gestaltung bildet die Gestaltung der Koordination und Arbeitsteilung innerhalb der jeweiligen Subsysteme. Mit der **subsysteminter-**

---

[844] Vgl. hierzu Brehm/Hackmann [Unternehmensintegrationen 2005], S. 37ff.
[845] Vgl. bspw. Naujoks [Autonomie 1994], S. 254ff.
[846] Vgl. Schreyögg [Organisation 2003], S. 173ff.; Mintzberg [Structuring 1979], S. 39ff.
[847] Vgl. Clever [Merger 1993], S. 88 i.V.m. Wirtz [Mergers 2003], S. 307.

nen **Organisation** werden die Beziehungen und die Abstimmung zwischen den Unternehmungsbereichen und Abteilungen sowie deren Eigenständigkeit bestimmt.[848]

Im Falle der hier betrachteten **Erhaltungsintegration** stellen in erster Linie das System der akquirierenden und das der akquirierten Unternehmung die Subsysteme der neuen Unternehmung dar. In diesen beiden voneinander unabhängig operierenden Geschäftsbereichen wird die Gesamtleistung der neuen Unternehmung arbeitsteilig erbracht. Deshalb ist es wichtig, für diese Subsysteme eine effiziente Struktur zu schaffen. Die subsysteminterne Organisation erfolgt durch eine **hierarchische Koordination** der in den jeweiligen Subsystemen zu erfüllenden Aufgaben. Dadurch entsteht eine Organisationseinheit, hier jeweils ein Unternehmungs- oder Geschäftsbereich, der einer **Leitungseinheit** unterstellt ist. Die Leitungseinheit des Geschäftsbereichs, der aus der akquirierten Unternehmung entstanden ist, ist die ehemalige Unternehmungsleitung, die nun auf der Ebene einer Bereichsleitung die Aktivitäten des Geschäftsbereichs steuert. Sie ist weisungsbefugt gegenüber ihren nachgelagerten Subsystemen im gleichen Geschäftsbereich. Dabei handelt es sich um Stellenmehrheiten wie Abteilungen und Arbeitsgruppen, die ebenfalls hierarchisch koordiniert werden und einer Leitungsstelle (Abteilungsleiter bzw. Gruppenleiter) unterstehen. Das zweite große Subsystem der neuen Unternehmung bildet der Geschäftsbereich, in dem die Aktivitäten der akquirierenden Unternehmung gebündelt sind. Je nach aufbauorganisatorischer Form unterstehen sie direkt der Unternehmungsleitung der Gesamtunternehmung (bei funktionaler Organisation, siehe Abbildung D-6), oder auf der Ebene unter der Unternehmungsleitung ist eine Bereichsleitung angesiedelt, die den Geschäftsbereich steuert (bei divisionaler Organisation). Die Koordination der jeweils nachgelagerten Subsysteme ist analog zu der in dem akquirierten Geschäftsbereich.

Die Koordination dieser beiden Geschäftsbereiche bzw. Subsysteme erfolgt ebenfalls hierarchisch, so dass sie einer gemeinsamen Leitungseinheit unterstehen. Diese Leitungseinheit ist die Unternehmungsleitung der neuen Unternehmung, die sich aus Führungskräften der beteiligten Unternehmungen zusammensetzt, wobei bei Erhaltungsintegrationen die Vertreter der Käuferunternehmung den größeren Anteil stellen werden. Die Unternehmungsleitung bestimmt – wie jede Leitungseinheit – den **Handlungsspielraum** der ihr unterstellten Subsysteme, in dem Umfang, in dem sie Entscheidungskompetenzen delegiert. Bei Erhaltungsintegrationen bleibt der Handlungsspielraum der Organisationseinheiten der akquirierenden Unternehmung unverändert. Dagegen wird jedoch der Handlungsspielraum der Bereichsleitung der akquirierten Un-

---

[848] Vgl. zu den theoretischen Grundlagen Abschnitt B.2.2.4.6, S. 72ff.

ternehmung insofern eingeschränkt, als dass sie nun nicht mehr über die vollen Entscheidungskompetenzen verfügt wie vor der Akquisition, sondern als Bereichsleitung auf der zweiten Ebene von Weisungen der Unternehmungsleitung abhängig ist. Da die Aufrechterhaltung der Eigenständigkeit der akquirierten Unternehmung jedoch ein konstitutives Merkmal von Erhaltungsintegrationen darstellt, beziehen sich die Weisungen der Unternehmungsleitung lediglich auf strategische und finanzielle Vorgaben. Die Durchführung der operativen Aktivitäten bleibt weiterhin in der Entscheidungsgewalt der Bereichsleitung.

Neben der hierarchischen Koordination innerhalb der Subsysteme besteht auch die Möglichkeit der Koordination durch **Selbstabstimmung**. Diese Koordinationsform entsteht dann, wenn an der Entscheidungsfindung eines Subsystems ausschließlich das Subsystem selbst beteiligt ist und keine Leitungseinheit.[849] Aufgrund der oben beschriebenen Charakteristika von Erhaltungsintegrationen kann es in solchen Fällen jedoch auf Ebene der Bereichsleitungen keine selbststeuernden Subsysteme geben. Auf den darunter liegenden Eben ist dies jedoch möglich.

2.3 Organisationsgestaltung bei dem Integrationsansatz Symbiose

2.3.1 Integrationsgestaltung und Organisationsstruktur der integrierten Unternehmung bei Symbiose

Der Integrationsansatz **Symbiose** stellt sehr hohe Anforderungen an das Integrationsmanagement, da hier zur Erzielung der angestrebten Wertsteigerung sowohl ein gewisses Maß an organisatorischer Eigenständigkeit der akquirierten Unternehmung beibehalten werden muss als auch ein hohes Maß an strategischer Interdependenz nötig ist. Dies schlägt sich auch in der konkreten **Integrationsgestaltung** bei einer typischen partiellen Integration nieder, die von den in Abschnitt C.1.2 vorgestellten Einflussfaktoren bestimmt wird.[850] Eine partielle Integration kann bei **Akquisitionsformen** durchgeführt werden, bei denen die Eigenständigkeit der akquirierten Unternehmung zum Teil erhalten bleibt. Daraus folgt, dass die vorherrschende Zusammenschlussform die Akquisition ist, bei der die übernommene Unternehmung zum Teil eigenständig weiter tätig ist. Der Integrationsansatz Symbiose dient zur Umsetzung unterschiedlicher **strategischer Zielsetzungen**. Zum einen strebt die akquirierende Unternehmung die Realisierung von Synergien durch die Zusammenlegung von Bereichen oder Funktionen an, zum anderen sollen die spezifischen Fähigkeiten der übernommenen Unter-

---

[849] Vgl. hierzu Laßmann [Koordination 1992], S. 285f.
[850] Vgl. zu den Einflussfaktoren auf die Integrationsgestaltung Abschnitt C.1.2, S. 84ff. Die umweltbezogenen Einflussfaktoren werden aus den dort genannten Gründen hier nicht behandelt.

nehmung erhalten bleiben, um mit ihrer Hilfe eigene Geschäftsfelder zu stärken. Die Integrationsgestaltung ist umso einfacher, je höher die **Ähnlichkeit der Organisationsstrukturen** der beteiligten Unternehmungen ist. Sind die beteiligten Unternehmungen divisional strukturiert, können die relevanten Bereiche der akquirierten Unternehmung als neue Geschäftsbereiche in die neue Unternehmung integriert werden, um Synergien zu heben. Dies gilt analog für funktionale Grundstrukturen der beteiligten Unternehmungen. Bei unterschiedlichen organisatorischen Grundstrukturen ist es notwendig, für die neue Unternehmung eine gemeinsame Grundstruktur zu definieren, um die Integration durchführen zu können. Eine hohe **Ähnlichkeit der Aufgaben** ist für den Integrationsansatz Symbiose von besonderer Bedeutung, denn die Zusammenlegung von Bereichen oder Funktionen zur Erzielung von Synergien ist nur bei einer hohen Aufgabenähnlichkeit möglich. Aus dieser Zielsetzung ergibt sich auch, dass der Integrationsansatz Symbiose bei **horizontalen und vertikalen Zusammenschlüssen** zur Anwendung kommt. Mit einem horizontalen Zusammenschluss wird bspw. die Marktausweitung eines Geschäftsfeldes vorangetrieben, während ein vertikaler Zusammenschluss dazu dient, einen vor- oder nachgelagerten Wertschöpfungsschritt in die Unternehmung zu integrieren. Partielle Integrationen sind ebenso wie Erhaltungsintegrationen durch ein klares **Ordnungsverhältnis** zwischen den beteiligten Unternehmungen gekennzeichnet. Dabei übt die akquirierende Unternehmung die größere Macht aus, wobei der Unterschied jedoch nicht so groß ist wie bei Erhaltungsintegrationen. Aufgrund der teilweisen Zusammenführung wird die akquirierte Unternehmung an der Integrationsgestaltung und -durchführung beteiligt und in der neuen Unternehmung an der Geschäftsleitung beteiligt sein. Die **Grundlage der Zusammenarbeit** hat eine Bedeutung für den Integrationsansatz Symbiose. Bei einer freundlichen Übernahme wird das Management der akquirierten Unternehmung in die Integrationsgestaltung eingebunden, um ihre Besonderheiten in die neue Unternehmung einzubringen. Zudem führt die Eingliederung der akquirierten Unternehmung bei den Mitarbeitern zu weniger Unsicherheiten als bei einer feindlichen Übernahme. Für den weiterhin eigenständigen Bereich der übernommenen Unternehmung ist die Grundlage der Zusammenarbeit dagegen nicht weiter ausschlaggebend, denn hier ist keine Beteiligung des Managements notwendig und bei den Mitarbeitern besteht keine Unsicherheit. Bestehen zwischen den Unternehmungen **kulturelle Unterschiede**, ist für die zusammenzuführenden Bereiche eine Kulturintegration durchzuführen, um Widerstände zu vermeiden bzw. abzubauen. Der weiterhin eigenständige Teil der akquirierten Unternehmung ist davon jedoch nicht betroffen, hier können die kulturellen Besonderheiten beibehalten werden. Schließlich wirken sich die **personenbezogenen Einflussfak-**

toren auf den Integrationsansatz Symbiose aus. Insbesondere für die integrierten Bereiche bzw. Funktionen gilt es, Schlüsselmitarbeiter mit besonderen Qualifikationen in der neuen Unternehmung zu halten. Aufgrund des Zusammenschlusses mit der akquirierenden Unternehmung könnte ihre Motivation und Leistungsbereitschaft gefährdet sein, da sie nun in einer neuen Umgebung arbeiten. Dagegen dürfte eine partielle Integration die Motivation der Mitarbeiter des weiterhin eigenständigen Bereichs nur wenig beeinträchtigen. Genauso wie bei dem Integrationsansatz Erhaltung besteht die Gefahr, dass Mitglieder der Geschäftsleitung der akquirierten Unternehmung die neue Unternehmung verlassen, da sie in der neuen Unternehmung nicht mehr dem obersten Leitungsorgan angehören.

Daraus folgt für die Organisationsintegration, dass die neue Unternehmung nach der organisatorischen Integration zum einem aus **eigenständigen Teilen** der akquirierten Unternehmung und zum anderen aus **zusammengeschlossenen Bereichen** beider Unternehmungen besteht. Somit lösen sich bei diesem Integrationsansatz die originären Organisationsstrukturen in den Bereichen auf, in denen die jeweils beste Funktion einer der beteiligten Unternehmungen übernommen wird, in den übrigen Bereichen existieren die ursprünglichen Strukturen weiter. Eine partielle Integration wird bei solchen M&A-Transaktionen angewendet, bei denen die beteiligten Unternehmungen in verwandten Geschäftsfeldern derselben Branche tätig sind. Sie ergänzen ihre Fähigkeiten, bewahren aber gleichzeitig ihre spezifischen Charakteristika.[851]

Durch die angegliederten Geschäftsbereiche erweitert sich schließlich die Führungsspanne der Unternehmungsleitung. Der Teil der akquirierten Unternehmung, der eigenständig bleibt, wird als Geschäftsbereich in der neuen Organisation geführt, sein Leiter wird der neuen Unternehmungsleitung direkt unterstellt. Für die Bereiche, die zusammengelegt werden, muss eine Entscheidung bzgl. der Besetzung der Leitungsposition getroffen werden. Dabei empfiehlt sich eine etwa gleichberechtigte Besetzung aus den beteiligten Unternehmungen. Die Unternehmungsleitung der neuen Unternehmung dagegen besteht zum großen Teil aus Managern der Käuferunternehmung, die durch Führungskräfte aus der übernommenen Unternehmung ergänzt werden. Die übrigen Manager der zu integrierenden Unternehmung übernehmen Aufgaben in der Leitung von Geschäftsbereichen der neuen Unternehmung. Wegen des Führungsanspruchs der Käuferunternehmung kann es auf Seiten der Mitarbeiter der akquirierten Unternehmung zu dem Gefühl der Ungleichbehandlung kommen, da nicht alle Führungskräfte ihre Positionen behalten können.

---

[851] Vgl. Haspeslagh/Jemison [Akquisitionsmanagement 1992], S. 260.

Mit symbiotischen Zusammenschlüssen wird die Realisierung von Synergien verfolgt. Diese sollen in Form von Skaleneffekten aus der Zusammenführung von in enger Beziehung stehenden Unternehmungsbereichen entstehen.[852] Darüber hinaus werden Maßnahmen zur Standardisierung, Koordination der Produkt- und Marktentwicklung sowie zur Harmonisierung der Gehaltsstrukturen durchgeführt.[853]

Die internen und externen Geschäftsbeziehungen der beteiligten Unternehmungen werden durch den Zusammenschluss erheblich verändert. Auf der einen Seite gilt für die eigenständig weitergeführten Bereiche, dass die bisherigen externen Beziehungen zwischen den beteiligten Unternehmungen zukünftig innerhalb der neuen Unternehmung abgewickelt werden und die jeweiligen Beziehungen zu externen Geschäftspartnern weiterhin bestehen bleiben. Auf der anderen Seite entstehen in den integrierten Organisationseinheiten komplett neue interne Beziehungen aus vormals externen Geschäftsbeziehungen. Die Beziehungen zu externen Geschäftspartnern der zusammengeschlossenen Bereiche oder Funktionen bleiben auch nach der Integration weiterhin bestehen.

Die folgende Abbildung D-7 zeigt jeweils beispielhafte Organisationsstrukturen der neuen Unternehmung nach einer partiellen Integration, zum einen bei divisionaler und zum anderen bei funktionaler Grundstruktur.

---

[852] Vgl. Jansen [Mergers 2001], S. 234.
[853] Vgl. Steinöcker [Akquisitionscontrolling 1993], S. 109.

198 Umsetzung des Integrationsmanagements durch die Gestaltungsdimensionen

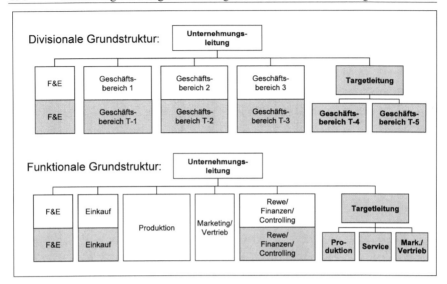

Abb. D-7: Beispielhafte Organisationsstrukturen der neuen Unternehmung nach einer partiellen Integration

Der Integrationsansatz Symbiose wird bspw. bei der Akquisition einer Unternehmung aus derselben Branche angewendet, die in mehreren Geschäftsfeldern aktiv ist, von denen jedoch nicht alle für den Erwerber interessant sind. Der Erwerber integriert nur die ihn interessierenden Geschäftsfelder, um expandieren zu können, während die übrigen Geschäftsfelder zunächst eigenständig weitergeführt werden, um langfristig weiter ausgebaut oder desinvestiert zu werden. Neben diesem Vorgehen, das zu einer divisionalen Grundstruktur der neuen Unternehmung führt, kann eine partielle Integration ebenfalls bei funktionalen Grundstrukturen der beteiligten Unternehmungen durchgeführt werden. In diesem Fall werden im Rahmen der Integration diejenigen Funktionsbereiche zusammengeführt, in denen Synergieeffekte realisiert werden können. Die akquirierte Unternehmung führt ihren Geschäftsbetrieb mit den restlichen Funktionsbereichen, mit denen keine Synergien gehoben werden können, zunächst fort, wobei auch hier die Entscheidung über den langfristigen Ausbau oder die Desinvestition getroffen werden muss. Durch die einstweilige Aufrechterhaltung der Eigenständigkeit der akquirierten Unternehmung können die Managementfähigkeiten der akquirierten

Unternehmung, bspw. Systeme und Vertriebsfähigkeiten, zur Optimierung der neuen Unternehmung genutzt werden.[854]

Die nachfolgende Behandlung der Kernfragen der organisatorischen Gestaltung für den Integrationsansatz Symbiose bezieht sich auf die divisionale Grundstruktur der Zielorganisation für diesen Integrationsansatz.

2.3.2 Externe Systemabgrenzung bei Symbiose

Der Umfang der Wertschöpfung der neuen Unternehmung wird durch die **externe Systemabgrenzung** bestimmt.[855] Dabei orientieren sich Aufgabenumfang und Wertschöpfungstiefe der neuen Unternehmung an den strategischen Zielen sowie am leistungswirtschaftlichen Zusammenhang der M&A-Transaktion.

Im Rahmen des Integrationsansatzes Symbiose werden je nach organisatorischer Grundstruktur einige Bereiche oder Funktionen der akquirierten Unternehmung in bestehende Bereiche der Käuferunternehmung integriert, während andere Bereiche oder Funktionen weiterhin eigenständig bestehen bleiben. Der **Aufgabenumfang** der neuen Unternehmung wird in dem Maße erweitert, wie Bereiche oder Funktionen der akquirierten Unternehmung in ihrer ursprünglichen Art beibehalten werden. In diesen Bereichen oder Funktionen laufen die operativen Aktivitäten unabhängig von den zusammengeführten Unternehmungsteilen weiter. Die Wertsteigerung bei einer partiellen Integration ergibt sich zum einen durch den Transfer von strategischen Fähigkeiten zwischen den beteiligten Unternehmungen. Dieser erfolgt durch die Zusammenführung von sich ergänzenden Bereichen oder Funktionen mit dem Ziel der Erreichung von Synergien. Zum anderen kommt dieser Integrationsansatz zur Anwendung, wenn auch die Aufrechterhaltung der organisatorischen Autonomie einzelner Bereiche oder Funktionen erforderlich ist, weil sich die spezifischen Fähigkeiten der akquirierten Unternehmung nur in einem bestimmten organisatorischen Kontext entfalten können.[856] Diese weiterhin eigenständig geführten Bereiche oder Funktionen stellen keine Bestandteile des Kerngeschäfts der akquirierenden Unternehmung dar. Somit ist die Hebung von Synergien aus der Zusammenführung der korrespondieren Bereiche oder Funktionen der beteiligten Unternehmungen nicht möglich, und sie operieren weitgehend selbständig. Auf diese Weise wird der Aufgabenumfang der neuen Unternehmung beeinflusst. Demgegenüber entsteht durch die Integration von Bereichen oder Funktionen eine **Arbeitsteilung** zwischen den beteiligten Unternehmungen in der

---

[854] Vgl. hierzu Haspeslagh/Jemison [Akquisitionsmanagement 1992], S. 45f.
[855] Vgl. zu den theoretischen Grundlagen Abschnitt B.2.2.4.2, S. 55ff.
[856] Vgl. Haspeslagh/Jemsison [Akquisitionsmanagement 1992], S. 260ff.

Weise, dass in der neuen Unternehmung eine Vielzahl von Aufgaben von zusammengeführten Bereichen erfüllt wird. Damit wird auch die Grenze der neuen Unternehmung verändert, denn durch die Integration werden vormals externe Aufgaben nun innerhalb der neuen Unternehmung erfüllt.

Die Anwendung des Integrationsansatzes Symbiose ist nur bei horizontalen und vertikalen Zusammenschlüssen sinnvoll und führt dabei zu unterschiedlichen **Wertschöpfungstiefen** der neuen Unternehmung. Bei einem **horizontalen Zusammenschluss** werden die sich ergänzenden Bereiche oder Funktionen der beteiligten Unternehmungen, die auf derselben Produktionsstufe angesiedelt sind, zusammengeführt, um Synergien zu heben. Hieraus ergibt sich keine Veränderung der Wertschöpfungstiefe. Demgegenüber kann sich durch die nicht zum Kerngeschäft passenden Bereiche oder Funktionen, die separat bestehen bleiben, eine Ausweitung der Wertschöpfungstiefe ergeben, sofern diese vor- oder nachgelagerte Produktionsstufen umfassen. Im Falle eines **vertikalen Zusammenschlusses** ist die akquirierte Unternehmung auf einer vor- oder nachgelagerten Produktionsstufe derselben Branche tätig. Wird im Rahmen einer partiellen Integration bspw. ein Produktionsbereich der akquirierten Unternehmung, in den Produktionsbereich der akquirierenden Unternehmung integriert, wird die Wertschöpfungstiefe der neuen Unternehmung um diesen Produktionsschritt erweitert. Mit dem Integrationsansatz Symbiose wird die Erzielung von Synergien in einzelnen Bereichen angestrebt.[857] Durch die Zusammenlegung von Produktionsbereichen werden durch die Verbindung komplementärer Technologien Ressourcen gebündelt, so dass Effizienzvorteile erreicht werden können. Zudem können Kostensynergien durch die Zusammenführung entstehen. Andere Bereiche oder Funktionen der erworbenen Unternehmung, die eine spezifische Fähigkeit der erworbenen Unternehmung darstellen und damit bei diesem Integrationsansatz weiterhin eigenständig bleiben, z.B. der Kundenservice, führen entsprechend nicht zu einer Veränderung der Wertschöpfungstiefe. Bei **konglomeraten Zusammenschlüssen** sind die beteiligten Unternehmungen in gänzlich unterschiedlichen Geschäftsbereichen tätig. Daraus folgt, dass eine sinnvolle Zusammenführung einzelner verwandter Bereiche oder Funktionen zur Erzielung von Synergien nicht möglich ist. Zudem ist ein Transfer von strategischen Fähigkeiten zwischen den beteiligten Unternehmungen nicht durchführbar bzw. nicht sinnvoll. Somit kommt der Integrationsansatz Symbiose bei konglomeraten Zusammenschlüssen nicht zur Anwendung.

---

[857] Vgl. Jansen [Mergers 2001], S. 234.

Der Integrationsansatz Symbiose tritt schwerpunktmäßig bei vertikalen Zusammenschlüssen auf, so dass die Veränderung der **Gesamtaufgabe** der neuen Unternehmung geringer ausfällt als bei Erhaltungsintegrationen. Denn bei diesem Integrationsansatz bestehen zwischen den beteiligten Unternehmungen deutlich mehr Ähnlichkeiten, so dass im Rahmen der Zusammenführung der sich ergänzenden Bereiche oder Funktionen ein Transfer von Ressourcen und Fähigkeiten stattfindet, um Synergien zu realisieren. Damit ist auch der Umfang der Doppelarbeiten in der neuen Unternehmung geringer als bei dem Integrationsansatz Erhaltung. Eine Erweiterung des Aufgabenumfangs der neuen Unternehmung ergibt sich daraus jedoch nicht zwingend. Die eigenständig bleibenden Funktionen oder Bereiche der beteiligten Unternehmungen, die sich nicht ergänzen und bei denen eine Zusammenführung somit nicht sinnvoll ist, führen zu einer Erweiterung des Aufgabenumfangs der neuen Unternehmung.

2.3.3 Externe Systemkopplung bei Symbiose

Mit der Definition der Schnittstellen der neuen Unternehmung zu ihrem Umsystem (**externe Systemkopplung**) wird die Koordination und Arbeitsteilung zwischen der neuen Unternehmung und ihren externen Partnern bestimmt. Weiterhin sind die Beziehungen zu den Netzwerkpartnern zu gestalten.[858]

Durch die Anwendung des Integrationsansatzes Symbiose verändern sich die **Schnittstellen** zwischen der akquirierenden Unternehmung und ihrer Umwelt. Auf der einen Seite werden einige Bereiche oder Funktionen der übernommenen Unternehmung in die akquirierende Unternehmung integriert. Sie verlieren ihre Eigenständigkeit und stellen somit unselbstständige Subsysteme der neuen Unternehmung dar, die fest in die Wertschöpfungsprozesse der akquirierenden Unternehmung eingebunden sind. Durch diese organisatorische Eingliederung entstehen neue interne Geschäftsbeziehungen, die zukünftig innerhalb der neuen Unternehmung koordiniert werden müssen. Dies gilt insbesondere für vertikale Zusammenschlüsse, bei denen die ehemals externen Zulieferer-/Abnehmer-Beziehungen durch die Integration zu internen Beziehungen werden. Als Beispiel kann hier die Integration des Produktionsbereichs eines ehemaligen Lieferanten genannt werden. Die benötigten Vorprodukte werden zukünftig nicht mehr am Markt, sondern vom Akquisitionsobjekt bezogen. Verkauft die akquirierte Unternehmung diese Produkte trotz der Integration weiterhin an andere Abnehmer, stellen diese auch künftig noch mit anderen Partnern bestehenden Schnittstellen der übernommenen Unternehmung neue Schnittstellen für die akquirierende Unternehmung dar. Bei hori-

---

[858] Vgl. zu den theoretischen Grundlagen Abschnitt B.2.2.4.3, S. 58ff.

zontalen Zusammenschlüssen werden keine ehemals externen Schnittstellen internalisiert, da Bereiche oder Funktionen derselben Produktionsstufe zusammengeführt werden, die vor der M&A-Transaktion im Normalfall keine gemeinsamen Schnittstellen hatten. Als Beispiel kann hier die Kapazitätserweiterung durch Integration des Produktionsbereichs eines Wettbewerbers genannt werden. Die beteiligten Unternehmungen waren vor der M&A-Transaktion Wettbewerber, so dass sie keine gemeinsamen Schnittstellen im Produktionsbereich hatten. Durch die Integration werden aus den externen Schnittstellen der übernommenen Unternehmung zu ihren Kunden und Lieferanten neue Geschäftsbeziehungen für die akquirierende Unternehmung.

Auf der anderen Seite bleiben bei dem Integrationsansatz Symbiose einige Bereiche bzw. Funktionen der übernommenen Unternehmung weiterhin eigenständig.[859] Hierbei kann es sich, Bezug nehmend auf die o.g. Beispiele, um den Vertriebsbereich der übernommenen Unternehmung handeln, der in der neuen Unternehmung als unabhängige Einheit arbeitet. Aus der Aufrechterhaltung der Eigenständigkeit ergibt sich, dass die Entwicklung der externen Schnittstellen für diese eigenständig operierenden Organisationseinheiten bei partieller Integration analog zu der Entwicklung der externen Schnittstellen bei dem Integrationsansatz Erhaltung zu betrachten ist. Zum einen werden aus u.U. ehemals bestehenden externen Schnittstellen zwischen den beiden Unternehmungen interne Beziehungen, zum anderen behält der eigenständige Bereich seine vielfältigen externen Schnittstellen, aus denen durch die Integration neue Schnittstellen der akquirierenden Unternehmung werden.

Im Rahmen der externen Systemkopplung erfolgt im Anschluss an die Definition der externen Schnittstellen im zweiten Schritt die **Gestaltung** ebendieser. Damit ist die Einbindung der neuen Unternehmung in ein **Unternehmungsnetzwerk** angesprochen. Bei dem Integrationsansatz Symbiose wird durch die organisatorische Zusammenführung einzelner Bereiche oder Funktionen der beteiligten Unternehmungen in der neuen Unternehmung grundsätzlich die Wertschöpfungskonfiguration der neuen Unternehmung verändert. Insbesondere ist dies der Fall bei vertikalen Zusammenschlüssen, durch die eine oder mehrere zusätzliche Wertschöpfungsschritte in die Unternehmung integriert werden. Ist der integrierte Produktionsbereich (siehe o.g. Beispiel) Teil eines Unternehmungsnetzwerkes, z.B. als Lieferant, muss die akquirierende Unternehmung entscheiden, ob diese Netzwerkbeziehungen aus strategischer Sicht weiterhin bestehen bleiben sollen. Ist dies der Fall, wird die neue Unternehmung damit Teil eines Unternehmungsnetzwerkes, in dem sie vorher noch nicht vertreten war. Im Falle von hori-

---

[859] Vgl. hierzu Abschnitt C.1.3.2, S. 99ff. sowie Abschnitt D.2.3.1, S. 194f.

zontalen Zusammenschlüssen hingegen kann die weitere Beteiligung des integrierten Bereichs in einem Unternehmungsnetzwerk strategisch ebenfalls sinnvoll sein, weil bspw. Vorprodukte über dieses Netzwerk günstiger bezogen werden können. Somit können auch in diesem Fall neue Wertschöpfungsnetzwerke für die neue Unternehmung entstehen.

2.3.4 Subsystembildung bei Symbiose

Mit der **Subsystembildung** erfolgt die Gestaltung der internen Organisation der neuen Unternehmung. Gestaltungsobjekte sind hierbei zum einen die Struktur der Primärorganisation der integrierten Unternehmung und zum anderen die damit verbundene Standortstruktur. Die Subsystembildung orientiert sich an der strategischen Ausrichtung der neuen Unternehmung und bildet ihre Wertschöpfungskonfiguration ab.[860]

Die Zusammenführung der beteiligten Unternehmungen durch den Integrationsansatz Symbiose führt zu einer Mehrzahl an **organisatorischen Veränderungen** für die neue Unternehmung. Bei einer partiellen Integration wird nur ein Teil der Bereiche oder Funktionen der übernommenen Unternehmung in die Käuferunternehmung integriert, die übrigen Bereiche werden eigenständig weitergeführt. Für die Organisationseinheiten, in denen Bereiche oder Funktionen zusammengeführt werden, ergibt sich daraus ein großer Veränderungsbedarf. Die zukünftig eigenständig weitergeführten Bereiche werden analog zu dem Integrationsansatz Erhaltung nur an die Organisation der neuen Unternehmung angegliedert, nicht aber integriert. Die Gestaltung einer komplett neuen Organisationsstruktur ist bei diesem Integrationsansatz nur dann notwendig, wenn die beteiligten Unternehmungen über unterschiedliche organisatorische Grundstrukturen verfügen.

Bei einer **funktionalen Grundstruktur** der beteiligten Unternehmungen ergänzen die integrierten Funktionen der übernommenen Unternehmung die bereits bestehenden verrichtungsorientierten Organisationseinheiten der akquirierenden Unternehmung, so dass deren Umfang größer wird. Sofern die integrierten Funktionen bislang bei der Käuferunternehmung nicht vorhanden waren, gehen sie in der Form in die neue Unternehmung ein, wie sie bei der akquirierten Unternehmung bestanden haben. Die auf diese Weise neu zusammengestellten funktionalen Organisationseinheiten weisen eine enge Verbindung zueinander auf, da sie alle Wertschöpfungsschritte der neuen Unternehmung darstellen. Die nicht zu integrierenden Funktionen der akquirierten Unter-

---

[860] Vgl. zu den theoretischen Grundlagen Abschnitt B.2.2.4.4, S. 61ff. Als Subsysteme werden hier die an der Akquisition beteiligten Unternehmungen verstanden, die neue Unternehmung stellt das Gesamtsystem dar.

nehmung werden auf der zweiten Ebene angegliedert und haben damit keine direkte Verbindung mit den anderen Funktionen. Die Unternehmungsleitung der neuen Unternehmung hat direkte Weisungsbeziehungen gegenüber den integrierten Funktionen, die aus funktionalen Subsystemen der Käufer- und der Targetunternehmung bestehen, sowie den eigenständig weitergeführten Funktionen der übernommenen Unternehmung. Dabei besteht für die Unternehmungsleitung die Herausforderung, ihren Führungsanspruch entsprechend abzustufen. Die integrierten funktionalen Subsysteme verlangen aufgrund des Bedarfs nach zielorientierter Zusammenarbeit nach einer direkten und engen Führung, während die eigenständigen Funktionen eher nach Budgets oder Plänen gesteuert werden.

Verfügen die beteiligten Unternehmungen vor der Integration über eine **divisionale Grundstruktur**, ergänzen die zu integrierenden objektorientierten Organisationseinheiten der übernommenen Unternehmung die gleichartig ausgerichteten objektorientierten Organisationseinheiten der Käuferunternehmung, und die nicht zu integrierenden Bereiche werden als eigenständige Subsysteme weitergeführt. In den Leitungseinheiten der zusammengeführten Bereiche sind zukünftig entweder die ehemaligen Bereichsleiter oder die Leiter der aufgenommenen Bereiche der akquirierten Unternehmung vertreten, während die Leitungseinheiten der eigenständig weitergeführten Bereiche unverändert bleiben. Die Leitungseinheiten unterstehen allesamt direkt der Unternehmungsleitung der neuen Unternehmung (siehe auch Abbildung D-7).

Neben der vorgenannten horizontalen Arbeitsteilung wird die Subsystembildung auch durch die **vertikale Arbeitsteilung** vorgenommen. Im Rahmen einer partiellen Integration entstehen durch die Zusammenführung von Bereichen bzw. Funktionen der beteiligten Unternehmung neue Organisationseinheiten. Die Leitungseinheiten der integrierten Organisationseinheiten werden in Abhängigkeit von der strategischen Ausrichtung der neuen Unternehmung sowie den Kompetenzverhältnissen der Unternehmungen in den jeweiligen Bereichen bzw. Funktionen entweder von Führungskräften einer der beteiligten Unternehmungen oder von gemischten Teams besetzt. Demgegenüber bleiben die Besetzung und die Führungsaufgaben der Leitungseinheiten der eigenständig weitergeführten Bereiche oder Funktionen weitgehend unverändert, sie berichten nun zukünftig an die neue Unternehmungsleitung der neuen Unternehmung. Diese setzt sich nach der Integration aus Managern der beteiligten Unternehmungen zusammen, wobei die Führungskräfte der akquirierenden Unternehmung im Normalfall jedoch in der Mehrzahl sein werden. Damit wird der Tatsache Rechnung zu tragen, dass zur Erzielung der neuen gemeinsamen Wertschöpfung bei dem Integrationsansatz Symbiose ein hohes Maß an strategischer Interdependenz zwischen den beteiligten

Unternehmungen notwendig ist. Für die integrierten Organisationseinheiten ergibt sich daraus eine eher zentralistische Organisationsstruktur, während die eigenständig weitergeführten Bereiche eher dezentral organisiert sind. Die damit verbundene Beibehaltung von Eigenständigkeit wirkt sich positiv auf die Motivation der Mitarbeiter in diesen Bereichen aus.[861] Eine vollständige **Zentralisation von Entscheidungsaufgaben** findet bei dem Integrationsansatz Symbiose folglich nicht statt, da dieser auch nach der Aufrechterhaltung eines gewissen Maßes an organisatorischer Autonomie verlangt. Die Organisationsstruktur nach einer partiellen Integration ist somit von einer Mischung aus Zentralisation und Dezentralisation geprägt, die sich aus den o.g. Herausforderungen ergibt.

Aus den beschriebenen organisatorischen Veränderungen bei Anwendung des Integrationsansatzes Symbiose ergeben sich entsprechende Konsequenzen für die Frage nach der **Standortstruktur** der neuen Unternehmung. Im Rahmen der Zusammenführung von Bereichen oder Funktionen erfolgt zur Realisierung von Synergien idealerweise die Konzentration der Tätigkeiten an einem Standort. Dies hat die Schließung eines Standortes zur Folge. Für den Fall, dass keiner der bisherigen Standorte hierfür geeignet ist, kann auch die Erschließung eines neuen Standortes erwogen werden, was zur Schließung aller bisherigen Standorte führen würde. Die Konzentration sollte an dem Standort erfolgen, der über die modernere und bessere Infrastruktur verfügt. Soll durch die M&A-Transaktion eine Kapazitätserweiterung realisiert werden, ist die Schließung eines Produktionsstandortes jedoch u.U. nicht sinnvoll. Für die eigenständig weitergeführten Bereiche der übernommenen Unternehmung sind keine Standortentscheidungen zu treffen, da sie in unveränderter Form ihre bisherigen Aufgaben erfüllen.

2.3.5 Subsystemintegration bei Symbiose

Im Anschluss an die Gestaltung der Organisationsstruktur der neuen Unternehmung sind im Rahmen der **Subsystemintegration** die Beziehungen zwischen den einzelnen Subsystemen zu definieren. Durch diese zielorientierte Verknüpfung der arbeitsteiligen Subsysteme entsteht die formale Organisationsstruktur.[862] Diese Abstimmung wird mithilfe der Koordination erreicht.[863] Bei der organisatorischen Integration müssen in einem ersten Schritt die bereits vorhandenen Koordinationsmechanismen in den beteiligten Unternehmungen erkannt und geprüft werden, inwiefern diese miteinander

---

[861] Vgl. Wirtz [Mergers 2003], S. 305; Lindstädt [Neuausrichtung 2003], S. 353f.
[862] Vgl. zu den theoretischen Grundlagen Abschnitt B.2.2.4.5, S. 66ff. Integration bedeutet in diesem Zusammenhang die Verbindung der einzelnen Subsysteme zu einem geordneten Ganzen, vgl. Kosiol [Organisation 1976], S. 171.
[863] Vgl. zur Koordination Kosiol [Organisation 1976], S. 171 sowie Abschnitt B.2.2.2, S. 46ff.

kompatibel sind. Im zweiten Schritt ist ein einheitlicher Koordinationsmechanismus für die neue Unternehmung festzulegen, der möglichst schnell implementiert werden kann und zu einer produktiven Arbeitsweise führt.

Aus dem Führungsanspruch der akquirierenden Unternehmung ergibt sich der Bedarf nach Koordination in der neuen Unternehmung. Bei dem Integrationsansatz Symbiose besteht die Herausforderung, dass sowohl ein mittlerer als auch ein hoher Führungsanspruch seitens der akquirierenden Unternehmung besteht. Der hohe Führungsanspruch bezieht sich auf die zusammengeführten Bereiche bzw. Funktionen, so dass hier eine **operative Managementholding** entsteht. Hingegen liegt analog zum Integrationsansatz Erhaltung für die weiterhin eigenständig operierenden Bereiche bzw. Funktionen ein mittlerer Führungsanspruch vor, aus dem eine **strategische Managementholding** resultiert.[864]

Die Gestaltung der Koordination für die weiterhin eigenständig geführten Bereiche bzw. Funktionen ist analog zu der Gestaltung bei dem Integrationsansatz Erhaltung zu handhaben, da hier die gleichen Voraussetzungen und Annahmen zutreffen. Für die zusammengeführten Bereiche bzw. Funktionen hingegen besteht jedoch ein hoher Bedarf an Koordination, da diese Subsysteme zielorientiert aufeinander abgestimmt werden müssen. Eine **horizontale Koordination** auf der zweiten Ebene ist bei einer partiellen Integration zwar grundsätzlich theoretisch denkbar, praktisch jedoch nicht zweckmäßig, da eine Selbstabstimmung zwischen den integrierten Subsystemen einerseits und den eigenständig weitergeführten Subsystemen andererseits inhaltlich nicht sinnvoll ist. Auch innerhalb der integrierten Subsysteme ist eine horizontale Koordination auf der zweiten Ebene nur theoretisch möglich, praktisch jedoch nicht zielführend, da die Unternehmungsleitung Einfluss auf die Wertschöpfungskonfiguration dieser Subsysteme nehmen möchte. Allerdings kann eine Selbstabstimmung in begrenztem Umfang auch im Interesse der Unternehmungsleitung sein, da sie hierdurch entlastet wird und weniger operative Vorgaben machen muss.

Demzufolge kommen auch bei diesem Integrationsansatz schwerpunktmäßig Mechanismen der **vertikalen Koordination** zur Anwendung, mit denen die Hierarchie der neuen Unternehmung gestaltet wird. Durch die Integration der akquirierten Unternehmung vergrößert sich die Leitungsbreite, da der Unternehmungsleitung der neuen Unternehmung durch die Zusammenführung der Organisationseinheiten und die Angliederung der eigenständigen Bereiche bzw. Funktionen mehr und größere Subsysteme

---

[864] Vgl. zum Zusammenhang von Integrationsansätzen und Führungsanspruch Abschnitt C.1.3.2, S. 103f.

Integration der Organisation 207

direkt unterstehen. Eine Veränderung der Leitungstiefe tritt dann auf, wenn die akquirierte Unternehmung über mehr Hierarchiestufen verfügt. Dies ist bspw. dann der Fall, wenn die integrierten Subsysteme tiefer gegliedert sind, als es das Subsystem vor der Integration bei der Käuferunternehmung war. Schließlich hängt die Struktur der Weisungsbeziehungen von der Wahl der organisatorischen Grundstruktur der neuen Unternehmung ab. Die Entscheidungskompetenzen sind nach einer partiellen Integration sowohl zentral als auch dezentral verteilt. Die Weisungsbeziehungen zwischen der Unternehmungsleitung und der Leitungseinheit der eigenständig weitergeführten Subsysteme sind aufgrund der Aufrechterhaltung ihrer Autonomie dezentralisiert, was zu einer strategischen Steuerung führt. Daraus folgt eine weitgehende Delegation von Aufgaben, Verantwortung und Kompetenzen an diese eigenständigen Subsysteme. Partizipation findet hingegen nicht oder nur in geringem Maße statt, da keine Führungskraft der eigenständigen Bereiche in der neuen Unternehmungsleitung vertreten ist. Die Weisungsbeziehungen zwischen der Unternehmungsleitung und den integrierten Subsystemen sind in der Unternehmungsleitung zentralisiert, um die neue integrierte Unternehmung operativ steuern zu können. Eine Delegation von Aufgaben, Verantwortung und Kompetenzen besteht nur für die operative Durchführung des Wertschöpfungsprozesses. Das Ausmaß an Partizipation ist hingegen höher, da in der Unternehmungsleitung auch Führungskräfte der akquirierten Unternehmung vertreten sind.

Die Koordination erfolgt durch den Einsatz von **Koordinationsmechanismen**. In einer Unternehmung mit partieller Integration werden persönliche Koordinationsmechanismen in Form von Rahmenregelungen für die eigenständig geführten Subsysteme eingesetzt, damit diese autonom arbeiten und trotzdem das Kerngeschäft der neuen Unternehmung unterstützen können. Des Weiteren wird mit der Koordination durch Ziele ein struktureller Koordinationsmechanismus zur Steuerung der Tätigkeiten der eigenständigen Subsysteme angewendet. Die Anpassung der Prozesse stellt einen weiteren strukturellen Koordinationsmechanismus dar, der in den integrierten Subsystemen zum Einsatz kommt. Dabei muss anhand der Effizienz und Kongruenz der Steuerungs-, operativen und Supportprozesse entschieden werden, ob eine Neugestaltung, eine Vereinheitlichung oder eine Übernahme und Optimierung der Prozesse sinnvoll ist.[865]

---

[865] Vgl. Clever [Merger 1993], S. 88.

2.3.6 Subsysteminterne Organisation bei Symbiose

Nach der Subsystemintegration folgt mit der **subsysteminternen Organisation** der letzte Schritt der organisatorischen Gestaltung. Inhaltlich ist damit die Gestaltung der Koordination und Arbeitsteilung innerhalb der Subsysteme angesprochen.[866] Eine Unternehmung besteht nach einer partiellen Integration auf der obersten Ebene aus zwei unabhängigen Subsystemen, in denen die Gesamtleistung der neuen Unternehmung erbracht wird. Zum einen ist dies das Subsystem, das sich aus den zusammengeführten Bereichen bzw. Funktionen der beteiligten Unternehmungen zusammensetzt, und zum anderen sind dies die weiterhin eigenständig geführten Bereiche der akquirierten Unternehmung.

Mithilfe der **hierarchischen Koordination** wird die subsysteminterne Organisation gestaltet. Die integrierten Bereiche als erstes Subsystem der neuen Unternehmung sind einzeln direkt der Unternehmungsleitung der neuen Unternehmung als Leitungseinheit unterstellt. Diese ist den durch die Integration zusammengeführten Subsystemen (bspw. Einkauf, Produktion, Vertrieb bzw. Geschäftsbereiche 1 bis 3 in Abbildung D-7) gegenüber weisungsbefugt und steuert deren Aktivitäten. Diese Subsysteme sind Stellenmehrheiten in Form von Abteilungen oder Arbeitsgruppen, die intern ebenfalls hierarchisch gegliedert sind. Sie verfügen damit auch über eine Leitungsstelle (Abteilungsleiter bzw. Gruppenleiter), die die Steuerungsaufgaben übernimmt, und Ausführungsstellen zur Durchführung der operativen Tätigkeiten. Das zweite Subsystem auf der obersten Ebene der neuen Unternehmung bilden die weiterhin eigenständigen Bereiche oder Funktionen der akquirierten Unternehmung. Ein Teil der ehemaligen Unternehmungsleitung stellt in der neuen Unternehmung die Leitungseinheit in Form der Bereichsleitung für diese Bereiche oder Funktionen (siehe Abbildung D-7). Sie hat damit Weisungsbefugnis gegenüber den nicht integrierten Organisationseinheiten der übernommenen Unternehmung und steuert deren Aktivitäten. Die interne Organisation dieser Bereiche oder Funktionen ändert sich durch den Zusammenschluss nicht.

Die beiden Subsysteme auf der obersten Ebene werden ebenfalls hierarchisch koordiniert. Insgesamt sind sie einer gemeinsamen Leitungseinheit, der Unternehmungsleitung, unterstellt. Direkte Weisungsempfänger der Unternehmungsleitung sind nach partieller Integration die Leiter der zusammengeführten Organisationseinheiten sowie die Bereichsleitung der eigenständigen Bereiche bzw. Funktionen. Der Handlungsspielraum der Bereichsleitung der eigenständig weitergeführten Bereiche der akquirierten Unternehmung wird durch die Angliederung auf der zweiten Ebene einge-

---

[866] Vgl. zu den theoretischen Grundlagen Abschnitt B.2.2.4.6, S. 72ff.

schränkt, da sie nicht mehr über alle Entscheidungskompetenzen verfügt wie vor der Übernahme, sondern nun von Weisungen der Unternehmungsleitung abhängig ist. Um die bei diesem Integrationsansatz geforderte organisatorische Autonomie aufrecht erhalten zu können, beschränken sich die Weisungen der Unternehmungsleitung jedoch auf strategische und finanzielle Vorgaben, während die Entscheidungen über die operative Durchführung der Aufgaben bei der Bereichsleitung liegt. Demgegenüber umfassen die Weisungen der Unternehmungsleitung an die integrierten Organisationseinheiten sowohl strategische, finanzielle als auch operative Vorgaben, da hier ein hoher Führungsanspruch vorherrscht. Die **Koordination durch Selbstabstimmung** ist bei dem Integrationsansatz Symbiose für die Beziehung zwischen der Unternehmungsleitung und ihren direkten Weisungsempfängern aufgrund der o.g. Eigenschaften von partiellen Integrationen nicht anwendbar.

2.4 Organisationsgestaltung bei dem Integrationsansatz Absorption

2.4.1 Integrationsgestaltung und Organisationsstruktur der integrierten Unternehmung bei Absorption

Die konkrete **Integrationsgestaltung** einer typischen Absorptionsintegration wird von den in Abschnitt C.1.2 vorgestellten Einflussfaktoren bestimmt.[867] Der Integrationsansatz Absorption wird bei **Akquisitionsformen** angewendet, bei denen die akquirierte Unternehmung ihre rechtliche und wirtschaftliche Selbstständigkeit verliert. Somit kommt es hier zum engsten Zusammenschlussfall, der Fusion, die einen hohen Integrationsaufwand nach sich zieht. Die **strategische Zielsetzung** einer Vollintegration liegt in der Realisierung von Synergien durch die vollständige Zusammenlegung aller Aktivitäten der beteiligten Unternehmungen. Dabei spielt die **Ähnlichkeit der Organisationsstrukturen** eine große Rolle für den Integrationsansatz Absorption. Die organisatorische Integration kann einfacher umgesetzt werden, wenn die beteiligten Unternehmungen die gleiche organisatorische Grundstruktur aufweisen. Sind die Grundstrukturen identisch, werden diese für die neue Unternehmung beibehalten und die korrespondierenden Bereiche bzw. Funktionen zusammengeführt. Weichen die organisatorischen Grundstrukturen dagegen voneinander ab, muss für die neue Unternehmung eine neue gemeinsame Grundstruktur gefunden und eingerichtet werden. Im Rahmen der organisatorischen Integration sind in diesem Fall vielfältige Organisationsänderungen bei mindestens einer der beteiligten Unternehmungen notwendig. Ebenso ist eine hohe **Ähnlichkeit der Aufgaben** für den Integrationsansatz wichtig,

---

[867] Vgl. zu den Einflussfaktoren auf die Integrationsgestaltung Abschnitt C.1.2, S. 84ff. Die umweltbezogenen Einflussfaktoren werden aus den dort genannten Gründen hier nicht behandelt.

damit die Zusammenlegung von Bereichen oder Funktionen zur Realisierung von Synergien möglich ist. Demzufolge sind die Produktprogramme der beteiligten Unternehmungen nahezu identisch. Vollintegrationen werden bei **horizontalen und vertikalen Zusammenschlüssen** angewendet, mit denen entweder eine Marktausweitung oder die Erweiterung der Wertschöpfung durch eine vor- oder nachgelagerte Wertschöpfungsstufe angestrebt wird. Das **Ordnungsverhältnis** zwischen den beteiligten Unternehmungen bei dem Integrationsansatz Absorption ist im Gegensatz zu den Integrationsansätzen Erhaltung und Symbiose nicht zwangsläufig durch eine dominante Unternehmung gekennzeichnet. Zu einer Vollintegration kann es auch bei gleichberechtigten Partnern kommen, die gleiche Anteile in die neue Unternehmung einbringen und demnach auch gleichberechtigt an der Integrationsgestaltung und -durchführung sowie der Geschäftsleitung der neuen Unternehmung beteiligt sind. Die **Grundlage der Zusammenarbeit** hat für eine Vollintegration eine besonders hohe Bedeutung, denn bei einer feindlichen Übernahme ist die Einbindung des Managements der akquirierten Unternehmung in die Integrationsgestaltung nur schwer möglich. Zudem führt eine feindliche Übernahme aufgrund der vollständigen Eingliederung zu hohen Unsicherheiten bei der gesamten Belegschaft der akquirierten Unternehmung. Liegen zwischen den beteiligten Unternehmungen **kulturelle Unterschiede** vor, müssen die einzelnen Kulturen zu einer gemeinsamen Kultur der neuen Unternehmung zusammengeführt werden. Ohne diese Kulturintegration ist die Entstehung von Widerständen sehr wahrscheinlich, so dass sowohl die Integrationsdurchführung als auch die operative Tätigkeit der neuen Unternehmung erschwert werden können. Abschließend sind die **personenbezogenen Einflussfaktoren** zu berücksichtigen. Hierbei muss darauf geachtet werden, dass Schlüsselmitarbeiter aus den beteiligten Unternehmungen mit besonderen Qualifikationen auch der neuen Unternehmung erhalten bleiben und ihre Motivation nicht durch den Zusammenschluss und damit verbundene Veränderungen geschwächt wird. Auch bei dem Integrationsansatz Absorption besteht die Gefahr, dass Mitglieder der Geschäftsleitung der übernommenen Unternehmung die neue Unternehmung verlassen, wenn sie nicht in die Geschäftsleitung der neuen Unternehmung berufen werden.

Die **Organisationsstruktur** der neuen Unternehmung ergibt sich bei dem Integrationsansatz Absorption durch die vollständige Eingliederung der Zielgesellschaft in die Käuferunternehmung, wodurch sie ihre organisatorische Eigenständigkeit aufgibt. Alle **Organisationseinheiten** der beteiligten Unternehmungen werden dabei **vollständig konsolidiert**. Strukturen und Weisungsbeziehungen der erworbenen Unternehmung werden aufgelöst und müssen in der neuen Organisation neu etabliert werden. Bei der

Integration der Organisation

Bildung der neuen Organisation der integrierten Unternehmung kann zum einen unter Beibehaltung der Grundstruktur der akquirierenden Unternehmung die Organisation der erworbenen Unternehmung in die Struktur der akquirierenden Unternehmung integriert und angepasst werden. Zum anderen besteht die Möglichkeit, eine komplett neue Zielorganisation zu entwerfen, in der beide ursprünglichen Organisationen aufgehen. Diese Entscheidung ist abhängig von den strategischen Anforderungen der neuen Unternehmung.[868] Die Zusammenführung der Organisationen in der Grundstruktur der akquirierenden Unternehmung ist dann möglich, wenn die beteiligten Unternehmungen dieselbe organisatorische Grundstruktur aufweisen, während die Schaffung einer neuen Grundstruktur dann nötig ist, wenn die Grundstrukturen der beteiligten Unternehmungen nicht identisch sind.

Die Unternehmungsleitung der neuen Unternehmung setzt sich zusammen aus Mitgliedern der Unternehmungsleitung der akquirierenden und der erworbenen Unternehmung. Die Verteilung der Anzahl der Mitglieder der neuen Unternehmungsleitung wird durch die Machtverteilung zwischen den beteiligten Unternehmungen bestimmt. Da im Normalfall die größere Macht bei der akquirierenden Unternehmung liegt, unabhängig von ihrer relativen Größe, besteht die neue Unternehmungsleitung mindestens zur Hälfte aus Mitarbeitern der akquirierenden Unternehmung. Durch die komplette Konsolidierung der Funktionen und Bereiche der beteiligten Unternehmungen ergeben sich keine neuen Organisationseinheiten auf der ersten Ebene unterhalb der Unternehmungsleitung, so dass die Führungsspanne in diesem Fall konstant bleibt. Eine Vergrößerung der Führungsspanne kann sich in solchen Fällen ergeben, wenn die übernommene Unternehmung über mehr Funktionen oder Bereiche verfügt als die Käuferunternehmung und diese ebenfalls in die Wertschöpfungsprozesse integriert werden.

Eine Vollintegration ist sinnvoll bei M&A-Transaktionen, die durch sehr große Überschneidungen in den Aktivitäten und Geschäftsfeldern der beteiligten Unternehmungen sowie durch besondere Fähigkeiten auf Seiten der Zielgesellschaften gekennzeichnet sind. Von der intensiven Zusammenführung der Geschäftsfelder sind auch die Lieferanten- und Kundenbeziehungen betroffen, so dass sich die internen und externen Geschäftsbeziehungen der beteiligten Unternehmungen ebenfalls ändern. Die bisherigen internen Beziehungen der akquirierenden Unternehmung werden durch die ehemals externen Beziehungen zu der übernommenen Unternehmung ergänzt, woraus nun

---

[868] Vgl. Haspeslagh/Jemison [Akquisitionsmanagement 1992], S. 176; Steinöcker [Akquisitionscontrolling 1993], S. 110.

ein zusätzlicher interner Koordinationsbedarf innerhalb der neuen Unternehmung resultiert. Alle externen Geschäftspartner der beteiligten Unternehmungen werden durch den Zusammenschluss zu Geschäftspartnern der neuen Unternehmung. Dabei besteht die Herausforderung, diese Geschäftsbeziehungen aufrecht zu erhalten.[869] Darüber hinaus kann eine Vollintegration in solchen Fällen durchgeführt werden, wenn sich die erworbene Unternehmung in einer Krisensituation befindet. Aus diesen Rahmenbedingungen ergibt sich ein großes Synergiepotenzial für diesen Integrationsansatz.

Aufgrund der vollständigen Zusammenführung der Organisationen stellt dieser Integrationsansatz die größte und komplexeste Herausforderung für das Integrationsmanagement dar.[870] Die Rahmenbedingungen der M&A-Transaktion müssen schon früh in der Planung der Integration berücksichtigt werden. Zudem bringt die Auflösung der Organisationen entsprechende Konsequenzen für die Belegschaften der Unternehmungen mit sich.

Die im Rahmen des Integrationsansatzes Absorption entstehende Organisationsstruktur kann beispielhaft anhand der folgenden Abbildung D-8 dargestellt werden.

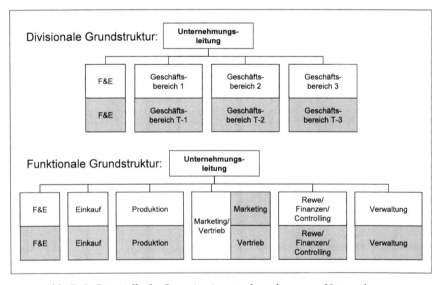

Abb. D-8: Beispielhafte Organisationsstruktur der neuen Unternehmung nach einer Absorptionsintegration

---

[869] Vgl. Wirtz [Mergers 2003], S. 287.
[870] Vgl. Jansen [Mergers 2001], S. 235.

Von dem Integrationsansatz Absorption wird bei horizontalen und vertikalen Unternehmungszusammenschlüssen Gebrauch gemacht, bei denen die akquirierte Unternehmung in den gleichen Geschäftsfeldern aktiv ist wie die Käuferunternehmung. Bei funktionalen Grundstrukturen werden diejenigen Funktionsbereiche integriert, aus denen Synergien gehoben werden können. Die strategischen Interdependenzen stehen dabei im Vordergrund, denn mithilfe der strategischen Fähigkeiten der Zielgesellschaft soll die Wertsteigerung erreicht werden.[871]

Die nachfolgende Behandlung der Kernfragen der organisatorischen Gestaltung für eine Vollintegration bezieht sich auf die obige Abbildung, die zwei typische Zielorganisationen für diesen Integrationsansatz darstellt.

2.4.2 Externe Systemabgrenzung bei Absorption

Mit der **externen Systemabgrenzung** wird der Umfang der Wertschöpfung der neuen Unternehmung festgelegt.[872] Aufgabenumfang und Wertschöpfungstiefe werden dabei von der strategischen Ausrichtung sowie dem leistungswirtschaftlichen Zusammenhang der M&A-Transaktion bestimmt.

Der Integrationsansatz Absorption sieht eine vollständige Eingliederung aller Organisationseinheiten der übernommenen Unternehmung in die akquirierende Unternehmung vor, d.h. es gibt nach der Integration keine eigenständig weitergeführten Bereiche oder Funktionen der übernommenen Unternehmung mehr. Der **Aufgabenumfang** der neuen Unternehmung wird bei diesem Integrationsansatz nur dann erweitert, wenn die akquirierte Unternehmung über Bereiche oder Funktionen verfügt, die es in der Käuferunternehmung nicht gibt (z.B. ein Bereich Forschung & Entwicklung). Diese Organisationseinheiten werden ebenfalls vollständig integriert und in der neuen Unternehmung zusammen mit den integrierten Organisationseinheiten in den Wertschöpfungsprozess eingebunden. Durch diesen kompletten Transfer der strategischen Fähigkeiten zwischen den beteiligten Unternehmungen kann die geplante Wertsteigerung erreicht werden.[873] Mit der Zusammenführung von korrespondierenden Organisationseinheiten ergibt sich für die **Arbeitsteilung** zwischen den beteiligten Unternehmungen, dass in der neuen Unternehmung keine der bisherigen Aufgaben entfällt, sondern das komplette Aufgabenspektrum der beteiligten Unternehmungen abgedeckt wird. Damit verändern sich die Unternehmungsgrenzen der neuen Unternehmung, da einige vormals extern erfüllte Aufgaben nun intern geleistet werden.

---

[871] Vgl. zu diesem Beispiel Haspeslagh/Jemison [Akquisitionsmanagement 1992], S. 225ff.
[872] Vgl. zu den theoretischen Grundlagen Abschnitt B.2.2.4.2, S. 55ff.
[873] Vgl. Haspeslagh/Jemison [Akquisitionsmanagement 1992], S. 223ff.

Je nach Ausprägung der Zusammenschlussart ergibt sich eine unterschiedliche **Wertschöpfungstiefe** der neuen Unternehmung. Eine Vollintegration kann sinnvoll sowohl bei horizontalen als auch bei vertikalen Zusammenschlüssen Anwendung finden. Bei **horizontalen Zusammenschlüssen** werden die Bereiche oder Funktionen der akquirierten Unternehmung in die korrespondierenden Organisationseinheiten der Käuferunternehmung eingegliedert. Daraus ergibt sich keine Veränderung der Wertschöpfungstiefe, weil sich die beteiligten Unternehmungen auf der gleichen Wertschöpfungstiefe befinden. Bei **vertikalen Zusammenschlüssen** ergibt sich dagegen eine Veränderung der Wertschöpfungstiefe durch die Integration von Organisationseinheiten, die auf vor- oder nachgelagerten Produktionsstufen angesiedelt sind. Die Wertschöpfungstiefe wird um die Produktionsstufe erweitert, die von der akquirierten Unternehmung bearbeitet wird. Es werden also Abnehmer- und/oder Lieferantenbeziehungen in die neue Unternehmung verlagert und zukünftig intern abgewickelt. Bei diesen beiden Zusammenschlussarten liegt das Ziel in der Realisierung von Synergien in Form von Kosteneinsparungen und Effizienzvorteilen, die durch die Zusammenlegung komplementärer Ressourcen entstehen. Die Anwendung des Integrationsansatzes Absorption bei **konglomeraten Zusammenschlüssen** erscheint nicht sinnvoll, da bei dieser Zusammenschlussart die beteiligten Unternehmungen in gänzlich unterschiedlichen Geschäftsbereichen tätig sind. Aus diesem Grund weisen sie keine verwandten Bereiche oder Funktionen auf, so dass ein sinnvoller Transfer von strategischen Fähigkeiten durch eine Zusammenführung nicht möglich ist.

Vollintegrationen kommen schwerpunktmäßig bei horizontalen und vertikalen Zusammenschlüssen zum Einsatz, da eine hohe Ähnlichkeit der Wertschöpfungsausrichtung Voraussetzung für diesen Integrationsansatz ist. Durch die vollständige Konsolidierung der Organisationseinheiten unterscheidet sich die **Gesamtaufgabe** der neuen Unternehmung nicht von der der beteiligten Unternehmungen vor der Transaktion. Durch Eliminierung von Doppelarbeiten nach der Integration können Synergien realisiert werden.

2.4.3 Externe Systemkopplung bei Absorption

Im Anschluss an die externe Systemabgrenzung muss die Arbeitsteilung und Koordination zwischen der neuen Unternehmung und ihrer Umwelt gestaltet werden. Die Definition der Schnittstellen der neuen Unternehmung und ihren externen Partnern wird als **externe Systemkopplung** bezeichnet.[874]

---

[874] Vgl. zu den theoretischen Grundlagen Abschnitt B.2.2.4.3, S. 58ff.

Die **Schnittstellen** zwischen der akquirierenden Unternehmung und ihrer Umwelt werden durch den Integrationsansatz Absorption erheblich beeinflusst. Durch die vollständige Integration aller Organisationseinheiten der akquirierten Unternehmung in die Wertschöpfungsprozesse der Käuferunternehmung entstehen in der neuen Unternehmung interne Geschäftsbeziehungen, die intern koordiniert werden müssen. Die Bereiche und Funktionen der akquirierten Unternehmung werden nach dem Zusammenschluss schwerpunktmäßig Beziehungen zu den Organisationseinheiten der Käuferunternehmung unterhalten, mit denen sie zusammengeschlossen wurden. Insbesondere bei vertikalen Zusammenschlüssen tritt dies auf, denn die akquirierende Unternehmung internalisiert durch die M&A-Transaktion vormals externe Geschäftsbeziehungen zu vor- oder nachgelagerten Wertschöpfungsschritten. Nach der Akquisition eines ehemaligen Abnehmers und der Integration von dessen Produktionsbereich in die eigene Produktion werden die eigenen Produkte nicht mehr am Markt verkauft, sondern intern innerhalb der neuen Unternehmung weiterverarbeitet. Werden zusätzlich noch andere Vorprodukte bezogen und bearbeitet, stellen diese Schnittstellen der übernommenen Unternehmung zu externen Partnern neue Schnittstellen für die akquirierende Unternehmung dar. Im Gegensatz dazu entstehen bei horizontalen Zusammenschlüssen keine neuen internen Schnittstellen, da die zusammengeführten Organisationseinheiten auf denselben Produktionsstufen angesiedelt sind und aus diesem Grund vor der Transaktion keine gemeinsamen Schnittstellen hatten. Allerdings werden die externen Schnittstellen der übernommenen Unternehmung zu neuen externen Schnittstellen der akquirierenden Unternehmung, da die Geschäftsbeziehungen trotz des Zusammenschlusses erhalten bleiben. Als Beispiel kann die Integration der Vertriebsbereiche genannt werden. Die neue Unternehmung hat das Ziel, ihre Produkte an alle Kunden der beteiligten Unternehmungen zu vertreiben, so dass zu den externen Schnittstellen der akquirierenden Unternehmung die externen Schnittstellen der übernommenen Unternehmung hinzu kommen.

Im zweiten Schritt erfolgt die **Gestaltung** der so entstandenen externen Schnittstellen der neuen Unternehmung mit ihrer Umwelt. Durch die Integration der übernommenen Unternehmung werden deren Beziehungen zu ihren Geschäftspartnern zu neuen Schnittstellen für die akquirierende Unternehmung und sind im Hinblick auf die strategische Ausrichtung der neuen Unternehmung zu überprüfen. Für den Fall, dass die übernommene Unternehmung vor der M&A-Transaktion Teil eines Unternehmungsnetzwerks war, muss die akquirierende Unternehmung entscheiden, ob diese Netzwerkbeziehungen weiterhin zur strategischen Ausrichtung der neuen Unternehmung passen. Bei vertikalen Zusammenschlüssen wird die Wertschöpfungskonfiguration um zusätzliche Wertschöpfungsschritte der übernommenen Unternehmung erweitert. War diese Mitglied in einem Unternehmungsnetzwerk, z.B. als Lieferant von Vorprodukten, kann die weitere Mitgliedschaft im Netzwerk für die neue Unternehmung durchaus sinnvoll sein, denn so können die alten Kunden auch weiterhin beliefert werden. Soll die übernommene Unternehmung jedoch ihre komplette Produktion an die akquirierende Unternehmung liefern, kann die Mitgliedschaft im Netzwerk aus strategischen Gründen nicht fortgesetzt werden. Bei horizontalen Zusammenschlüssen kann es ebenfalls sinnvoll sein, die Schnittstellen der übernommenen Unternehmung zu einem Netzwerk aufrecht zu erhalten, wenn dadurch günstige Beschaffungs- oder Absatzmöglichkeiten entstehen.

2.4.4 Subsystembildung bei Absorption

Die interne Organisation der neuen Unternehmung wird im Rahmen der **Subsystembildung** gestaltet. Ausgehend von der strategischen Ausrichtung der neuen Unternehmung dienen die Primärstruktur und die damit verbundene Standortstruktur zur Abbildung der Wertschöpfungskonfiguration der zusammengeschlossenen Unternehmung.[875]

Aus der vollständigen Zusammenführung der beteiligten Unternehmungen können sich **organisatorische Veränderungen** für die neue Unternehmung ergeben. Diese resultieren aus dem Bedarf nach einer neuen Struktur für die integrierten Organisationseinheiten, um den größeren Aufgabenumfang bewältigen zu können. Die Gestaltung einer komplett neuen organisatorischen Grundstruktur für die integrierte Unternehmung ist dann notwendig, wenn die beteiligten Unternehmungen nicht die gleiche organisatorische Grundstruktur aufweisen und die Struktur der übernommenen Unternehmung nicht in die Struktur der akquirierenden Unternehmung eingegliedert werden kann.

Verfügen die beteiligten Unternehmungen über eine **funktionale Grundstruktur**, wird durch Integration der verrichtungsorientierten Organisationseinheiten der übernommenen Unternehmung in die korrespondierenden Subsysteme der akquirierenden Unternehmung deren Aufgabenumfang erweitert. Verfügt die übernommene Unternehmung über Organisationseinheiten, die in der Käuferunternehmung nicht vorhanden waren, werden sie in ihrer ursprünglichen Struktur in die neue Unternehmung integriert und erweitern damit den Aufgabenumfang der neuen Unternehmung. Zwischen den zusammengeführten funktionalen Subsystemen muss eine enge Verbindung

---

[875] Vgl. zu den theoretischen Grundlagen Abschnitt B.2.2.4.4, S. 61ff. Als Subsysteme werden hier die an der Akquisition beteiligten Unternehmungen verstanden, die neue Unternehmung stellt das Gesamtsystem dar.

hergestellt werden, da sie zusammen die Wertschöpfungskonfiguration der neuen Unternehmung abbilden. Es bestehen somit direkte Weisungsbeziehungen zwischen der Unternehmungsleitung und den integrierten Funktionen. Aufgrund der ausgeprägten strategischen Interdependenz bei diesem Integrationsansatz müssen die funktionalen Organisationseinheiten sehr stark operativ geführt werden, um eine zielorientierte Zusammenarbeit zu gewährleisten. Bei **divisionalen Grundstrukturen** der beteiligten Unternehmungen werden die objektorientierten Subsysteme der übernommenen Unternehmung in die entsprechenden Organisationseinheiten der akquirierten Unternehmung eingegliedert. Bereiche, die in der akquirierten Unternehmung nicht vorhanden waren, werden auf der gleichen Ebene in die neue Unternehmung eingegliedert und erweitern damit den Aufgabenumfang. Bei der Zusammenführung von objektorientierten Organisationseinheiten muss darauf geachtet werden, dass Funktionen innerhalb des Bereichs sinnvoll miteinander kombiniert werden, damit die gewünschte Wertschöpfung von dem integrierten Bereich erbracht werden kann. Die Unternehmungsleitung der neuen Unternehmung verfügt über direkte Weisungsbeziehungen gegenüber den zusammengeführten Divisionen. Auch bei divisionaler Grundstruktur hat die Unternehmungsleitung einen hohen Führungsanspruch und führt die Geschäftsfelder sehr operativ, um die strategischen Interdependenzen bestmöglich ausnutzen zu können. Zum organisatorischen Grundaufbau siehe auch Abbildung D-8.

Zusätzlich zur oben beschriebenen horizontalen Arbeitsteilung wird im Rahmen der Subsystembildung die **vertikale Arbeitsteilung** gestaltet. Die Leitungseinheiten der durch die Integration neu entstandenen Organisationseinheiten werden je nach Machtverhältnis der M&A-Transaktion bzw. strategischer Ausrichtung der neuen Unternehmung entweder von einer Führungskraft der akquirierenden oder der akquirierten Unternehmung besetzt. In den neuen Divisionen ist auch die Besetzung mit gemischten Teams aus den beteiligten Unternehmungen möglich. Aufgrund der hohen strategischen Interdependenz, die dem Integrationsansatz Absorption zugrunde liegt, sollte die Unternehmungsleitung der neuen Unternehmung gleichermaßen mit Führungskräften aus den beteiligten Unternehmungen besetzt werden. Somit kann am ehesten eine zielorientierte Zusammenarbeit der integrierten Organisationseinheiten gewährleistet werden. Der Leiter der Unternehmungsleitung wird aufgrund der stärkeren Machtposition im Normalfall aus der akquirierenden Unternehmung kommen. Da bei Vollintegrationen kein Bedarf nach organisatorischer Autonomie vorhanden ist, werden die **Entscheidungsaufgaben** in der Unternehmungsleitung **zentralisiert**. Daraus ergibt sich eine eher zentralistische Ausrichtung der gesamten Organisationsstruktur. Dabei geht die Eigenständigkeit der übernommenen Unternehmung vollkommen verloren, was sich negativ auf die Motivation der Mitarbeiter auswirken kann.[876]

Die genannten organisatorischen Veränderungen durch den Integrationsansatz Absorption haben auch weitreichende Konsequenzen für die **Standortstruktur** der neuen Unternehmung. Um die angestrebten Synergien erreichen zu können, kann in den integrierten Bereichen oder Funktionen eine Konzentration der Tätigkeiten an einem Standort notwendig sein. Damit sind in den meisten Fällen auch Schließungen von Standorten verbunden. Dabei kann es auch zu Neugründungen von Standorten kommen, wenn die bisherigen Standorte nicht geeignet oder zu klein sind. Die Entscheidung für den Erhalt eines Standorts sollte sich dabei daran ausrichten, welcher Standort die benötigte Infrastruktur am besten zur Verfügung stellt, so dass auch Standorte der akquirierenden Unternehmung geschlossen und die Aktivitäten an Standorten der übernommenen Unternehmung konzentriert werden können.

2.4.5 Subsystemintegration bei Absorption

Die **Subsystemintegration** hat die Aufgabe der Gestaltung der Beziehungen zwischen den Subsystemen der neuen Unternehmung. Im Ergebnis entsteht die formale Organisationsstruktur der neuen Unternehmung, in der die integrierten Subsysteme zielorientiert aufeinander abgestimmt sind.[877] Dazu sind die Koordinationsmechanismen der beteiligten Unternehmungen zunächst auf ihre Kompatibilität zu überprüfen, so dass im Anschluss die Entscheidung über den einheitlichen Koordinationsmechanismus für die neue Unternehmung getroffen werden kann.[878]

Der Integrationsansatz Absorption führt zu einem hohen Führungsanspruch der akquirierenden Unternehmung, so dass eine operative Managementholding entsteht.[879] Daraus resultiert ein hoher Bedarf an Koordination, mit der ein zielorientiertes Zusammenwirken der integrierten Organisationseinheiten zur Erreichung der angestrebten gemeinsamen Wertschöpfung sichergestellt werden soll. Dazu ist es aus theoretischer Sicht grundsätzlich zwar möglich, dass zwischen den Subsystemen auf der zweiten Ebene eine **horizontale Koordination** durch Selbstabstimmung eingerichtet wird. Vor dem Hintergrund der starken operativen Führung der Organisationseinheiten ist dies jedoch praktisch nicht anwendbar. Allerdings kann eine begrenzte Selbstabstimmung

---

[876] Vgl. Wirtz [Mergers 2003], S. 305; Lindstädt [Neuausrichtung 2003], S. 353f.
[877] Vgl. zu den theoretischen Grundlagen Abschnitt B.2.2.4.5, S. 66ff.
[878] Vgl. zur Koordination Kosiol [Organisation 1976], S. 171 sowie Abschnitt B.2.2.2, S. 46ff.
[879] Vgl. zum Zusammenhang von Integrationsansätzen und Führungsanspruch Abschnitt C.1.3.2, S. 103.

für die Unternehmungsleitung vorteilhaft sein, da sie auf diese Weise teilweise von operativen Führungsaufgaben entlastet wird. Somit liegt auch bei diesem Integrationsansatz der Fokus auf der **vertikalen Koordination**, mit der die Hierarchie der neuen Unternehmung gestaltet wird. Durch den Zusammenschluss der Bereiche oder Funktionen vergrößert sich die Leitungsbreite, da der Unternehmungsleitung nach der Integration größere Organisationseinheiten unterstehen. Sollte die übernommene Unternehmung über mehr Bereiche oder Funktionen verfügen als die akquirierende Unternehmung, vergrößert sich die Leitungsbreite auch durch die Eingliederung dieser Organisationseinheiten. Die Leitungstiefe wird bestimmt durch die Anzahl der Hierarchieebenen in den zusammengeführten Bereichen. Sie erhöht sich dann, wenn die zusätzlichen Ebenen der akquirierten Unternehmung nach der Integration beibehalten werden. Schließlich wird durch die Wahl der organisatorischen Grundstruktur die Struktur der Weisungsbeziehungen festgelegt. Da die integrierten Subsysteme direkt und sehr stark operativ von der Unternehmungsleitung geführt werden, sind die Weisungsbeziehungen bei dem Integrationsansatz Absorption zentralisiert. Damit ist die Delegation von Aufgaben, Verantwortung und Kompetenzen eingeschränkt und erfolgt nur für die operative Durchführung des Wertschöpfungsprozesses. Durch Beteiligung von ehemaligen Führungskräften der übernommenen Unternehmung in der Unternehmungsleitung ist das Ausmaß an Partizipation dagegen höher.

Aufgrund der genannten Eigenschaften steht in einer vollintegrierten Unternehmung nur ein **struktureller Koordinationsmechanismus** zur Verfügung. Durch Anpassung der Prozesse soll eine Steigerung der Effizienz und Kongruenz der Steuerungs-, operativen und Unterstützungsprozesse erreicht werden. Dazu stehen als Maßnahmen die Neugestaltung, die Vereinheitlichung oder die Optimierung der Prozesse zur Auswahl.[880] Andere Koordinationsmechanismen, wie die strukturelle Koordination durch Zielvorgabe sowie die persönliche Koordination durch Vorgabe von Rahmenregelungen, können bei einer Unternehmung mit dem Integrationsansatz Absorption nicht zweckmäßig angewendet werden.

2.4.6 Subsysteminterne Organisation bei Absorption

Mit der Gestaltung der **subsysteminternen Organisation** werden die Koordination und Arbeitsteilung innerhalb der integrierten Organisationseinheiten definiert.[881] Sie

---

[880] Vgl. Clever [Merger 1993], S. 88.
[881] Vgl. zu den theoretischen Grundlagen Abschnitt B.2.2.4.6, S. 72ff.

bildet den Abschluss der organisatorischen Gestaltung der neuen Unternehmung, die nach einer Vollintegration nur über ein Subsystem auf der zweiten Ebene verfügt, das sich aus den integrierten Organisationseinheiten der beteiligten Unternehmungen zusammensetzt.

Die Umsetzung der subsysteminternen Organisation erfolgt durch die **hierarchische Koordination**. Die integrierten Organisationseinheiten (bspw. Einkauf, Produktion, Marketing/Vertrieb in Abbildung D-8) sind dabei einzeln direkt der Unternehmungsleitung der neuen Unternehmung unterstellt, die ihnen gegenüber weisungsbefugt ist. Diese Organisationseinheiten sind Stellenmehrheiten, also Abteilungen oder Arbeitsgruppen, deren interne Gliederung ebenfalls hierarchisch ist. Der Abteilungs- oder Gruppenleiter als Leitungsstelle übernimmt die Steuerungsaufgaben, während die Mitarbeiter die Ausführungsaufgaben auf der operativen Ebene durchführen. Die Entscheidung über die Besetzung der Leitungsstellen der Organisationseinheiten bei einer Vollintegration sollte sich daran orientieren, welche der beteiligten Unternehmungen in der jeweiligen Einheit aufgrund der Kompetenzen, Ressourcen oder strategischen Ausrichtung die führende Rolle übernommen hat.

Die Koordination zwischen den integrierten Bereichen und der neuen Unternehmungsleitung erfolgt ebenfalls hierarchisch. Demzufolge sind die Leiter der integrierten Organisationseinheiten direkte Weisungsempfänger der Unternehmungsleitung. Aufgrund des hohen Führungsanspruchs bei Vollintegrationen umfassen die Weisungen sowohl operative als auch strategische Vorgaben. Eine **Koordination durch Selbstabstimmung** für die Beziehung zwischen der Unternehmungsleitung und den integrierten Organisationseinheiten auf der zweiten Ebene ist bei dem Integrationsansatz Absorption aufgrund der o.g. Eigenschaften und Voraussetzungen ebenso wenig anwendbar wie bei partiellen Integrationen.

E Schlussbetrachtung

1 Zusammenfassung der Ergebnisse

Mergers and Acquisitions als Form des externen Unternehmungswachstums dienen dazu, die Unternehmung an die sich verändernden Anforderungen des Wettbewerbs anzupassen. Bei einem Großteil der M&A-Transaktionen werden jedoch die vor der Transaktion festgelegten Ziele nicht erreicht, so dass insgesamt von einer hohen Misserfolgsrate ausgegangen werden muss. Als eine wesentliche Ursache für das Nichterreichen der Akquisitionsziele wird eine gescheiterte Zusammenführung der beteiligten Unternehmungen genannt. Demzufolge liegt die besondere Herausforderung von M&A-Transaktionen in der **Post Merger Integration**. Diese Phase der M&A-Transaktion ist durch eine hohe Komplexität gekennzeichnet, da sie neben der Akquisitionsstrategie und den angestrebten Akquisitionszielen sämtliche Charakteristika der beteiligten Unternehmungen berücksichtigen muss, um aus vorher getrennten Unternehmungen eine neue Unternehmung zu formen, die die geplanten Wertsteigerungen tatsächlich erreichen kann.

In der vorliegenden Arbeit wurde die Post Merger Integration intensiv untersucht und dabei insbesondere auf die organisatorische Gestaltung fokussiert. Dazu wurde zunächst der Begriff Mergers and Acquisitions abgegrenzt und als Vorgang definiert, bei dem mindestens eine Unternehmung ihre wirtschaftliche und/oder rechtliche Selbstständigkeit aufgibt. Als wesentliche Motive und Zielsetzungen von M&A-Transaktionen wurden die Steigerung von Marktmacht sowie die Realisierung von Synergien genannt. Im Anschluss wurde der Aufbau des M&A-Prozesses dargestellt, für den es unterschiedliche organisatorische Ausgestaltungsmöglichkeiten gibt. Aufgrund der Komplexität einer M&A-Transaktionen wurde die Einrichtung einer M&A-Projektorganisation empfohlen, die neben der Linienorganisation die Steuerung der Transaktion übernimmt. Die Post Merger Integration als dritte und letzte Phase des Prozesses ist als Querschnittsaufgabe zu betrachten, denn zur Erreichung der Akquisitionsziele ist ein nachhaltiges und abgestimmtes Integrationsmanagement notwendig. Die inhaltliche Ausgestaltung des Integrationsmanagements sollte sich idealerweise an der Strategie und den Zielen der M&A-Transaktion orientieren. Die strategischen Stoßrichtungen von Mergers and Acquisitions liegen entweder in der Stärkung oder Erweiterung des Kerngeschäfts oder in der Erschließung neuer Geschäftsfelder. Um diese Ziele zu erreichen, ist eine strategiefokusierte Integration der Organisationen der beteiligten Unternehmungen notwendig, so dass Erfolgspositionen und Erfolgspotenziale entsprechend ausgebaut werden können. Hiermit rückt das **Integrationsfeld Organisation** in den Mittelpunkt der Betrachtungen.

Nach der Behandlung der theoretischen Grundlagen für Mergers and Acquisitions im Allgemeinen wurden die organisationstheoretischen Grundlagen für die weitere Untersuchung dargestellt. Mithilfe der **Systemtheorie** können komplexe Sachverhalte wie die Post Merger Integration ganzheitlich untersucht werden. Eine Unternehmung stellt eine Gesamtheit von Elementen dar, zwischen denen Beziehungen bestehen. Diese Elemente bilden Subsysteme, die wiederum das Gesamtsystem ausmachen. Die Beziehungen zwischen den Subsystemen machen die Struktur des Gesamtsystems aus. Neben der Systemtheorie wurden zur Erklärung der Struktur zwei Organisationstheorien herangezogen. Dies ist zum einen der **strukturtechnische Ansatz**, der auf der Systemtheorie aufbaut und sich mit den Aufgaben der organisatorischen Gestaltung befasst. Der Ansatz liefert Hinweise, wie mithilfe der Koordination die einzelnen Teile einer Organisation in eine Ordnung gebracht werden können, die eine effiziente Zielerreichung gewährleistet. Zum anderen wurde kurz der **situative Ansatz** dargestellt, nach dem Organisationen ihre Strukturen an die jeweils vorherrschende Situation anpassen müssen. Aus der Kombination dieser Theorien werden im Anschluss sechs Gestaltungsfragen der Organisation abgeleitet:

- **Externe Systemabgrenzung**: Diese Gestaltungsfrage befasst sich mit der Festlegung der Unternehmungsgrenzen und der Bestimmung der Art und Tiefe der Wertschöpfung einer Unternehmung.
- **Externe Systemkopplung**: Hier werden die Schnittstellen einer Unternehmung zu ihrem Umsystem definiert und die funktionalen Beziehungen gestaltet.
- **Subsystembildung**: Im Rahmen der Subsystembildung wird die Gesamtaufgabe der Unternehmung in einzelne arbeitsteilige Subsysteme (Organisationseinheiten) aufgeteilt.
- **Subsystemintegration**: Die Subsystemintegration dient dazu, die arbeitsteiligen Subsysteme mit dem Ziel des zielorientierten Zusammenwirkens miteinander zu verbinden.
- **Subsysteminterne Organisation**: Aufgabe der subsysteminternen Organisation ist die Gestaltung der internen Arbeitsteilung und Koordination innerhalb des Subsystems.
- **Systementwicklung**: Ziel dieser Gestaltungsfrage ist die Schaffung der Fähigkeit zur Weiterentwicklung eines Systems, um im Wettbewerb bestehen zu können.

Zusammenfassung der Ergebnisse

Die Untersuchung der Post Merger Integration auf Basis dieser theoretischen Grundlagen ist deshalb sinnvoll, weil im Zuge der Post Merger Integration zwei Subsysteme – die akquirierende und die übernommene Unternehmung – zu einem neuen Gesamtsystem zusammengeschlossen werden. Die Gestaltung der Struktur dieses neuen Systems erfolgt anhand der o.g. Gestaltungsfragen der Organisation. In der vorliegenden Arbeit sind jedoch nur die ersten fünf Gestaltungsfragen für die Post Merger Integration relevant, da die Entwicklungsfähigkeit unabhängig von der Art der organisatorischen Integration hergestellt werden muss.

Die Umsetzung der Integrationsmaßnahmen erfolgt im Rahmen des **Integrationsmanagements**, das die Einflussfaktoren auf die Integrationsgestaltung, die Bestimmung des Integrationsansatzes, die Handlungsfelder sowie die kritischen Erfolgsfaktoren der Integration umfasst. Der Integrationsverlauf wird von situativen Faktoren beeinflusst. Dazu gehören die wirtschaftliche und rechtliche Form der M&A-Transaktion sowie die strategische Zielsetzung der Käuferunternehmung. Des Weiteren haben die Ähnlichkeit der Organisationsstrukturen und der Aufgaben der beteiligten Unternehmungen, der leistungswirtschaftliche Zusammenhang der Akquisition sowie die kulturellen Unterschiede Auswirkungen auf die Gestaltung der Integration. Schließlich müssen umweltbezogene und personenbezogene Einflussfaktoren berücksichtigt werden. Auf Basis dieser Einflussfaktoren wird die Entscheidung über den optimalen **Integrationsansatz** getroffen. Er bestimmt die Intensität des Zusammenschlusses der beteiligten Unternehmungen und damit den Grad der Eigenständigkeit der übernommenen Unternehmung im Anschluss an die Integration.

Nach einer kurzen Diskussion verschiedener Ansätze zur Entscheidung über den Integrationsansatz wurde das dem weiteren Verlauf der Arbeit zugrundeliegende Modell von HASPESLAGH/JEMISON vorgestellt. Zur Ableitung des Integrationsansatzes werden hier der Bedarf nach strategischer Interdependenz zwischen den beteiligten Unternehmungen sowie der Bedarf nach organisatorischer Autonomie der übernommenen Unternehmung gegenübergestellt. Die Erzielung von Synergien wird durch den Transfer von strategischen Ressourcen zwischen den Unternehmungen ermöglicht, woraus die strategischen Interdependenzen entstehen. Demgegenüber kann die übernommene Unternehmung über strategische Fähigkeiten verfügen, die nach der Integration erhalten bleiben müssen, da sie zur Realisierung der Wertsteigerung benötigt werden. Hieraus entsteht der Bedarf nach organisatorischer Autonomie. Aus der Kombination dieser beiden Faktoren können vier generische **Integrationsansätze** abgeleitet werden:

- **Erhaltung:** Hier liegen ein geringer Bedarf nach strategischer Interdependenz und ein hoher Bedarf nach organisatorischer Autonomie vor.

- **Symbiose (partielle Integration)**: Hier liegt sowohl ein hoher Bedarf nach strategischer Interdependenz als auch nach organisatorischer Autonomie vor.
- **Absorption (Vollintegration)**: Hier liegen ein hoher Bedarf nach strategischer Interdependenz und ein geringer Bedarf nach organisatorischer Autonomie vor.
- **Holding**: Hier liegt sowohl ein geringer Bedarf nach strategischer Interdependenz als auch nach organisatorischer Autonomie vor. Da bei diesem Integrationsansatz keine Integration im Sinne der vorliegenden Arbeit erfolgt, wurde dieser nicht weiter betrachtet.

Beim Integrationsansatz Erhaltung ist der Integrationsgrad am geringsten und nimmt über den Integrationsansatz Symbiose bis zur Absorption immer stärker zu.

Im nächsten Schritt wurden die Handlungsfelder der Integration abgegrenzt, in denen die Integrationsaufgaben, die zur Zusammenführung der Unternehmungen notwendig sind, bearbeitet werden. Im Integrationsmanagement sind die folgenden generischen **Integrationsfelder** relevant:

- **Strategische Integration**: Das Ziel der strategischen Integration liegt in der Ableitung der strategischen Positionierung der neuen Unternehmung, die sich in Abhängigkeit vom Integrationsansatz aus den Strategien der beteiligten Unternehmungen ergibt. Da die Strategie der Ausgangspunkt der Unternehmungstätigkeit ist, müssen sich die Aufgaben in den übrigen Integrationsfeldern an der strategischen Integration ausrichten.
- **Organisatorische Integration**: Die organisatorische Integration setzt die Vorgaben aus dem Integrationsfeld Strategie in der Organisation der neuen Unternehmung um. Organisatorische Veränderungen sind unabdingbar, um die angestrebten Wertsteigerungen in der neuen Unternehmung erwirtschaften zu können. Der Umfang der Anpassung von Strukturen und Prozessen ist abhängig vom Integrationsansatz.
- **Personelle Integration**: Hauptaufgabe der personellen Integration ist die Zusammenführung der Mitarbeiter und der Gestaltung der qualitativen und quantitativen Personalausstattung der integrierten Unternehmung. Die Einstellungen und das Verhalten der Mitarbeiter und Führungskräfte haben eine hohe Bedeutung für den Erfolg von M&A-Transaktionen, so dass Maßnahmen zur Überwindung von Widerständen ergriffen werden müssen.
- **Kulturelle Integration**: Das Integrationsfeld Kultur ist eng verbunden mit den Integrationsfeldern Organisation und Personal. Das Ziel der kulturellen Integration ist die Schaffung eines gemeinsamen Orientierungsrahmens für das Handeln und Verhalten der Mitarbeiter der neuen Unternehmung.

- **Operative Integration**: Im Integrationsfeld Operation erfolgt die Zusammenführung des materiellen Realisationspotenzials der beteiligten Unternehmungen mit dem Ziel der Realisierung der angestrebten Synergien.

Das Integrationsmanagement muss neben den bereits genannten Einflussfaktoren noch weitere kritische Erfolgsfaktoren beachten, um zu einer insgesamt erfolgreichen Integration zu kommen. Hierzu gehören die sorgfältige Vorbereitung und Planung des Integrationsprozesses, die Vorhaltung von ausreichend Management-Kapazität, eine gezielte Kommunikation, die bereits angesprochene Überwindung von Widerständen bei den Mitarbeitern sowie die Verhinderung der Abwanderung von Schlüsselmitarbeitern.

Der Fokus der vorliegenden Arbeit lag auf der organisatorischen Gestaltung in der Post Merger Integration, so dass das Integrationsfeld Organisation den Schwerpunkt der folgenden Betrachtung darstellte. Dazu wurden zwei **Gestaltungsdimensionen** unterschieden:

- Die Gestaltungsdimension ‚**Organisation der Integration**' (OdI) stellt die Integrationsplattform zur Verfügung, auf der die Integration durchgeführt wird. Dazu wird eine Integrations-Projektorganisation eingerichtet, die von einem Integrationsbüro unterstützt wird. Die Organisation der Integration umfasst die sekundären Aktivitäten des Integrationsmanagements.
- In der Gestaltungsdimension ‚**Integration der Organisation**' (IdO) werden dann die organisatorischen Integrationsmaßnahmen umgesetzt, die anhand der Gestaltungsfragen der Organisation abgeleitet werden. Dies sind die primären Aktivitäten des Integrationsmanagements, auf denen der Schwerpunkt in der Post Merger Integration liegt.

Das Ausmaß des Bedarfs nach diesen beiden Gestaltungsdimensionen ist abhängig vom Integrationsansatz und von der damit verbundenen Intensität der organisatorischen Zusammenführung. Die Gestaltungsdimensionen sind nicht unabhängig voneinander, vielmehr bestehen zwischen ihnen prozessmäßige, inhaltliche, führungsrelevante und strukturelle Interdependenzen, die mit steigendem Integrationsgrad immer stärker zunehmen. Der Einsatzschwerpunkt der beiden Gestaltungsdimensionen liegt in der Post Merger Phase, jedoch beginnt bereits in der Pre Merger Phase der Entwurf der Integrations-Projektorganisation. Der Umfang der Gestaltungsdimension Organisation der Integration nimmt im Laufe des M&A-Prozesses stetig ab, so dass ein sukzessiver

Übergang in die Integration der Organisation erfolgt, mit der die organisatorische Integration durchgeführt wird.

Aufgrund der hohen Komplexität der Integrationsaufgabe eignet sich eine **Projektorganisation** als Integrationsplattform in der Gestaltungsdimension **Organisation der Integration**. Die Integrations-Projektorganisation wird speziell für die Integrationsphase eingerichtet und übernimmt dabei Elemente der Projektorganisation aus der Pre Merger und der Transaktionsphase. Infolgedessen gibt es vielfältige personelle Verflechtungen zwischen den unterschiedlichen Stadien der Projektorganisation, da Projektmitglieder aus der Integrationsphase bereits in früheren Stadien in die Projektorganisation eingebunden sind, um die Integrationsphase optimal vorbereiten zu können. Die in den Teilprojekten zu bearbeitenden Integrationsaufgaben werden aus den Integrationsfeldern abgeleitet. Wesentliche Bausteine der Integrations-Projektorganisation sind ein evtl. Integrationsvorstand, der Lenkungsausschuss, die Integrations-Projektleitung bzw. das Programm-Management sowie die operativen Teilprojektteams, die die Integrationsaufgaben durchführen. Diese Bausteine sind z.T. mit vermaschten Teams besetzt, um eine verbesserte Koordination zu erreichen. Die Teilprojekte sollten sich inhaltlich an der Zielorganisation der neuen Unternehmung orientieren.

Zur Unterstützung der Integrations-Projektorganisation wird die Einrichtung eines **Integrationsbüros** empfohlen, das als zentrales Arbeits- und Steuerungsinstrument zur Koordination der Integrationsaufgaben dient und die Kommunikation zwischen der Projektleitung und den Teilprojekten übernimmt. Organisatorisch ist es direkt an die Integrations-Projektleitung angebunden. Die konkreten Aufgaben liegen in der Begleitung des Integrationsprozesses, der Übernahme administrativer Aufgaben, der Abstimmung von integrationsbedingten personellen Veränderungen sowie Spezialaufgaben wie z.B. Integrationscontrolling.

Die organisatorische Zusammenführung der beteiligten Unternehmungen in der Gestaltungsdimension **Integration der Organisation** wird anhand der **organisatorischen Gestaltungsfragen** durchgeführt, die bei jedem der drei Integrationsansätze zur Anwendung kommen. Dabei stellt die Organisation der neuen Unternehmung das Integrationsobjekt dar. Mit der **externen Systemabgrenzung** wird die optimale Wertschöpfung der neuen Unternehmung ermittelt und auf Basis der strategischen Ausrichtung umgesetzt. Im Anschluss werden im Rahmen der **externen Systemkopplung** die Schnittstellen zu etwaigen Netzwerkpartnern gestaltet, wobei die Entscheidung getroffen werden muss, ob die neue Unternehmung alle Netzwerkpartnerschaften der beteiligten Unternehmungen beibehalten oder einige davon beenden soll. Nach der Gestaltung der externen Organisation wird mit der **Subsystembildung** die interne Organisation der neuen Unternehmung gestaltet. Hierbei sind eine effektive und effiziente Aufbau- und Ablauforganisation zu entwickeln. Darauf folgt die **Subsystemintegration**, in der die Koordination der arbeitsteiligen Subsysteme der neuen Unternehmung gestaltet wird. Den Abschluss bildet die **subsysteminterne Organisation**, die für die Arbeitsteilung und Koordination innerhalb der Organisationseinheiten zuständig ist.

Der **Integrationsansatz Erhaltung** ist durch einen geringen Integrationsgrad gekennzeichnet, da die akquirierte Unternehmung als eigenständiger Bereich in der neuen Unternehmung weitergeführt wird. Infolgedessen findet nur eine oberflächliche Zusammenführung der Organisationsstrukturen statt. Damit liegt der Schwerpunkt der organisatorischen Integrationstätigkeiten bei diesem Integrationsansatz auf der Gestaltung der externen Organisation, die mittels der Gestaltungsfragen nach der externen Systemabgrenzung und der externen Systemkopplung beantwortet werden. Durch die Angliederung der unveränderten Organisation der übernommenen Unternehmung wird die Gesamtaufgabe der neuen Unternehmung erweitert, wodurch die Zusammenarbeit mit externen Partnern beeinflusst wird. Eine Gestaltung bzw. Veränderung der internen Organisation ist dagegen nur in sehr geringem Umfang notwendig, weil keine Organisationseinheiten der beteiligten Unternehmungen zusammengeführt werden.

Der **Integrationsansatz Symbiose** führt zu einem mittleren Integrationsgrad. Durch die Integration von geeigneten Organisationseinheiten wird die Realisierung von Synergien angestrebt. Gleichzeitig werden einige Bereiche der übernommenen Unternehmung auch nach der Integration eigenständig weitergeführt. Infolge dieser Konstellation stellt eine partielle Integration die höchsten Ansprüche an das Integrationsmanagement, denn in diesem Fall ist sowohl die externe als auch die interne Organisation der neuen Unternehmung Objekt der Gestaltung. Für die zusammengeschlossenen Organisationseinheiten müssen nicht nur eine neue Wertschöpfung und die Schnittstellen zu Netzwerken definiert, sondern auch die interne Organisation der zusammengeschlossenen Einheiten gestaltet werden. Da einige Bereiche der übernommenen Unternehmung weiterhin eigenständig bleiben, ist auch die Gestaltung der externen Organisation der neuen Unternehmung einschließlich dieser Bereiche zu gestalten.

Der höchste Integrationsgrad wird bei dem **Integrationsansatz Absorption** erreicht, bei dem alle Organisationseinheiten zusammengeführt werden, um Synergien realisieren zu können. Damit verliert die übernommene Unternehmung ihre Autonomie vollständig, und es erfolgt eine weitgehende Standardisierung. Aufgrund der vollständigen Konsolidierung der Organisationen liegt der Schwerpunkt der organisatorischen Integrationstätigkeiten bei diesem Integrationsansatz auf der Gestaltung der internen Organisation der neuen Unternehmung, die durch die Gestaltungsfragen Subsystembildung, Subsystemintegration sowie subsysteminterne Organisation bearbeitet werden. Die Gestaltung der externen Organisation der neuen Unternehmung ist wegen des geänderten Aufgabenumfangs und der geänderten Netzwerkbeziehungen ebenfalls notwendig.

Im Ergebnis kann festgehalten werden, dass die gleichen generischen organisatorischen Gestaltungsfragen bei jedem Integrationsansatz unterschiedliche Auswirkungen haben. Damit ist der Integrationsansatz maßgebend für die Zusammenführung der Organisation.

2 Ausblick

Vor dem Hintergrund hoher Misserfolgsraten bei Mergers and Acquisitions wurde der Forschungskonzeption der vorliegenden Arbeit entsprechend ein anwendungsorientiertes Modell des Integrationsmanagements entwickelt. Dabei erfolgte eine Fokussierung auf die Phase der Post Merger Integration einer M&A-Transaktion, da diese einen wesentlichen Einfluss auf den Erfolg von Unternehmungszusammenschlüssen hat. Im zweiten Schritt wurde dann der Schwerpunkt der Betrachtung auf die organisatorische Integration gelenkt, die die tatsächliche Zusammenführung der beteiligten Unternehmungen umfasst.

Aus den im Rahmen dieser Untersuchung gewonnenen Erkenntnissen ergeben sich zum einen Implikationen für die weitere Forschung und zum anderen Handlungsempfehlungen für die Unternehmungspraxis. Aus theoretischer Sicht ist eine Untersuchung der vorgeschlagenen Methodik der Organisationsintegration anhand von Fallbeispielen aus der Praxis denkbar. Damit eng verbunden ist die empirische Überprüfung der tatsächlichen praktischen Anwendung der in der vorliegenden konzeptionellen Arbeit vorgeschlagenen Methodik bzw. der in der Unternehmungspraxis gewählten Vorgehensweise der organisatorischen Zusammenführung nach einem Unternehmungszusammenschluss. Schließlich wäre eine Studie über den Erfolg von M&A-Transaktionen, bei denen die organisatorische Integration einen hohen Stellenwert genießt, wünschenswert.

Für die Unternehmungspraxis empfiehlt sich, der Post Merger Integration generell eine höhere Bedeutung beizumessen und bereits in der Pre Merger Phase Überlegungen über die mögliche Zielorganisation und deren Gestaltung anzustellen, um in der Integrationsphase eine effiziente und effektive Organisation der neuen Unternehmung schaffen zu können, mit der die angestrebte Wertsteigerung möglich ist. Dazu kann die Anwendung der hier vorgestellten Vorgehensweise ein sinnvoller Anhaltspunkt sein.

Literaturverzeichnis

ACHLEITNER, A.-K. [Investment 2002]: Handbuch Investment Banking, 3., überarb. und erw. Aufl., Wiesbaden.

ACHLEITNER, A.-K./WIRTZ, B.W./WECKER, R.M. [M&A-Management 2004]: M&A-Management, in: WISU – Das Wirtschaftsstudium, Nr. 4/2004, S. 476-486.

ACKERMANN, K.-F./SCHOLZ, H. [Hrsg. 1991]: Personalmanagement für die 90er Jahre: neue Entwicklungen – neues Denken – neue Strategien, Stuttgart.

ADAMS, J. [Activities 1980]: Interorganizational Processes and Organization Boundary Activities, in: Staw/Cummings [Hrsg. 1980]: Research in Organizational Behavior 2, Greenwich/London, S. 321-355.

ADOLF, R./CRAMER, J./OLLMANN, M. [Fusionen 1991]: Synergien realistisch einschätzen: Fusionen im Bankwesen, in: Die Bank, Nr. 1/1991, S. 4-9.

ANSOFF, I.H. et al. [Acquisition 1971]: Acquisition Behavior of U.S. Manufacturing Firms 1946-1965, Nashville.

ASHKENAS, R.N./DE MONACO, L.J./FRANCIS, S.C. [GE 1998]: Making the Deal Real. How GE Capital Integrates Acquisitions, in: Harvard Business Review, January-February 1998, S. 165-177.

ASHKENAS, R. et al. [Organization 1995]: The Boundaryless Organization – Breaking the Chains of Organizational Structure, San Francisco.

BACH, N. [Mentale Modelle 2000]: Mentale Modelle als Basis von Implementierungsstrategien – Konzepte für ein erfolgreiches Change Management, Wiesbaden 2000.

BACH, N./BECKER, L./DANNER, M. [Personalmanagement 2002]: Personalmanagement – Arbeitsbuch in Übersichtsdarstellungen, mit Diskussionen und Fallstudien, 4., verb. und überarb. Aufl., Gießen.

BACH, N./BUCHHOLZ, W./EICHLER, W. [Hrsg. 2003]: Geschäftsmodelle für Wertschöpfungsnetzwerke, Festschrift zum 60. Geburtstag von Prof. Dr. W. Krüger, Wiesbaden 2003.

BACH, N./BUCHHOLZ, W./EICHLER, W. [Wertschöpfungsnetzwerke 2003]: Geschäftsmodelle für Wertschöpfungsnetzwerke – Begriffliche und konzeptionelle Grundlagen, in: Bach/Buchholz/Eichler [Hrsg. 2003]: Geschäftsmodelle für Wertschöpfungsnetzwerke, Festschrift zum 60. Geburtstag von Prof. Dr. W. Krüger, Wiesbaden 2003, S. 1-20.

BAIN, J.S. [Competition 1956]: Barriers to new competition. Cambridge.

BALZ, U./ARLINGHAUS, O. [Hrsg. 2003]: Das Praxisbuch Mergers & Acquisitions – Von der strategischen Überlegung zur erfolgreichen Integration, München.

BARK, C.B. [Integrationscontrolling 2002]: Integrationscontrolling bei Unternehmensakquisitionen – Ein Ansatz zur Einbindung der Post-Merger-Integration in die Planung, Steuerung und Kontrolle von Unternehmensakquisitionen, Frankfurt am Main.

BASTIEN, D.T./VAN DE VEN, A.H. [Dynamics 1986]: Managerial and Organizational Dynamics of Mergers and Acquisitions, Diskussionspapier Nr. 46, Strategic Management Research Center, University of Minnesota.

BAUCH, C. [Integration 2004]: Planung und Steuerung der Post Merger-Integration, Wiesbaden.

BEA, F.X./FRIEDL, B./SCHWEITZER, M. [Hrsg. 2005]: Allgemeine Betriebswirtschaftslehre, Bd. 2: Führung, 9., überarb. Aufl., Stuttgart.

BEA, F.X./FRIEDL, B./SCHWEITZER, M. [Hrsg. 2004]: Allgemeine Betriebswirtschaftslehre, Bd. 1: Grundfragen, 9., überarb. Aufl., Stuttgart.

BEA, F.X./GÖBEL, E. [Organisation 2006]: Organisation – Theorie und Gestaltung, 3., neu bearb. Aufl., Stuttgart.

BECKER, L. [Unternehmungswandel 2001]: Personalabteilung im Unternehmungswandel – Anforderungen, Aufgaben und Rollen im Change Management, Wiesbaden.

BECKER, L. [Personalmanagement 2000]: Personalmanagement als Wertschöpfungskette - Systematisierung und organisatorische Gestaltung des Personalwesens, Arbeitspapier Nr. 1/2000 des Lehrstuhls für Betriebswirtschaftslehre II, Justus-Liebig-Universität Gießen.

BEHRENS, R./MERKEL, R. [Mergers 1990]: Mergers & Acquisitions: Das Milliardengeschäft im gemeinsamen europäischen Markt, Stuttgart 1990.

BELZ, C. [Hrsg. 1986]: Realisierung des Marketing – Marketing in unterschiedlichen Situationen von Märkten und Unternehmen, Band 1, Savosa/St. Gallen.

BENNIS, W.G./BENNE, K.D./CHIN, R. [Hrsg. 1975]: Änderung des Sozialverhaltens, Stuttgart.

BERRY, J.W. [Acculturation 1983]: Acculturation. A Comparative Analysis of Alternative Forms, in: Samuda/Woods [Hrsg. 1983]: Perspectives in Immigrant and Minority Education, Lanham, S. 65-78.

BERTALANFFY, L. V. [Systemlehre 1972]: Zu einer allgemeinen Systemlehre, in: Bleicher [Hrsg. 1972]: Organisation als System, Wiesbaden, S. 31-45.

BERTHEL, J./BECKER, F.G. [Personal-Management 2007]: Personal-Management – Grundzüge für Konzeptionen betrieblicher Personalarbeit, 8., überarb. und erw. Aufl., Stuttgart.

BIEGER, T. et al. [Hrsg. 2002]: Zukünftige Geschäftsmodelle: Konzept und Anwendung in der Netzökonomie, Berlin.

BIEGER, T./RÜEGG-STÜRM, J. [Net 2002]: Net Economy – Die Bedeutung der Gestaltung von Beziehungskonfigurationen, in: Bieger et al. [Hrsg. 2002]: Zukünftige Geschäftsmodelle : Konzept und Anwendung in der Netzökonomie, Berlin, S. 15-34.

BISHOP, O./MARTENS, K. [Post-Merger-Integration 2006]: Post-Merger-Integration, in: WISU – Das Wirtschaftsstudium, Nr. 8-9/2006, S. 1048-1051.

BLEICHER, K. [Gestaltung 1992]: Theorie der organisatorischen Gestaltung, in: Frese [Hrsg. 1992]: Handwörterbuch der Organisation, 3., völlig neu gestaltete Aufl., Stuttgart, Sp. 1883-1900.

BLEICHER, K. [Organisation 1991]: Organisation: Strategien – Strukturen – Kulturen, 2., vollst. neu bearb. und erw. Aufl., Wiesbaden.

BLEICHER, K. [Unternehmungsakquisition 1986]: Weltweite Strategien der Unternehmungsakquisition und -kooperation zur Bewältigung des Markt- und Technologiewandels, in: Belz [Hrsg. 1986]: Realisierung des Marketing – Marketing in unterschiedlichen Situationen von Märkten und Unternehmen, Band 1, Savosa/St. Gallen, S. 211-228.

BLEICHER, K. [Anreizsysteme 1985]: Zur strategischen Ausgestaltung von Anreizsystemen für die Führungsgruppe in Unternehmungen, in: Zeitschrift Führung und Organisation, Nr. 1/1985, S. 21-27.

BLEICHER, K. [Gestaltung 1979]: Unternehmungsentwicklung und organisatorische Gestaltung, Stuttgart.

BLEICHER, K. [Hrsg. 1972]: Organisation als System, Wiesbaden.

BLEICHER, K./GOMEZ, P. [Hrsg. 1990]: Zukunftsperspektiven der Organisation, Bern.

BOROWICZ, F. [M&A-Aufbauorganisation 2006]: M&A-Aufbauorganisation, in: Borowicz/Mittermair [Hrsg. 2006]: Strategisches Management von Mergers & Acquisitions – State of the Art in Deutschland und Österreich, Wiesbaden, S. 163-180.

BOROWICZ, F./MITTERMAIR, K. [Hrsg. 2006]: Strategisches Management von Mergers & Acquisitions – State of the Art in Deutschland und Österreich, Wiesbaden.

BOWER, J.L. [M&As 2001]: Not All M&As Are Alike – and That Matters, in: Harvard Business Review, Nr. 3/2001, S. 93-101.

BREALEY, R.A./MYERS, S.C./ALLEN, F. [Finance 2008]: Principles of Corporate Finance, 9. Aufl., Boston.

BREHM, C.R. [Kommunikation 2006]: Kommunikation im Wandel, in: Krüger [Hrsg. 2006]: Excellence in Change – Wege zur strategischen Erneuerung, 3., vollst. überarb. Aufl., Wiesbaden, S. 281-309.

BREHM, C.R. [Flexibilität 2003]: Organisatorische Flexibilität der Unternehmung – Bausteine eines erfolgreichen Wandels, Wiesbaden.

BREHM, C.R./HACKMANN, S. [Unternehmensintegrationen 2005]: Organisatorische Gestaltung von Unternehmensintegrationen – Konzeptionelle und praxisorientierte Gestaltungsmöglichkeiten, Arbeitspapier Nr. 1/2005 des Lehrstuhls für Betriebswirtschaftslehre II, Justus-Liebig-Universität Gießen.

BREHM, C.R./HACKMANN, S./JANTZEN-HOMP, D. [Programm-Management 2006]: Projekt- und Programm-Management, in: Krüger [Hrsg. 2006]: Excellence in Change – Wege zur strategischen Erneuerung, 3., vollst. überarb. Aufl., Wiesbaden, S. 209-244.

BROCKHAUS, W.L. [Success 1975]: A model for success in mergers and acquisitions, in: S.A.M. Advanced Management Journal, Winter 1975, S. 40-49.

BROCKHAUS, W.L. [Post-Merger 1970]: The Post-Merger and Post-Acquisition Integration Process in Business Mergers and Acquisitions, Ph.D. Thesis Indiana University.

BROMANN, P./PIWINGER, M. [Unternehmenskultur 1992]: Gestaltung der Unternehmenskultur, Stuttgart.

BROOKE, M.Z./REMMERS, H.L. [Strategy 1978]: The Strategy of Multinational Enterprise – Organization and Finance, 2. Aufl., London.

BRUCH, H. [Outsourcing 1998]: Outsourcing – Konzepte und Strategien, Chancen und Risiken, Wiesbaden.

BUCHHOLZ, W. [Time 1996]: Time-to-Market-Management – Zeitorientierte Gestaltung von Produktinnovationsprozessen, Stuttgart.

BUCHHOLZ, W./WERNER, H. [Vernetzung 1998]: Beschleunigte Produktentwicklung durch Vernetzung von Unternehmensprozessen, in: Marktforschung & Management, Nr. 6/1998, S.211-217.

BÜHNER, R. [Organisationslehre 2004]: Betriebswirtschaftliche Organisationslehre, 10., bearb. Aufl., München.

BÜHNER, R. [Hrsg. 2001]: Management-Lexikon, München.

BÜHNER, R. [Personalmanagement 1997]: Personalmanagement, 2. überarb. Aufl., Landsberg/Lech.

BÜHNER, R. [Erfolg 1990]: Erfolg von Unternehmenszusammenschlüssen in der Bundesrepublik Deutschland, Stuttgart.

BÜHNER, R. [Unternehmenszusammenschlüsse 1990]: Unternehmenszusammenschlüsse – Ergebnisse empirischer Analysen, Stuttgart.

BÜHNER, R./SPINDLER, H.-J. [Synergieerwartungen 1986]: Synergieerwartungen bei Unternehmenszusammenschlüssen, in: Der Betrieb, Nr. 12/1986, S. 605.

BUONO, A.F./BOWDITCH, J.L. [Human 1989]: The Human Side of Mergers and Acquisitions – Managing Collisions between People, Culture and Organizations, San Francisco.

BURR, W. [Regeln 1999]: Koordination durch Regeln in selbstorganisierenden Unternehmensnetzwerken, in: Zeitschrift für Betriebswirtschaft (ZfB), Nr. 10/1999, S. 1159-1179.

BUSSE VON COLBE, W./COENENBERG, A.G. [Hrsg. 1992]: Unternehmensakquisition und Unternehmensbewertung: Grundlagen und Fallstudien, Stuttgart.

BÜTTGENBACH, M. [Integration 2000]: Die erfolgreiche Integration nach Firmenübernahmen. Wie Fehler vermieden werden können, Marburg.

CARTWRIGHT, S./COOPER, C.L. [Human 1992]: Mergers & Acquisitions: The Human Factor, Oxford.

CHANDLER, A.D. [Strategy 1962]: Strategy and Structure: Chapters in the History of the American Industrial Enterprise, Cambridge.

CHATTERJEE, S. [Synergy 1986]: Types of Synergy and Economic Value: The Impact of Acquisitions on Merging and Rival Firms, in: Strategic Management Journal, Nr. 2/1986, S. 119-139.

CHROMY, B./STORK, A. [Unternehmenskultur 1999]: Die Veränderung von Unternehmenskultur als Grundlage einer erfolgreichen Fusion, in: Henckel von Donnersmarck/Schatz [Hrsg. 1999]: Fusionen: Gestalten und Kommunizieren, 2., überarb. Aufl., Bonn, S. 129-143.

CLAßEN, M./ARNOLD, S. [Change-Management 2004]: Change-Management hat Konjunktur, in: Personalwirtschaft, Nr. 6/2004, S. 26-30.

CLEVER, H. [Fusionen 1993]: Fusionen erfolgreich gestalten – Prozess eines erfolgreichen Post-Merger-Management, in: Frank/Stein [Hrsg. 1993]: Management von Unternehmensakquisitionen, Stuttgart, S. 121-132.

CLEVER, H. [Merger 1993]: Post-Merger-Management, Stuttgart.

COASE, R.H. [Firm 1937]: The Nature of the Firm, in: Economica, Nr. 16/1937, S. 386-405.

DABUI, M. [Postmerger-Management 1998]: Postmerger-Management – Zielgerichtete Integration bei Akquisitionen und Fusionen, Wiesbaden.

DAHM, H. [Akquisitionsprozeß 1982]: Der Akquisitionsprozeß: Erfahrungen bei Planung und Verwirklichung unternehmerischer Wachstumsstrategien, in: Rädler/Pöllath [Hrsg. 1982]: Handbuch der Unternehmensakquisition, Frankfurt am Main, S. 11-36.

DAMMER, H. et al. [Projektorganisation 2005]: Die gelebte Projektorganisation: Das Management von Projektelandschaften, in: projektMANAGEMENT aktuell, Nr. 2/2005, S. 16-23.

DATTA, D.K. [Acquisition 1991]: Organizational Fit and Acquisition Performance: Effects of Post-Acquisition Integration, in: Strategic Management Journal, Nr. 4/1991, S. 281-297.

DE NOBLE, A.F./GUSTAFSON, L.T./HERGERT, M. [Success 1988]: Planning for Postmerger Integration – Eight Lessons for Merger Success, in: Long Range Planning, Nr. 4/1988, S. 82-85.

DEISER, R. [Architektur 1995]: Architektur des Wandels – Designprinzipien für lernende Organisationen, in: Geißler [Hrsg. 1995]: Organisationslernen und Weiterbildung: die strategische Antwort auf die Herausforderung der Zukunft, Neuwied, S. 308-325.

DIETRICH, F. [Integration 1999]: Integration mit Unternehmensleitbild, in: Personalwirtschaft, Nr. 6/1999, S. 42-48.

DICKEN, A.J. [Unternehmensfusionen 2000]: Erfolg von Unternehmensfusionen aus aktueller Sicht, in: Betriebswirtschaftliche Forschung und Praxis, Nr. 4/2000, S. 358-372.

DONALDSON, L. [Contingency 2001]: The contingency theory of organizations, Thousand Oaks.

DOPPLER, K./LAUTERBURG, C. [Change-Management 2005]: Change-Management: Den Unternehmenswandel gestalten, 11. Aufl., Frankfurt am Main.

DUSCHEK, S./ORTMANN, G./SYDOW, J. [Grenzmanagement 2001]: Grenzmanagement in Unternehmungsnetzwerken: Theoretische Zugänge und der Fall eines strategischen Dienstleistungsnetzwerks, in: Ortmann/Sydow [Hrsg. 2001]: Strategie und Strukturation. Strategisches Management von Unternehmen, Netzwerken und Konzernen, Wiesbaden, S. 191-233.

EBERS, M. [Kontingenzansatz 2004]: Kontingenzansatz, in: Schreyögg/Werder [Hrsg. 2004]: Handwörterbuch Unternehmensführung und Organisation, 4., völlig neu bearbeitete Aufl., Stuttgart, Sp. 653-667.

EVERSHEIM, W. [Unternehmensorganisation 1995]: Prozeßorientierte Unternehmensorganisation – Konzepte und Methoden zur Gestaltung „schlanker" Organisationen, Berlin.

FISCHER, J./WIRTGEN, J. [Integration 2000]: Post Merger Integration Management, Berlin.

FISCHERMANNS, G. [Prozessmanagement 2006]: Praxishandbuch Prozessmanagement, 6., völlig neu bearb. Aufl., Gießen.

FLEISCH, E. [Gestaltung 2000]: Gestaltung netzwerkfähiger Unternehmen, in: WISU – Das Wirtschaftsstudium, Nr. 8-9/2000, S. 1112-1119.

FOERSTER, H. V. [Wirklichkeit 2008]: Das Konstruieren einer Wirklichkeit, in: Watzlawick [Hrsg. 2008]: Die erfundene Wirklichkeit. Wie wissen wir, was wir zu wissen glauben? – Beiträge zum Konstruktivismus, 4. Aufl., München, S. 39-60.

FOOTE, N./SUTTIE, R. [Post-Merger Management 1991]: Memo to a CEO: Post-Merger Management, in: The McKinsey Quarterly, Nr. 3/1991, S. 120-127.

FRANCK, E./MEISTER, U. [Unternehmenszusammenschlüsse 2006]: Vertikale und horizontale Unternehmenszusammenschlüsse – Ökonomische Grundlagen der Entscheidung über die Unternehmensgrenzen, in: Wirtz [Hrsg. 2006]: Handbuch Mergers & Acquisitions Management, Wiesbaden, S. 79-107.

FRANK, G.-M. [Erfolgsfaktoren 1993]: Probleme und Erfolgsfaktoren bei der Übernahme von Unternehmen, in: Frank/Stein [Hrsg. 1993]: Management von Unternehmensakquisitionen, Stuttgart, S. 133-145.

FRANK, G.M./STEIN, I. [Hrsg. 1993]: Management von Unternehmensakquisitionen, Stuttgart.

FRESE, E. [Organisation 2005]: Grundlagen der Organisation – Entscheidungsorientiertes Konzept der Organisationsgestaltung, 9., vollst. überarb. Aufl., Wiesbaden.

FRESE, E. [Marktwirtschaft 1998]: Von der Planwirtschaft zur Marktwirtschaft – auch in Unternehmen?, in: Scheer [Hrsg. 1998]: Neue Märkte, neue Medien, neue Methoden – Roadmap zur agilen Organisation, Heidelberg, S. 77-92.

FRESE, E. [Hrsg. 1992]: Handwörterbuch der Organisation, 3., völlig neu gestaltete Aufl., Stuttgart.

FRESE, E. [Koordinationskonzepte 1989]: Koordinationskonzepte, in: Szyperski [Hrsg. 1989]: Handwörterbuch der Planung, Stuttgart, Sp. 913-923.

FRESE, E./STÖBER, H. [Hrsg. 2002]: E-Organisation: strategische und organisatorische Herausforderungen des Internet, Wiesbaden.

FREUND, W. [Integration 1992]: Die Integration übernommener Unternehmen – Fragen, Probleme und Folgen, in: Busse von Colbe/Coenenberg [Hrsg. 1992]: Unternehmensakquisition und Unternehmensbewertung: Grundlagen und Fallstudien, Stuttgart, S. 343-353.

FROST, J. [Ablauforganisation 2004]: Aufbau- und Ablauforganisation, in: Schreyögg/Werder [Hrsg. 2004]: Handwörterbuch Unternehmensführung und Organisation, 4., völlig neu bearbeitete Aufl., Stuttgart, Sp. 45-53.

GAITANIDES, M. [Prozessorganisation 2004]: Prozessorganisation, in: Schreyögg/Werder [Hrsg. 2004]: Handwörterbuch Unternehmensführung und Organisation, 4., völlig neu bearbeitete Aufl., Stuttgart, Sp. 1208-1218.

GAITANIDES, M. [Ablauforganisation 1992]: Ablauforganisation, in: Frese [Hrsg. 1992]: Handwörterbuch der Organisation, 3., völlig neu gestaltete Aufl., Stuttgart, Sp. 1-18.

GAITANIDES, M./SJURTS, I. [Merger 1999]: „Der Merger of Equals muß letztendlich ein Merger der Rationalen sein", Interview mit Dr. Rüdiger Grube, Bereichsvorstand Konzernstrategie, und Olaf G. Koch, Senior Manager and Head of the Corporate War-Room, DaimlerChrysler AG, in: Zeitschrift Führung und Organisation, Nr. 6/1999, S. 349-354.

GEIßLER, H. [Hrsg. 1995]: Organisationslernen und Weiterbildung: die strategische Antwort auf die Herausforderung der Zukunft, Neuwied.

GERDS, J. [Integration 2000]: Post Merger Integration – Eine empirische Untersuchung zum Integrationsmanagement, Wiesbaden.

GERDS, J./SCHEWE, G. [Integration 2004]: Post Merger Integration – Unternehmenserfolg durch Integration Excellence, Berlin.

GERPOTT, T.J. [Integration 2003]: Organisatorische und personalbezogene Gestaltung der Integration von Unternehmensakquisitionen, in: Wurl [Hrsg. 2003]: Industrielles Beteiligungscontrolling, Stuttgart, S. 461-480.

GERPOTT, T.J. [Ausscheiden 1993]: Ausscheiden von Top-Managern nach Akquisitionen: Segen oder Fluch?, in: Zeitschrift für Betriebswirtschaft, Nr. 12/1993, S. 1271-1294.

GERPOTT, T.J. [Integrationsgestaltung 1993]: Integrationsgestaltung und Erfolg von Unternehmensakquisitionen, Stuttgart.

GERPOTT, T.J. [Integration 1992]: Strategieadäquates Personalmanagement bei der Integration von internationalen Akquisitionen, in: Busse von Colbe/Coenenberg [Hrsg. 1992]: Unternehmensakquisition und Unternehmensbewertung: Grundlagen und Fallstudien, Stuttgart, S. 313-330.

GERPOTT, T.J./SCHREIBER, K. [Integrationsgestaltungsgeschwindigkeit 1994]: Integrationsgestaltungsgeschwindigkeit nach Unternehmensakquisitionen – Revolutionäre Veränderung oder evolutionäre Anpassung?, in: Die Unternehmung, Nr. 2/1994, S. 99-116.

GÖBEL, E. [Institutionenökonomik 2002]: Neue Institutionenökonomik – Konzeption und betriebswirtschaftliche Anwendungen, Stuttgart.

GODOY TENTER, C./MÜLLER, S. [Unternehmenskultur 1999]: Unternehmenskultur – Problem- oder Erfolgsfaktor bei Fusionen, in: Henckel von Donnersmarck/Schatz [Hrsg. 1999]: Fusionen: Gestalten und Kommunizieren, 2., überarb. Aufl., Bonn, S. 145-167.

GOMEZ, P./WEBER, B. [Akquisitionsstrategie 1989]: Akquisitionsstrategie – Wertsteigerung durch Übernahme von Unternehmungen, Stuttgart.

GÖRTZ, B. [Erfolg 2006]: Due Diligence als Schlüssel zum Erfolg von Mergers & Acquisitions – Erfolgsfaktoren von Due Diligence-Untersuchungen, in: Wirtz [Hrsg. 2006]: Handbuch Mergers & Acquisitions Management, Wiesbaden, S. 519-532.

GREWE, A.-K. [Integration 2005]: Integration akquirierter Unternehmen, Frankfurt am Main.

GRIMPE, C. [Integration 2005]: Post Merger Integration der Forschung und Entwicklung, Wiesbaden.

GROCHLA, E. [Hrsg. 1980]: Handwörterbuch der Organisation, 2. Aufl., Stuttgart.

GROCHLA, E. [Unternehmungsorganisation 1972]: Unternehmungsorganisation – Neue Ansätze und Konzeptionen, Reinbek bei Hamburg.

GROCHLA, E./GAUGLER, E. [Hrsg. 1990]: Handbook of German Business Management, Stuttgart.

GRÜNERT, T. [Unternehmungskrisen 2007]: Mergers & Acquisitions in Unternehmungskrisen – Krisenbewältigung durch Synergierealisation, Wiesbaden.

GRÜTER, H. [Integrationsstrategien 1993]: Integrationsstrategien akquirierter Unternehmungen, in: Die Unternehmung, Nr. 1/1993, S. 45-54.

GRÜTER, H. [Unternehmungsakquisitionen 1991]: Unternehmungsakquisitionen – Bausteine eines Integrationsmanagements, Bern.

GUT-VILLA, C. [Human 1997]: Human Resource Management bei Mergers & Acquisitions, Bern.

HABECK, M./KRÖGER, F./TRÄM, M. [Merger 2000]: After the Merger – Seven strategies for successful post-merger integration, London.

HABERFELLNER, R. [Projektmanagement 1992]: Projektmanagement, in: Frese [Hrsg. 1992]: Handwörterbuch der Organisation, 3., völlig neu gestaltete Aufl., Stuttgart, Sp. 2090-2102.

HAEDRICH, G./BARTHENHEIER, G./KLEINERT, H. [Hrsg. 1982]: Öffentlichkeitsarbeit – Dialog zwischen Institutionen und Gesellschaft: Ein Handbuch, Berlin.

HAFERKAMP, H./SCHMID, M. [Hrsg 1987]: Sinn, Kommunikation und soziale Differenzierung – Beiträge zu Luhmanns Theorie sozialer Systeme, Frankfurt am Main.

HAGEMANN, S. [Unternehmensentwicklung 1996]: Strategische Unternehmensentwicklung durch Mergers & Acquisitions – Konzeption und Leitlinien für einen strategisch orientierten Mergers & Acquisitions-Prozeß, Frankfurt am Main.

HAHN, D./TAYLOR, B. [Hrsg. 1999]: Strategische Unternehmungsplanung – Strategische Unternehmungsführung, 8., akt. Aufl., Heidelberg.

HAMMER, M./CHAMPY, J. [Reengineering 1993]: Reengineering the Corporation – a manifesto for business revolution, New York 1993.

HARTMANN, I. [Integration 2002]: Integration akquirierter Unternehmen in den neuen Bundesländern – Eine empirische Analyse zu Erfolgswirkungen von Maßnahmen der Integrationsgestaltung, Frankfurt am Main.

HASE, S. [Integration 1996]: Integration akquirierter Unternehmen – Planung, Konzeption, Bewertung und Kontrolle, Sternenfels.

HASPESLAGH, P.C./FARQUHAR, A.B. [Integration Process 1994]: The Acquisition Integration Process: A Contingent Framework, in: Krogh/Sinatra/Singh [Hrsg. 1994]: The Management of Corporate Acquisitions – International Perspectives, London, S. 414-447.

HASPESLAGH, P.C./JEMISON, D.B. [Acquisition Integration 1994]: Acquisition Integration: Creating the Atmosphere for Value Creation, in: Krogh/Sinatra/Singh [Hrsg. 1994]: The Management of Corporate Acquisitions – International Perspectives, London, S. 448-479.

HASPESLAGH, P.C./JEMISON, D.B. [Akquisitionsmanagement 1992]: Akquisitionsmanagement – Wertschöpfung durch strategische Neuausrichtung des Unternehmens, Frankfurt am Main.

HASPESLAGH, P.C./JEMISON, D.B. [Acquisitions 1987]: Acquisitions – Myths and Reality, in: Sloan Management Review, Winter 1987, S. 53-58.

HAUFF, H.J.P. [Organisation 1974]: Organisation im Industrieunternehmen, Wiesbaden.

HAUSCHILDT, J. [Innovationsmanagement 2004]: Innovationsmanagement, 3., völlig überarb. und erw. Aufl., München.

HAYWARD, M.L.A. [Experience 2002]: When do firms learn from their acquisition experience? Evidence from 1990 to 1995, in: Strategic Management Journal, Nr. 1/2002, S. 21-39.

HENCKEL VON DONNERSMARCK, M./SCHATZ, R. [Hrsg. 1999]: Fusionen: Gestalten und Kommunizieren, 2., überarb. Aufl., Bonn.

HENNART, J.-F. [Explaining 1993]: Explaining The Swollen Middle: Why Most Transactions Are Mix of 'Market' and 'Hierarchy', in: Organization Science, Nr. 4/1993, S. 529-547.

HEUSKEL, D. [Industriegrenzen 1999]: Wettbewerb jenseits von Industriegrenzen – Aufbruch zu neuen Wachstumsstrategien, Frankfurt am Main.

HINTERHUBER, H.H. [Unternehmungsführung 1992]: Strategische Unternehmungsführung I – Strategisches Denken, 5. Aufl., Berlin.

HILL, W./FEHLBAUM, R./ULRICH, P. [Organisationslehre 1994]: Organisationslehre: Ziele, Instrumente und Bedingungen der Organisation sozialer Systeme, Band 1, 5., überarb. Aufl., Bern.

HITT, M.A./HARRISON, J.S./IRELAND, R.D. [Mergers 2001]: Mergers and acquisitions – A Guide to Creating Value for Stakeholders, Oxford.

HOFFMANN, F. [Führungsorganisation 1980]: Führungsorganisation, Band 1: Stand der Forschung und Konzeption, Tübingen.

HOFSTEDE, G. [Kultur 1980]: Kultur und Organisation, in: Grochla [Hrsg. 1980]: Handwörterbuch der Organisation, 2. Aufl., Stuttgart, Sp. 1168-1182.

HORSTIG, W. V. [Unternehmungen 1993]: Unternehmungen als operationell geschlossene Systeme – Überlegungen zu einer Theorie der Autonomie, Bamberg.

HOYNINGEN-HUENE, J. V. [Integration 2004]: Integration nach Unternehmensakquisitionen, Wiesbaden.

HUNGENBERG, H. [Management 2008]: Strategisches Management in Unternehmen: Ziele, Prozesse, Verfahren, 5., überarb. und erw. Aufl., Wiesbaden.

HUNGENBERG, H. [Anreizsysteme 1999]: Anreizsysteme für Führungskräfte – Theoretische Grundlagen und praktische Ausgestaltungsmöglichkeiten, in: Hahn/Taylor [Hrsg. 1999]: Strategische Unternehmungsplanung – Strategische Unternehmungsführung, 7., akt. Aufl., Heidelberg, S. 720-735.

JANSEN, S.A. [Integrationsmanagement 2005]: Trends, Tools, Thesen und empirische Tests zum Integrationsmanagement bei Unternehmenszusammenschlüssen, in: Picot [Hrsg. 2005]: Handbuch Mergers & Acquisitions – Planung, Durchführung, Integration, 3., grundlegend überarb. und akt. Aufl., Stuttgart, S. 525-559.

JANSEN, S.A. [Integration 2001]: Pre- und Post Merger-Integration bei grenzüberschreitenden Zusammenschlüssen – Trends, Tools, Thesen und empirische Tests von Old und New Economy Deals, in: Jansen/Picot/Schiereck [Hrsg. 2001]: Internationales Fusionsmanagement – Erfolgsfaktoren grenzüberschreitender Unternehmenszusammenschlüsse, Stuttgart, S. 3-33.

JANSEN, S.A. [Mergers 2001]: Mergers & Acquisitions – Unternehmensakquisitionen und -kooperationen. Eine strategische, organisatorische und kapitalmarkttheoretische Einführung, 4., überarb. und erw. Aufl., Wiesbaden.

JANSEN, S.A./PICOT, G./SCHIERECK, D. [Hrsg. 2001]: Internationales Fusionsmanagement – Erfolgsfaktoren grenzüberschreitender Unternehmenszusammenschlüsse, Stuttgart.

JANTZEN-HOMP, D. [Projektportfolio 2000]: Projektportfolio-Management: Multiprojektarbeit im Unternehmungswandel, Wiesbaden.

JEMISON, D.B./SITKIN, S.B. [Acquisitions 1986]: Corporate Acquisitions: A Process Perspective, in: Academy of Management Review, Vol. 11, Nr. 1/1986, S. 145-163.

JEMISON, D.B./SITKIN, S.B. [Process 1986]: Acqusitions: the process can be a problem, in: Harvard Business Review, March-April 1986, S. 107-116.

JENSEN, M.C./MECKLING, W. [Firm 1976]: Theory of the Firm – Managerial Behavior, Agency Costs and Capital Structure, in: Journal of Financial Economics, Nr. 1/1976, S. 305-360.

JOCHMANN, W. [Human 2006]: Die Rolle des Human Resource Managements in Merger-Prozessen, in: Wirtz [Hrsg. 2006]: Handbuch Mergers & Acquisitions Management, Wiesbaden, S. 909-930.

JOST, P.-J. [Koordination 2000]: Organisation und Koordination. Eine ökonomische Einführung, Wiesbaden.

JUNG, H. [Erfolgsfaktoren 1993]: Erfolgsfaktoren von Unternehmensakquisitionen, Stuttgart.

JUNG, R.H. [Mikroorganisation 1985]: Mikroorganisation – Eine Untersuchung der Selbstorganisationsleistungen in betrieblichen Führungssegmenten, Bern.

KAGELMANN, U. [Shared 2001]: Shared Services als alternative Organisationsform, Wiesbaden.

KASPER, H. [Prozesse 1991]: Neuerungen durch selbstorganisierende Prozesse, in: Staehle/Sydow [Hrsg. 1991]: Managementforschung 1, Berlin, S. 1-74.

KAY, I./SHELTON, M. [People 2000]: The people problem in mergers, in: McKinsey Quarterly, Nr. 4/2000, S. 27-37.

KELLER, E. V. [Management 1982]: Management in fremden Kulturen – Ziele, Ergebnisse und methodische Probleme der kulturvergleichenden Managementforschung, Bern.

KEUPER, F./HÄFNER, M./GLAHN, C. V. [Hrsg. 2006]: Der M&A-Prozess – Konzepte, Ansätze und Strategien für die Pre- und Post-Phase, Wiesbaden.

KIESER, A. [Ansatz 2002]: Der Situative Ansatz, in: Kieser [Hrsg. 2002]: Organisationstheorien, 5. Aufl., Stuttgart, S. 169-198.

KIESER, A. [Hrsg. 2002]: Organisationstheorien, 5. Aufl., Stuttgart.

KIESER, A. [Organisieren 1998]: Über die allmähliche Verfertigung der Organisation beim Reden – Organisieren als Kommunizieren, in: Industrielle Beziehungen, Nr. 1/1998, S. 45-74.

KIESER, A./HEGELE, C./KLIMMER, M. [Wandel 1998]: Kommunikation im organisatorischen Wandel, Stuttgart.

KIESER, A./WALGENBACH, P. [Organisation 2003]: Organisation, 4., überarb. und erw. Aufl., Stuttgart.

KILLING, P. [Mergers 2003]: Are Mergers of Equals Really Possible?, in: European Business Forum, Nr. 14/2003, S. 41-46.

KIRSCH, W. [Theorie 1997]: Wegweiser zur Konstruktion einer evolutionären Theorie der strategischen Führung – Kapitel eines Theorieprojekts, 2., überarb. und erw. Fassung, München.

KIRSCH, W. [Unternehmensführung 1991]: Unternehmenspolitik und strategische Unternehmensführung, 2. Aufl., München.

KIRSCH, W./KNYPHAUSEN, D. ZU [Unternehmungen 1991]: Unternehmungen als „autopoietische" Systeme?, in: Staehle/Sydow [Hrsg. 1991]: Managementforschung 1, Berlin, S. 75-101.

KITCHING, J. [Acquisitions 1973]: Acquisitions in Europe – Causes of successes and failures, Genf.

KITCHING, J. [Mergers 1967]: Why do mergers miscarry?, in: Harvard Business Review, November-December 1967, S. 84-101.

KLIMECKI, R./LASSLEBEN, H./THOMAE, M. [Lernen 2000]: Organisationales Lernen. Zur Integration von Theorie, Empirie und Gestaltung, in: Schreyögg/Conrad [Hrsg. 2000]: Organisatorischer Wandel und Transformation, Managementforschung Bd. 10, Wiesbaden, S. 63-98.

KLIMECKI, R./PROBST, G.J.B./EBERL, P. [Systementwicklung 1991]: Systementwicklung als Managementproblem, in: Staehle/Sydow [Hrsg. 1991]: Managementforschung 1, Berlin, S. 103-162.

KNYPHAUSEN-AUFSEß, D. ZU/SCHWEIZER. L. [Unternehmenskultur 2006]: Bedeutung der Unternehmenskultur im M&A-Prozess, in: Borowicz/Mittermair [Hrsg. 2006]: Strategisches Management von Mergers & Acquisitions – State of the Art in Deutschland und Österreich, Wiesbaden, S. 259-278.

KOBI, J.-M./WÜTHRICH, H. [Unternehmenskultur 1986]: Unternehmenskultur verstehen, erfassen und gestalten, Landsberg/Lech.

KOCH, T. [Integrationen 2001]: Koordination von Integrationen, in: Jansen/Picot/Schiereck [Hrsg. 2001]: Internationales Fusionsmanagement – Erfolgsfaktoren grenzüberschreitender Unternehmenszusammenschlüsse, Stuttgart, S. 87-102.

KOCH, T. [Merger 2000]: Post-Merger-Management, in: Picot [Hrsg. 2000]: Handbuch Mergers & Acquisitions – Planung, Durchführung, Integration, Stuttgart, S. 335-358.

KOGUT, B./ZANDER, U. [Knowledge 1992]: Knowledge of the Firm, Combinative Capabilities, and the Replication of Technology, in: Organization Science, Nr. 3/1992, S. 383-397.

KOLISCH, R. [Projektmanagement 2003]: Projektmanagement als Methode zur Unternehmensintegration, in: Wurl [Hrsg. 2003]: Industrielles Beteiligungscontrolling, Stuttgart, S. 203-216.

KOSIOL, E. [Organisation 1976]: Organisation der Unternehmung, 2. Aufl., Wiesbaden.

KOSIOL, E. [Unternehmung 1976]: Die Unternehmung als wirtschaftliches Aktionszentrum, 2. Aufl., Wiesbaden.

KOSIOL, E. [Grundlagen 1959]: Grundlagen und Methoden der Organisationsforschung, Berlin.

KRÄKEL, M. [Organisation 1999]: Organisation und Management, Tübingen.

KRAMER, R.J. [Integration 1990]: Organizational Aspects of Postmerger Integration, in: M&A Europe, March/April 1990, S. 24-32.

KRAUSE-JUNK, G. [Hrsg. 1998]: Steuersysteme der Zukunft, Jahrestagung des Vereins für Socialpolitik/Gesellschaft für Wirtschafts- und Sozialwissenschaften in Kassel 1996, Berlin.

KROGH, G. V./SINATRA, A./SINGH, H. [Hrsg. 1994]: The Management of Corporate Acquisitions – International Perspectives, London.

KRÜGER, W. [3W 2006]: Das 3W-Modell: Bezugsrahmen für das Wandlungsmanagement, in: Krüger [Hrsg. 2006]: Excellence in Change – Wege zur strategischen Erneuerung, 3., vollst. überarb. Aufl., Wiesbaden, S. 21-46.

KRÜGER, W. [Erneuerung 2006]: Strategische Erneuerung: Programme, Prozesse, Probleme, in: Krüger [Hrsg. 2006]: Excellence in Change – Wege zur strategischen Erneuerung, 3., vollst. überarb. Aufl., Wiesbaden, S. 47-96.

KRÜGER, W. [Hrsg. 2006]: Excellence in Change – Wege zur strategischen Erneuerung, 3., vollst. überarb. Aufl., Wiesbaden.

KRÜGER, W. [Post-Merger-Integration 2006]: Projektmanagement in der Post-Merger-Integration, in: Wirtz [Hrsg. 2006]: Handbuch Mergers & Acquisitions Management, Wiesbaden, S. 805-826.

KRÜGER, W. [Organisation 2005]: Organisation, in: Bea/Friedl/Schweitzer [Hrsg. 2005]: Allgemeine Betriebswirtschaftslehre, Bd. 2: Führung, 9., überarb. Aufl., Stuttgart, S. 140-234.

KRÜGER, W. [Center-Konzepte 2004]: Center-Konzepte in der Konzernentwicklung, in: Werder/Stöber [Hrsg. 2004]: Center-Organisation – Gestaltungskonzepte, Strukturentwicklung und Anwendungsbeispiele, Stuttgart, S. 181-205.

KRÜGER, W. [Wertschöpfungsorientierung 2004]: Von der Wertorientierung zur Wertschöpfungsorientierung der Unternehmungsführung, in: Wildemann [Hrsg 2004]: Personal und Organisation (Festschrift zum 60. Geburtstag von Prof. Dr. Rolf Bühner), München, S. 57-81.

KRÜGER, W. [3W 2002]: Das 3W-Modell: Bezugsrahmen für das Wandlungsmanagement, in: Krüger [Hrsg. 2002]: Excellence in Change – Wege zur strategischen Erneuerung, 2., vollst. überarb. Aufl., Wiesbaden, S. 15-33.

KRÜGER, W. [Hrsg. 2002]: Excellence in Change – Wege zur strategischen Erneuerung, 2., vollst. überarb. Aufl., Wiesbaden.

KRÜGER, W. [Wertketten 2002]: Auswirkungen des Internet auf Wertketten und Geschäftsmodelle, in: Frese/Stöber [Hrsg. 2002]: E-Organisation: strategische und organisatorische Herausforderungen des Internet, Wiesbaden, S. 63-89.

KRÜGER, W. [Objectives 2001]: Management by Objectives, in: Bühner [Hrsg. 2001]: Management-Lexikon, München, S. 469-470.

KRÜGER, W. [Synergiemanagement 2001]: Synergiemanagement in: Bühner [Hrsg. 2001]: Management-Lexikon, München, S. 736-739.

KRÜGER, W. [Implementierung 1999]: Implementierung als Kernaufgabe des Wandlungsmanagements, in: Hahn/Taylor [Hrsg. 1999]: Strategische Unternehmungsplanung – Strategische Unternehmungsführung, 7., akt. Aufl., Heidelberg, S. 863-891.

KRÜGER, W. [Organisation 1994]: Organisation der Unternehmung, 3,. verb. Aufl., Stuttgart.

KRÜGER, W. [Projektmanagement 1993]: Projektmanagement, in: Wittmann et al. [Hrsg. 1993]: Handwörterbuch der Betriebswirtschaft, Teilband 3, 5., völlig neu gest. Aufl., Stuttgart, Sp. 3559-3570.

KRÜGER, W. [Aufgabenanalyse 1992]: Aufgabenanalyse und -synthese, in: Frese [Hrsg. 1992]: Handwörterbuch der Organisation, 3., völlig neu gestaltete Aufl., Stuttgart, Sp. 221-236.

KRÜGER, W. [Unternehmungskultur 1991]: Unternehmungskultur – ein strategischer Erfolgsfaktor?, in: Sattelberger [Hrsg. 1991]: Innovative Personalentwicklung – Grundlagen, Konzepte, Erfahrungen, 2. Aufl., Wiesbaden, S. 269-280.

KRÜGER, W. [Akquisitionsprojekte 1988]: Management von Akquisitionsprojekten, in: Zeitschrift Führung + Organisation, Nr. 6/1988, S. 371-377.

KRÜGER, W. [Unternehmungserfolg 1988]: Die Erklärung von Unternehmungserfolg: Theoretischer Ansatz und empirische Ergebnisse, in: Die Betriebswirtschaft, Jg. 48, Nr. 1/1988, S. 27-43.

KRÜGER, W./BUCHHOLZ, W./ROHM, C. [Integration 1996]: Integration versus Desintegration – Das organisatorische Optimum in der Fertigung, in: Industrie Management, Nr. 3/1996, S. 6-10.

KRÜGER, W./DANNER, M. [Center 2004]: Einsatz von Shared Service Centern für Finanzfunktionen, in: CM controller magazin, Heft 3/2004, S. 215-220.

KRÜGER, W./HOMP, C. [Kernkompetenz 1997]: Kernkompetenz-Management – Steigerung von Flexibilität und Schlagkraft im Wettbewerb, Wiesbaden.

KRÜGER, W./MÜLLER-STEWENS, G. [Integration Style 1994]: Matching Acquisition Policy and Integration Style, in: Krogh/Sinatra/Singh [Hrsg. 1994]: The Management of Corporate Acquisitions – International Perspectives, London, S. 50-87.

KRÜGER, W./SCHWARZ, G. [Erfolgsfaktoren 1990]: Konzeptionelle Analyse und praktische Bestimmung von Erfolgsfaktoren und Erfolgspotentialen, in: Bleicher/Gomez [Hrsg. 1990]: Zukunftsperspektiven der Organisation, Bern, S. 179-209.

KRYSTEK, U. [Unternehmungskultur 1992]: Unternehmungskultur und Akquisition, in: Zeitschrift für Betriebswirtschaft, Nr. 5/1992, S. 539-565.

KÜHLEIN, G. [Regelwerke 2007]: Die Macht der Regelwerke in Organisationen. Oder: Warum jeder Eingriff in komplexe Unternehmensstrukturen reflexartige Widerstände auslöst, in: Rausch [Hrsg. 2007]: Organisation gestalten – Struktur mit Kultur versöhnen, Lengerich, S. 82-95.

KÜPPER, H.-U./HELBER, S. [Ablauforganisation 1995]: Ablauforganisation in Produktion und Logistik, 2., völlig neu bearb. und erw. Aufl., Stuttgart.

KUTSCHKER, M./SCHMID, S. [Management 2006]: Internationales Management, 5., bearb. Aufl., München.

LARSSON, R./FINKELSTEIN, S. [Integrating 1999]: Integrating Strategic, Organizational, and Human Resource Perspectives on Mergers and Acquisitions – A Case Survey of Synergy Realization, in: Organization Science, Nr. 1/1999, S. 1-26.

LAßMANN, A. [Koordination 1992]: Organisatorische Koordination – Konzepte und Prinzipien zur Einordnung von Teilaufgaben, Wiesbaden.

LAUSBERG, C./ROSE, P.S. [Mergers 1997]: Managing bank mergers, in: Österreichisches Bankarchiv, Nr. 6/1997, S. 423-427.

LAUX, H./LIERMANN, F. [Organisation 2003]: Grundlagen der Organisation: Die Steuerung von Entscheidungen als Grundproblem der Betriebswirtschaftslehre, 5., überarb. und erw. Aufl., Berlin.

LAWRENCE, P.R./LORSCH, J.W. [Organization 1969]: Organization and Environment – Managing Differentiation and Integration, Homewood.

LAWRENCE, P.R./LORSCH, J.W. [Integration 1967]: Differentiation and Integration in Complex Organizations, in: Administrative Science Quarterly, Nr. 1/1967, S. 1-47.

LECHLER, T. [Erfolgsfaktoren 1997]: Erfolgsfaktoren des Projektmanagements, Frankfurt am Main.

LEHMANN, H. [Organisationstheorie 1992]: Organisationstheorie, systemtheoretisch-kybernetisch orientierte, in: Frese [Hrsg. 1992]: Handwörterbuch der Organisation, 3., völlig neu gestaltete Aufl., Stuttgart, Sp. 1838-1853.

LEHMANN, H. [Integration 1980]: Integration, in: Grochla [Hrsg. 1980]: Handwörterbuch der Organisation, 2. Aufl., Stuttgart, Sp. 976-984.

LEIGHTON, C.M./TOD, G.R. [Acquisition 1969]: After the acquisition: continuing challenge, in: Harvard Business Review, March-April 1969, S. 90-102.

LEONTIADES, M. [Mischkonzerne 1987]: Mischkonzerne verändern die Welt – Der Synergie-Faktor jenseits der Monopole, Düsseldorf.

LEVINE, S./WHITE, P.E. [Relationships 1961]: Exchange as a Conceptual Framework for the Study of Interorganizational Relationships, in: Administrative Science Quarterly, Nr. 4/1961, S. 583-601.

LICKERT, S. [Unternehmenszusammenschlüsse 2000]: Unternehmenszusammenschlüsse: Konsequenzen für das Humankapital, Bern.

LIEBELT, W./SULZBERGER, M. [Ablauforganisation 1989]: Grundlagen der Ablauforganisation, Gießen.

LIKERT, R. [Organization 1967]: The Human Organization: Its Management and Value, New York.

LINDSTÄDT, H. [Ziele 2006]: Ziele, Motive und Kriterien für Unternehmenszusammenschlüsse – Wertorientierung aus strategischer Perspektive, in: Wirtz [Hrsg. 2006]: Handbuch Mergers & Acquisitions Management, Wiesbaden, S. 57-78.

LINDSTÄDT, H. [Neuausrichtung 2003]: Neuausrichtung der Organisation nach M&A-Aktivitäten, in: Balz/Arlinghaus [Hrsg. 2003]: Das Praxisbuch Mergers & Acquisitions – Von der strategischen Überlegung zur erfolgreichen Integration, München, S. 337-366.

LOMNITZ, G. [Multiprojektmanagement 2004]: Multiprojektmanagement: Projekte erfolgreich planen, vernetzen und steuern, 2., akt. Aufl., Frankfurt am Main.

LUBATKIN, M. [Mergers 1983]: Mergers and the Performance of the Acquiring Firm, in: Academy of Management Review, Nr. 2/1983, S. 218-225.

LUCKS, K. [Organisation 2002]: Die Organisation von M&A in internationalen Konzernen, in: Die Unternehmung, Nr. 4/2002, S. 197-211.

LUCKS, K./MECKL, R. [Mergers 2002]: Internationale Mergers & Acquisitions – Der prozessorientierte Ansatz, Berlin.

LUHMANN, N. [Organisation 2000]: Organisation und Entscheidung, Wiesbaden.

LUHMANN, N. [Gesellschaft 1997]: Die Gesellschaft der Gesellschaft, in zwei Teilbänden, Frankfurt am Main.

LUHMANN, N. [Systeme 1984]: Soziale Systeme – Grundriss einer allgemeinen Theorie, Frankfurt am Main.

LUHMANN, N. [Legitimation 1983]: Legitimation durch Verfahren, Frankfurt am Main.

LUHMANN, N. [Systemrationalität 1977]: Zweckbegriff und Systemrationalität – Über die Funktion von Zwecken in sozialen Systemen, 2. Aufl., Frankfurt am Main.

LUHMANN, N. [Funktionen 1964]: Funktionen und Folgen formaler Organisation, Bern.

LÜTRINGHAUS, G. [Diversifizierung 1973]: Diversifizierung und Anpassung. Die Notwendigkeit betrieblicher Anpassung als Ursache und Folge von Diversifikationen, Köln.

MADAUSS, B.J. [Projektmanagement 2000]: Handbuch Projektmanagement, 6., überarb. und erw. Aufl., Stuttgart.

MARKOWITZ, H.M. [Portfolio 1952]: Portfolio Selection, in: The Journal of Finance, Nr. 1/1952, S. 77-91.

MARKS, M.L. [Merger Syndrome 1988]: The Merger Syndrome: The Human Side of Corporate Combinations, in: Buyouts & Acquisitions, Jan/Feb 1988, S. 18-23.

MARKS, M.L. [Acquisition Impact 1981]: Organizational and Individual Response to Corporate Acquisition Impact, Ann Arbor.

MARKS, M.L./MIRVIS, P.H. [Merger Syndrome 1986]: The Merger Syndrome, in: Psychology Today, Nr. 10/1986, S. 36-42.

MARKS, M.L./MIRVIS, P.H. [Merger Syndrome 1985]: Merger Syndrome: Stress and Uncertainty, in: M&A, Nr. 2/1985, S. 50-55.

MARQUARDT, H. [Akquisitionen 1998]: Internationale Akquisitionen mittelständischer Unternehmen, Stuttgart 1998.

MASON, E.S. [Price 1939]: Price and Production Policies of Large-Scale Enterprise, in: American Economic Review, Nr. 1/1939, S. 61-74.

MATURANA, H.R. [Hrsg. 1985]: Erkennen: Die Organisation und Verkörperung von Wirklichkeit, 2. durchges. Aufl., Braunschweig.

MATURANA, H.R./VARELA, F.J./URIBE, R. [Autopoiese 1985]: Autopoiese: die Organisation lebender Systeme, ihre nähere Bestimmung und ein Modell, in: Maturana [Hrsg. 1985]: Erkennen: Die Organisation und Verkörperung von Wirklichkeit, 2. durchges. Aufl., Braunschweig., S. 157-169.

MATUSCHKA, A. [Risiken 1990]: Risiken von Unternehmensakquisitionen, in: Betriebswirtschaftliche Forschung und Praxis, Nr. 2/1990, S. 104-113.

MAURER, J.G. [Hrsg. 1971]: Readings in Organization Theory: Open-System Approaches, New York.

MAURER, J.G. [Introduction 1971]: Introduction, in: Maurer [Hrsg. 1971]: Readings in Organization Theory: Open-System Approaches, New York, S. 3-9.

MCCANN, J.E./GILKEY, R. [Joining 1988]: Joining Forces – Creating & Managing Successful Mergers & Acquisitions, Englewood Cliffs.

MECKL, R. [Organisation 2006]: Organisation und Steuerung des Akquisitionsprozesses, in: Wirtz [Hrsg. 2006]: Handbuch Mergers & Acquisitions Management, Wiesbaden, S. 405-428.

MILDENBERGER, U. [Netzwerke 1998]: Selbstorganisation von Produktionsnetzwerken. Erklärungsansatz auf Basis der neueren Systemtheorie, Wiesbaden.

MINTZBERG, H. [Structure 1983]: Structure in Fives – Designing Effective Organizations, Englewood Cliffs.

MINTZBERG, H. [Structuring 1979]: The Structuring of Organizations: A Synthesis of the Research, Englewood Cliffs 1979.

MÖLLER, W.-P. [Erfolg 1983]: Der Erfolg von Unternehmenszusammenschlüssen – Eine empirische Untersuchung, München.

MOROSINI, P./SHANE, S./SINGH, H. [Performance 1998]: National Cultural Distance and Cross-Border Acquisition Performance, in: Journal of International Business Studies, Nr. 1/1998, S. 137-158.

MORSE, N./FELDMAN, M./MARTIN, K. [Managements 1987]: The Right Way to Combine Managements, in: Rock [Hrsg. 1987]: The Mergers and Acquisitions Handbook, New York, S. 311-323.

MÜLLER-STEWENS, G. [Organisationsstruktur 1992]: Strategie und Organisationsstruktur, in: Frese [Hrsg. 1992]: Handwörterbuch der Organisation, 3., völlig neu gestaltete Aufl., Stuttgart, Sp. 2344-2355.

MÜLLER-STEWENS, G. [Integration 1992]: Organisationspsychologische Aspekte bei der Integration von Unternehmensakquisitionen, in: Busse von Colbe/Coenenberg [Hrsg. 1992]: Unternehmensakquisition und Unternehmensbewertung: Grundlagen und Fallstudien, Stuttgart, S. 331-341.

MÜLLER-STEWENS, G. [Problemfelder 1991]: Personalwirtschaftliche und Organisationstheoretische Problemfelder bei Mergers & Acquisitions, in: Ackermann/Scholz [Hrsg. 1991]: Personalmanagement für die 90er Jahre: neue Entwicklungen – neues Denken – neue Strategien, Stuttgart, S. 157-171.

MÜLLER-STEWENS, G./LECHNER, C. [Management 2001]: Strategisches Management – Wie strategische Initiativen zum Wandel führen. Der St.-Galler-General-Management-Navigator, Stuttgart.

MÜLLER-STEWENS, G./SCHREIBER, K. [Anbindung 1993]: Zur organisatorischen Anbindung des Akquisitionsprozesses im Käuferunternehmen, in: Die Unternehmung, Nr. 4/1993, S. 275-292.

MÜLLER-STEWENS, G./SPICKERS, J./DEISS, C. [Mergers 1999]: Mergers & Acquisitions: Markttendenzen und Beraterprofile, Stuttgart 1999.

NAASE, C. [Konflikte 1978]: Konflikte in der Organisation – Ursachen und Reduzierungsmöglichkeiten, Stuttgart.

NABER, G. [Planung 1987]: Strategische Planung von Unternehmungsakquisitionen – Organisatorische Anbindung und Aufgabenverteilung, in: Zeitschrift Führung + Organisation, Nr. 1/1987, S. 43-46.

NAHAVANDI, A./MALEKZADEH, A.R. [Acculturation 1988]: Acculturation in Mergers and Acquisitions, in: Academy of Management Review, Nr. 1/1988, S. 79-90.

NAUJOKS, H. [Autonomie 1994]: Autonomie in Organisationen – Perspektive und Handlungsleitlinie des Managements, München 1994.

NICKLISCH, H. [Organisation 1922]: Der Weg aufwärts! Organisation: Versuch einer Grundlegung, 2. Aufl., Stuttgart.

NONAKA, I. [Knowledge 1994]: A Dynamic Theory of Organizational Knowledge Creation, in: Organization Science, Nr. 1/1994, S. 14-37.

NORDSIECK, F. [Grundlagen 1934]: Grundlagen der Organisationslehre, Stuttgart.

NORDSIECK, F. [Betriebsorganisation 1932]: Die schaubildliche Erfassung und Untersuchung der Betriebsorganisation, Stuttgart.

O.V. [Akquisitionen 2004]: Akquisitionen nutzen den Aktionären, in: Frankfurter Allgemeine Zeitung vom 13.05.2004, S. 16.

O'BYRNE, D./ANGWIN, D [Boundaries 2003]: Changing Sub-Unit Boundaries During a Merger, in: The Irish Journal of Management, Nr. 1/2003, S. 194-214.

ODIORNE, G.S. [Objectives 1965]: Management by Objectives – a system of managerial leadership, New York.

OLENZAK, A.T./RUDDOCK, M.I. [Team 1987]: The Internal Acquisition Team, in: Rock [Hrsg. 1987]: The Mergers and Acquisitions Handbook, New York, S. 107-115.

OLIE, R. [Culture 1994]: Shades of Culture and Institutions in International Mergers, in: Organization Studies, Nr. 3/1994, S. 381-405.

ORTMANN, G./SYDOW, J. [Hrsg. 2001]: Strategie und Strukturation. Strategisches Management von Unternehmen, Netzwerken und Konzernen, Wiesbaden.

ORTMANN, G./SYDOW, J. [Grenzmanagement 1999]: Grenzmanagement in Unternehmungsnetzwerken: Theoretische Zugänge, in: DBW, Nr. 3/1999, S. 205-220.

OSTERLOH, M./FROST, J. [Prozessmanagement 2006]: Prozessmanagement als Kernkompetenz – Wie Sie Business Reengineering strategisch nutzen können, 5., überarb. Aufl., Wiesbaden.

OSTROWSKI, O. [Desinvestitionen 2007]: Erfolg durch Desinvestitionen – Eine theoretische und empirische Analyse, Wiesbaden.

OTTERSBACH, D./KOLBE, C. [Integrationsrisiken 1990]: Integrationsrisiken bei Unternehmensakquisitionen, in: Betriebswirtschaftliche Forschung und Praxis (BFuP), Nr. 2/1990, S. 140-150.

OUCHI, W.G. [Markets 1980]: Markets, Bureaucracies, and Clans, in: Administrative Science Quarterly, Nr. 1/1980, S. 129-141.

OUCHI, W.G. [Control 1979]: A Conceptual Framework for the Design of the Organizational Control Mechanisms, in: Management Science, 25. Jg., Nr. 9/1979, S. 833-848.

PACK, H. [Due Diligence 2000]: Due Diligence, in: Picot [Hrsg. 2000]: Handbuch Mergers & Acquisitions – Planung, Durchführung, Integration, Stuttgart, S. 221-253.

PAINE, F.T./POWER, D.J. [Merger 1984]: Merger Strategy – An Examination of Drucker's Five Rules for Successful Acquisitions, in: Strategic Management Journal, Nr. 2/1984, S. 99-110.

PAPROTTKA, S. [Unternehmenszusammenschlüsse 1996]: Unternehmenszusammenschlüsse: Synergiepotentiale und ihre Umsetzungsmöglichkeiten durch Integration, Wiesbaden.

PAUSENBERGER, E. [Unternehmenszusammenschlüsse 1993]: Unternehmenszusammenschlüsse, in: Wittmann et al. [Hrsg. 1993]: Handwörterbuch der Betriebswirtschaft, Teilband 3, 5., völlig neu gest. Aufl., Stuttgart, Sp. 4436-4448.

PAUSENBERGER, E. [Organisation 1992]: Internationale(n) Unternehmung, Organisation der, in: Frese [Hrsg. 1992]: Handwörterbuch der Organisation, 3., völlig neu gestaltete Aufl., Stuttgart, Sp. 1052-1066.

PAUSENBERGER, E. [Merger 1990]: Merger, in: Grochla/Gaugler [Hrsg. 1990]: Handbook of German Business Management, Stuttgart, Sp. 1482-1489.

PAUSENBERGER, E. [Akquisitionsplanung 1989]: Akquisitionsplanung, in: Szyperski [Hrsg. 1989]: Handwörterbuch der Planung, Stuttgart, Sp. 18-26.

PAUSENBERGER, E. [Systematik 1989]: Zur Systematik von Unternehmenszusammenschlüssen, in: WISU – Das Wirtschaftsstudium, Nr. 11/1989, S. 621-626.

PENROSE, E.T. [Growth 1959]: The Theory of the Growth of the Firm, Oxford.

PENZEL, H.-G. [Erfolgsfaktoren 2000]: Klare Strategie und Zielausrichtung: Erfolgsfaktoren für das Post Merger-Management in Banken, in: Zeitschrift Führung + Organisation, Nr. 1/2000, S. 25-36.

PETERS, T.J./WATERMAN, R.H. [Excellence 1982]: In Search of Excellence: Lessons from America's Best-Run Companies, New York.

PFEIFFER, W. [Wörterbuch 1993]: Etymologisches Wörterbuch des Deutschen, Berlin.

PICOT, A. [Transaktionskostenansatz 1982]: Transaktionskostenansatz in der Organisationstheorie – Stand der Diskussion und Aussagewert, in: Die Betriebswirtschaft, Nr. 2/1982, S. 267-284.

PICOT, A./DIETL, H./FRANCK, E. [Organisation 2005]: Organisation – Eine ökonomische Perspektive, 4., überarb. und erw. Aufl., Stuttgart.

PICOT, A./REICHWALD, R./WIGAND, R.T. [Unternehmung 2003]: Die grenzenlose Unternehmung – Information, Organisation und Management, 5., akt. Aufl., Wiesbaden.

PICOT, G. [Hrsg. 2005]: Handbuch Mergers & Acquisitions – Planung, Durchführung, Integration, 3., grundlegend überarb. und akt. Aufl., Stuttgart.

PICOT, G. [Grundlagen 2001]: Rechtliche Grundlagen grenzüberschreitender Transaktionen, in: Jansen/Picot/Schiereck [Hrsg. 2001]: Internationales Fusionsmanagement – Erfolgsfaktoren grenzüberschreitender Unternehmenszusammenschlüsse, Stuttgart, S. 35-56.

PICOT, G. [Aspekte 2000]: Wirtschaftsrechtliche Aspekte der Durchführung von Mergers & Acquisitions, insbesondere der Gestaltung des Transaktionsvertrages, in: Picot [Hrsg. 2000]: Handbuch Mergers & Acquisitions – Planung, Durchführung, Integration, Stuttgart, S. 89-220.

PICOT, G. [Hrsg. 2000]: Handbuch Mergers & Acquisitions – Planung, Durchführung, Integration, Stuttgart.

PORTER, M.E. [Wettbewerbsvorteile 2000]: Wettbewerbsvorteile – Spitzenleistungen erreichen und behaupten, 6. Aufl., Frankfurt am Main.

PORTER, M.E. [Wettbewerbsstrategie 1999]: Wettbewerbsstrategie – Methoden zur Analyse von Branchen und Konkurrenten, 10., durchges. und erw. Aufl., Frankfurt am Main.

PORTER, M.E. [Advantage 1985]: Competitive Advantage – Creating and Sustaining superior Performance, New York.

PORTER, M.E. [Strategy 1980]: Competitive Strategy – Techniques for Analyzing Industries and Competitors, New York.

PRATT, J./ZECKHAUSER, R. [Hrsg. 1985]: Principals and Agents – The Structure of Business, Boston.

PRIBILLA, P. [Integration 2000]: Personelle und kulturelle Integration, in: Picot [Hrsg. 2000]: Handbuch Mergers & Acquisitions – Planung, Durchführung, Integration, Stuttgart, S. 377-418.

PRIEWE, J. [Synergie 1989]: Die neue Kraft Synergie, in: Management Wissen, Nr. 4/1989, S. 20-33.

PROBST, G.J.B. [Organisation 1992]: Organisation: Strukturen, Lenkungsinstrumente, Entwicklungsperspektiven, Landsberg/Lech.

PROBST, G.J.B./SIEGWART, H. [Hrsg. 1985]: Integriertes Management: Bausteine des systemorientierten Managements, Festschrift zum 65. Geburtstag von Prof. Dr. Dr. h.c. Hans Ulrich, Bern.

PÜMPIN, C./HUBER, R. [Strukturwandel 1988]: Unternehmensstrategie im galoppierenden Strukturwandel, in: io Management Zeitschrift, 57. Jg., Nr. 1/1988, S. 1-4.

RÄDLER, A.J./PÖLLATH, R. [Hrsg. 1982]: Handbuch der Unternehmensakquisition, Frankfurt am Main.

RAUSCH, K. [Hrsg. 2007]: Organisation gestalten – Struktur mit Kultur versöhnen, Lengerich.

REINEKE, R.-D. [Akkulturation 1989]: Akkulturation von Auslandsakquisitionen – Eine Untersuchung zur unternehmenskulturellen Anpassung, Wiesbaden.

REISSNER, S. [Synergiemanagement 1992]: Synergiemanagement und Akquisitionserfolg, Wiesbaden.

RENZL, B. [Interaktion 2003]: Wissensbasierte Interaktion – selbst-evolvierende Wissensströme in Unternehmen, Wiesbaden.

RICHTER, R. [Institutionenökonomik 1998]: Neue Institutionenökonomik, in: Krause-Junk [Hrsg. 1998]: Steuersysteme der Zukunft, Jahrestagung des Vereins für Socialpolitik/Gesellschaft für Wirtschafts- und Sozialwissenschaften in Kassel 1996, Berlin, S. 323-355.

RINGLSTETTER, M. [Organisation 1997]: Organisation von Unternehmen und Unternehmensverbindungen – Einführung in die Gestaltung der Organisationsstruktur, München.

RINGLSTETTER, M./KAISER, S./SCHUSTER, M. [Wandel 2006]: Management des Wandels bei Mergers and Acquisitions – eine ganzheitliche Perspektive, in: Wirtz [Hrsg. 2006]: Handbuch Mergers & Acquisitions Management, Wiesbaden, S. 883-908.

ROCK, M.L. [Hrsg. 1987]: The Mergers and Acquisitions Handbook, New York.

ROHLOFF, S. [Unternehmenskultur 1994]: Die Unternehmenskultur im Rahmen von Unternehmenszusammenschlüssen, Bergisch Gladbach.

ROHM, C. [Prozessmanagement 1997]: Prozessmanagement als Fokus im Unternehmungswandel, Gießen.

ROSENSTIEL, L. V. [Organisationspsychologie 2003]: Grundlagen der Organisationspsychologie – Basiswissen und Anwendungshinweise, 5. Aufl., Stuttgart.

ROSS, S. [Agency 1973]: The Economic Theory of Agency – The Principal's Problem, in: American Economic Review, Nr. 2/1973, S. 134-139.

RÜEGG-STÜRM, J. [Systemtheorie 1998]: Neuere Systemtheorie und unternehmerischer Wandel, in: Die Unternehmung, 52. Jg., Heft 1, S. 3-17.

SAMUDA, R.J./WOODS, S.L. [Hrsg. 1983]: Perspectives in Immigrant and Minority Education, Lanham.

SATTELBERGER, T. [Hrsg. 1991]: Innovative Personalentwicklung – Grundlagen, Konzepte, Erfahrungen, 2. Aufl., Wiesbaden.

SAUERMANN, S. [M&A-Management 2000]: Unternehmensinternes M&A-Management – Organisatorische Gestaltungsalternativen, Wiesbaden.

SAUTTER, M.T. [Unternehmensakquisitionen 1989]: Strategische Analyse von Unternehmensakquisitionen: Entwurf und Bewertung von Akquisitionsstrategien, Frankfurt am Main.

SCHÄFER, H. [Allianzen 1994]: Strategische Allianzen: Erklärung, Motivation und Erfolgskriterien, in: WISU – Das Wirtscchaftsstudium, Nr. 8-9/1994, S. 687-692.

SCHÄFER, M. [Integrationscontrolling 2001]: Integrationscontrolling – Bausteine zur Beobachtung der Integration von Akquisitionen, St. Gallen.

SCHANZ, G. [Wissenschaftsprogramm 2004]:Wissenschaftsprogramme der Betriebswirtschaftslehre, in: Bea/Friedl/Schweitzer [Hrsg. 2004]: Allgemeine Betriebswirtschaftslehre, Bd. 1: Grundfragen, 9., überarb. Aufl., Stuttgart, S. 83-164.

SCHANZ, G. [Organisationsgestaltung 1994]: Organisationsgestaltung – Management von Arbeitsteilung und Koordination, 2., neubearb. Aufl., München.

SCHANZ, G. [Organisation 1992]: Organisation, in: Frese [Hrsg. 1992]: Handwörterbuch der Organisation, 3., völlig neu gestaltete Aufl., Stuttgart, Sp. 1459-1471.

SCHANZ, G. [Hrsg. 1990]: Die Betriebswirtschaftslehre als Gegenstand kritisch-konstruktiver Betrachtung, Stuttgart.

SCHANZ, G. [Pluralismus 1990]: Pluralismus in der Betriebswirtschaftslehre, in: Schanz [Hrsg. 1990]: Die Betriebswirtschaftslehre als Gegenstand kritisch-konstruktiver Betrachtung, Stuttgart, S. 99-124.

SCHEER, A.-W. [Hrsg. 1998]: Neue Märkte, neue Medien, neue Methoden – Roadmap zur agilen Organisation, Heidelberg.

SCHEIBLER, A. [Organisation 1974]: Unternehmungs-Organisation: Lehrbuch für Studium und Praxis, Wiesbaden.

SCHEIN, E. [Culture 2004]: Organizational Culture and Leadership, 3. Aufl., San Francisco.

SCHEITER, D. [Integration 1989]: Die Integration Akquirierter Unternehmungen, St. Gallen.

SCHERER, A.G. [Kritik 2002]: Kritik der Organisation oder Organisation der Kritik? Wissenschaftstheoretische Bemerkungen zum kritischen Umgang mit Organisationstheorien, in: Kieser [Hrsg. 2002]: Organisationstheorien, 5. Aufl., Stuttgart, S. 1-37.

SCHEWE, G./BRAST, C./LOHRE, S. [Integrationsbüro 2003]: Das Integrationsbüro als Kern der Post Merger Integration: Der Fall der Bosch Rexroth AG, Arbeitspapier Nr. 24 des Lehrstuhls für BWL, insb. Organisation, Personal und Innovation der Westfälischen Wilhelms-Universität, Münster.

SCHEWE, G./GERDS, J. [Erfolgsfaktoren 2001]: Erfolgsfaktoren von Post Merger Integrationen: Ergebnisse einer pfadanalytischen Untersuchung, in: ZfB-Ergänzungsheft 1/2001, S. 75-103.

SCHEWE, G./LOHRE, S. [Integrationsbüro 2006]: Erfolgsfaktor Integrationsbüro: Der Fall „Bosch-Rexroth", in: Borowicz/Mittermair [Hrsg. 2006]: Strategisches Management von Mergers & Acquisitions – State of the Art in Deutschland und Österreich, Wiesbaden, S. 385-400.

SCHIERENBECK, H. [Betriebswirtschaftslehre 2000]: Grundzüge der Betriebswirtschaftslehre, 15., überarb. und erw. Aufl., München.

SCHMIDT, G. [Organisation 2002]: Einführung in die Organisation: Modelle – Verfahren – Techniken, 2., akt. Aufl., Wiesbaden.

SCHNECK, O./ZIMMER, A. [Cultural 2006]: Cultural Due Diligence – Bedeutung und Anwendung bei M&A-Transaktionen, in: Wirtz [Hrsg 2006]: Handbuch Mergers & Acquisitions Management, Wiesbaden, S. 585-610.

SCHNEIDER, J. [Synergie 1989]: „Faustregeln für Synergie gibt es nicht", in: Management Wissen, Nr. 4/1989, S. 24.

SCHNEIDER, D./PFLAUMER, P. [Hrsg. 2001]: Power Tools: Management-, Beratungs- und Controllinginstrumente, Wiesbaden.

SCHOLZ, C. [Personalmanagement 2000]: Personalmanagement – informationsorientierte und verhaltenstheoretische Grundlagen, 5., neubearb. und erw. Aufl., München.

SCHOLZ, C. [Unternehmenskultur 1988]: Management der Unternehmenskultur, in: Harvard Manager, Nr. 1/1988, S. 81-91.

SCHREYÖGG, G. [Organisation 2003]: Organisation: Grundlagen moderner Organisationsgestaltung, 4., vollst. überarb. und erw. Aufl., Wiesbaden.

SCHREYÖGG, G. [Organisationskultur 1992]: Organisationskultur, in: Frese [Hrsg. 1992]: Handwörterbuch der Organisation, 3., völlig neu gestaltete Aufl., Stuttgart, Sp. 1525-1537.

SCHREYÖGG, G./CONRAD, P. [Hrsg. 2000]: Organisatorischer Wandel und Transformation, Managementforschung Bd. 10, Wiesbaden.

SCHREYÖGG, G./NOSS, C. [Episode 2000]: Von der Episode zum fortwährenden Prozess – Wege jenseits der Gleichgewichtslogik im Organisatorischen Wandel, in: Schreyögg/Conrad [Hrsg. 2000]: Organisatorischer Wandel und Transformation, Managementforschung Bd. 10, Wiesbaden, S. 33-62.

SCHREYÖGG, G./WERDER, A. V. [Hrsg. 2004]: Handwörterbuch Unternehmensführung und Organisation, 4., völlig neu bearbeitete Aufl., Stuttgart.

SCHREYÖGG, G./WERDER, A. V. [Organisation 2004]: Organisation, in: Schreyögg/Werder [Hrsg. 2004]: Handwörterbuch Unternehmensführung und Organisation, 4., völlig neu bearbeitete Aufl., Stuttgart, Sp. 966-977.

SCHRÖDER, H.J. [Projekt-Management 1973]: Projekt-Management – Eine Führungskonzeption für außergewöhnliche Vorhaben, Wiesbaden.

SCHROERS, U. [Wertschöpfungsarchitekturen 2001]: Transaktionskostenanalyse und Wertschöpfungsarchitekturen, in: Schneider/Pflaumer [Hrsg. 2001]: Power Tools: Management-, Beratungs- und Controllinginstrumente, Wiesbaden, S. 69-82.

SCHUBERT, W./KÜTING, K. [Unternehmenszusammenschlüsse 1981]: Unternehmenszusammenschlüsse, München.

SCHULTE-ZURHAUSEN, M. [Organisation 2005]: Organisation, 4., überarb. und erw. Aufl., München.

SCHUSTER, M. [Integration 2005]: Integration von Organisationen – Ein Beitrag zur theoretischen Fundierung, Wiesbaden.

SCHWARZ, G. [Unternehmungskultur 1989]: Unternehmungskultur als Element des Strategischen Managements, Berlin.

SCHWARZ, S. [Integration 2006]: Change Management oder die Integration von Mitarbeitern in einem fusionierenden Unternehmen, in: Keuper/Häfner/Glahn [Hrsg. 2006]: Der M&A-Prozess – Konzepte, Ansätze und Strategien für die Pre- und Post-Phase, Wiesbaden 2006, S. 367-411.

SCIOR, W. [Öffentlichkeitsarbeit 1982]: Der Bedingungsrahmen für die unternehmensinterne Öffentlichkeitsarbeit, in: Haedrich/Barthenheier/Kleinert [Hrsg. 1982]: Öffentlichkeitsarbeit – Dialog zwischen Institutionen und Gesellschaft: Ein Handbuch, Berlin, S. 77-91.

SEARBY, F.W. [Postmerger 1969]: Control postmerger change, in: Harvard Business Review, Nr. 9-10/1969, S. 4-12 und 154-155.

SEIDLER, D. [Unternehmenskultur 1997]: Unternehmenskultur, Unternehmenskommunikation & Unternehmenskulturmanagement, Tostedt.

SHRIVASTAVA, P. [Integration 1986]: Postmerger Integration, in: Journal of Business Strategy, Nr. 1/1986, S. 65-76.

SIEBEN, G./SIELAFF, M. [Unternehmensakquisition 1989]: Unternehmensakquisition. Bericht des Arbeitskreises „Unternehmensakquisition" der Schmalenbach-Gesellschaft – Deutsche Gesellschaft für Betriebswirtschaft e.V., Stuttgart.

SJURTS, I. [Outsourcing 2004]: Outsourcing und Insourcing, in: Schreyögg/Werder [Hrsg. 2004]: Handwörterbuch Unternehmensführung und Organisation, 4., völlig neu bearbeitete Aufl., Stuttgart, Sp. 1108-1114.

SMITH, A. [Wealth 1977]: The Wealth of Nations, Reprint von 1776, London.

SMITH, K.W./HERSHMAN, S.E. [M&A 1997]: How M&A Fits Into a Real Growth Strategy, in: Mergers & Acquisitions, September/October 1997, S. 38-42.

SOMMER, S. [Integration 1996]: Integration akquirierter Unternehmen – Instrumente und Methoden zur Realisierung von leistungswirtschaftlichen Synergiepotentialen, Frankfurt am Main.

SPICKERS, J. [Unternehmenskauf 1995]: Unternehmenskauf und Organisation – Gestaltungs- und Erklärungsdimensionen eines ganzheitlich-systemorientierten Akquisitionsmanagements, Bern.

STAEHLE, W.H./SYDOW, J. [Hrsg. 1991]: Managementforschung 1, Berlin.

STAERKLE, R. [Organisationsstruktur 1985]: Wechselwirkungen zwischen Organisationskultur und Organisationsstruktur, in: Probst/Siegwart [Hrsg. 1985]: Integriertes Management: Bausteine des systemorientierten Managements, Festschrift zum 65. Geburtstag von Prof. Dr. Dr. h.c. Hans Ulrich, Bern, S. 529-553.

STAHL, G.K. [Integration 2001]: Management der sozio-kulturellen Integration bei Unternehmenszusammenschlüssen und -übernahmen, in: Die Betriebswirtschaft, Nr. 1/2001, S. 61-80.

STAW, B./CUMMINGS, L. [Hrsg. 1980]: Research in Organizational Behavior 2, Greenwich/London.

STEINMANN, H./SCHREYÖGG, G. [Management 2005]: Management – Grundlagen der Unternehmensführung. Konzepte – Funktionen – Fallstudien, 6., vollst. überarb. Aufl., Wiesbaden.

STEINÖCKER, R. [Akquisitionscontrolling 1993]: Akquisitionscontrolling: Strategische Planung von Firmenübernahmen, Konzeption – Transaktion – Integration, Berlin et al. 1993.

STERN, C.W. [Deconstruction 1998]: The Deconstruction of Value Chains, Perspectives No. 372, The Boston Consulting Group, September 1998.

SYDOW, J. [Netzwerke 1992]: Strategische Netzwerke: Evolution und Organisation, Wiesbaden.

SYDOW, J./WINDELER, A. [Hrsg. 2000]: Steuerung von Netzwerken – Konzepte und Praktiken, Opladen.

SYDOW, J./WINDELER, A. [Netzwerksteuerung 2000]: Steuerung von und in Netzwerken – Perspektiven, Konzepte, vor allem aber offene Fragen, in: Sydow/Windeler [Hrsg. 2000]: Steuerung von Netzwerken – Konzepte und Praktiken, Opladen, S. 1-24.

SZYPERSKI, N. [Hrsg. 1989]: Handwörterbuch der Planung, Stuttgart.

TACKE, V. [Grenzen 1997]: Systemrationalisierung an ihren Grenzen – Organisationsgrenzen und Funktionen von Grenzstellen in Wirtschaftsorganisationen, in: Schreyögg/Sydow [Hrsg 1997]: Gestaltung von Organisationsgrenzen, Managementforschung Bd. 7, Berlin, S. 1-44.

TAYLOR, F.W. [Management 1911]: The Principles of Scientific Management, New York.

THOM, N./DE SOUZA, D. [Personalintegration 2001]: Ansätze zur Personalintegration bei Fusionen und Akquisitionen mittelständischer Unternehmen, in: io management, Nr. 3/2001, S. 40-44.

THOMMEN, J.-P./SAUERMANN, S. [Lösungskonzepte 1999]: Organisatorische Lösungskonzepte des M&A-Managements – Neuere Entwicklungen des ganzheitlichen Managements von M&A-Prozessen, in: Zeitschrift Führung + Organisation, Nr. 6/1999, S. 318-322.

THOMPSON, J.D. [Organizations 1967]: Organizations in Action, New York.

TRAUTWEIN, F. [Motives 1990]: Merger Motives and Merger Prescriptions, in: Strategic Management Journal, Nr. 4/1990, S. 283-295.

TUSHMAN, M.L./MOORE, W.L. [Hrsg. 1988]: Reading in the Management of Innovation, 2. Aufl., Cambridge.

TUSHMAN, M.L./NEWMAN, W.H./ROMANELLI, E. [Evolution 1988]: Convergence and Upheaval: Managing the Unsteady Pace of Organizational Evolution, in: Tushman/Moore [Hrsg. 1988]: Reading in the Management of Innovation, 2. Aufl., Cambridge, S. 705-717.

UDER, H.L./KRAMARSCH, M.H. [Integration 2001]: Buying is Fun, Merging is Hell – Mergers & Acquisitions managen durch erfolgreiche Integration der Human Resources, in: M&A Review, Nr. 7/2001, S. 324-331.

ULRICH, H. [Unternehmenspolitik 1990]: Unternehmungspolitik, 3. Aufl., Bern.

ULRICH, H. [Management 1984]: Management, Bern.

ULRICH, H. [Unternehmung 1970]: Die Unternehmung als produktives soziales System: Grundlagen der allgemeinen Unternehmungslehre, 2. Aufl. Bern.

ULRICH, H. [Organisationslehre 1949]: Betriebswirtschaftliche Organisationslehre: Eine Einführung, Bern.

ULRICH, H./KRIEG, W. [Modell 1973]: Das St.Galler Management-Modell, 2. Aufl., Bern.

ULRICH, P. [Unternehmenskultur 1993]: Unternehmenskultur, in: Wittmann et al. [Hrsg. 1993]: Handwörterbuch der Betriebswirtschaft, Teilband 3, 5., völlig neu gest. Aufl., Stuttgart, Sp. 4351-4366.

ULRICH, P./FLURI, E. [Management 1995]: Management: eine konzentrierte Einführung, 7., verb. Aufl., Bern.

UNGERATH, M./HOYNINGEN-HUENE, J. V. [Erfolgsfaktoren 2006]: Erfolgsfaktoren im Integrations-Management – Projekterfahrung und Studienergebnisse, in: Wirtz [Hrsg 2006]: Handbuch Mergers & Acquisitions Management, Wiesbaden, S. 863-881.

VAHS, D. [Organisation 2005]: Organisation. Einführung in die Organisationstheorie und -praxis, 5., überarb. Aufl., Stuttgart.

VERY, P. et al. [Standing 1997]: Relative Standing and the Performance of Recently Acquired European Firms, in: Strategic Management Journal, Nr. 8/1997, S. 593-614.

VOGEL, D.H. [M&A 2002]: M & A – Ideal und Wirklichkeit, Wiesbaden 2002.

VOGT, J. [Vertrauen 1997]: Vertrauen und Kontrolle in Transaktionen. Eine institutionenökonomische Analyse, Wiesbaden.

WÄCHTER, H. [Voraussetzungen 1990]: Personalwirtschaftliche Voraussetzungen und Folgen von Unternehmenszusammenschlüssen, in: Betriebswirtschaftliche Forschung und Praxis, Nr. 2/1990, S. 114-128.

WATSON, G. [Widerstand 1975]: Widerstand gegen Veränderungen, in: Bennis/Benne/Chin [Hrsg. 1975]: Änderung des Sozialverhaltens, Stuttgart, S. 415-429.

WATZKA, K. [Innovationswiderstände 1987]: Personelle Innovationswiderstände im Unternehmen, in: Personalführung, Nr. 10/1987, S. 724-727.

WATZLAWICK, P. [Hrsg. 2008]: Die erfundene Wirklichkeit. Wie wissen wir, was wir zu wissen glauben? – Beiträge zum Konstruktivismus, 4. Aufl., München.

WELGE, M.K./AL-LAHAM, A. [Management 2001]: Strategisches Management: Grundlagen – Prozess – Implementierung, 3., akt. Aufl., Wiesbaden.

WERDER, A. V./STÖBER, H. [Hrsg. 2004]: Center-Organisation – Gestaltungskonzepte, Strukturentwicklung und Anwendungsbeispiele, Stuttgart.

WERNER, M. [Integration 1999]: Post-Merger-Integration – Problemfelder und Lösungsansätze, in: Zeitschrift Führung und Organisation, Nr. 6/1999, S. 332-337.

WILD, J. [Management 1973]: Product Management – Ziele, Kompetenzen und Arbeitstechniken des Produktmanagers, 2. Aufl., München.

WILDEMANN, H. [Hrsg 2004]: Personal und Organisation (Festschrift zum 60. Geburtstag von Prof. Dr. Rolf Bühner), München.

WILLIAMSON, O.E. [Transaktionskostenökonomik 1996]: Transaktionskostenökonomik, 2. Aufl., Hamburg

WILLIAMSON, O.E. [Transaction-Cost 1979]: Transaction-Cost Economics – The Governance of Contractual Relations, in: Journal of Law and Economics, Nr. 2/1979, S. 233-261.

WILLIAMSON, O.E. [Markets 1975]: Markets and Hierarchies: Analysis and Antitrust Implications. A Study in the Economics of Internal Organization, New York et al.

WILLKE, H. [Systemtheorie 2000]: Systemtheorie I: Grundlagen. Eine Einführung in die Grundprobleme der Theorie sozialer Systeme, 6., überarb. Aufl., Stuttgart.

WILLKE, H. [Idee 1996]: Die Idee der Sozialwissenschaft und ihr Verhältnis zur Philosophie, Frankfurt am Main.

WILLKE, H. [Differenzierung 1987]: Differenzierung und Integration in Luhmanns Theorie sozialer Systeme, in: Haferkamp/Schmid [Hrsg 1987]: Sinn, Kommunikation und soziale Differenzierung – Beiträge zu Luhmanns Theorie sozialer Systeme, Frankfurt am Main, S. 247-274.

WINTER, S.G. [Capabilities 2003]: Understanding Dynamic Capabilities, in: Strategic Management Journal, Nr. 10/2003, S. 991-995.

WIRTZ, B.W. [Hrsg. 2006]: Handbuch Mergers & Acquisitions Management, Wiesbaden.

WIRTZ, B.W. [Mergers 2003]: Mergers & Acquisitions Management – Strategie und Organisation von Unternehmenszusammenschlüssen, Wiesbaden.

WITTE, E. [Promotorenmodell 1973]: Organisation für Innovationsentscheidungen: Das Promotorenmodell, Göttingen.

WITTMANN, W. et al. [Hrsg. 1993]: Handwörterbuch der Betriebswirtschaft, Teilband 3, 5., völlig neu gest. Aufl., Stuttgart.

WITTWER, A. [Kommunikation 1995]: Innerbetriebliche Kommunikation als strategisches Instrument zur Mitarbeiterintegration bei Unternehmenszusammenschlüssen – Eine Untersuchung über Strategien zur Mitarbeiterintegration, München.

WOLF, J. [Organisation 2005]: Organisation, Management, Unternehmensführung – Theorien und Kritik, 2. akt. Aufl., Wiesbaden.

WOLF, J. [Organisationsstruktur 2004]: Strategie und Organisationsstruktur, in: Schreyögg/Werder [Hrsg. 2004]: Handwörterbuch Unternehmensführung und Organisation, 4., völlig neu bearbeitete Aufl., Stuttgart, Sp. 1374-1382.

WURL, H.-J. [Hrsg. 2003]: Industrielles Beteiligungscontrolling, Stuttgart.

ZAUGG, R.J. [Organisation 2003]: Organisation – Quo vadis?, in: Zeitschrift Führung + Organisation, Nr. 1/2003, S. 4-12.

ZIMMER, A. [Unternehmenskultur 2001]: Unternehmenskultur und Cultural Due Diligence bei Mergers & Akquisitionen, Aachen.

GABLER RESEARCH

„Strategische Unternehmungsführung"
Herausgeber: Prof. Dr. Wilfried Krüger
zuletzt erschienen:

Norbert Bach
Effizienz der Führungsorganisation deutscher Konzerne
2008. XIX, 224 S., 57 Abb., Br. € 59,90
ISBN 978-3-8349-1307-4

Sven Hackmann
Organisatorische Gestaltung in der Post Merger Integration
Eine organisationstheoretische Betrachtung unterschiedlicher Integrationsansätze
2011. XVII, 265 S., 28 Abb., Br. € 49,95
ISBN 978-3-8349-2913-6

Henrik Steinhaus
Mitarbeiterbeteiligung als Krisenbewältigungsinstrument aus akteurtheoretischer Sicht
2010. XXII, 348 S., 50 Abb., 43 Tab., Br. € 59,95
ISBN 978-3-8349-2610-4

Michael Völpel
Macht und Abhängigkeit von Stakeholdern
Einflusskonstellationen in verschiedenen Krisenstadien und Organisationsformen
2010. XXVI, 273 S., 43 Abb., 27 Tab., Br. € 49,95
ISBN 978-3-8349-2764-4

Änderungen vorbehalten. Stand: Januar 2011.
Erhältlich im Buchhandel oder beim Verlag.
Gabler Verlag . Abraham-Lincoln-Str. 46 . 65189 Wiesbaden . www.gabler.de

Printed in Poland
by Amazon Fulfillment
Poland Sp. z o.o., Wrocław